L'industrie lithique des populations blicquiennes (Néolithique ancien, Belgique): organisation des productions et réseaux de diffusion

Petits échanges en famille

Solène Denis

BAR International Series 2873

2017

Published in 2017 by
BAR Publishing, Oxford

BAR International Series 2873

*L'industrie lithique des populations blicquiennes (Néolithique ancien,
Belgique): organisation des productions et réseaux de diffusion*

ISBN 978 1 4073 1624 6

BAR titles are available from:

BAR Publishing
122 Banbury Rd, Oxford, OX2 7BP, UK
EMAIL   info@barpublishing.com
PHONE   +44 (0)1865 310431
FAX   +44 (0)1865 316916
www.barpublishing.com

Remerciements

Cette thèse de doctorat, qui finalement fut une incroyable aventure humaine, n'aurait pu voir le jour sans l'aide et le soutien de nombreuses personnes. J'espère n'en omettre aucune !

Je commencerai tout d'abord par remercier chaleureusement Jacques Pelegrin, qui a accepté de diriger ces travaux. Son incroyable disponibilité et son sens de la pédagogie ont été d'un soutien précieux. J'ai mis longtemps (trop !) à assimiler ses conseils méthodologiques si judicieux…Sa présence et ses relectures soutenues durant la fin de ce travail en ont considérablement facilité l'achèvement.

Je tiens à exprimer mes plus profonds remerciements à Pierre Allard, tuteur de cette thèse, mais aussi de mes Master 1 et 2. C'est donc à Pierre qu'à incomber la lourde tâche de m'enseigner la lecture technologique de ces industries lithiques, que son mérite soit salué ! La liste est également longue des opportunités qu'il m'a offertes, entre les participations à colloque, les articles, les prospections…Un grand merci donc pour cette disponibilité, ses conseils avisés et pour la confiance qu'il a su m'accorder. En espérant que cela mène à de fructueuses collaborations !!

Ma gratitude s'adresse aux membres du jury qui ont accepté de juger l'aboutissement de ces cinq années de travail. Que soient remerciés Françoise Bostyn, Laurence Burnez-Lanotte Augustin Holl et Grégor Marchand.

Sans les personnes qui ont accepté de me confier le matériel blicquien, pas de contenu alors que tous soient des plus chaleureusement remerciés.

Un grand merci à Alain Henton qui m'a permis d'accéder aux collections du Hainaut et surtout autorisé à les ramener à la MAE (Nanterre), ce qui m'a considérablement facilité l'étude

J'exprime toute ma reconnaissance à Claude Constantin pour m'avoir permis d'étudier le matériel issu des fouilles de son équipe. Je tiens à souligner le confort que m'a procuré le marquage exhaustif de ces pièces, réalisé par ses soins. Je garde un souvenir amusé de notre première rencontre à Namur, lors de notre passage au Service archéologique de Wallonie, où nous avons déballé les pièces de la fouille de F. Hubert d'Ellignies-Sainte-Anne de leurs journaux jaunis et poussiéreux. Merci de m'avoir permis de découvrir le plaisir des fouilles en contexte loessique et d'avoir toujours répondu de manière si complète à toutes les questions que je me posais…

C'est avec chaleur que je tiens à remercier Laurence Burnez-Lanotte pour son accueil à Namur. Je dois souligner les conditions optimales dans lesquelles j'ai pu mener l'étude de Vaux-et-Borset. La bienveillance de Laurence Burnez-Lanotte, sa disponibilité et ses encouragements ont largement contribué à l'efficacité de mon travail lors de mes séjours à Namur. Il m'est également agréable de joindre Emmanuel Delye, Président du Cercle Hesbaye Condroz, à ces remerciements. Il a en effet autorisé la mise à disposition du matériel de Vaux au LIATEC de l'Université de Namur pour étude dont les dernières fouilles menées en 1998 sous sa responsabilité et celle de Jean-Paul Caspar.

Que Claude Demarez (directeur du musée d'Aubechies) soit vivement remercié pour m'avoir autorisé l'accès à la Domus Romana d'Aubechies. Un grand merci également à Mme Demarez pour son accueil des plus chaleureux.

C'est avec beaucoup de plaisir que je tiens à remercier Ivan Jadin qui m'a proposé d'étudier le matériel de Darion. Ce fut malheureusement trop bref mais fort enrichissant !

Mes remerciements s'adressent à Isabelle Deramaix pour m'avoir permis l'accès à la série d'Irchonwelz « le Trou al Cauche ». J'en profite pour saluer la sympathique ambiance créée par les travailleurs de la base Gendebien (Mons).

Ma gratitude s'adresse à François Hubert pour m'avoir autorisé l'étude de sa fouille d'Ellignies-Sainte-Anne. Je joins aussi à ces remerciements l'équipe du Service Archéologique de Wallonie qui nous a permis de rapatrier le matériel en France. Merci donc à Me Van Buylaere, Me Schumacher et Me Rémy.

Je tiens également à exprimer ma gratitude à toutes les personnes qui m'ont aidée, de près ou de loin, à résoudre (ou tenter !) mes problèmes de matières premières : Anne Hauzeur, Marjorie De Grooth, Michel Lefrancq et Jean-pierre Joris, Hélène Collet et Jean-Philippe Collin pour avoir initié ce beau projet de constitution de la lithothèque du Bassin de Mons, Michel Van Assche pour m'avoir hébergé et pour avoir toujours été si disponible pour répondre à mes questions, Johan Yans et Marleen Deceukelaire, Eric Goemaere pour mon travail relatif à la lithothèque du Service géologique de Belgique.

Mes remerciements les plus sincères s'adressent à Kathrin Nowak qui a trouvé le moyen de me faire venir à Cologne, ce qui fut l'occasion de fructueux échanges…Merci également à la Prähistorische Gesellschaft et à Dirk Schimmelpfennig.

Pour le soutien matériel et les échanges si importants pour débloquer les problèmes, merci aux membres de mon laboratoire d'accueil (UMR 7055). Je salue tout particulièrement ici le travail de relecture minutieux réalisé par Catherine Perlès. Je profite de ce paragraphe pour remercier la longue lignée des occupants de la 311G…Les rires et la bonne humeur quotidienne en ont longtemps fait un lieu d'étude très chaleureux !

Je tiens également à remercier les membres de l'équipe Trajectoires qui m'ont encouragée, qui ont répondu à mes questions ou donné de la bibliographie. Un merci tout particulier à Mike Ilett pour les références bibliographiques et ses réponses si rapides à mes interrogations…

Ma gratitude s'adresse à Françoise Bostyn qui a toujours encouragé nos discussions et répondu à mes questions.

Un merci tout particulier à Nejma Goutas pour ses encouragements incessants, son dynamisme et ses relectures qui m'ont fait un bien fou…

Merci à l'Association Française des Femmes Diplômées des

Universités pour m'avoir accordé une bourse qui m'a permis le financement d'un de mes séjours en Belgique.

Un grand merci à Louise et Colas qui ont toujours été disponibles pour répondre à mes questions céramiques et tracéologiques. Un grand merci également à Barbara pour la stimulation qu'elle m'a apportée.

Je tiens à remercier sincèrement tous ceux qui m'ont été d'une aide précieuse pour finir cette thèse dans les délais : Alice et Maeva pour la biblio, Marine pour l'Adobien, les Maugettes pour leur compréhension, Claira pour la rude dernière semaine, Maman pour les relectures et le Bic pour son coup de crayon, Julie pour son précieux soutien !

J'en profite également pour saluer l'équipe du musée de Soissons pour m'avoir offert un cadre de travail optimal grâce à la bonne humeur ambiante !!

Cette thèse fait elle aussi partie de l'épopée romainvilloise…

puis fresnoise. Le plus grand des mercis à Camille, Claira, Clément, Lorraine, Manon, et Pierre mais également à ceux qui y ont déposé leurs valises pour quelques temps : Antonietta, Adela, Gabriela, Julien et enfin à tous ceux qui ont partagé nos folles soirées romainvilloises…mais la liste et longue alors vous vous reconnaîtrez…Une mention spéciale toutefois à Pierre et Solène, qui ont bien voulu découvrir les cailloux préhistoriques en enregistrant un peu de matériel…Et heureusement que j'ai pu compter sur l'expérience et le soutien d'Aurélie!

Je souhaite également remercier chaleureusemement Élise Martin pour ses nombreuses corrections de mon anglais, notamment des résumés ici présents! Merci également à Pauline Peeters pour cette même tâche.

Enfin, un grand merci à Pierre-Nicolas qui à force de me faire relativiser m'a finalement offert une fin de thèse plutôt sereine…

Table des matières

Liste des figures

Liste des tableaux

Liste des annexes

Abstracts

Lithic industry of the Blicquian populations (Early Neolithic, Belgium): production organisation and diffusion networks.
Small exchanges within the family

In the north of France and Belgium, the Blicquy/Villeneuve-Saint-Germain culture marks the end of the Danubian traditions (Early Neolithic period). The eleven sites found in Belgium constitute the Blicquian part of this cultural entity. Two settlement areas, separated by 100 km, are highlighted (nine sites in Hainaut, and two sites in Hesbaye). An analysis of the technical and economical characteristics of the Blicquian lithic industry was performed in order to describe the socio-economic organization relating to the lithic production as well as the relationships between the different settlements areas of this culture.

Chapter 1 – General presentation: chrono-cultural framework, research questions and methods

This research paper focuses on the lithic industry of the Blicquy/Villeneuve-Saint-Germain (BQY/VQG) populations, from the Early Neolithic period. This culture grew out of the union of two cultural groups. The Villeneuve-Saint-Germain group (VSG), located in the northern half of France, and the Blicquy group (BQY), located in Belgium. The BQY/VSG culture succeeded the Rubané (or Linearbandkermik), which corresponded to the arrival of the first Neolithic settlers in these regions. A critical analysis of radiocarbon dates led by J. Dubouloz resulted in a date for the Villeneuve-Saint-Germain group from 4950 to 4650 before our era (Dubouloz 2003).

More than 150 VSG sites have been discovered in France, while the Blicquian facies consist of eleven sites located in two geographical areas:

- the Hainaut in the west where ten sites have been excavated: Irchonwelz 'la Bonne Fortune', Irchonwelz 'le Trou al Cauche', Ormeignies 'la Petite Rosière', Ormeignies 'les Dérodés du Bois de Monchy', Ormeignies 'le Bois Blanc', Blicquy 'la Couture du Couvent', Blicquy 'la Couture de la Chaussée', Ellignies-Sainte-Anne 'Fagneau' et Aubechies 'Coron Maton'. The tenth is the recently excavated site of Ath 'les Haleurs' (Deramaix et al. 2016). This site is not included in this study

- in Hesbaye (east), two sites have been studied: Darion and Vaux-et-Borset.

In Hainaut, the occupation area is restricted as the ten sites are located on roughly 25 km^2. In general, only small areas have been excavated, making it difficult to understand the spatial organization of the villages. Nevertheless, the majority of the structures correspond to lateral dwelling pits. This homology of the structures allows us to make comparisons between sites.

A study of the ceramics led by Claude Constantin (1985) to distinguish three chronological stages: an early, middle and recent.

Although the lithic industry of the VSG group is particularly well documented, thanks to several academic studies on the subject, the lithic Bicquian industry of the Hainaut sites was still largely unpublished especially from a technological point of view. In order to fill this gap, the study proposed in this book followed two lines of research. On the one hand, we have sought to clarify the socio-economic organization of lithic production. Conversely, we wanted to understand the socio-economic relations between the VSG and the Blicquian populations of Hainaut and Hesbaye.

In spite of the low extent of the excavations, these Blicquian structures delivered plenty of material representing more than 90 000 samples. After close scrutiny, we had to make a reasoned discrimination of the samples relative to the stated research. Hence this work is structured around the study of about 45 000 samples.

Chapter 2 - Raw material procurement of the Blicquian populations

The procurement of raw materials of the Blicquian populations was clearly directed toward local sources. The majority of materials identified in Vaux-et-Borset (Hesbaye) were taken in a surrounding environment, which we can confine to a 10 km radius. On another side, the siliceous resources closest to Blicquian sites of Hainaut are located 15–20 km south in the Mons basin. The inhabitants of the villages of Hainaut clearly favoured the exploitation of Ghlin flint. The spectrum of raw materials exploited by the Blicquian populations is systematically completed by exogenous raw materials. These are mainly the tertiary Bartonian flint identified at all the Blicquian sites (stemming from the Paris Basin 150 km away), and the Ghlin flint for the sites located in Hesbaye.

Chapter 3 – Lithic industries of the Blicquian populations : toward a socio-economic reconstruction of the productions

The lithic production divides into two branches distinguished by levels of know-how. The productions of flakes and faceted tools are characterized by the weakness of the levels of required skills. The characteristics of the laminar production, centred on the Ghlin flint, give evidence of the very good standard level of knappers. Certain products (very regular blades and long blades) illustrate even the implementation of exceptional know-how. This duality of the production reflects the existence of two groups of knappers not having the same knowledge and skills.

From a technical point of view, the laminar production in Ghlin flint differs clearly from that of the laminar production in fined-grained Hesbaye flint. This led us to identify two technical traditions, and to contrast the knappers of Hainaut with the knappers of Hesbaye. These two technical traditions indicate a real affiliation between the Linearbandkeramik and the Blicquy/Villeneuve-Saint-Germain culture. There is no clear break in the transmission of knowledge between these two cultural entities.

Finally, we find that the break between LBK and the Blicquian group turns out to hinge on the appearance and development of simple productions. These involve the autonomy of 'specialist' knapper of blades within a certain piece of the BQY economic sphere.

Chapter 4 – Diffusion of raw material: socio-economic relationship between the different communities

The examination of the diffusion of the siliceous products aimed at specifying the links maintained between the various population zones present in the BQY/VSG culture. It was in particular the distribution of the Ghlin flint that shaped the direct social relationship between the populations of Hainaut and Hesbaye. This indeed showed the movement of knappers or a small group of Hainaut inhabitants towards the site of Vaux-et-Borset. We can speculate whether this travel resulted in a long-lasting establishment in this village.

The diffusion of the tertiary Bartonian flint takes various forms following the chronological stages of this BQY/VSG culture. The early stage is characterized by a low distribution which seems to involve the travel of itinerant knappers coming from the Paris Basin. The middle stage corresponds to the quantitative peak of this distribution. Diversity in how forms of Bartonian flint were introduced emerges. Although debitage can be clearly seen at certain sites, it seems that this is not due to knappers from the Paris Basin, or at least not to specialists in the production of long blades. We can speculate whether the direction of circulation of the individuals has reversed compared with the early stage, i.e. there was movement of inhabitants of Hainaut towards the Paris Basin, for reasons which will remain undetermined, and which would bring in return long blades and raw material. It seems rather obvious that the tertiary Bartonian flint is transported from the sites of Hainaut to then reach Vaux-et-Borset. Given the modalities of circulation of the Ghlin flint described previously, we can then reasonably suggest that the knappers of Hainaut moving to Vaux-et-Borset transported, simultaneously, some Ghlin flint and some Bartonian flint. In the most recent stage of the BQY/VSG culture, the circulation of the tertiary Bartonian flint turns firstly to the supply of blades produced in the Paris Basin. The knappers can no longer be considered mobile.

The VSG site, which is the most distant from the production centres, appears to receive only blades, probably obtained by exchange, step by step, following the model 'down the line' of Renfrew (Bostyn 1994). This opposition of the modalities of diffusion of the tertiary Bartonian flint underlies the existence of the particular social relationships between VSG of the centre of the Paris Basin and the Blicquian population of Hainaut.

Chapter 5 – Synthesis, small exchanges within the family

The techno-economic approach used in the study of the lithic industries of the Blicquy group contributes to enriching our knowledge of the socio-economic organization of the production and the modalities of raw material diffusion networks at the end of the Early Neolithic period. This study shows the intensity of the relationships between villages, demonstrating the importance of exchanges for the socio-economic welfare of those agro-pastoral communities.

The raw material acquisition of these populations is centred on the Ghlin flint. A kind of 'économie des matières premières' (defined by C. Perlès) is perceptible, as was highlighted in the VSG contexts (Augereau 2004). The Ghlin flint is indeed selected for laminar production while the other raw materials are more frequently used for simple production.

The duality of production between simple production and laminar production requiring a higher level of know-how is well attested at the Hainaut sites. However, it is true that simple productions appear to be poorly represented at certain sites (Irchonwelz 'la Bonne Fortune' and probably Blicquy 'la Couture de la Chaussée', see Cahen and van Berg 1979, Cahen et al. 1986). It cannot be excluded that it is the overrepresentation of waste from laminar production that leads to the distinction of these sites. This overrepresentation would go hand in hand with the fact that these sites are specialized in the production of blades and in the redistribution of preforms and blades to other households. It seems that a form of intra- or inter-community specialization of this laminar production is taking place.

This duality of production reflects the existence of two groups of knappers who do not have the same knowledge and know-how. In addition, the study of laminar production led us to identify two technical traditions opposing the knappers of Hainaut and the knappers of Hesbaye. These two technical traditions form a true affiliation between the Linearband-keramik and the Blicquy group. There is no clear break in the transmission of knowledge between these two cultural entities. This puts into perspective the frequency of cross-cultural recycling identified in Vaux-et-Borset and suggested to occur in Darion (Caspar and Burnez-Lanotte 1994 and 1997; Jadin et al. 2003).

After all, the true novelty or rupture between the LBK and the Blicquian populations consists of the appearance and development of simple productions. A part of the Blicquian economic sphere is no longer linked to the specialist knapper of blades. These productions will become preponderant at the end of the VSG and especially in the Middle Neolithic. The previous cultures will see a markedly more distinct opposition between genuine specialized productions, disconnected from the domestic sphere and these simple productions realized in a domestic context. It seems to us, then, that these simple productions, whose study is often underappreciated, deserve more attention. It would be particularly interesting to understand the mechanisms that led to this desire to be free from the specialist knapper. Has intra- and even intercommunity specialization in blade production led to the lack or expectation of blanks for some members of the community? It should be noted that, in our context, these low-level productions seem initially oriented towards the making of denticulates and faceted tools. However, the latter could, subject to more in-depth traceology studies, have worked on wood (Cahen et al., 1986). We can therefore ask ourselves if it is not the farmer in charge of wood production who would be at the origin of this emancipation of knapping specialists...

Finally, the study of the diffusion networks shows the intensity of the relations between villages, demonstrating the importance of exchanges for the socio-economic welfare of those agro-pastoral communities. The movement of knappers seems frequent. The best example is the beginning of the Bartonian flint diffusion which seems to be initiated by the movement of long-blade specialist knappers from the Paris Basin towards Hainaut. But profound changes in the modalities of diffusion of this flint must be underlined. At the middle stage of the BQY/VSG culture, there is the question of a reversal of the direction of movement of the individuals related to this diffusion. In the later stages, it is clear that the diffusion of long Bartonian tertiary flint blades to Hainaut is no longer carried out as part of the movement of knappers. It will be necessary to try to understand the reasons for this evolution of the diffusion process of the Bartonian tertiary flint. Block comparisons on the Blicquian sites could allow, by a fine study of the production sites, us to discriminate the VSG settlements from which the transport is carried out. This would allow us, perhaps, to circumscribe the potential counterparts of this diffusion.

The modalities of diffusion of Bartonian blades toward the Blicquian villages are very specific, at least during the early and middle stages. The VSG sites located far from the outcrops seem to have received only blades, probably obtained by exchanges step by step (Bostyn 1994), according to the 'down the line' model of Renfrew (1975). This opposition between the modalities of diffusion of the Bartonian tertiary flint underlies the existence of particular social relations between VSG sites in the centre of the Paris Basin and the Blicquian sites of Hainaut. These may be related to a 'kinship relationship' between some of the inhabitants of the tertiary flint blade producer sites and some inhabitants of the Blicquian villages.

The study of the diffusion of Ghlin flint showed the movement of knappers or a small group of inhabitants from Hainaut to the site of Vaux-et-Borset (Hesbaye). One wonders if this move is not accompanied by a permanent settlement in this village. In this perspective, the contribution of the technological study of ceramics will be particularly interesting. More-over, the permanent border between the two technical traditions identified between Hainaut and Hesbaye tends to indicate a certain immobilization of the masculine sphere. However, the diffusion of Ghlin flint toward Vaux-et-Borset led to a real meeting between knappers of two technical traditions whose evolutionary mechanisms would be interesting to study subject to the discovery of newer sites.

Introduction

Ce doctorat a été financé par un contrat doctoral dont la thématique, fléchée par le Ministère de la culture et de l'Enseignement Supérieur, s'intitulait, « Organisation économique et sociale au Néolithique. La diffusion des lames en silex au Néolithique ancien dans le Nord de la France et en Belgique. Échanges ou circulation de spécialistes ? ».

La circulation des matériaux prend une place fondamentale dans l'économie des premières populations agropastorales (Perlès 2007). Ces circulations, notamment de produits lithiques, d'objets de parure voire de céramiques, sont identifiées dès le début du Néolithique. Concernant les régions qui nous intéressent ici, à savoir le Nord de la France et la Belgique, une étude récente a montré le dynamisme des circulations de produits siliceux dans la culture rubanée (Allard 2005), qui correspond à l'implantation des premières populations néolithiques dans ces régions.

La reconnaissance de la circulation des produits siliceux est intimement liée aux avancées relatives à la caractérisation des matières premières. Il est par exemple possible, grâce à l'étude des micro-fossiles, d'attribuer un silex à sa strate géologique de formation (Mauger 1985). Par ailleurs, des campagnes de prospections systématiques permettent la localisation précise de certains gisements de matière siliceuse (Blanchet *et al.* 1989). Il est alors possible de retracer les voies de diffusion empruntées par certains produits à partir de la caractérisation des matières premières.

En outre, les échanges au Néolithique apparaissent fréquemment déconnectés d'un besoin technique. En revanche, il semble bien qu'ils soient « essentiels au fonctionnement social des sociétés » (Perlès 2007, 60). Si l'on doit à C. Renfrew les premières modélisations de la distribution spatiale des biens selon les différentes formes d'échanges (Renfrew 1975), l'apport des éléments technologiques a vite révélé la nécessité de les pondérer (Ammermann *et al.* 1978 ; Torrence 1986). Le renouvellement des problématiques porté par l'approche technologique (Geneste 1985 ; pour l'historique voir Pelegrin 1995 ; Tixier 1967 et 1976) et sa notion de chaîne opératoire (Leroi-Gourhan 1964) a conduit à appréhender la segmentation spatiale de la chaîne opératoire. Cet aspect a considérablement renouvelé les problématiques sur les échanges (Binder et Perlès 1990 ; Perlès 1990 et 1994). De plus, saisir la production en termes de niveaux de savoir-faire tend à indiquer que la diffusion à longue distance était fréquemment corrélée à l'existence de productions spécialisées (Perlès 2007). L'examen des niveaux de savoir-faire suggère également l'existence de liens phylétiques entre ateliers de tailleurs de grandes lames réalisées à la pression au levier (Guilbeau 2010 ; Pelegrin 2006). Les connaissances spécifiques et le haut niveau de savoir-faire qu'impliquent ces productions de grandes lames ont conduit à envisager le déplacement de tailleurs, parfois sur de très longues distances (Costa et Pelegrin 2004 ; Guilbeau 2010 ; Pelegrin 2006). Ce déplacement de tailleurs spécialisés peut également être souligné par l'observation de la concordance stricte d'une méthode et d'une technique de débitage dans des contextes géographiques ou culturels distincts. En témoignent les travaux réalisés sur la méthode pressignienne (Allard et Pelegrin 2007 ; Ihuel 2008 ; Pelegrin 2002). Mais le déplacement de tailleurs a également pu être mis en évidence dans des contextes socio-culturels proches (méditerranéen au IVè millénaire), pour des méthodes et techniques comparables (débitage de lamelles à la pression sur silex bédoulien chauffé ou obsidienne) et dont l'investissement technique est nettement inférieur aux débitages de grandes lames (Guilbeau 2014). Certes, dans cet exemple, c'est l'emploi d'une matière première très spécifique (l'obsidienne) dont les gisements sont très localisés qui contribue fortement à privilégier l'hypothèse de tailleurs itinérants. Néanmoins, cette hypothèse du déplacement de tailleurs dans le cadre des échanges néolithiques se révèle beaucoup plus fréquente que ne le laissait présager la perception statique et autarcique (Childe 1961) des communautés agro-pastorales. C'est donc dans ce cadre renouvelé des problématiques sur la diffusion des matières premières siliceuses que s'inscrit le présent travail.

Ainsi, pour répondre à la problématique proposée dans cet ouvrage, nous nous proposons d'étudier la circulation des produits siliceux à la fin du Néolithique ancien marqué par l'émergence de la culture Blicquy/Villeneuve-Saint-Germain (BQY/VSG). Cette culture comprend deux faciès régionaux : le groupe de Blicquy en Belgique et le groupe de Villeneuve-Saint-Germain dans la moitié nord de la France. L'organisation socio-économique de la production dans laquelle s'inscrivent les échanges doit nécessairement être appréhendée pour permettre de discriminer des hypothèses relatives aux modalités de diffusion des matières premières. Nous avons délibérément pris le parti d'une présentation thématique des données, s'affranchissant de la description site par site, qui nous semblait plus à même de répondre à la problématique proposée. C'est donc après une présentation des matières premières exploitées par les populations blicquiennes (Chapitre 2) que nous nous attacherons à définir l'organisation socio-économique de la production (Chapitre 3) avant d'aborder la question de la diffusion des matières premières siliceuses (Chapitre 4). Par ailleurs, les contextes de découverte de l'industrie lithique blicquienne induisent des biais non négligeables dans la représentation des activités. Tout en en ayant conscience, nous avons souhaité faire des propositions qui ne se veulent pas une fin en soi mais qui engagent indéniablement la poursuite de ces recherches.

Présentation générale: cadre chrono-culturel, problématique et méthode

Dans ce premier chapitre, l'objet de notre étude sera introduit par quatre parties. Deux angles d'approche prévaudront à la présentation des travaux antérieurs (1). D'une part, nous présenterons comment est née la notion de culture BQY/VSG et ses caractéristiques générales. D'autre part, aborder les études antérieures sur l'industrie lithique nous conduira à souligner les lacunes de la recherche que les problématiques développées dans le cadre de ce travail viseront en partie à combler (2). Les sites du groupe de Blicquy ont fourni une industrie lithique riche (3), induisant la mise en place d'une méthode adaptée que nous exposerons dans le cadre d'un quatrième chapitre.

1. Historique des recherches : un contexte chrono-culturel bien défini

Cet historique des recherches se voudra bref. Les cultures Rubané et de Blicquy/Villeneuve-Saint-Germain ont fait l'objet de nombreuses publications et plusieurs travaux universitaires se sont attachés à en présenter le contenu (Allard 2005 ; Augereau 2004 ; Bedault 2012 ; Bostyn 1994 ; Fromont 2013 ; Gomart 2014 ; Meunier 2012 ; Thévenet 2010). Aussi, notre choix s'est porté à retracer les évènements marquants qui ont conduit les chercheurs à identifier cet ensemble culturel, avant de replacer celui-ci dans son contexte chrono-culturel. En revanche, nous tâcherons d'exposer plus en détail les études relatives à l'industrie lithique de cette culture dans l'optique de justifier le bien-fondé du sujet abordé dans le cadre de ce travail.

1.1. La culture Blicquy/Villeneuve-Saint-Germain : de sa naissance à sa quintessence

1.1.1. Des groupes de Blicquy (BQY) et de Villeneuve-Saint-Germain (VSG) à la culture BQY/VSG

L'identification de la culture Blicquy/Villeneuve-Saint-Germain doit beaucoup à la rencontre de deux hommes : le français Claude Constantin et le belge Léonce Demarez. Mais tout commence quelques années auparavant.

Dès le début des années 1970, trois sites furent découverts par L. Demarez en Belgique : Ellignies-Sainte-Anne, Ormeignies « les Dérodés du Bois de Monchy » et Blicquy « Couture de la Chaussée ». Ces sites furent initialement attribués à la culture de Rössen (Demarez 1970, 1971 et 1972 ; Hubert 1970). Le matériel découvert présentait notamment des bracelets en schiste ainsi qu'une céramique dégraissée à l'os calciné et pilé (Hubert 1970).

En France, c'est en 1973 que Michel Boureux met au jour trois unités d'habitation et quelques fosses de tradition danubienne à Villeneuve-Saint-Germain (Aisne) (Boureux

1973). La poursuite de la fouille en 1975-1976 confirmera la présence d'un matériel jusqu'alors inédit dans le Bassin parisien. En 1974, une analyse pionnière en matière de pétrographie des céramiques réalisée par L. Courtois a montré la présence d'un dégraissant à l'os pilé et calciné dans la céramique (Constantin et Courtois 1980). « […] je me trouvais alors en possession de ce petit fossile que j'allais suivre à la trace comme le petit poucet suivant ses cailloux » affirme Claude Constantin (Constantin 2008, 22).

C'est alors que la rencontre, en 1976, entre C. Constantin et L. Demarez fut déterminante. Grâce à L. Demarez, C. Constantin a l'opportunité de voir le matériel issu des sites belges. La présence du dégraissant à l'os et des bracelets en schiste les conduit à établir des parallèles forts entre les assemblages belges et français. Sur l'instigation de L. Demarez, un programme de recherches en Hainaut, financé par le Ministère des Affaires étrangères français, débuta en 1977. Les fouilles menées en Hainaut confirmèrent la découverte d'un groupe culturel original, d'essence danubienne : le groupe de Blicquy (Cahen et van Berg 1979 ; Constantin et Demarez 1984 ; van Berg et al. 1982).

Parallèlement, la poursuite des recherches en Bassin parisien conduit à référencer une trentaine de sites ayant livré, entre autres, des bracelets en schiste. En 1980, le colloque de Sens aboutit alors à la création d'un nouveau groupe culturel post-rubané pour le Bassin parisien : le groupe de Villeneuve-Saint-Germain (VSG) (Constantin et Demoule 1982a et 1982b).

Lors du Colloque interrégional sur le Néolithique de Compiègne, en 1982, la communication de C. Constantin et L. Demarez vise non seulement à préciser les connaissances sur le groupe de Blicquy alors bien documenté mais également à souligner la grande proximité entre les groupes de VSG et de BQY. « Ces deux Groupes peuvent être considérés comme deux faciès d'un même ensemble culturel » (Constantin et Demarez 1984, 74).

En 1989, alors que le Blicquien du Hainaut est bien documenté, les activités de la mission française en Belgique s'étendent en Hesbaye liégeoise. La découverte du site de Vaux-et-Borset accroît alors l'aire d'extension du groupe de Blicquy vers l'Est. La fouille du site de Darion, la même année, étoffe les découvertes pour cette zone d'implantation (Jadin et al. 2003). Côté français, le groupe de VSG s'enrichit d'un nombre considérable de sites, notamment grâce au développement de l'archéologie préventive. Aujourd'hui, près de 150 sites constituent cette culture BQY/VSG (Ilett 2010 et 2012) dont l'extension s'étend sur toute la moitié nord de la France ainsi qu'en Belgique (fig. 1).

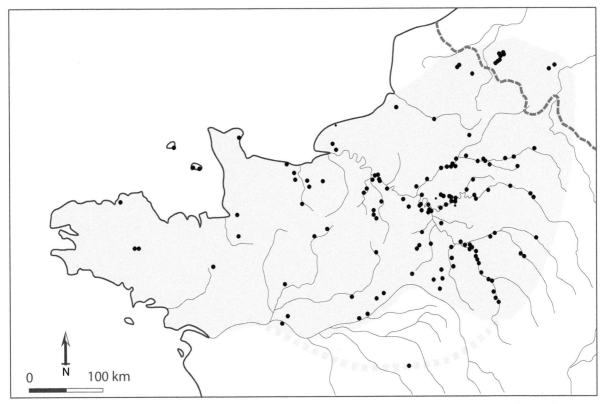

Figure 1 – Carte de répartition des sites attribués à la culture Blicquy/Villeneuve-Saint-Germain, d'après Bostyn et Denis 2016, repris.

1.1.2. La culture BQY/VSG : mode de vie

À l'exception de l'industrie lithique sur laquelle nous reviendrons plus en détail, les caractéristiques de cet ensemble culturel seront brièvement exposées.

- Implantation des villages et architecture, une tradition rubanée

Les habitats de la culture BQY/VSG ont été découverts sur des plateaux ou plaines à couverture lœssique, à proximité d'un cours d'eau. L'érosion qui les affecte ne permet pas de retrouver les paléosols, à l'exception près du site VSG de Jablines « la Pente de Croupeton » (Lanchon *et al*. 1997). Ainsi, seules les structures en creux subsistent (trous de poteaux, fosses, sépultures). Les fosses dites latérales, plus ou moins tronquées selon le degré d'érosion des sites, dessinent en négatif les bâtiments. Ils atteignent une trentaine de mètres de long et leur morphologie est trapézoïdale, avec l'ouverture la plus large vers l'Est (fig. 2). Le système de construction, hérité du Rubané, s'inscrit clairement dans la tendance évolutive observée ailleurs dans le monde danubien (Coudart 1998). La dimension des bâtiments serait corrélée au nombre de ses habitants et la durée d'occupation d'une unité d'habitation correspondrait à une génération (Coudart 1998 ; Ilett 2010).

- La culture matérielle de la culture BQY/VSG

La céramique du groupe de Blicquy a été étudiée par C. Constantin dans le cadre de sa thèse (Constantin 1985). Les caractéristiques de cette céramique sont reprises dans la figure 3. La majorité des études concernant la céramique BQY/VSG consiste en une analyse fine du système morpho-fonctionnel et du système de décor qui une fois couplés conduisent à la restitution du système général de la céramique (Constantin 1994). À cela s'ajoutent des remarques concernant le choix du matériau et du dégraissant, la méthode de montage, les finitions des surfaces et le mode de cuisson (Constantin 1994). Rares sont les études portant sur les techniques de montage (Gomart 2010). Des projets novateurs dans ce domaine et notamment sur les corpus blicquiens de Hesbaye ont récemment été mis en œuvre (van Dosselaere *et al*. 2013 et 2014). La production céramique ne suit pas des règles contraignantes et présente une variabilité des techniques, ce qui pourrait traduire une structure domestique de la production (Constantin 1994).

Sur la base des décors céramiques du Hainaut, Claude Constantin a proposé une première périodisation de la culture BQY/VSG en 3 étapes (Constantin 1985) (fig. 4) :

- une étape ancienne est illustrée par un nombre important de décors au peigne, l'absence de décors en V et l'identification des motifs en arêtes de poisson sur les vases à provision ;
- une étape moyenne voit le taux de décors au peigne baisser significativement alors qu'apparaissent les décors en V. Les décors en arêtes de poisson diminuent, au profit des motifs en V, réalisés par impressions au doigt (sur les vases à provision) ;
- l'étape récente se caractérise par la disparition des motifs en arêtes de poisson et par la multiplication des cordons en relief notamment pour les motifs en V.

Les études ultérieures tendent à confirmer ce découpage bien qu'elles soulignent l'existence de particularités régionales (Constantin *et al.* 1995 ; Lanchon 2003 ; Meunier 2012 ; Prodéo 1995). À l'heure actuelle, la séquence la mieux documentée, dans la basse vallée de la Marne, propose un découpage en 5 étapes qui subdivise notamment l'étape moyenne. C'est en effet à partir de l'étape moyenne B que disparaîtraient les décors incisés en arêtes de poisson (Lanchon 2008). Un essai de sériation par abondance et une analyse des correspondances ont récemment été appliqués aux corpus blicquiens dans leur ensemble (Hauzeur 2008). Un séquençage en quatre étapes est proposé où l'étape I est très ténue et la valeur de l'étape IV discutée (groupement fonctionnel plus que stylistique ?).

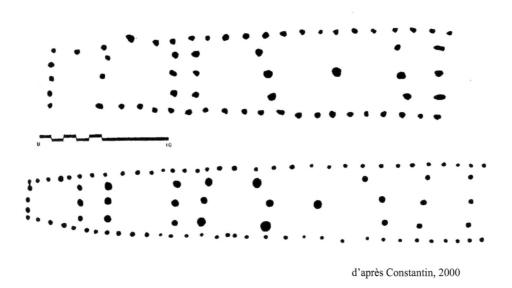

d'après Constantin, 2000

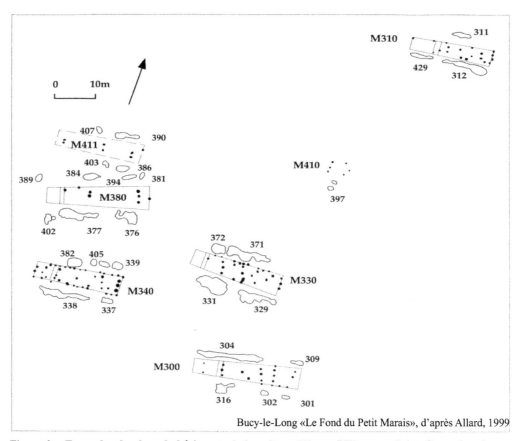

Bucy-le-Long «Le Fond du Petit Marais», d'après Allard, 1999

Figure 2 – Exemples de plans de bâtiments de la culture Blicquy/Villeneuve-Saint-Germain, plus ou moins lisibles selon le degré d'érosion des structures en creux

Répertoire formel

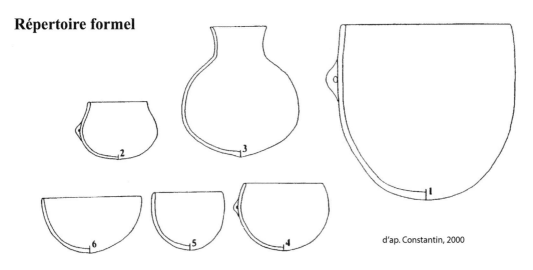

d'ap. Constantin, 2000

- vases en 3/4 ou 1/2 sphère, à fond arrondi
- ouvertures éversées, verticales ou rentrantes (dont bouteilles, n° 3)
- préhensions = souvent des boutons à perforation horizontale

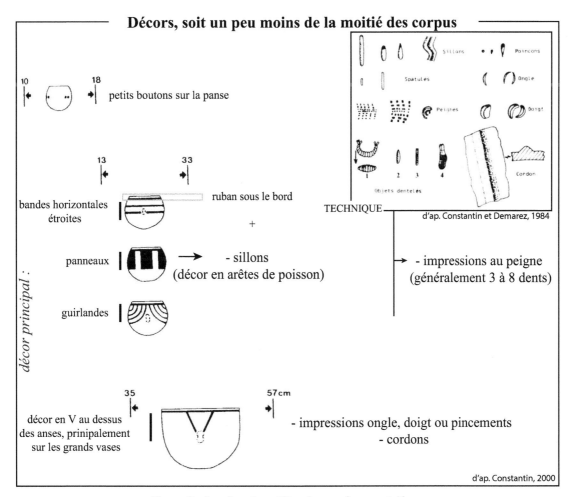

Figure 3 – La céramique blicquienne : formes et décors

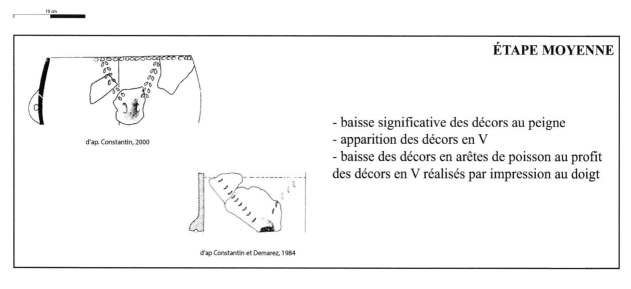

ÉTAPE ANCIENNE

d'ap. Constantin et Demarez, 1984

d'ap. Constantin *et al.,* 1978

- nombreux décors au peigne
- motifs en arêtes de poisson sur les vases à provision
- pas de décors en V

d'ap. Constantin *et al.,* 1978

10 cm

ÉTAPE MOYENNE

d'ap. Constantin, 2000

- baisse significative des décors au peigne
- apparition des décors en V
- baisse des décors en arêtes de poisson au profit des décors en V réalisés par impression au doigt

d'ap Constantin et Demarez, 1984

ÉTAPE RECENTE

- disparition des motifs en arêtes de poisson
- multiplication des cordons en relief notamment pour les décors en V

d'ap Constantin et Demarez, 1984

Figure 4 - Périodisation de la culture Blicquy/Villeneuve-Saint-Germain en trois étapes, d'après les travaux de C. Constantin sur la céramique

Les bracelets en schiste sont de véritables marqueurs identitaires de cette culture BQY/VSG : « Ils sont caractéristiques du groupe de Villeneuve-Saint-Germain dans le Bassin parisien et du groupe de Blicquy en Hainaut belge. » (Auxiette 1989, 43). Très vite, les études se sont intéressées à la typologie et aux chaînes opératoires de fabrication de ces bracelets (Auxiette 1989 ; Burnez-Lanotte *et al.* 2005 ; Constantin 1985). Par la suite, N. Fromont a contribué au renouvellement des connaissances sur les anneaux (Fromont 2003 et 2005 ; Fromont *et al.* 2006, 2008a et b), aboutissant à un récent mémoire de doctorat (Fromont 2013).

Près de 90 pour cent des anneaux BQY/VSG sont en schiste. Les autres sont en calcaire gris, en argile ou en roches tenaces. Or, les gisements de schiste n'existent que dans le Massif ardennais et le Massif armoricain, aussi « les populations VSG/By ont souhaité créer des liens sociologiques et des réseaux économiques sur de grandes distances en employant des ressources qui ne sont pas uniformément réparties sur l'ensemble de leur territoire.» (Fromont 2011, 491). Morphologiquement, il existe des anneaux plats et des anneaux en tonnelet (fig. 5). Trois types sont distingués selon leur diamètre interne : de très petits anneaux (parures de doigt), de petits anneaux (bracelets pour enfants) et de grands anneaux (bracelets pour adultes) (Fromont 2011, fig. 523).

La production n'est pas assurée au sein de chaque site. 80 pour cent des sites livrent des anneaux en schiste ou en calcaire gris qui n'ont pas été produits *in situ* (Fromont 2013). Selon ce même auteur, il s'agit de productions spécialisées. Sur les bases du séquençage des chaînes opératoires dans l'espace, il distingue : des sites d'acquisition, des sites et habitats producteurs, des sites producteurs intermédiaires et des sites receveurs. Il a souvent été évoqué la question d'une réciprocité entre schiste et silex tertiaire bartonien dans les échanges de la culture BQY/VSG (Augereau 2004 ; Bostyn 1994 ; Fromont 2003 et 2005 ; Plateaux 1990a et b).

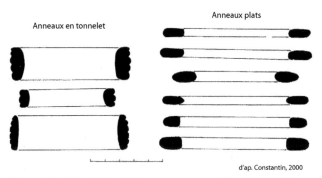

Figure 5 – Morphologie des anneaux en schiste retrouvés sur les sites de la culture Blicquy/Villeneuve-Saint-Germain

L'industrie osseuse n'est pas conservée sur les sites blicquiens à cause de l'acidité des sols. Par conséquent, seules les études sur le VSG participent à la connaissance de ces objets. I. Sidéra voit dans l'industrie osseuse du Villeneuve-Saint-Germain « un mélange intrigant d'éléments connus et d'étrangetés » (Sidéra 2008, 210). Selon l'auteur, cette industrie hérite sans conteste des traditions rubanées et donc indirectement cardiales. I. Sidéra souligne en effet que « la partie non négligeable de la culture matérielle cardiale intégrée dans le Bassin parisien se mélange au substrat rubané traditionnel pour constituer l'identité même de l'industrie osseuse du Rubané récent de cette région. Elle contribue aussi par ses persistances à celle du VSG. » (Sidéra 2008, 217). Quant aux innovations, elles ont par exemple été reconnues à travers l'apparition des outils tranchants multiples sur ramure de chevreuil, des

gros outils sur os longs (support inhabituel) réalisés par une méthode de découpe indéterminée et par l'apparition des décors de cupules (Sidéra 2008). Ces éléments ne se rapportent à aucune culture contemporaine qu'elle soit méditerranéenne ou rhénane. I. Sidéra envisage plusieurs hypothèses dont une origine du nord, via le groupe de Blicquy, sans qu'il soit possible de le démontrer compte tenu des remarques émises précédemment. Quoiqu'il en soit, l'auteur perçoit, à travers cette industrie VSG, une composante issue de la fusion d'éléments de cultures néolithiques et mésolithiques réalisée en dehors du Bassin parisien (Sidéra 2000, 172).

De nombreuses meules et molettes ont été identifiées en contexte BQY/VSG. L'étude des ces outils de broyage a été menée par C. Hamon (Hamon 2006). Un phénomène frappant est celui des dépôts. En effet, cette pratique bien connue pour le Danubien semble exacerbée dans les régions les plus occidentales de son extension, depuis les étapes récentes du Rubané et durant la culture BQY/VSG (Hamon 2008). Il est souligné la particularité des sites du Hainaut où il a été identifié des associations de plusieurs dépôts dans les fosses latérales d'une même unité d'habitation (exemple d'Irchonwelz « la Bonne Fortune », Constantin *et al.* 1978). Le grès employé pour la confection des meules et molettes blicquiennes du Hainaut provient des niveaux du Landénien qui affleurent à une dizaine de km au sud de Blicquy. Dans les dépôts, les meules et molettes sont appariées « comme si l'on souhaitait conserver la fonctionnalité réelle ou symbolique des outils ou que l'on envisageait de les récupérer plus tard pour une nouvelle utilisation » (Hamon 2008, 202). Il est de plus souligné une différence technique fondamentale entre le Rubané (type débordant) et le BQY/VSG (type court). Ce changement majeur des techniques de broyage pourrait aller de pair avec l'arrivée massive de l'orge nue qui semble remplacer l'orge vêtue (Bakels et Renfrew 1985 ; Bakels 2008 ; Dietsch-Sellami 2004 ; Heim et Jadin 1998). Trois hypothèses sont discutées pour expliquer ces pratiques de dépôts : une pratique rituelle, une signification technique ou encore une signalisation territoriale et culturelle (Hamon 2008).

- Économie de subsistance : flores et faunes

L'économie de subsistance est bien évidemment orientée vers l'agriculture et l'élevage. L'agriculture repose sur l'exploitation de céréales (amidonnier, engrain, orge nue, blé tendre), d'une légumineuse (le pois) et de deux plantes sources d'huile (lin et pavot) dont une fournit également des fibres (Bakels 2008). Des variations sont observées entre Rubané et BQY/VSG. Elles sont imputées à la fois au passage à un climat plus froid et plus sec mais également à un changement culturel (Bakels 2008).

L'analyse des restes fauniques est extrêmement limitée pour le groupe de Blicquy étant donné leur mauvaise conservation. Les rares observations possibles ne paraissent toutefois pas en inadéquation avec les études de la faune VSG (Hachem 2001). Cette dernière est relativement abondante et a récemment fait l'objet d'une thèse de doctorat (Bedault 2012). « Au Rubané comme au VSG, l'élevage est au centre de l'identité culturelle » (Bedault et Hachem 2008). Le cheptel est dominé par le bovin (60 pour cent) suivi des caprinés (30 pour cent) au début de la séquence. À partir de l'étape moyenne, un changement radical s'opère puisque l'exploitation des porcs se substitue à celle des caprinés (Bedault et Hachem 2008). Deux pistes de recherche sont envisagées pour l'expliquer : soit il s'agirait d'une réponse à une croissance démographique élevée (augmentation des besoins alimentaires), soit il traduirait une adaptation aux conditions climatiques (Bedault et Hachem 2008 ; Bedault 2012). Tout au long du Néolithique ancien, les pratiques cynégétiques perdurent. Les espèces sauvages ne représentent toutefois qu'environ 10 pour cent des corpus de faune et sont orientées vers la sélection de gros gibiers : auroch, cerf, sanglier et chevreuil (Bedault 2012). Cela suggère que la chasse est motivée par la recherche de ressources alimentaires supplémentaires.

- Rites funéraires : des morts discrets

Pour le domaine géographique qui nous occupe ici, les pratiques funéraires du Néolithique ancien ont également fait l'objet d'une thèse assez récente (Thévenet 2010). Peu de sépultures sont connues pour la période (Gombau 1997). Aucune nécropole n'est recensée pour la culture BQY/VSG et seules quelques inhumations individuelles ont été découvertes au sein de la sphère villageoise (Thévenet 2010). Les sujets sont déposés en position fléchie, sur le côté gauche, tête généralement orientée vers l'est et le visage au sud. Généralement, le mobilier est composé de céramiques et de parures, fréquemment représentées par les anneaux précédemment décrits (fig. 6).

Le déficit de tombes a conduit les chercheurs à s'interroger sur d'éventuelles « alternatives à l'inhumation en tombe » (Pariat et Thévenet 2008). Cette question prend sens quand on sait par exemple qu'une incinération a été découverte sur le site de Buthiers-Boulancourt (Samzun *et al.* 2006). J.-G. Pariat et C. Thévenet se sont alors intéressés aux restes humains isolés découverts dans les fosses latérales d'habitation. Si leur présence est bien attestée, leur interprétation est ambiguë entre geste intentionnel ou phénomène fortuit. Toutefois, même dans la première optique, les auteurs soulignent que cela ne comblerait pas le déficit d'individus inhumés.

Ce bref aperçu des éléments constituants la culture BQY/VSG montre bien le caractère indéniablement danubien de celle-ci tout en évoquant des différences avec la culture rubanée. La découverte de ces deux cultures dans les mêmes régions, parfois sur les mêmes sites a conduit à un long débat sur la place chronologique des cultures Rubané et BQY/VSG.

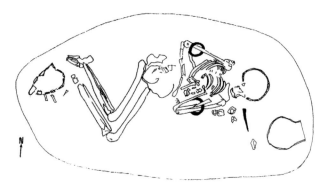

D'ap. Constantin *et al.*, 1995

Figure 6 – Exemple de sépulture BQY/VSG, découverte à Bucy-le-Long « le Fond du Petit Marais »

1.2. De la trop forte tradition danubienne : un débat houleux sur la place chronologique de cette culture

En effet, cette question a suscité de vifs débats depuis les années 1980 dont l'acmé a été atteint lors du colloque « Rubané et Cardial » qui s'est tenu en 1988. Depuis, aucun consensus n'a vraiment émergé. Ce débat est en outre intimement lié à la compréhension de la néolithisation de ces régions, à laquelle participeraient également une composante mésolithique et une composante méridionale. La récente synthèse sur le Néolithique ancien de Lorraine offre un bilan clair sur la question de la néolithisation du nord-ouest européen (Blouet *et al.* 2013, chapitre 1). De l'imbrication de tous ces éléments s'opposent deux visions : une dite « diachronique » et une dite « synchronique » (Allard 2005). Nous résumons ici brièvement l'historique de cette controverse (Constantin et Ilett 1998 ; Constantin et Burnez-Lanotte 2008 ; Jadin *et al.* 2003 pour ne citer qu'eux) issue de la mise en œuvre de deux approches méthodologiques différentes.

La vision diachronique propose que la culture BQY/VSG succède au Rubané (RRBP/Rubané Récent du Bassin Parisien et RFBP/Rubané Final du Bassin Parisien) et est antérieure au Cerny. Depuis la découverte de la culture BQY/VSG, la postériorité de cette dernière sur le Rubané a toujours été soutenue (Demarez *et al.* 1977 ; Farruggia *et al.* 1982). Trois principaux arguments étayent leur vision. D'une part, la coexistence de deux cultures néolithiques autonomes au sein d'une microrégion, qui plus est parfois sur les mêmes sites, est difficilement soutenable. De surcroît, aucun matériel intrusif (rubané ou blicquien) n'a été découvert au sein des structures, qu'elles soient rubanées ou blicquiennes. Enfin, les caractéristiques typologiques de ces deux industries offrent, dans l'ordonnance chronologique proposée, « une vision linéaire de l'évolution chronologique pour cette période du Néolithique » (Constantin et Demarez 1984, 86). Toutefois, les dates radiométriques se superposent à celles du Rubané. Mais leur position en faveur de la diachronie s'appuyant sur des données de terrain et des études fines du matériel, les limites de la datation radiocarbone furent invoquées : « les dates C14 rubanées et blicquiennes de Vaux confirment l'impossibilité de résoudre le problème chronologique à l'aide de la méthode radiométrique, vu son trop grand degré d'imprécision dans l'état actuel des recherches » (Burnez-Lanotte *et al.* 2001, 70). Outre l'étude de la céramique (Constantin 1985), celles de l'industrie osseuse (Sidéra 1993), de l'industrie lithique (Augereau 2004 ; Allard 2005 ; Allard et Bostyn 2006a), de l'architecture (Coudart 1998 ; Simonin 1996) et des rituels funéraires (Jeunesse 1995) abondent dans ce sens.

À l'opposé, les tenants du synchronisme se sont appuyés d'abord sur les datations radiocarbone qui plaçaient le groupe de Blicquy au même moment que le « Rubané classique », les deux étant antérieurs au Rubané récent du Bassin parisien (Cahen et Gilot 1983). La contemporanéité du Blicquien et du Rubané aurait été confirmée par la découverte d'une fosse sur le site de Vaux-et-Borset contenant à la fois du matériel blicquien et du matériel rubané (Cahen et Docquier 1985). Ils envisagent l'existence de relations exogamiques entre Rubanés et Blicquiens. Ainsi, si le Rubané et le BQY/VSG sont contemporains et antérieurs au RRBP, d'où viennent ces groupes BQY/VSG ? Là où les chercheurs du Bassin parisien voient une filiation dans ces industries, du côté belge, on veut bien concéder un « cousinage » (Jadin *et al.* 2003, 479), légitime puisque Rubané et BQY/VSG se côtoient. Dès lors, les caractères non danubiens de la culture BQY/VSG proviendraient, d'après les partisans du synchronisme, des cultures méridionales (Cahen et Otte 1990 ; Hauzeur 2006 ; Hauzeur et van Berg 2005 ; Roussot-Larroque 1990). Par ailleurs, C. Jeunesse, s'appuyant sur les cas d'associations de matériel de cultures différentes et sur les affinités stylistiques, offre une autre vision (Jeunesse 1999). Par une critique des données céramiques et de la méthode d'étude employée par les tenants de l'hypothèse diachronique, il en arrive à une toute autre séquence chronoculturelle. Le VSG, l'Augy-Sainte-Pallaye et le RRBP seraient contemporains en s'excluant géographiquement. Pour les tenants du diachronisme, l'Augy-Sainte-Pallaye est considéré comme une étape finale du VSG et non comme un ensemble culturel à part entière. Ces cultures (VSG, ASP, RRBP) seraient à l'origine du RFBP qui, lui, serait en partie contemporain du Blicquien, alors présenté comme un faciès tardif de la culture BQY/VSG. La diachronie entre VSG et BQY n'avait pourtant jusqu'alors jamais été discutée par aucun des protagonistes des deux camps.

Finalement, J. Dubouloz propose en 2003 une synthèse sur les dates radiocarbones de la séquence du Bassin parisien qui permet de réaffirmer la succession RRBP puis VSG. Le VSG daterait alors de 4950/4900 à 4750/4650 avant notre ère (Dubouloz 2003). Côté belge, on admet qu' « Il n'est plus possible de placer sans difficultés le Groupe de Blicquy/Villeneuve-Saint-Germain (BQY/VSG) avant le Rubané en général ou le Rubané Récent du Bassin parisien, même si un net chevauchement chronologique avec ce dernier subsiste » (Jadin 2007, 115-16). Si cette dernière question reste discutée, les points de vue des deux parties sont beaucoup moins contradictoires aujourd'hui.

« J'ajouterai que si certains de nos collègues synchronistes

pensent et veulent parfois montrer que 'nous avons tout faux', c'est précisément ce que nous devons éviter de faire par rapport à leur argumentation, en étant attentifs à leurs apports. Il est probable qu'ils 'n'ont pas tout faux'. » (Constantin 2008, 24).

1.3. Les entités culturelles environnantes

Outre cette question des rapports chronologiques entre cultures Rubané et BQY/VSG et dans la perspective de retracer les réseaux de circulation, il est légitime de s'intéresser aux rapports entretenus entre Blicquiens et les autres entités culturelles avoisinantes. Deux directions s'imposent alors : vers le nord et les communautés mésolithiques et vers le sud-est en direction des cultures néolithiques rhénanes.

L'impact des communautés mésolithiques nordiques sur la néolithisation de la Belgique est beaucoup discuté (Crombé 2008 ; Crombé *et al.* 2002 et 2005 ; Crombé et Vanmontfort 2007 ; Crombé et Sergant 2008 ; Van Assche 2008 ; Vanmontfort 2008a ; Vanmontfort 2008b). En Basse-Belgique, la particularité réside dans le fait que des occupations mésolithiques ont perduré jusqu'à la fin du Vè millénaire avant notre ère (Crombé *et al.* 2005). Ces mésolithiques appartiennent à la culture Swifterbant qui s'étend jusqu'à la vallée de l'Escaut (Crombé *et al.* 2002 ; Crombé et Vanmontfort 2007). Moins de 80 km séparent donc ces sites de ceux du groupe de Blicquy du Hainaut. Différents éléments traduisent l'existence de contacts entre ces chasseurs-cueilleurs et les populations agro-pastorales blicquiennes, contacts qui « portaient sur l'échange de matériaux et/ou la transmission de techniques » (Crombé 2008). Dans la vallée de l'Escaut, durant la transition entre le VIè et le Vè millénaire, les sites de Kerkhove (Crombé 1986), Heusden (Bats et De Reu 2006) et Melsele (van Berg *et al.* 1992) ont livré des tessons dégraissés à l'os. P. Crombé suggère des expéditions blicquiennes (ou apparentées) (Crombé 2008) jusqu'au bord de la mer du Nord. De la céramique du groupe de Blicquy a été découverte plus loin encore sur le site d'Hardinxveld-Giessendam De Bruin (Raemaekers *in* Louwe Kooijmans 2001), soit à 200 km des occupations blicquiennes. Autour du milieu du Vè millénaire, les premières productions céramiques de chasseurs-cueilleurs sont attestées (Crombé *et al.* 2002 ; Crombé *et al.* 2011). Elles seraient empruntées aux cultures néolithiques par contact direct. Certains auteurs perçoivent des influences du Rössen (Raemaekers 1999), d'autres d'un mélange entre les cultures Ertebølle et Rössen/Bischheim (De Roever 2004) alors que selon certains, les liens sont plus prégnants avec la culture BQY/VSG et le Grossgartach (Crombé *et al.* 2002 et 2005). Concernant l'industrie lithique, il semble que les échanges soient plutôt orientés vers les cultures rhénanes, le Rössen notamment (Van Gijn 2010).

Des contacts entre la culture BQY/VSG et les cultures rhénanes (Hinkelstein, Grossgartach) ont également été signalés (Constantin et Ilett 1998). Des similitudes entre l'architecture ou les techniques de décors céramiques ont été relevées. Des traces plus directes comme des bracelets en calcaire, provenant probablement des groupes VSG, ont été découverts en contexte Hinkelstein (Constantin et Ilett 1998). Ces deux bracelets proviennent d'une tombe de la nécropole de Worms-Rheingewann (Meier-Arendt 1975). Un autre indice correspond à la découverte de tessons blicquiens dans des fosses Grossgartach sur les sites de Langweiler 10 et 12 (Aldenhover Platte) (Spatz 1991). Il s'agit de tessons dégraissés à l'os dont un vase décoré d'arêtes de poisson.

En outre, des coins perforés isolés ont été répertoriés du nord-est de la Belgique jusqu'au nord des Pays-Bas et en Scandinavie méridionale (Klassen 2002 ; Verhart 2000). Ce type d'objet est caractéristique des cultures Hinkelstein/Grossgartach et Rössen. Par ailleurs, à Hardinxveld-Giessendam De Bruin, un tesson appartenant probablement à la culture Grossgartach a également été découvert (Vanmontfort 2008a). Ces indices illustrent bien que ces régions sont au carrefour d'influences de diverses cultures néolithiques et mésolithiques.

1.4. Quelle place pour l'industrie lithique dans ces définitions et débats ?

Comme on l'a vu, peu de place a été accordée à l'industrie lithique dans la discussion relative à la séquence chrono-culturelle. On s'interrogera alors sur les orientations prises par les études sur l'industrie lithique de la culture BQY/VSG.

En Belgique, celles-ci ont connu un véritable dynamisme suite à la découverte des sites blicquiens. En 1979, la publication du site de Blicquy « la Couture de la Chaussée » offre une description assez détaillée de l'industrie lithique comprenant un classement par matières premières, des considérations technologiques et une liste typologique détaillée (Cahen et van Berg 1979). L'emploi de la pression pour le débitage de certaines lames est mentionné pour la première fois. Cette industrie a même fait l'objet d'études tracéologiques novatrices dès 1982 (Cahen et Gysels 1983 ; Gysels et Cahen 1982). La thèse de C. Constantin offre une première synthèse sur les industries lithiques des groupes de Blicquy et de Villeneuve-Saint-Germain (Constantin 1985). L'industrie lithique VSG était alors moins bien connue. Peu de différences sont à souligner vis-à-vis de la publication de Blicquy. Plusieurs matières premières sont décrites, l'étude est préférentiellement orientée vers une comparaison de l'outillage. Peu de données sont disponibles sur la technologie. Il est toutefois mentionné que « la composante laminaire représente 7 à 15 pour cent des objets selon les sites » (Constantin 1985, 185). L'emploi de la pression pour l'obtention de certaines lames est rappelé. En 1986, une synthèse sur les industries lithiques des populations danubiennes de Belgique contribue à comparer les industries rubanée et blicquienne (Cahen *et al.* 1986). Les données relatives au faciès blicquien sont principalement issues du site de Blicquy « la Couture de la Chaussée ». Les comparaisons sont établies sur les matières premières employées, la technologie, l'outillage

et les observations tracéologiques. La nouveauté consiste à voir dans l'industrie lithique blicquienne « une industrie technologiquement dominée par le débitage laminaire » (Cahen *et al.* 1986, 60). La majorité des éclats serait donc un « rebut de la production des lames et non le respect d'un débitage spécialisé » (*ibidem*, 60). Les auteurs soulignent également la recherche de longueur des produits blicquiens qui, supposés être obtenus à la pression, sont réguliers et issus d'un débitage à forte productivité. Ces études pionnières participent à la définition de la culture matérielle du groupe de Blicquy.

Parallèlement et hormis la thèse de C. Constantin, rares sont les études sur le lithique VSG. Il faut attendre le début des années 1990 pour qu'elles s'amorcent. Dans cette perspective, Michel Plateaux engage la caractérisation du matériel VSG, suite à la découverte du site de Trosly-Breuil (Diepeveen *et al.* 1992 ; Plateaux 1990a). Il identifie une production laminaire en silex tertiaire réalisée sur de grandes plaquettes, conduisant à l'obtention de longues lames atteignant jusqu'à 200 mm. Une production d'éclats coexiste, exploitant elle plutôt le silex secondaire. Il est à l'origine de la reconnaissance de réseaux d'échanges entre le Bassin parisien et le Hainaut qu'il base sur la circulation du schiste et du silex « chocolat » (Plateaux 1990a,b et 1993). L'individualisation de ce silex au sein des corpus blicquiens (Cahen *et al.* 1986 ; Constantin 1985) conduisait les auteurs à envisager une provenance des environs de Douvrain-Baudour dans le Bassin de Mons (Hubert 1981). « Nous devons au regretté Michel Plateaux de pouvoir actuellement attribuer cette roche siliceuse au silex tertiaire du Bassin parisien. » (Jadin *et al.* 2003, 430).

Avec le développement de l'archéologie préventive, le nombre de sites attribués au VSG croît considérablement et les travaux engagés par M. Plateaux se voient enrichis de deux thèses sur le sujet (Augereau 2004 ; Bostyn 1994). En 1993, A. Augereau travaille sur le sud-est du Bassin parisien entre le Vè et le IVè millénaire avant notre ère, elle propose alors une première analyse des données sur l'industrie lithique VSG de cette zone géographique. L'indépendance des productions d'éclats et de lames est avérée, avec une prédominance systématique de la première. Celle-ci ne semble pas exiger un investissement technique important, contrastant avec la production laminaire. De là, A. Augereau discute de l'éventualité d'une production techno-économiquement spécialisée et propose un schéma de son organisation. La production des outillages au VSG semble impliquer une combinaison de relations socio-économiques à différentes échelles : entre membres de la communauté, entre unités villageoises d'un même « territoire », entre groupes géographiquement distincts (*ibidem*. p. 278). Une relative complexité technologique et économique est donc décelable.

La thèse de Françoise Bostyn, intitulée, *Caractérisation des productions et de la diffusion des industries lithiques du groupe néolithique du Villeneuve-Saint-Germain*, propose une véritable synthèse sur le lithique VSG. Compte tenu de la richesse des formations siliceuses du Bassin parisien, différentes matières premières ont été exploitées sur les sites. Cet approvisionnement est qualifié de « multidirectionnel » avec une préférence pour les matières d'origine locale (Bostyn 1995, 35). La caractérisation des productions réaffirme la dualité d'une production de lames et d'éclats. L'étude des différentes chaînes opératoires la conduit également à repérer des modes de production différents. Elle définit notamment une production spécialisée de grandes lames en silex tertiaire bartonien pouvant atteindre une vingtaine de centimètres. De plus, cette production est spécifique à certains sites, qualifiés de « sites producteurs » (*ibidem*, p. 664), en opposition aux « sites receveurs » vers lesquels certaines pièces ont circulé. Ces dernières sont reconnues jusqu'en Belgique, dans le groupe de Blicquy. La diffusion s'est effectuée sous forme de produits finis ou semi-finis et traduirait l'existence d'échanges, probablement en contrepartie du schiste.

Une dizaine d'années après les premiers travaux sur l'industrie lithique blicquienne, la publication du site de Vaux-et-Borset (Hesbaye) apporte un nouvel éclairage (Caspar et Burnez-Lanotte 1994). La dualité d'une production d'éclats et de lames dans le groupe de Blicquy, suggérée dès 1979 (Cahen et van Berg 1979), n'avait pas été confirmée dans la synthèse de 1986 (Cahen *et al.* 1986). L'étude des sites de Vaux-et-Borset conduit à réaffirmer cette dualité. La production d'éclats est réalisée sur du silex local. Majoritaire, elle est qualifiée « d'opportuniste » (Caspar et Burnez-Lanotte *ibid.*, 7) tout comme l'exploitation de petits blocs ou rognons destinée entre autres à l'obtention d'outils tels les polyèdres. Plusieurs productions laminaires ont été individualisées. Deux types d'exploitation des silex locaux apparaissent. Une production de lames courtes probablement débitées à la percussion directe dure s'oppose à une production soignée sans doute obtenue à la percussion indirecte. À celles-ci s'ajoute la présence de productions sur silex exogènes que sont le silex tertiaire bartonien du Bassin parisien et le silex de Ghlin du Hainaut. Il semble que le débitage soit réalisé à la percussion indirecte, toutefois, il n'est à l'heure actuelle toujours pas écarté que les lames en silex de Ghlin soient obtenues à la pression. Pour I. Jadin, cette dernière pourrait également avoir été employée pour les lames en Bartonien du site de Darion (Jadin *et al.* 2003, 441). De l'étude de Vaux-et-Borset, il est conclu que le Blicquien de Hesbaye s'avère extrêmement proche de celui du Hainaut et qu'il présente des rapports étroits avec le groupe de VSG. L'étude de l'industrie lithique de Darion ne fait pas apparaître de grandes divergences avec l'analyse du mobilier de Vaux (Jadin *et al.* 2003). La présence d'un habitat rubané contigu a été remarquée sur les deux sites mentionnés et sur certains sites du Hainaut. Mais c'est à Vaux-et-Borset qu'a été « mis en évidence et caractérisé un processus de recyclage transculturel des éléments lithiques rubanés par les Blicquiens » (Constantin et Burnez-Lanotte 2008, 46) (Caspar et Burnez-Lanotte 1994 et 1997). Ce phénomène n'est sans doute pas spécifique au site de Vaux-et-Borset puisqu'il est également suggéré à Darion (Jadin *et al.* 2003).

Il faut également mentionner la mise en place d'une mé-thode d'étude singulière pour les industries lithiques de Belgique. Cette méthode, basée sur le croisement des analyses microscopiques, macroscopiques et expérimentales, a permis d'identifier deux nouveaux outils : le grattoir-herminette et le foret (Caspar et Burnez-Lanotte 1996), reconnus par la suite en contexte VSG (Allard *et al.* 2004 ; Allard et Bostyn 2006b). Le grattoir-herminette apparaît en quantité moindre dès le RRBP. Quant au foret, sa fonction semble directement liée à l'artisanat du schiste qui avait pour beaucoup contribué à l'individualisation des groupes de Blicquy et de Villeneuve-Saint-Germain.

Dans un premier temps, les études sur l'industrie lithique du groupe de Blicquy se sont donc légitimement attachées à en définir les caractéristiques techno-typologiques générales. Les études les plus récentes, focalisées autour du site de Vaux-et-Borset, ont considérablement enrichi ces données. Par ce biais, ces études ont en outre montré la proximité entre les industries VSG et BQY au point de confirmer « l'existence d'une seule entité culturelle » (Caspar et Burnez-Lanotte 1994, 61). Toutefois, les séries du Hainaut ont été quelque peu délaissées. Or, il est certain que les sites blicquiens participent aux réseaux de diffusion du silex tertiaire bartonien (Caspar et Burnez-Lanotte 1994 ; Jadin *et al.* 2003) comme l'illustre parfaitement l'étude récente menée par Françoise Bostyn sur les sites du Hainaut (Bostyn 2008). De plus, le silex de Ghlin, issu du bassin de Mons, semble également circuler (Allard 1999 ; Bostyn 1994 ; Bostyn *et al.* 2003 ; Caspar et Burnez-Lanotte 1994). Aucune synthèse n'existe sur le Blicquien et la vision dynamique de l'organisation socio-économique et des réseaux de circulation proposée pour le VSG par A. Augereau et F. Bostyn ne peut être complétée.

Ainsi, comme on l'a vu, les données sur la culture BQY/VSG se sont considérablement étoffées. Des thèses récentes (Bedault 2012 ; Fromont 2013 ; Meunier 2012 ; Thévenet 2010) ont permis un renouvellement des connaissances, offrant alors une image plus nette de cet ensemble culturel. Néanmoins, l'industrie lithique blicquienne du Hainaut a été peu étudiée, limitant alors les interprétations relatives à l'organisation socio-économique des premières populations agro-pastorales du nord-ouest européen.

2. Problématique : du tailleur aux relations socio-économiques

C'est dans l'optique de pallier cette lacune de la recherche que s'insère le présent travail. À l'échelle de la culture BQY/VSG et dans une perspective technologique, seule l'industrie lithique du Hainaut demeure en grande partie inédite pour le Néolithique ancien du nord de la France et de la Belgique. Appréhender les relations socio-économiques entretenues entre ces différents groupes reste alors impossible dans sa globalité. L'étude de la circulation des matériaux est un moyen pertinent pour comprendre les relations socio-économiques inter et intra-communautaires. Concernant les régions qui nous intéressent ici, à savoir le nord de la France et la Belgique, une étude récente a montré le dynamisme des circulations de produits siliceux dès le début du Néolithique ancien dans la culture rubanée (Allard 2005). Nous proposons alors, dans le cadre de cette thèse, d'étendre cette problématique à la culture Blicquy/ Villeneuve-Saint-Germain (BQY/VSG).

Un des objectifs de ce travail sera alors de percevoir les relations entretenues entre les différentes communautés du Néolithique ancien, notamment entre la sphère blic-quienne et la sphère VSG. Si le vecteur de la compré-hension de ces relations sera l'examen de la diffusion des produits siliceux, cette étude s'inscrira dans une perspec-tive résolument anthropologique. Elle cherchera en effet à comprendre l'organisation socio-économique de ces popu-lations, du moins au sein du sous-système technique qu'est l'industrie lithique. Ce travail sera alors structuré autour de deux axes principaux.

Tout d'abord, on s'interrogera sur l'organisation des productions. Certains auteurs soulignent que l'industrie lithique des populations blicquiennes est « technologique-ment dominée par le débitage laminaire » (Cahen *et al.* 1986, 60). Cette proposition, basée sur l'étude d'un site du Hainaut, va à l'encontre de la vision de la majorité des chercheurs, que ce soit pour le Blicquien de Hesbaye (Cas-par et Burnez-Lanotte 1994 ; Jadin *et al.* 2003) ou pour le VSG (Allard 1999 ; Augereau 2004 ; Bostyn 1994). On peut dès lors se demander si la dualité de la production (lames - éclats), prônée comme caractéristique de cette culture (Allard et Bostyn 2006a ; Augereau 2004 ; Bostyn 1994 ; Caspar et Burnez-Lanotte 1994 ; Caspar et Bur-nez-Lanotte 2003), existe véritablement en Hainaut. Si tel est le cas, que reflète cette structure duale de la produc-tion ? Autrement dit, quels sont les niveaux de savoir-faire engagés et quelles en sont les implications en termes de spécialisation du travail ? Par ailleurs, la structure socio-économique alors perceptible est-elle stable ou perçoit-on une variabilité chronologique ou géographique ?

Une fois ces jalons établis, nous serons en mesure d'enri-chir ces scénarios grâce au second axe de recherche qui concerne la diffusion des matières premières siliceuses. Peut-on mieux comprendre les relations entretenues entre les deux foyers d'occupation blicquiens ? C'est par l'étude de la diffusion du silex de Ghlin que nous tenterons d'y répondre. Bien que son origine soit imprécise, ce dernier proviendrait du Hainaut. Il a été importé sur les sites de Hesbaye de manière non négligeable notamment sur le site de Vaux-et-Borset (Caspar et Burnez-Lanotte 1994). Préciser les modalités de diffusion de ce silex appellera plusieurs questions : sous quelle forme a-t-il été introduit ? Les quantités traitées et les modalités de son exploita-tion ont-elles un impact sur l'économie locale ? Des dis-tinctions dans les modalités de production entre silex de Ghlin et silex locaux sont-elles perceptibles ? Comment les interpréter ? Ce silex a également été identifié sur cer-tains sites du Bassin parisien, *a priori* sous forme de lames (Allard 1999 ; Bostyn 1994 ; Bostyn *et al.* 2003). Or, il ne fait aucun doute que le groupe de Blicquy participe à des échanges à longue distance avec le Bassin parisien (VSG) puisque le silex tertiaire bartonien a été identifié dans tous

les corpus blicquiens. Une première approche a conduit F. Bostyn à diagnostiquer le transport de nucléus préformés vers certains sites du Hainaut, à l'origine de la redistribu-tion de lames vers des sites satellites (Bostyn 2008). D'une part, nous chercherons à approfondir ce schéma de dif-fusion en tentant notamment de déterminer le nombre de blocs en circulation afin d'évaluer l'impact économique de cette diffusion. D'autre part, nous essaierons de répondre à l'interrogation émise par F. Bostyn « qui a produit ces lames ? » (*ibid.*, 401). L'idée sous-jacente étant de déter-miner si la diffusion du silex tertiaire bartonien résulte du déplacement de tailleurs venant du Bassin parisien ou si ce silex est exploité par les tailleurs blicquiens. Dès lors, les relations socio-économiques entretenues entre commu-nautés VSG et blicquiennes pourront être mieux cernées. Par ailleurs, il conviendra de s'interroger sur une éven-tuelle complémentarité entre les réseaux de circulation du silex de Ghlin et du silex tertiaire bartonien. L'étude de ces deux matières premières en circulation visera à affiner les scénarios émis quant à l'organisation socio-économique de ces populations.

Enfin, dans la même optique, cette étude s'intéressera évi-demment aux autres matières allochtones. Compte tenu des liens évoqués entre BQY/VSG et les autres cultures environnantes, il est légitime de tenter de percevoir s'ils ne se traduisent pas également au sein de l'industrie lithique blicquienne.

3. Présentation des sites et corpus d'étude

Afin de répondre à cette problématique, nous disposons de l'industrie lithique de onze sites du groupe de Blicquy. Etant donné la richesse de cette industrie lithique, nous n'étions pas en mesure d'étudier tous les sites dans leur intégralité.

3.1. Localisation et implantation des sites du groupe de Blicquy (BQY) : deux « îlots » d'occupation

Les sites du groupe de Blicquy sont localisés en moyenne Belgique. Cette région limoneuse correspond à la limite nord-occidentale de la grande région lœssique d'Europe centrale. Deux foyers d'occupation peuvent être distin-gués : un à l'ouest en Hainaut occidental et l'autre à l'est, en Hesbaye (fig. 7). L'absence de sites entre ces deux « îlots », distants d'une centaine de km, pourrait bien reflé-ter une réalité historique. Les prospections n'y ont mis au jour que des découvertes isolées (Jadin *et al.* 2003 ; Van Assche 2008). Le tableau 1 synthétise les informations concernant la fouille des sites blicquiens. Le lecteur pourra également s'y reporter pour trouver les abréviations des sites que nous serons fréquemment amenée à employer par la suite.

3.1.1. Foyer d'implantation hainuyer : concentration de l'occupation blicquienne

Neuf des onze sites sont localisés en Hainaut occiden-tal, au sud-ouest d'Ath, dans la région des sources de la Dendre (fig. 8). Cette zone d'implantation est extrême-

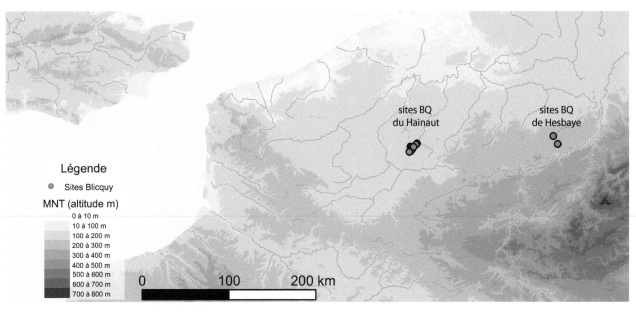

Figure 7 – Carte de localisation des sites du groupe de Blicquy

localisation	abréviation	inventeur/découverte	années fouille	organismes	surface	nbre structures	nbre bâtiment	attribution chronologique
Hainaut	IBF	M. Daubechies	1978, 1980 et 1983	CNRS, URA 12; CTRA Blicquy-Aubechies	1800 m2	16	3	ancien
Hainaut	ITC	M. Daubechies	1991	CTRA Blicquy-Aubechies ; Ministère de la région wallonne ; Service de Préhistoire Université de Liège	1500 m2	10	1 + 1/2?	ancien
Hainaut	ESAF	L. Demarez	1969, 1970 et 1976	CTRA Blicquy-Aubechies ; Service National des Fouilles de Belgique	?	10	?	moyen
Hainaut	BCC	L. Demarez	1972, 1973, 1977 et 1978	Service National des Fouilles de Belgique; CTRA Blicquy-Aubechies; Société Tournaisienne de Géologie, Préhistoire et Archéologie	840 m2 environ	environ 10	1 + 1/2	moyen
Hainaut	ODBM	L. Demarez	1972 et 1977	CNRS, URA 12; CTRA Blicquy-Aubechies	250 m2	13	1/2?	?
Hainaut	OBB	M. Daubechies	1979	CNRS, URA 12; CTRA Blicquy-Aubechies	325 m2	6	1?	récent
Hainaut	ACM	L. Demarez	1980, 1988 et 1999	CNRS, URA 12; CTRA Blicquy-Aubechies	1430 m2	23	1? ; 2?	récent
Hainaut	OPR	L. Demarez	1981	CNRS, URA 12; CTRA Blicquy-Aubechies	210 m2	3	1/2?	?
Hainaut	BCCo	fouille enceinte Michelsberg	1986	CNRS, URA 12; CTRA Blicquy-Aubechies	<350 m2	3	1/2	récent
Hesbaye	Vaux	J. Docquier	1989, 1990, 1993 et 1998	CNRS, URA 12 ; Cercle Archéologique Hesbaye-Condroz	11400m2	environ 40	3 ou 4	moyen
Hesbaye	Darion	découverte et sauvetage par IRSNB	1989	Institut royal des Sciences naturelles de Belgique	800 m2 environ	environ 15	1/2?	moyen

Tableau 1 – Tableau synthétique des informations à retenir concernant la découverte et la fouille des sites blicquiens

ment circonscrite puisque ces sites se concentrent sur 27 km² (Constantin et Burnez-Lanotte 2008 ; Constantin *et al.* 2009). Un dixième site a récemment été découvert, à proximité de la Dendre orientale (Deramaix *et al.* 2016), permettant alors d'étendre de quelques kilomètres vers l'est cette aire d'occupation blicquienne en Hainaut. Le site d'Ath « les Haleurs » (Deramaix *et al.* 2016), toujours en cours de fouille, n'est donc pas intégré à cette étude.

Cette région est constituée de plateaux peu élevés et ondulés, couverts d'une couche de limon éolien très fertile dont l'épaisseur peut atteindre 5 mètres. Les sites sont implantés à des altitudes variant de 44 à 67 mètres (Constantin *et al.* 2009). Le réseau hydrographique est dense et moins de 300 mètres séparent les sites d'une source d'eau. Les

habitants du site d'Ormeignies « les Dérodés du Bois de Monchy », distant de 600 mètres d'un ruisseau actuel, pouvaient avoir accès à l'eau par le biais d'un puits (Constantin *et al.* 1998).

Les sites étudiés sont les suivants. Le lecteur se reportera aux annexes pour les plans des sites.

Irchonwelz « le Trou al Cauche » (ITC), Annexe 1, (Demarez *et al.* 1992)

Le site d'Irchonwelz « le Trou al Cauche », abrégé ITC, a été découvert en 1989 grâce aux prospections réalisées par M. Daubechies. Un sondage lui avait en outre permis de mettre au jour un dépôt de meules contenu dans deux

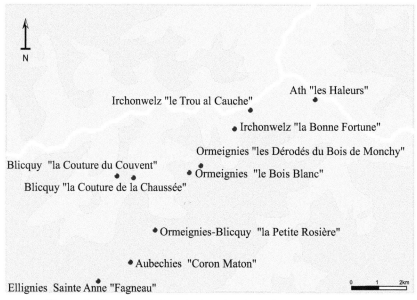

Figure 8 – Zoom sur la localisation des sites blicquiens du Hainaut

fosses, autour desquelles le décapage s'est étendu du 20 août au 11 octobre 1991. Ce dernier couvrant 1500 m² a permis la découverte d'une dizaine de fosses ainsi que de trois tierces de trous de poteaux, attestant alors de l'existence d'un bâtiment du groupe de Blicquy. Pourtant, l'érosion est marquée sur ce site, certaines fosses sont très arasées, elles ne dépassent pas 100 mm de profondeur. Cette érosion est attribuée à la pente sur laquelle est implanté le site et au bas de laquelle coule le Rieu d'Ormeignies, affluent de la Dendre. Les auteurs évaluent que le sol d'occupation devait se trouver à 1 m au dessus du niveau de découverte. ITC est localisé à moins de 850 mètres du site d'Irchonwelz « la Bonne Fortune » (IBF).

La présence de ces trois tierces, bordées de fosses, permet de visualiser l'emplacement du bâtiment néolithique. En outre, l'orientation de ce dernier par rapport au nord est classique pour la période (O-NO/E-SE, ouverture à l'Est). Ainsi, les structures 29 et 73 constitueraient le chapelet de fosses nord du bâtiment alors que les structures 69 et 70 représenteraient celui du sud. Par comparaison avec l'organisation interne des bâtiments complets existants, les auteurs reconstituent une maison fortement trapézoïdale d'une quarantaine de mètres de longueur. Les trous de poteaux au nord et nord-ouest du bâtiment ont été attribués à la même occupation sans en comprendre la fonction exacte : palissade, séparation entre deux aires habitées ? Deux dépôts de meule ont été découverts. Par ailleurs, les auteurs ne précisent pas la nature des fosses identifiées au nord-est du bâtiment. Néanmoins, leur orientation est assez comparable à celle du bâtiment et le matériel ne semble pas différer des fosses latérales. Il n'est pas à exclure qu'elles appartiennent à un second bâtiment.

Irchonwelz « la Bonne Fortune » (IBF), Annexe 2, (Constantin *et al.* 1978 ; Constantin 1985 et Constantin *et al.* 2010)

Découvert par M. Daubechies, le site d'Irchonwelz « la Bonne Fortune » a fait l'objet de trois campagnes de fouille en 1978, 1980 et 1983. Tout comme Irchonwelz « le Trou al Cauche », le site est localisé à 2,5 km au sud-ouest d'Ath, dans le bassin supérieur de la Dendre et s'étend sur une légère pente à 250 m du Rieu d'Ormeignies.

Décapé sur 1800 m², Irchonwelz « la Bonne Fortune » correspond au site le plus complet du groupe de Blicquy puisqu'il a livré 3 plans de bâtiments relativement bien conservés, dénommés du nord au sud M10, M30 et M20. Une érosion différentielle affecte le site et notamment le bâtiment 20 pour lequel très peu de trous de poteaux ont été découverts.

Les trois bâtiments sont orientés O-SO/E-NE, ouverture vers l'Est. Ils mesurent une trentaine de mètres de long. Etant donné leur excellente conservation, il s'agit des rares bâtiments pour lesquels leur organisation interne peut être approchée. Seul celui de Blicquy « la Couture de la Chaussée » apporte la même qualité d'informations. Couplées, ces données permettent de formuler la description du plan type de la maison blicquienne.

Outre les tierces et trous de poteaux de la paroi externe, les fosses détritiques latérales des bâtiments sont bien perceptibles. Pour bâtiment 10, il s'agit des fosses 2 et 4 au nord et 1 et 3 au sud. Les fosses nord du bâtiment 30 sont celles numérotées 13, 16, 19 et 17 et les fosses sud sont celles n° 11 et 12. Pour la maison 20, les fosses nord sont constituées par les structures 8, 9 et 14. Le surcreusement 9b n'a pas été individualisé lors de la fouille mais *a posteriori*. Cette alvéole d'environ 5 m² a livré 80 pour cent du matériel de la fosse 9. Enfin, les structures 6 et 7 constituent les fosses latérales sud de cette même maison. Ces fosses de construction des bâtiments se sont avérées relativement bien conservées puisque leur profondeur atteint entre 0,6 et 1m et même jusqu'à 1,6 m pour l'alvéole 9b. La fosse n° 1 présente un aménagement particulier représenté en gris foncé sur le plan. Une couche rubéfiée très indurée paraît avoir été disloquée peut-être par piétinements.

Outre cette particularité, il convient de mentionner l'existence d'un silo (structure 21). Cette structure en possède en effet le profil typique à savoir morphologie cylindrique à fond légèrement surcreusé latéralement. Ici, le diamètre mesure entre 2,2 à 2,7 m. Un remontage entre des céramiques issues des structures 9b, 14 et ce silo autorise les auteurs à envisager un fonctionnement de ce dernier avec la maison 20. Cela nous amène dès lors à discuter de l'organisation interne du site.

La discussion autour de cette organisation nécessite de faire appel à des plans de villages plus complets, uniquement découverts en contexte VSG. Par exemple, les sites de Poses « Sur la Mare » (Bostyn *et al.* 2003) et de Bucy-le-Long (Constantin *et al.* 1995) sont de bons candidats étant donné leur surface de fouille conséquente et leur bonne conservation. Les bâtiments se révèlent alors disposés en rangées parallèles. Des espaces vides séparent à la fois les bâtiments d'une même rangée ainsi que les différentes rangées. Une conclusion s'impose : les bâtiments 20 et 30 ne peuvent être synchrones. Les fouilleurs mentionnent de plus l'absence d'espace vide entre les bâtiments 20 et 30 et le bâtiment 10. L'arrière de cette maison s'aligne sur l'avant de la maison 30 ce qui semble incompatible avec l'organisation traditionnellement reconnue. Toutefois, si on examine en détail le plan de Poses, cette situation existe. Les bâtiments 80 et 120, attribués à la même phase d'occupation et à la même rangée de maison, présentent un décalage tel que l'avant de M 80 est presque aligné avec l'arrière de M,120. Néanmoins, il est vrai que ces deux bâtiments sont distants de 80 mètres alors qu'à peine 30 m séparent les bâtiments 10 et 20 d'IBF. Quoiqu'il en soit, ces trois bâtiments appartiennent tous à l'étape ancienne de la culture BQY/VSG (Constantin 1985). Mais un phasage de l'occupation est attesté par la disposition des bâtiments les uns par rapport aux autres. Le bâtiment 30 n'est pas contemporain ni de la maison 20, ni de la maison 10. La question reste ouverte pour ces deux derniers. Le silo 21 semble fonctionner avec la maison 20.

Blicquy « la Couture de la Chaussée » (BCC), Annexe 3, (Cahen et Van Berg 1979)

Le site éponyme du groupe de Blicquy est localisé sur le territoire de la commune de Leuze-en-Hainaut, au lieu-dit « Couture de la Chaussée ». Découvert par L. Demarez en prospections de surface et à la tarière, des fouilles furent engagées avec le CTRA en 1972 et 1973. Celles-ci dégagèrent les fosses A à G (cf plan, Annexe 3) et quelques trous de poteaux. D. Cahen et son équipe reprirent les fouilles en 1977 et 1978. Ils ont alors mis au jour la suite du bâtiment. Comme nous l'avons vu précédemment, ce dernier est bien conservé comme l'attestent la présence des tierces et les profondeurs des structures variant de 0,65 à 1,2 mètre voire près de 2 mètres pour la fosse n° 12. Un sondage réalisé à 6 mètres au nord de la fosse C a livré deux nouvelles fosses ainsi que des trous de poteaux. La distance séparant les fosses A à G et la fosse 15, l'existence de remontages

entre ces dernières et l'identification des trous de poteaux suggèrent l'existence d'une deuxième unité d'habitation accolée à la première. De même que pour IBF, la proximité entre ces deux entités interdit de les envisager comme contemporaines. Toutefois, la morphologie des structures A-G est très imprécise : structures étroites et profondes qui se dédoubleraient à certains endroits. Les auteurs imputent cette atypie à la présence de la seconde maison à laquelle se rapporteraient les structures C et E. Mais l'examen du plan présentant les remontages et raccords du matériel lithique et céramique pose quelques questions. En effet, la fosse E semble livrer un nombre beaucoup trop important de remontages avec la structure 1, ce qui est difficilement compréhensible si cette dernière appartenait à la maison nord. De plus, aucun remontage n'est attesté entre la fosse C et les structures nord de cette même unité d'habitation alors qu'un raccord a été réalisé entre cette fosse et la fosse 4 localisée au sud du site. De même, le matériel de cette structure 4 présente un nombre important de remontages avec la structure 1. Pourtant, étant donné sa localisation, elle est difficilement interprétable comme une fosse sud du bâtiment identifié. Or, aucun commentaire ne vient ni expliquer ce phénomène ni abonder dans le sens d'une fonction particulière de cette fosse, contrairement à la fosse 3. Cette dernière, profonde de 1,2 m, possède une morphologie de type silo. Le fond est tapissé d'argile noire très riche en charbons. Ses parois sont rubéfiées. Les auteurs affirment être en présence d'une « structure de combustion souterraine mais vraisemblablement pas d'un four à céramique » (Cahen et Van Berg 1979, 15).

Ainsi, si le site de Blicquy a livré un plan bien conservé de bâtiment, l'organisation spatiale du site n'apparaît pas évidente.

Ellignies-Sainte-Anne « Fagneau » (ESAF)

Le site d'Ellignies-Sainte-Anne a été exploré à la fois par François Hubert (Service National des Fouilles de Belgique) et par Léonce Demarez. Nous dissocierons, pour le reste de l'étude, le matériel découvert par ce dernier de celui mis au jour par F. Hubert (Service National des Fouilles de Belgique, conservé à la Direction de l'Archéologie-SPW, DGO4, Rue des Brigades d'Irlande 1, 5100 Jambes). En effet, aucun plan ne peut nous permettre de localiser précisément les deux secteurs de fouille (Constantin et Demarez, 1985 ; Constantin *et al.*, à paraître ; Demarez, 1970 ; Hubert 1970a), limitant alors l'interprétation spatiale des fosses et vestiges.

Ellignies-Sainte-Anne (lieu-dit « Fagneau ») est situé à 11 km au sud-ouest d'Ath et est implanté sur la partie supérieure d'un petit talweg. Des sources nombreuses alimentent des marécages et un petit ruisseau « le Grand Fossé », affluent du « Secours de la Dendre ».

Ellignies-Sainte-Anne, découvert par L. Demarez, a été le premier site blicquien à avoir fait l'objet d'une fouille dès 1969. Quatre fosses ont été mises au jour. En 1970, le Service National des Fouilles y fait un sondage qui aurait livré 3 fosses et des trous de poteaux appartenant *a priori* à un bâtiment. Les découvertes s'y poursuivent en 1976 où trois nouvelles structures fossoyées auraient été découvertes par L. Demarez. Malheureusement, aucun plan de ce site ne nous est parvenu. Seul un croquis réalisé par L. Demarez nous a été transmis par C. Constantin. Il ne nous permet toutefois pas une compréhension de l'organisation spatiale de ce site. Ainsi, s'il semble bien qu'au moins un bâtiment a été découvert, il est délicat de pousser plus loin les interprétations.

Le matériel fouillé par L. Demarez a été étudié par C. Constantin dans le cadre de sa thèse. Trois des fosses découvertes en 1969 sont dénommées structures 1, 2 et 4 alors que les 3 autres fosses fouillées en 1976 portent les numéros 3, 5 et 6. Le matériel des fouilles réalisées en 1970 sous la direction de F. Hubert restait en grande partie inédit. Celui-ci a récemment été sorti des réserves du Service archéologique de Wallonie pour étude. L'industrie lithique a été étudiée dans cette thèse, la céramique par C. Constantin et le schiste par N. Fromont. La publication est en cours (Constantin *et al.*, à paraître). Nous avons pris le parti, dans le cadre de ce travail, d'isoler systématiquement le matériel des deux fouilles.

Il est néanmoins intéressant de signaler que d'après les sondages de L. Demarez, la surface du site est évaluée à 5 ha. Cette information offre un point de comparaison signifiant. En effet, à Irchonwelz par exemple, à peine 4 pour cent du site aurait été fouillé. Par comparaison, le site VSG de Poses « Sur la Mare », le plus complet à ce jour, s'étend sur 4,5 ha, sans que les limites du village ne semblent atteintes (Bostyn *et al.* 2003).

Ormeignies « Blanc Bois » (OBB), Annexe 4, (Constantin *et al.* 1982)

Ormeignies « le Bois Blanc » a été découvert en 1978 par M. Daubechies qui autorisa alors une fouille en septembre 1979. 350 mètres séparent OBB du site d'Ormeignies « les Dérodés du Bois de Monchy ».

Sur 325 m² décapés, outre 6 structures et 3 trous de poteaux, un certain nombre d'anomalies stériles ont été repérées. Naturelles, certaines correspondent probablement à des chablis.

L'une de ces six structures ne contient pas de matériel archéologique (n° 4). Il n'est pas exclu qu'elle date des âges des métaux.

Deux des fosses présentent des caractéristiques similaires et atypiques pour la période. Il s'agit des fosses 2 et 3. Respectivement allongée et subcirculaire, leurs parois sont inclinées et leur fond irrégulier. Mais l'atypie réside dans le fait que chacune d'elles possède un surcreusement cylindrique. Celui de la fosse 2 mesure 1,35 m de profondeur pour un diamètre de 0,55 m. Les dimensions de celui de la fosse 3 sont d'1,45 m pour 0,90 m de diamètre. Les observations stratigraphiques menées pour la fosse 3 attestent de la concomitance du creusement de la fosse et

du surcreusement. Le remplissage du fond de ces surcreusements, extrêmement argileux a empêché la circulation verticale des eaux. Ce phénomène a contribué à préserver des fragments osseux de leur dissolution quasi systématique en contexte lœssique.

Les fosses 5 et 6, sécantes mais pour lesquelles leur rapport stratigraphique n'a pu être appréhendé, sont peu profondes et relativement pauvres.

Ces cinq fosses blicquiennes possèdent les critères descriptifs des fosses latérales de construction. L'alignement des fosses 1, 2 et 3 est compatible avec l'orientation classique des fosses latérales. La fosse 5 est orientée de manière similaire. L'absence de trous de poteaux qui permettrait d'attester avec certitude l'emplacement du bâtiment est imputée à l'érosion de ce site. Celle-ci a été évaluée à une quarantaine de cm par comparaison avec la profondeur des trous de poteaux d'Irchonwelz « la Bonne Fortune ». Enfin, la contemporanéité des structures 1, 2 et 3 est attestée par l'homogénéité du matériel, tandis qu'il n'a pas été possible de se prononcer pour les fosses 5 et 6, trop pauvres.

Blicquy « la Couture du Couvent » (BCCo), Annexe 5, (Constantin *et al.* 1991)

Le site de Blicquy « la Couture du Couvent » est constitué de 3 fosses. Ces dernières ont été découvertes en 1986 lors de la fouille d'une interruption d'une enceinte michelsberg. Ces structures 26, 29 et 30 apparaissaient sous un épais colluvionnement à 70 cm sous le niveau actuel.

Situé sur la même section de la commune de Leuze-en-Hainaut que le site de Blicquy « la Couture de la Chaussée », il en est éloigné de 650 mètres. De plus, un habitat rubané a été détecté à 150 mètres à l'est de ces fosses blicquiennes.

De forme ovale, elles atteignent jusqu'à 1,8 m de long et possèdent un profil en cuvette. Leur profondeur ne dépasse pas 65 cm. Leurs caractéristiques et leur orientation incitent à penser qu'il s'agit de fosses latérales de construction d'un bâtiment. De plus, la distance qui sépare les fosses 29 et 30 de la fosse 26 est de 8,5 à 9 m, ce qui concorde avec la largeur des unités d'habitation. Mais aucun trou de poteaux n'a été repéré entre les deux ce qui ne peut confirmer cette assertion. Il pourrait également s'agir des fosses latérales de deux bâtiments distincts. La reconnaissance de tessons appartenant à un même vase dans les fosses 26 et 30 abonde toutefois en faveur de la première hypothèse.

Aubechies « Coron Maton » (ACM), Annexe 6, (Constantin *et al.* 1991 ; Constantin *et al.* 2010)

Le site blicquien d'Aubechies « Coron Maton » a été mis au jour en 1980 lors de la fouille de l'habitat rubané situé à 100 mètres vers l'ouest. Trois campagnes de fouille se sont déroulées en 1980, 1988 et 1999. La zone entre les installations rubanées et blicquiennes a été explorée sans qu'aucune structure ne soit apparue.

Suite aux trois campagnes de fouille, 15 fosses du groupe de Blicquy ont été identifiées. Il s'agit des fosses 43, 44, 47, 48, 49, 92, 93, 94, 97, 108 et 110. À cela s'ajoutent les fosses 103, 104, 105 et 107 découvertes dans une tranchée d'exploration un peu plus à l'est. Trois alignements de fosses paraissent significatifs : celui des structures 44, 47, 48 et 49/43 ; celui des fosses 94, 93 et 97 ; enfin celui des fosses 108 et 110. Ils évoquent des chapelets de fosses latérales de construction. Les espaces vides entre ces trois alignements sont supérieurs à 8,5 m, ce qui concorde avec les dimensions d'un bâtiment. La découverte d'un unique trou de poteau (au nord de la fosse 44) ne peut clairement le confirmer. Néanmoins, l'absence d'autres trous de poteaux est imputée à l'érosion du site qui a clairement été démontrée par la découverte d'une accumulation de sédiments en contrebas des installations blicquiennes. Il a été remarqué que la nature du remplissage des fosses 108 et 110 était différente : peu de matériel, nombreuses esquilles et petits éclats, cendres de foyer.

Ormeignies « les Dérodés du Bois de Monchy » (ODBM), Annexe 7, (Demarez *et al.* 1977)

Le site d'Ormeignies « les Dérodés du Bois de Monchy », découvert par L. Demarez a fait l'objet de plusieurs campagnes de fouille. Une dizaine de fosses avait été repérée lors des prospections. La première fouille, menée par F. Hubert et L. Demarez, a eu lieu en 1972 (Hubert 1972). Le matériel de cette fouille (80 m² ; 3 fosses) reste à l'heure actuelle inédit.

Les fouilles entreprises en 1977, suite à la mise en place du programme de recherches en Belgique financé par le Ministère des Affaires étrangères, ont livré 13 fosses néolithiques. Ces dernières paraissent de différentes natures.

Deux fosses s'apparentes à des fosses latérales de construction d'une maison, il s'agit des structures 2 et 8. Mais la surface de décapage n'a livré que 6 trous de poteaux, dont 3 probables. Ne présentant aucune cohérence, ni entre eux, ni avec ces deux structures, l'hypothèse que ces dernières constituent les restes d'un bâtiment érodé est mise à mal.

Les structures 3 et 4 présentent des caractéristiques similaires, à savoir des fosses allongées et étroites, aux parois très inclinées et à fond pointu. Elles se sont révélées très pauvres.

Compte tenu de leur proximité et de leurs spécificités, les structures 6 et 7 appartiennent à un même ensemble. De forme irrégulière, elles sont peu profondes (respectivement 25 et 40 cm) et sont presque stériles. Leur remplissage s'individualise par un nombre important de nodules d'argile rubéfiée.

Une petite série de fosses ovales et peu profondes a livré peu de matériel : structures 11, 13, 14 et 15.

La structure 12, située en marge du décapage, semble ali-

gnée avec les fosses 8 et 10. Elle est assez profonde (80 cm), un sédiment noir homogène la comble et elle a livré quelques tessons et du matériel lithique. Il n'est pas improbable qu'elle corresponde à une fosse latérale, ce que pourrait confirmer l'extension de la surface de fouille.

Pour finir, une structure est remarquable puisqu'il s'agit d'un puits (structure 1). Une tache ovale de 2,5 x 1,8 m constitue sa surface. Le fond de ce puits est situé à 3 mètres. À cet endroit, son diamètre est de 80 cm. L'eau est apparue à 2,6 mètres. Plusieurs curages ont été repérés. Les traces des outils (herminette ou pic assez large en silex ou en bois) ayant permis le creusement de ce puits étaient visibles sur les parois. Le remplissage sommital indique une poursuite de l'occupation du site après le comblement du puits.

Ainsi, malgré le nombre de fosses relativement important proportionnellement à la surface dégagée, aucun plan de bâtiment n'a pu clairement être repéré. Seules des fosses qui présentent toutes les caractéristiques de fosses latérales de construction ont été identifiées. De plus, la fonction de toute une série de fosses n'a pu être précisée, à l'exception de la découverte d'un puits, assez exceptionnel dans ces contextes. En dépit de ces observations, tout un faisceau d'indices atteste de la présence d'un bâtiment à proximité, si ce n'est sur cette emprise.

Ormeignies-Blicquy « la Petite Rosière » (OPR), Annexe 8, (Farruggia *et al.* 1981)

210 m² ont été décapés en 1981 suite à la découverte du site par L. Demarez en 1978. 3 fosses blicquiennes ont alors été mises au jour à proximité d'installations rubanées. Quelques trous de poteaux et des perturbations stériles néolithiques accompagnaient ces trois fosses. La profondeur de ces trois fosses est comprise entre 0,35 m (fosse 1) et 0,9 m (fosse 12).

La nature des fosses 1 et 2 est identique et typique des fosses latérales de construction des maisons danubiennes. De plus, elles sont parallèles et les trous de poteaux semblent circonscrits par ces structures. Ces éléments plaident en faveur du témoignage des restes d'un bâtiment érodé. Toutefois, la distance de 10 m qui sépare ces deux fosses est un peu élevée confrontée aux plans de bâtiments existants. Qui plus est, l'emplacement de la troisième fosse (n° 12) de plan circulaire (1,9 m de diamètre) serait alors inintelligible, à moins qu'elle ne soit pas strictement contemporaine. Ainsi, le doute subsiste quant à l'attribution des fosses 1 et 2 au même bâtiment.

3.1.2. Foyer d'implantation hesbignon : en marge de l'aire d'extension de la culture BQY/VSG…

À une centaine de km vers l'est, deux sites ont été découverts en Hesbaye : Vaux-et-Borset (Constantin *et al.* 1993 ; Caspar *et al.* 1993) (Annexes 9 et 10) et Darion (Annexe 11). Cette zone d'implantation était densément peuplée durant le Rubané. Le paysage est comparable à celui du Hainaut.

La question polémique des rapports chronologiques entretenus entre le Rubané et le groupe de Blicquy est à l'origine de la fouille du site de Vaux-et-Borset. En 1985, la découverte d'une fosse renfermant à la fois du matériel rubané et du matériel blicquien avait alimenté le débat en faveur du synchronisme de ces deux entités culturelles (Cahen, et Docquier 1985). Non convaincue par l'argumentaire proposé et sur invitation de Jules Docquier et Jean-Paul Caspar, l'équipe franco-belge de la Mission archéologique du ministère des Affaires étrangères français en Hainaut et en moyenne Belgique entreprit alors en 1989 d'ouvrir le site sur une grande surface en ayant comme problématique de fond «d'éclaircir la nature des installations rubanées et de préciser sur ce site les relations chronologiques entre le Rubané et le groupe de Blicquy » (Constantin *et al.* 1993). Deux campagnes de fouille ont alors été menées en 1989 et 1990. Puis, sous l'impulsion du Cercle Archéologique Hesbaye-Condroz, plusieurs campagnes ont permis d'enrichir les données déjà recueillies.

Le site de Vaux-et-Borset se trouve sur la commune de Villers-le-Bouillet (Province de Liège, Hesbaye) aux lieux-dits « Gibour » et « À la Croix Marie-Jeanne ». À environ 2,5 km de la Méhaigne, les structures s'étendent sur le sommet et la pente méridionale d'une crête d'un plateau limoneux à 175 m d'altitude (Caspar *et al.* 1993). Les ramassages de surface indiquent que les occupations rubané et blicquienne pourraient s'étendre sur près de 15 ha.

Au total, 11 400 m² ont été fouillés durant les campagnes de 1989 et 1990. Seule la trentaine de structures attribuées au groupe de Blicquy sera évoquée ici. Ces dernières se répartissent sur 8 450 m² : 6 450 m² au lieu-dit « Gibour » et 2 000 m² au lieu-dit « À la Croix Marie-Jeanne » (Annexe 9). Quatre types de fosses ont été distingués :

- des fosses latérales de construction : la fosse 102 de « Gibour », la 4 d' « À la Croix Marie-Jeanne ». Allongées, elles montrent une orientation N-NO/S-SE. Possédant un profil évasé, elles présentent un fond très irrégulier.
- des fosses montrant un profil de type silo c'est-à-dire ayant un diamètre maximum situé près du fond. De 70 cm environ de profondeur, elles mesurent 3,5 m dans leur grand axe. La structure 89-1 de « Gibour » possède un remplissage hétérogène. La structure 90-2 du même lieu-dit se singularise par l'aménagement d'une cuvette centrale aux parois tapissées de terre brûlée, de tessons, d'éléments en schiste et de vestiges en silex. Sa fonction est inconnue.
- trois fosses se rapportent au troisième type : 89-69 de « Gibour » et les deux autres fosses de « À la Croix Marie-Jeanne » (90-6 et 90-7). Il s'agit de fosses ovales, profondes d'1,5 m environ à plan circulaire dont le grand axe varie de 5 à 9 mètres.
- enfin, toute une série de fosses sont ovales, subcirculaires ou irrégulières. Généralement peu profondes, elles montrent un profil évasé.

Ces deux dernières catégories renvoient à des fosses isolées. Toutefois, associées, elles peuvent former un alignement orienté N-NO/S-SE qui peut alors être interprété comme un complexe de fosses latérales de construction. Compte tenu de l'érosion, il pourrait également s'agir de surcreusements d'une seule et même fosse latérale comme cela semble être le cas pour les fosses 4 et 6 d' « À la Croix Marie-Jeanne ». Ainsi, si aucun plan net de bâtiments n'a pu être identifié du fait de la forte érosion des structures notamment sur la crête, les caractéristiques des fosses et leur répartition spatiale permettent de supposer l'existence d'au moins trois bâtiments (Annexe 10) : un entre les fosses 89.102 et 89.103 de « Gibour », un entre les fosses 90-2 et 90-3 et enfin un troisième entre les fosses 7 et les deux fosses 4 et 6 d' « A la Croix Marie-Jeanne ».

Ces ensembles paraissent en outre confirmés par les remontages lithiques et céramiques.

Les campagnes ultérieures de 1993 et 1998 ont mis au jour moins d'une dizaine de fosses blicquiennes :
- cinq petites fosses isolées en 1993 dans le secteur « Gibour » (Annexe 9)
- deux fosses en 1998 dans le secteur « À la Croix Marie-Jeanne ». L'une d'elle, de grandes dimensions possède toutes les caractéristiques d'une fosse latérale d'habitation (Annexe 10). Elle mesure 9 m de longueur environ pour 2 mètres de largeur et près d'un mètre de profondeur. Une petite fosse circulaire a également été découverte juste à côté. Malheureusement, il n'a pas été possible de les replacer précisément sur le plan général des fouilles. Toutefois, deux hypothèses sont envisageables. Soit la structure 2 appartient au même bâtiment que les fosses 4, 6 et 7, soit elle témoigne d'un autre bâtiment situé à proximité. Nous avons pu réaliser un remontage avec la structure 4 ce qui tend à accréditer la première hypothèse.

Ces deux fosses proviennent de la tranchée A, la plus à l'est des quatre tranchées effectuées en 1998. Les trois autres n'ayant livré aucune structure blicquienne, l'emprise occidentale du site de Vaux-et-Borset semble cernée.

Le site de Vaux-et-Borset peut donc être considéré comme une occupation villageoise blicquienne dont l'installation s'est faite à proximité d'un ancien village rubané. Cette découverte a largement participé à alimenter le débat en faveur du diachronisme des cultures rubanées et Blicquy/ Villeneuve-Saint-Germain (Burnez-Lanotte *et al.* 2001).

Darion est implanté à 8 km au nord de Vaux-et-Borset. Les structures blicquiennes ont été découvertes fortuitement lors de la fouille d'une enceinte rubanée localisée à quelques centaines de mètres (Jadin *et al.* 2003). La fouille de sauvetage menée en 1989 sur le secteur blicquien de Darion a conduit à identifier une petite dizaine de structures et quelques trous de poteaux. Une sépulture a également été mise au jour. Les caractéristiques des fosses 37 et 39 permettent de les envisager comme des fosses latérales d'un bâtiment. En considérant l'alignement des trous de poteaux 70, 60, 56 et 62 et l'orientation de ces fosses, les auteurs dressent l'emplacement supposé d'un bâtiment auquel la sépulture serait accolée. De plus, la structure 47 au sud a également été interprétée comme les restes d'une fosse latérale de construction. L'existence d'un second bâtiment un peu plus au sud n'est donc pas à exclure.

3.1.3. Au pied des ruines…

La question de la synchronie ou de la diachronie entre populations rubanée et blicquienne est entre autres née de la proximité géographique des habitats de ces deux ensembles culturels. La moitié des sites blicquiens est implantée à proximité d'un ancien village rubané : Blicquy « la Couture du Couvent », Ormeignies « la Petite Rosière », Aubechies « Coron Maton » pour le Hainaut (Constantin et Burnez-Lanotte 2008 ; Constantin *et al.* 2009) et les deux sites hesbignons de Vaux-et-Borset (Caspar *et al.* 1989) et Darion (Jadin *et al.* 2003).

3.1.4. Autres indices d'occupation

Quelques indices suggèrent la présence d'occupations blicquiennes en dehors de ces deux aires géographiques. Le site de Bekkevoort a fait l'objet d'un ramassage de surface et a livré à la fois du silex de Ghlin et des bracelets en schiste ce qui ne laisse aucun doute pour une attribution au groupe de Blicquy (Caspar et Burnez-Lanotte 1997). L'implantation du site de Bekkevoort est atypique puisqu'il est situé en dehors de la zone limoneuse, en Brabant flamand. Les découvertes réalisées sur le site d'Uccle, immédiatement au sud de Bruxelles, semblent selon les auteurs provenir d'une fosse d'un habitat blicquien (Van Berg *et al.* 1992a), alors localisé aux marges septentrionales de la zone limoneuse.

Ainsi, les Blicquiens paraissent s'être installés préférentiellement au cœur de la zone limoneuse, mais quelques indices témoignent de leur présence sur ses marges. Le nombre de sites du groupe de Blicquy est assez important et comme en témoigne le Hainaut, leur maillage peut être relativement dense. Néanmoins, les surfaces de fouille sont souvent restreintes en Belgique conduisant à une certaine disparité de la documentation.

3.2. De la fosse à la maison : caractéristiques des sites blicquiens

La faible emprise des fouilles n'offre qu'une vision très partielle de ces sites. Aucun n'a été fouillé dans son intégralité, limitant alors notre perception de l'organisation des villages. À cette disparité répond toutefois l'homologie des contextes de découverte. Cette homologie réside dans la nature des structures fossoyées, uniques témoignages recueillis sur les sites danubiens. Par comparaison avec les sites les plus complets, ces structures se révèlent le plus fréquemment correspondre à des fosses latérales de construction des bâtiments, ensuite utilisées comme dépotoirs.

3.2.1. Architecture et organisation spatiale : des indices ténus

Trois des onze sites offrent une vision plus précise de l'ha-

bitat blicquien : Irchonwelz « la Bonne Fortune », Vaux-et-Borset et Blicquy « la Couture de la Chaussée ». Comme l'indique le tableau 1, cette vision n'est pas uniquement corrélée à une plus grande surface de fouille. L'érosion différentielle des sites intervient également. En outre, il faut peut-être envisager une variabilité des modalités d'implantation des villages. Irchonwelz « la Bonne Fortune » livre par exemple trois bâtiments concentrés sur 1800 m² alors que seuls trois ou quatre sont restitués à Vaux-et-Borset, pourtant fouillé sur 11 400 m².

De ces trois sites, deux types d'informations nous parviennent. L'organisation interne des maisons peut être appréhendée grâce aux sites d'Irchonwelz « la Bonne Fortune » et de Blicquy « la Couture de la Chaussée » alors que l'organisation spatiale des villages peut être approchée à partir des sites d'Irchonwelz « la Bonne Fortune » et de Vaux-et-Borset. C'est en effet sur les sites d'Irchonwelz « la Bonne Fortune » et de Blicquy « la Couture de la Chaussée » que les plans de bâtiments nous sont parvenus de manière la plus complète (fig. 9). Orientés est-ouest, l'entrée de ces bâtiments trapézoïdaux d'une trentaine de mètres de long s'effectue à l'est. Au moins 6 pièces s'y succèdent, délimitées par des tierces de poteaux. Ces bâtiments sont systématiquement bordés de grandes fosses allongées, dénommées fosses latérales de construction (Fig. 9B). En effet, initialement **creusées pour fournir** des matériaux de construction **aux** bâtisseurs d'une maison[1] (Allard *et al.* 2013 ; Lichardus *et al.* 1985, 277), elles servent dans un second temps de réceptacle des détritus de cette même habitation. Les raccords entre pièces lithiques ou céramiques retrouvées dans différentes fosses latérales qui enserrent une même unité domestique semblent du moins l'attester. En outre, les études récentes indiquent un comblement rapide de ces fosses, de l'ordre de 3 à 5 ans[2] (Allard *et al.* 2013). Ainsi, cet élément est capital, puisqu'en l'absence des sites complets ou même des bâtiments, le caractère commun – ou homologie - de ces fosses autorise les comparaisons entre les sites.

L'organisation spatiale des villages est quant à elle plus compliquée à appréhender. Au regard des sites de Vaux-et-Borset, Irchonwelz « la Bonne Fortune » et dans une moindre mesure Blicquy « la Couture de la Chaussée », les bâtiments semblent s'organiser parallèlement les uns aux autres, par rangées. Cette observation n'est pas évidente du fait des petites surfaces de fouille. C'est par comparaison avec les villages VSG les plus complets (par exemple Poses « sur la Mare », Bostyn *et al.* 2003 ou Bucy-le-Long, Constantin *et al.* 1995) qu'elle prend tout son sens. Par ailleurs, Irchonwelz « la Bonne Fortune » et peut-être Blicquy « la Couture de la Chaussée » ont livré plusieurs phases d'occupation attribuées à une même étape chronologique. Il est surprenant de remarquer que la construction d'une nouvelle unité d'habitation s'effectue au pied

---

1 Hypothèse communément admise bien que d'autres soient envisageables (Allard *et al.*, 2013)

2 Cette étude basée sur les sites rubanés de la vallée de l'Aisne doit bien évidemment être étendue à d'autres sites danubiens pour confirmer ou non la validité de cette information pour d'autres contextes.

même de l'ancienne. Cette succession de maisons acco-
lées, chronologiquement distinctes, a déjà été observée sur
le site VSG de Tinqueux « la Haubette » (Hachem *et al*,
2007). En revanche, l'espacement entre les bâtiments est
beaucoup plus important sur un site comme Poses (Bostyn
et al. 2003). Cette organisation de l'habitat se rapproche
davantage de celle de Vaux-et-Borset.

3.2.2. L'homologie des contextes comme palliatif à la faible emprise des fouilles archéologiques

Quant aux autres sites, aucun n'a livré de bâtiments aussi
complets. Seules des structures fossoyées ont été découvertes. Toutefois, les caractéristiques de la majorité d'entre
elles autorisent à les interpréter comme des fosses latérales
de construction : morphologie, remplissage, alignement
entre elles et surtout orientation. Si elles ont été identifiées sur tous les sites, leur configuration ne permet pas
systématiquement de préciser l'emplacement du bâtiment
auquel elles se rattachent. Cet emplacement peut indéniablement être matérialisé lorsqu'une organisation cohérente
des trous de poteaux est associée à ces fosses : Darion,
Irchonwelz « le Trou al Cauche » et peut-être Ormeignies-
Blicquy « la Petite Rosière ». En l'absence des trous de
poteaux, une distance cohérente entre deux fosses latérales
constitue un argument, valorisé quand des raccords ou rap-

prochements de pièces issues d'un même bloc ou d'une
même céramique ont pu être réalisés entre ces deux fosses :
Blicquy « la Couture du Couvent ». Sans ce dernier indice,
l'interprétation s'avère plus délicate notamment à Aubechies « Coron Maton ». Enfin, certains sites présentent un
ou des alignements pour lesquels il est impossible d'envisager l'emplacement du bâtiment : Ormeignies « les Dérodés du Bois de Monchy » et Ormeignies « le Bois Blanc ».

Outre ces structures, l'intégralité des sites livre une ou plusieurs fosses dont la fonction est inconnue. Certaines se
révèlent être des structures particulières comme l'illustrent
le puits d'Ormeignies « les Dérodés du Bois de Monchy »,
la structure de combustion de Blicquy « la Couture de la
Chaussée » ou les silos d'Irchonwelz « la Bonne Fortune »
et de Vaux-et-Borset.

3.2.3. Sériations céramiques et attribution chronologique fine des sites

D'après la sériation des décors céramiques, les sites ont
été attribués à trois étapes chronologiques différentes
(Constantin 1985). La sériation proposée par A. Hauzeur
en 2008 contribue à proposer une attribution chronologique de certains sites pour lesquels les corpus n'avaient
pas permis ce travail en 1985. Bien que les étapes propo-

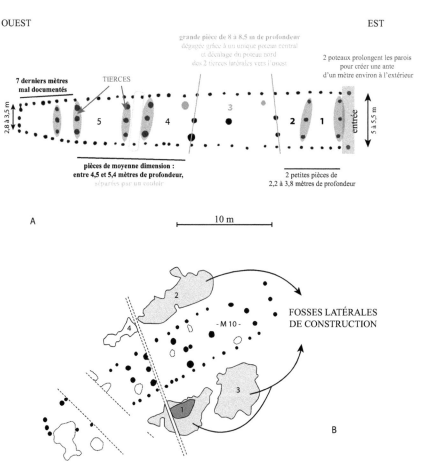

**Figure 9 - La maison blicquienne. A – description de son organisation interne, d'après
Constantin 2000; B – exemple de fosses latérales associées à un bâtiment (Irchonwelz « la
Bonne Fortune », M. 10), d'après Constantin *et al.*, 1978**

sées ne soient pas strictement comparables, l'ordonnancement chronologique offre une certaine complémentarité de ces deux propositions qui alimenteront alors nos réflexions par la suite.

Ainsi, le site d'Irchonwelz « la Bonne Fortune » appartiendrait à la première étape (Constantin 1985), tout comme celui d'Irchonwelz « le Trou al Cauche » (Hauzeur 2008). Ces deux sites sont distants de 850 mètres (Demarez *et al.* 1992). La deuxième étape serait représentée par les sites de Blicquy « la Couture de la Chaussée » et Ellignies-Sainte-Anne « Fagneau », distants de 4,7 km (Constantin *et al.* 2009). C'est à cette même étape chronologique que sont rapportés les sites hesbignons de Darion et Vaux-et-Borset que 8 km séparent (Hauzeur et Constantin 1993 ; Jadin *et al.* 2003). Blicquy « la Couture du Couvent », Ormeignies « le Blanc Bois » et Aubechies « Coron Maton »[3] sont attribués à l'étape récente de la culture BQY/VSG. Blicquy « la Couture du Couvent » est situé à égale distance (3 km) des sites d'Ormeignies et d'Aubechies, eux-mêmes distants de 4,5 km, Deux des sites n'offraient pas un corpus assez étoffé pour être intégrés à la périodisation de C. Constantin (1985) : Ormeignies « les Dérodés du Bois de Monchy » et « la Petite Rosière ». La sériation proposée par A. Hauzeur les attribue plutôt à une étape relativement ancienne (Hauzeur 2008).

Aucun de ces sites ne paraît être occupé durant plus d'une étape chronologique ce qui plaide en faveur d'un déplacement des installations au cours du temps. Ce déplacement s'effectuerait sur des distances variant de 2 à 8 km (Constantin *et al.* 2009). Ce phénomène, modélisé pour le Rubané, montre que les nouveaux villages s'implantent à moins d'un km d'un village dont l'occupation perdure au cours du temps et auquel on accorde une valeur de place centrale (Lüning 1982 et 1998 ; Soudsky 1970 ; Modderman 1988 ; Zimmerman 2002). Il existe donc un certain décalage entre ces modèles et les observations émises pour les sites blicquiens. Les auteurs l'expliquent par une différence de densité d'occupation entre les régions où ces modèles ont été établis (Bylany, plateau d'Aldenhoven et Bavière) et la région qui nous intéresse ici (Constantin *et al.* 2009). Les premières, densément peuplées contrairement au Hainaut et à la Hesbaye, subiraient alors une certaine contrainte en termes de territoire d'exploitation.

3.2.4. Pour une évaluation critique des corpus blicquiens : des biais quantitatifs mais une représentativité des activités

On peut dès lors s'interroger sur la représentativité des corpus. Le point de comparaison le plus pertinent est offert par les sites VSG. Or, très rares sont les sites appréhendés dans leur intégralité. Nous pouvons mentionner le site de Bucy-le-Long « le Fond du Petit Marais » où six bâtiments ont été découverts sur une surface légèrement inférieure à 1 ha (Ilett 2012). En revanche, à Guichainville, « une fouille extensive a aussi été l'occasion d'examiner sur près

de 150 ha un habitat du BVSG « cordons » et son environnement » (Marcigny *et al.* 2010, 133). Sur ce site, les six bâtiments qui semblent constituer le village principal sont répartis sur environ 8 ha, soit une surface nettement plus importante que le village de Bucy-le-Long. Le village de Poses « Sur la Mare », fouillé sur 4,5 ha, offre un autre point de comparaison (Bostyn *et al.* 2003). Ayant livré 10 bâtiments, ses limites ne semblent toutefois pas atteintes. « Il reste difficile d'évaluer ce que représente la part fouillée par rapport à l'étendue possible d'un village tel que celui-ci » (Bostyn *et al.* 2003, 32). Les ramassages de surface autour du village de Vaux-et-Borset (Hesbaye) laissent présager une dimension du site de 15 ha (Caspar *et al.* 1993). Néanmoins, l'existence d'un habitat rubané contigu ne permet pas de cerner précisément l'emprise du site blicquien. C'est d'ailleurs pour le Rubané que ces informations sont les plus complètes. Les travaux menés dans la vallée de l'Aisne ont permis de fouiller le site de Cuiry-les-Chaudardes dans son intégralité. Ce dernier livre 33 bâtiments, répartis sur 6,6 ha (Ilett et Hachem 2001). L'occupation rubanée se caractérise toutefois par une dichotomie entre des grands sites (Cuiry ou Menneville) et des petits sites qui ne dépassent pas 1 ha (Ilett et Hachem 2001). Ces données sur l'implantation des sites BQY/VSG sont mal connues pour le moment d'où la difficulté de l'évaluation proposée.

Si l'on prend pour référence le village de Poses, on doit se rendre à l'évidence qu'une infime partie des sites blicquiens nous est parvenue. Irchonwelz « la Bonne Fortune » ne représente que 4 pour cent de la superficie de Poses, et Vaux-et-Borset, la fouille la plus extensive, seulement 25 pour cent. En revanche, en choisissant comme point de comparaison la dimension des plus petits habitats comme Bucy-le-Long, Vaux-et-Borset pourrait avoir été fouillé dans son intégralité alors que la fouille d'Irchonwelz « la Bonne Fortune » ne représenterait qu'à peine 20 pour cent de l'occupation.

En l'absence de point de référence, l'évaluation critique des données est délicate à mener. Il est néanmoins certain que nous ne disposons que d'une petite partie des sites blicquiens d'origine, amenant alors un biais non négligeable. Le handicap le plus important réside dans le peu de maisons complètes. La restitution et la comparaison des activités réalisées au sein de l'unité domestique s'en trouvent limitées. Néanmoins, la similarité des contextes soulignée précédemment permet d'y pallier. Par ailleurs, la nature de ces contextes constitue un second biais. L'étude du site de Jablines « la Pente de Croupeton » où un niveau archéologique était conservé a montré que 70 pour cent du matériel était contenu dans le niveau alors que les 30 pour cent restants sont retrouvés dans les structures en creux (Bostyn *et al.* 1991). Mais cette lourde perte d'informations est compensée par le fait que la nature des activités pratiquées par les Néolithiques apparaît similaire selon les restes issus du niveau et des fosses (Bostyn *et al. op. cit*).

Ainsi, si quantitativement les biais sont importants par rapport aux données originelles, on peut raisonnablement sta-

---

3 Toutes les fosses ne sont toutefois pas contemporaines. La structure 108 se démarque particulièrement et semble plus ancienne (Constantin, com. orale).

tuer sur la bonne représentativité des activités (du moins lithiques) réalisées au sein des unités d'habitation. En outre, malgré la faible emprise des fouilles, les sites blicquiens ont livré un matériel lithique abondant.

3.3. À petite surface, riche industrie...

3.3.1. Brève confrontation quantitative entre VSG et BQY

Les décomptes de l'industrie lithique des sites du groupe de Blicquy permettent de dresser les tableaux 2 et 3.

sites	nbre de pièces
IBF	19944
ITC	5400
ESAF	7612
BCC	15518
ODBM	1320
OBB	1317
ACM	2888
OPR	575
BCCo	1536
Vaux	32677
Darion	1446
total	90233

Tableau 2 – Décompte général de l'industrie lithique étudiée sur les sites blicquiens

BQ	nbre pièces/maison	VSG	nbre pièces/maison
IBF	6650	Poses	3980
ITC	3600	Bucy-FM	310
BCC	10345	Bucy-FT	1350
ODBM	2640	Tinqueux	1200
OBB	2630	Jablines-PC	6360
ACM	2890	Ocquerre	3350
OPR	1150		
BCCo	3070		
Vaux	8170		
Darion	2890		

Tableau 3 – Évaluation quantitative du nombre d'artefacts par unité d'habitation et confrontation avec quelques sites Villeneuve-Saint-Germain

Plus de 90 000 pièces ont été mises au jour en contexte blicquien. Une rapide évaluation quantitative du nombre de pièces par unité d'habitation permet d'établir des comparaisons avec quelques sites VSG les plus représentatifs de leur zone géographique (tabl. 3). Ici, nous avons simplement divisé le nombre total de pièces par le nombre d'unités d'habitation évalué. Ces chiffres devraient bien évidemment être raffinés (nombre de fosses, érosion…) pour une évaluation plus exacte que nous ne cherchons pas à atteindre ici. Côté VSG, le site de Jablines présente un nombre extrêmement élevé de pièces par maison, du

fait de la conservation de son sol ou niveau archéologique originel (Bostyn 1994 ; Lanchon *et al.* 1997). Par ailleurs, nous n'avons pas pris en compte le site de Trosly-Breuil. Ce dernier est extrêmement riche (plus de 20 000 pièces pour 6 structures) mais l'intégralité du site n'est pas publiée et il n'est pas à exclure que cette zone corresponde à des modalités de rejet particulières[4]. Ainsi, on peut remarquer que les sites blicquiens tendent à être plus riches que les sites VSG, particulièrement les sites les plus complets alors même que la surface fouillée est nettement inférieure à celle des sites VSG.

Etant donné la richesse de cette industrie, il s'est vite révélé impossible d'étudier l'intégralité du matériel. C'est donc en accord avec les problématiques développées ci-dessus qu'un échantillonnage des corpus a été opéré.

3.3.2. À (trop) riche industrie, échantillonnage !

Quatre corpus ont été sélectionnés pour une étude exhaustive visant à établir l'organisation des productions pour appréhender la structure socio-économique de ces activités : Irchonwelz « la Bonne Fortune », Ellignies-Sainte-Anne « Fagneau », Aubechies « Coron Maton » et Ormeignies « la Petite Rosière ». Les trois premiers sites appartiennent à trois étapes chronologiques différentes ce qui nous permet alors de discuter l'information de manière diachronique. Nous avons également souhaité intégrer Irchonwelz « le Trou al Cauche » car il s'agit probablement du site le plus ancien (Hauzeur 2008) et son industrie était en grande partie inédite (Demarez *et al.* 1992). Pour diverses contingences, nous disposions d'une semaine pour l'étude. La structure la plus riche a alors été sélectionnée. S'agissant d'une fosse latérale de construction, elle présentait l'avantage de permettre les comparaisons avec les autres sites. Ormeignies « la Petite Rosière » a été intégré en guise de test. En l'absence d'une datation fiable par la céramique, l'industrie lithique apporte-t-elle des informations complémentaires ? Par ailleurs, l'existence d'un recyclage d'éléments rubanés au sein de l'industrie lithique blicquienne a été démontrée pour Vaux-et-Borset et semble également repéré à Darion (Caspar et Burnez-Lanotte 1994 et 1997 ; Jadin *et al.* 2003). Par sa proximité avec un habitat rubané, l'industrie lithique d'Ormeignies se révèle alors propice à discuter de cette pratique. Enfin, il était pertinent de confronter l'organisation des productions entre Hainaut et Hesbaye. Notre choix s'est porté sur Vaux-et-Borset. Compte tenu de l'extrême richesse de ce site dont le matériel a en grande partie été publié (Caspar et Burnez-Lanotte 1994), deux fosses inédites, fouillées en 1998, ont été sélectionnées pour étude. L'une est une fosse latérale de construction, extrêmement bien conservée. Elle apparaissait alors représentative des activités réalisées à Vaux-et-Borset. En outre, nous avons eu la possibilité d'accéder au matériel du site de Darion. Disposant d'une journée pour l'étude de ce matériel, nous avons prioritairement examiné les matériaux allochtones. Toutefois, nous avons mené une étude qualitative rapide de la production

---

4 Probablement liées au fait que Trosly-Breuil est un site producteur de grandes lames en silex tertiaire (Bostyn et Cayol, 2012)

laminaire sur silex locaux.

Afin de développer le volet sur la diffusion des matières premières, l'intégralité du silex tertiaire bartonien découvert sur les sites blicquiens a été prise en compte. Cette matière première est la seule clairement exogène dont les gîtes sont bien connus. Cette sélection paraissait alors opportune pour compléter les schémas de circulation préalablement établis (Bostyn 1994 et 2008 ; Denis 2012a). Cette sélection a impliqué un tri exhaustif de toutes les séries. De plus, les corpus de Hesbaye offraient tous les avantages pour compléter ce panorama. En effet, outre le silex tertiaire bartonien, des liens avec le Hainaut ont été signalés grâce à la reconnaissance du silex de Ghlin où il affleurerait (Caspar et Burnez-Lanotte 1994 : Jadin *et al.* 2003). Sur ces sites, l'intégralité des pièces en silex de Ghlin a donc été prise en compte.

Il convient enfin de signaler que quelques pièces blicquiennes sont conservées à la *Domus Romana* d'Aubechies. Ce petit musée a été constitué par L. Demarez lors des fouilles qu'il a pu mener. Accessible sur demande, nous avons pu voir le matériel. Toutefois, un certain nombre de pièces étant fixées, nous n'avons pu prendre toutes les données recherchées. Seules les pièces susceptibles d'être attribuées à leur site d'origine ont fait l'objet d'une prise d'informations. Cette sélection nous a conduite à étudier près de 44 700 pièces (tabl. 4).

La faible emprise des fouilles des sites blicquiens est un facteur limitatif à la restitution de l'organisation socio-économique de l'industrie lithique de ces groupes humains. Toutefois, l'homologie des contextes de découverte permet d'assurer une assez bonne représentativité des activités et surtout autorise les comparaisons entre sites. Ceux-ci ont livré une riche industrie lithique qui a fait l'objet d'un échantillonnage raisonné en vue de répondre aux problématiques énoncées.

sites	nbre de pièces
IBF	19944
ITC	2960
ESAF	7612
BCC	140
ODBM	13
OBB	9
ACM	5108
OPR	575
BCCo	9
Vaux	8310
Darion	13
total	**44693**

Tableau 4 – Décompte général du nombre de pièces étudiées dans le cadre de ce travail

4. Méthode d'étude : une approche techno-économique

L'étude proposée s'inscrit dans le cadre désormais « classique » des approches technologiques dont nous ne referons pas l'historique du développement (Pelegrin 1995). « Classique » puisqu'il devient presque redondant de mentionner que nous utiliserons la terminologie proposée dans la *Préhistoire de la Pierre taillée* (Inizan *et al.* 1995). En accord avec les problématiques engagées, c'est plus précisément une approche techno-économique qui a été développée. Celle-ci s'articule en 3 étapes successives : un tri par matières premières, une étude des productions et un classement par types d'outils. Compte tenu du contexte de découverte détaillé précédemment, c'est le principe de remontage mental (Pelegrin 1995 ; Tixier 1978) qui a animé cette étude, imposant donc une lecture fine des schémas diacritiques (Dauvois 1976). Toutefois, du fait de la richesse des sites, les remontages se sont révélés fréquents et ont parfois été poussés pour tenter de résoudre certaines questions.

4.1. L'heuristique classement par matières premières

L'étape initiale du travail est passée par un tri des différentes matières premières. Le potentiel informatif offert sur cette base pour les contextes néolithiques n'est plus à prouver (Binder et Perlès 1990 ; Perlès 1980 et 1990).

Dans notre perspective, les informations recherchées renvoient à la notion d'économie des matières premières (Perlès 1980 et 1987), entendue ici au sens large « comme toute forme de gestion de celles-ci, qu'elle soit ou non différenciée » (Perlès 1991, 36). Ainsi, travailler sur les modalités de gestion des matières premières sera à la base de la compréhension de la structure des productions. En outre, il va de soi que le tri des matières premières est capital pour la restitution des réseaux de circulation, problématique que recouvre par essence la notion d'économie des matières premières. Elle interroge en effet non seulement la nature des matières premières exploitées mais également l'état sous lequel elles sont introduites sur les sites afin de percevoir leur système d'acquisition (Perlès, 1980). En combinant les terminologies employées par P. Allard (2005) et J.-M. Geneste (1985), nous utiliserons les termes : local (*in situ* à 5 km), voisin (5-15 km), régional (15-30 km), éloigné (30-80 km) et exogène (+ de 80 km) pour caractériser la distance aux gîtes de matières premières.

Deux niveaux sont distingués pour ce tri par matières premières : leur distinction puis leur identification. La distinction des différentes matières premières n'a été entreprise que sur des critères macroscopiques. Le choix des critères discriminants s'est basé sur les travaux de C. Bressy (Bressy 2002, fig. I.2). Cinq critères principaux ont été retenus dans ce contexte : cortex, couleur, éclat, grain et toucher (tabl. 5). Dans un second temps, l'identification consiste à comparer ces groupes aux données préexistantes, issues notamment de prospections. L'objectif

cortex		couleur	éclat		grain		cassure	homogénéité	organisation
description	crayeux		degré d'opacité	translucide	description	très fin	conchoïdale	homogène	zonation
	calcaire			opaque		fin	lisse	semi-hétérogène	litage
	calcaro-gréseux			semi-translucide		moyen	esquilleuse	tacheté	rubannement
	alluvial		aspect	mat		grossier		hétérogène	absent
	absent			brillant	toucher	sec			
couleur						neutre			
épaisseur						gras			
délinéation avec la matrice									

Tableau 5 – Description des différents critères retenus pour le classement relatif à la distinction des différentes matières premières, d'après Bressy, 2002

étant alors de rapporter un groupe de pièces à une matière première connue et dont les ou certains gîtes ont donc été identifiés. Ce deuxième niveau est capital pour retracer les réseaux de circulation. Pourtant, nous nous sommes heurtée à de gros problèmes d'identification pour les sites du Hainaut. Mais compte tenu de l'importance que revêt ce tri par matières premières pour nos problématiques, une partie sera intégralement consacrée à ce sujet et aux problèmes qu'il a soulevés (Chapitre 2).

Ce tri est préalable à l'étape suivante du travail : l'étude des productions. Autrement dit, toute la suite de l'étude est réalisée par matières premières.

4.2. Étude des productions : principes généraux

Le classement techno-économique joue un rôle central dans l'étude de l'organisation des productions et de leur circulation. Dans un premier temps, il nous a conduite à attribuer les différents artefacts à la chaîne opératoire de production dont ils sont issus.

4.2.1. Distinction des chaînes opératoires et orientations de leur étude

L'existence d'une production laminaire est évidente mais il est apparu qu'un certain nombre d'artefacts ne pouvait s'y rapporter. Nous nous sommes donc efforcée de différencier les pièces issues de la chaîne opératoire de production de lames de celles produites selon d'autres objectifs.

Si nous parlons d'autres productions, c'est qu'au moins trois types pouvaient être distingués : une production d'éclats, une production de pseudo-chutes de burin sur tranche d'éclats et une production d'outils facettés, définis par P. Allard (1999). Comme nous le verrons ultérieurement, ces artefacts n'ont pas fait l'objet d'une étude fine car il ne diffuse pas ou peu. Dès lors, ils n'occupent pas une place centrale dans notre problématique.

Mais prétendre aborder l'organisation des productions en écartant ces « autres » productions peut paraître inconcevable. Cependant, séparer les artefacts issus d'une production d'éclats de ceux d'une production d'outils facettés implique la mise en place d'une méthode d'étude longue et fastidieuse (Allard 1999 ; Denis 2008), inadéquate dans le cadre des problématiques proposées. Ici, l'organisation des productions a été abordée sous l'angle des savoir-faire et plus précisément en examinant leur gradation les uns par rapport aux autres. De là et comme nous le détaillerons, ces trois productions peuvent être réunies sous une même étiquette de « productions à faible niveau de savoir-faire » ou « productions simples » en opposition à la production laminaire qui requiert incontestablement un niveau supérieur de connaissances et savoir-faire. L'idée sous jacente est plutôt de proposer une évaluation quantitative de ces deux grands ensembles afin d'approcher la structure socio-économique des producteurs et son évolution au cours du temps. L'intégralité du matériel étudié a donc été comptée et pesée. L'étude est appréhendée suivant trois échelles d'observation : le site, l'unité d'habitation ou la fosse. Ces échelles interviendront selon les potentialités du gisement et les questions posées. La compréhension des différents modes de production (de Grooth 1990 ; Van de Velde 1979) passe invariablement par une observation de la répartition spatiale des différentes productions.

Ainsi, la première étape de notre étude techno-économique vise à rapporter chacun des artefacts à la production dont il est issu. Bien évidemment et malgré le faisceau d'indices disponibles, une part non négligeable du matériel ne peut être incontestablement attribuée à une séquence précise de sa production, ouvrant alors une catégorie « indéterminés ».

À l'issue de ce tri, les productions laminaires ont fait l'objet d'un classement techno-économique fin.

4.2.2. Les productions laminaires : vers un raffinement de la méthode d'étude

Affiner ce classement répond à un double objectif : préciser la ou les chaînes opératoires de productions laminaires pour établir des diagrammes techno-économiques. Ces derniers constituent une représentation graphique pertinente pour diagnostiquer la forme sous laquelle la matière première est introduite sur les sites et quelles étapes de la chaîne opératoire s'y sont déroulées (Perlès 1990). Ils sont en effet construits autour d'une représentation quantitative des différentes étapes de la chaîne opératoire du débitage laminaire. Cette construction implique donc nécessairement une compréhension préalable de la méthode de débitage (Tixier 1967). La construction de ces diagrammes a en outre été mise en œuvre pour établir des comparaisons entre les sites. L'observation de lacunes sur l'un et de surplus sur l'autre alimente de manière convaincante la restitution des schémas de circulation.

Nous avons de surcroît voulu déterminer le nombre de blocs en circulation, lorsque celle-ci était clairement avérée. Une observation minutieuse des caractéristiques de la matière première des pièces en question a tenté de rapprocher celles susceptibles de provenir d'un seul et unique bloc ou du moins d'un même micro-gisement (Chapitre 4). Un coefficient évaluant le degré de certitude de ces rapprochements a été adjoint.

4.2.3. À la recherche des intentions et des savoir-faire via le vecteur « lame »

Enfin, nous avons cherché à affiner ces informations par une observation détaillée des lames. Le but étant alors de déterminer si les intentions de cette production et les savoir-faire mis en jeu étaient similaires d'une matière première à l'autre et au sein d'une même matière première.

Toute une série de critères a été employée à des visées bien précises. Les lames ayant été au préalable attribuées plus finement à leur place au sein du débitage, toutes ne participent pas à la description des différents critères. La majorité d'entre eux est essentiellement destinée à la description des lames de plein-débitage. Outre ces lames de plein-débitage, nous avons distingué les lames à crête, les lames sous-crête, les lames à pan cortical, les lames néo-crête et les lames d'entretien ou de réfection. Les lames sous-crête présentent sur un pan des négatifs transversaux des éclats de préparation de crête. Les lames à un pan cortical portent du cortex ou une surface naturelle. Les lames néo-crête présentent des négatifs transversaux qui recoupent les négatifs laminaires. La néo-crête peut présenter un ou deux versants préparés. Des lames sous-néo-crête ont été distinguées lorsque les parties proximales des enlèvements transversaux n'étaient plus visibles. Les lames de réfection ou d'entretien correspondent à des lames qui emportent un réfléchissement voire un défaut de la matière première. Il peut également s'agir de lames qui portent une nervure très irrégulière et qui pourraient alors contribuer à régulariser la table laminaire. Les très petits fragments n'ont pas été

attribués à l'une ou l'autre de ces catégories.

Tout d'abord, l'intégralité des pièces a été mesurée (longueur, largeur et épaisseur). D'une part, cette étude métrique des produits laminaires a permis de souligner l'existence de deux productions en silex bartonien sur les sites VSG (Denis 2012a). D'autre part, la longueur se révèle un critère pertinent pour évaluer les savoir-faire car « la difficulté de réalisation de grandes pièces régulières grandit exponentiellement avec leur dimension » (Pelegrin 2002, 142). Puisqu'il est techniquement plus facile d'obtenir une lame longue et étroite dans un silex d'excellente qualité que dans un silex de qualité même légèrement inférieure (Pelegrin, com. orale), une évaluation de celle-ci a été proposée. Elle est établie sur une appréciation de l'homogénéité de la matrice et de la finesse de son grain.

L'observation des talons et de la préparation des corniches apporte plusieurs informations. Elle permet de décrire les procédés techniques mis en œuvre avant le débitage d'une lame. Pour les talons, ce paramètre conduit à décrire le plan de frappe. Puis nous avons déterminé si la corniche était abrasée ou non et le soin investi dans ce procédé. Celui-ci a été évalué en termes d'intensité de l'abrasion. Cela nous permettant, couplé aux autres paramètres, d'approcher le savoir-faire des tailleurs. Dans cette même optique, les talons ont été mesurés (largeur et épaisseur). Plus le talon est de petite dimension, plus la prise de risques est élevée mais plus les produits sont réguliers si la technique est maîtrisée (Pelegrin, com. orale).

La section et le code opératoire (Binder 1984) des lames ont été pris en compte. Ils permettent de préciser l'agencement ou rythme du débitage (Astruc *et al.* 2007 ; Binder et Gassin 1988). La pertinence de ce paramètre a été magistralement démontrée en contexte chasséen où il signe une évolution chronologique (Binder 1991).

Un indice de régularité des pièces a été ajouté afin d'évaluer le degré de savoir-faire. Cet indice en 4 grades traduit la régularité des nervures, des bords et de la face inférieure de la pièce.

Enfin, la technique de percussion a été diagnostiquée par le croisement de différentes données : observation des procédés de préparation au détachement, de l'angle de chasse, du bulbe, de la régularité des négatifs et du profil de la pièce. Ce n'est que par la comparaison avec des séries expérimentales de référence que le diagnostic est fiable. Outre les séries expérimentales disponibles au sein de notre laboratoire, nous avons pu bénéficier de l'expérience de nos encadrants. Si cet examen des techniques de percussion n'est pas une finalité en soi, il a été mis en œuvre pour l'intégralité du matériel en vue de « rechercher les circonstances d'emploi selon les opérations effectuées » (Pelegrin 1995, 22).

4.3. Dernière étape : l'individualisation de l'outillage

La dernière étape de notre méthode d'étude a consisté à repérer les différents outils - retouchés, façonnés, lustrés, manifestement utilisés - au sein des différentes catégories techno-économiques distinguées afin notamment de repérer une éventuelle économie du débitage (Inizan 1976). Le support de chaque outil est donc systématiquement précisé. Pour faciliter les comparaisons entre sites, nous avons utilisé les listes typologiques préexistantes (Bostyn 1994 ; Cahen *et al.* 1986 ; Caspar et Burnez-Lanotte 1994 ; Constantin 1985). Les listes citées n'étant pas strictement identiques, elles ont été combinées de façon à traduire le plus justement possible nos observations. Nous présenterons ici brièvement les grandes classes typologiques retenues, indépendamment des supports. L'étude fine des supports sera abordée dans le chapitre 3 et visera à préciser l'organisation socio-économique des populations blicquiennes. La présentation des différents types d'outils sera déclinée en quatre volets :

- les outils les plus courants au sein des séries
- les outils systématiquement repérés mais peu fréquents
- les outils rares, non identifiés sur tous les sites
- les pièces individualisées par leurs traces spécifiques interprétées comme liées à l'utilisation brute des supports.

4.3.1. Les fondamentaux de la panoplie des outils blicquiens

Les pièces retouchées

Les pièces retouchées correspondent à des artefacts dont les caractéristiques de la retouche font qu'il est impossible de les rattacher à un type d'outil plus défini (Annexes 84 à 86). Aucune constante ne peut être dégagée des sept critères de description de la retouche (Inizan *et al.* 1995). De ce fait, il s'agit d'une catégorie d'attente. Une étude proprement tracéologique – macro - et microtracéologie en comparaison avec des séries expérimentales de référence - permettrait certainement d'effectuer un tri au sein de cette classe de l'outillage. En particulier, il est probable que la retouche qui affecte certaines de ces pièces résulte en fait de leur utilisation. Cette dernière peut en effet créer, sur des supports bruts, des altérations sensiblement similaires à des retouches volontaires (C. Guéret, com. orale).

Les denticulés

Les denticulés se définissent par la succession d'au moins deux coches. Trois sous-types se distinguent. Les premiers, peu fréquents, présentent des coches obtenues par une série de retouches (Annexe 120, n°s 1 et 3). Les seconds, majoritaires, sont créés par une succession de coches clactoniennes (Annexe 88, n°s 1 à 4 et Annexe 120, n° 2). On peut parfois se demander si l'objectif recherché par ces coches n'est pas de dégager des pointes massives (Annexe 88, n° 1 et Annexe 111, n° 5). Enfin, le troisième type renvoie aux denticulés facettés (Allard 1999). Des supports épais sont taillés par des petits enlèvements, souvent bifaciaux, qui contribuent à dégager des denticulations (Annexe 124, n° 5 ; Annexe 125, n° 4 (?)). Leur aspect facetté pourrait découler du ravivage itératif de ces denticulations.

Les grattoirs

Les grattoirs se caractérisent par la présence d'un front généralement convexe obtenu par retouches convergentes (Annexes 89 et 90 ; Annexe 106, n°s 1 à 3 ; Annexe 111, n°s 1 à 3). Il s'agit majoritairement de grattoirs simples. Une grande variabilité est perceptible au sein de cette catégorie typologique que ce soit dans la dimension des supports employés ou dans le degré d'investissement mis en œuvre pour la réalisation des fronts. Les bords sont le plus souvent bruts bien qu'ils soient fréquemment affectés par des ébréchures. Quelques pièces présentent des ébréchures, des luisants, des émoussés ou des esquillements inverses au front. Ces derniers sont caractéristiques des grattoirs-herminettes (Caspar et Burnez-Lanotte 1996) (Annexe 102, n°s 1 et 2).

Les outils facettés et bouchardes

Les outils facettés (Allard 1999) sont façonnés par de multiples petits enlèvements courts et souvent rebroussés (fig. 10). Du fait de l'incompatibilité de leurs dimensions avec les éclats recherchés comme supports de l'outillage, ces derniers sont compris comme résultant de la confection ou du ravivage de ces pièces alors interprétées comme des outils (Allard 1999 ; Cahen *et al.* 1986 ; Caspar et Burnez-Lanotte 1994 ; Denis 2008). Elles correspondent notamment aux polyèdres. Leurs arêtes sont fréquemment marquées par des traces probablement liées à leur utilisation telles des abrasions et du bouchardage. Parfois, les zones bouchardées peuvent être si étendues qu'elles masquent le support. La réunion des bouchardes et des pièces facettées sous une même catégorie se justifie par la similarité des stigmates qui les affectent. On ne peut exclure qu'une étude tracéologique menée sur ces pièces conduirait à la distinction de différentes utilisations. Les nucléus à lames sont fréquemment remployés comme boucharde. Les traces de bouchardage se développent alors sur le plan de frappe et à l'extrémité opposée. Les nervures présentent fréquemment des émoussés visibles également sur les éclats de ravivage de ces pièces. Certaines présentent des émoussés très prononcés, créant des plages presque polies, luisantes et marquées de stries visibles à l'œil nu.

Figure 10 – Exemples d'outils facettés, découverts à Irchonwelz « la Bonne Fortune » ou Ellignies-Sainte-Anne

Les burins

Les burins (Annexes 82, 91, 101 et 104) présentent un ou plusieurs coups de burin. La majorité sont des burins d'angle, le plus souvent sur cassure. Néanmoins toutes les combinaisons sont possibles. Il existe des burins d'axe, des burins transverses, simples, doubles, multiples, sur troncature ou sur une petite préparation par retouche. Il n'est pas rare, de manière plus prégnante sur les supports laminaires, de percevoir un fil de lustre bifacial, à la rencontre entre le pan de burin et la face inférieure de la lame, soit sur des angles abrupts d'environ 70° à 90°. Il s'agit probablement du « poli 23 » (van Gijn 1990), très fréquemment repéré sur les burins BQY/VSG (Allard *et al.* 2004 ; Cahen et Gysels 1983). Néanmoins, d'après les observations tracéologiques, de nombreux burins BQY/VSG ne présentent plus la double composante du poli 23, typique du Rubané (Allard *et al.* 2004 ; Caspar *et al.* 2007). Seule celle résultant du travail des végétaux tendres rigides (Gassin 1996) subsiste.

4.3.2. Pour compléter la panoplie du parfait Blicquien...

Les coches

Les coches s'individualisent des denticulés du fait qu'elles sont uniques ou plus rarement non successives. Elles semblent plus fréquemment obtenues par retouches que par coche clactonienne (réalisée d'une seule percussion en retrait du bord). Certaines lames présentent des coches très concaves visant à atteindre une nervure. Ces pièces, interprétées comme des tentatives avortées de fracturation par le procédé du microburin, intègrent la catégorie des déchets de l'outillage, au titre de tentatives de microburin (Annexe 95, n° 9).

Les pièces appointées

Les pièces appointées se caractérisent par la convergence de deux bords, obtenue par la retouche d'un ou des deux bords (Annexe 92, nos 1 et 4 ; Annexe 108, nos 1 à 3 ; Annexe 112, n° 9 et Annexe 122). Ces retouches sont parfois des coches. Généralement une pointe voire une seconde pointe diamétralement opposée sont dégagées dans la plus grande longueur du support. Ces pièces portent fréquemment des émoussés sur leur pointe. Elles se distinguent des perçoirs par les dimensions de la pointe recherchée. L'angle entre les deux bords convergents est généralement ouvert, ce qui ne dégage pas une pointe nette, contrairement aux perçoirs.

Les armatures de faucille

Les armatures de faucille sont presque exclusivement obtenues sur lame. Elles se caractérisent par la présence d'un luisant très brillant, bifacial, réparti obliquement sur la pièce (Annexe 78, n° 12 ; Annexe 94 ; Annexe 112, nos 5 et 6). Parfois bruts, les supports sont le plus souvent aménagés par une troncature simple, une bitroncature voire un dos abattu. Lorsque la retouche n'est pas trop envahissante, il est parfois possible d'identifier les restes d'un piquant trièdre (Annexe 94, n° 2) témoignant de l'emploi du procédé de fracturation en microburin pour la mise au gabarit de ces lames.

Les troncatures

Les troncatures (Annexe 93 ; Annexe 105, n° 7) sont majoritairement simples, parfois doubles. Le plus souvent rectilignes, elles peuvent être légèrement concaves ou convexes. Leur inclinaison par rapport à l'axe de débitage de la pièce présente toute une variation allant de troncatures très obliques à transversales (ou « droites »). Comme pour les armatures de faucille, de rares troncatures présentent les restes d'un piquant trièdre.

Les armatures de flèche

Les armatures de flèche blicquiennes sont principalement de trois types (Annexe 78, nos 1 à 3 ; Annexe 81, n° 7 ; Annexe 83, nos 7 et 8 ; Annexe 95, nos 1 à 4 ; Annexe 105, nos 1 à 3 ; Annexe 107, nos 13 à 16) : des triangulaires asymétriques, des trapézoïdales asymétriques et des tranchantes. Les deux premières peuvent présenter des retouches inverses sur leur base. Celle-ci est rectiligne, concave ou très concave, dégageant alors presqu'un cran. Leur pointe est généralement constituée d'un piquant trièdre plus ou moins recouvert par la retouche. Les armatures peuvent être latéralisées à droite ou à gauche. Certaines paraissent également porter, sur leur base, les restes d'un piquant trièdre attestant d'une fracturation fréquente de ces supports par le procédé du microburin. Certaines pièces sont abandonnées en cours de fabrication, fréquemment du fait d'un échec de la réalisation de cette fracturation.

Les pièces esquillées

Les pièces esquillées se définissent par l'opposition entre deux pôles (Annexe 88, n° 5). Soit, ces deux pôles présentent des esquillements, généralement bifaciaux. Soit, un des pôles est martelé. Certaines pièces ne présentent qu'un pôle esquillé. Il n'est pas rare que les supports aient fait l'objet d'une préparation antérieure aux esquillements de type troncature. Dans ce cas, les esquillements sont unifaciaux et inverses par rapport à la troncature.

Les outils doubles et multiples

La catégorie des outils doubles ou multiples correspond à des pièces présentant plusieurs parties actives renvoyant à différents types d'outil (Annexe 95, n° 10).

4.3.3. Des outils plus rares

Les perçoirs

Les perçoirs sont confectionnés par des retouches abruptes des deux bords (Annexe 78, nos 4 et 5). Ces derniers, alors convergents, dégagent une pointe longue, triédrique ou quadrangulaire. Parfois, des retouches inverses affinent la pointe qui porte assez fréquemment des ébréchures, un enlèvement burinant voire un émoussé.

Les éclats facettés

Les éclats facettés (Allard 1999) se rapportent à la même gamme d'outils que les outils facettées dans leur conception (enlèvements courts détachés à la percussion dure, comparables à ceux des pièces facettées ou des denticulés facettés). Des enlèvements inverses plutôt rasants, ne sont pas rares alors que le détachement de petits éclats directs donne une section triédrique ou quadrangulaire à ces pièces. Des stigmates de percussion ou de bouchardage peuvent parfois être perceptibles sur les arêtes dorsales.

Les tranchets

Les tranchets (fig. 11) sont rares et n'ont pas été identifiés sur tous les sites. Généralement réalisés sur gros éclats dont les bords sont aménagés par des retouches semi-abruptes à abruptes et écailleuses, le façonnage de blocs ou plaquettes semble coexister bien que la retouche, plus envahissante dans ce cas, masque en partie le support. Le coup de tranchet n'est pas toujours attesté, ce dernier pouvant être considéré comme un mode de ravivage du tranchant (Allard *et al.* 2004).

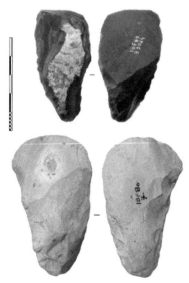

Figure 11 – Tranchets découverts dans la structure 7 d'Irchonwelz « la Bonne Fortune »

Les outils marginaux

Enfin, mentionnons l'existence de pièces nettement plus rares. Il s'agit d'une part des racloirs, qui n'ont pas été identifiés dans tous les assemblages. Les racloirs se caractérisent par la retouche d'un de leurs bords. Cette retouche contribue à donner une très légère convexité au bord en question par des retouches semi-abruptes plutôt longues.

Certaines lames présentent un piquant trièdre (Annexe 99, nos 1 et 3). Il pourrait s'agir d'outils en cours de fabrication (armatures ou faucilles notamment). Mais en l'absence d'autres aménagements, il n'est pas à exclure que ces piquants trièdres soient recherchés pour eux-mêmes.

Trois percuteurs ont été décomptés (fig. 12, n° 1). Il s'agit de pièces circulaires presque intégralement couvertes de plages martelées. Le support se révèle donc illisible.

Mentionnons enfin une unique pièce façonnée, très longue, dont la morphologie évoque un pic (fig. 12, n° 2). L'extrémité la plus étroite porte un luisant. Ce dernier pourrait résulter du travail sur une matière minérale meuble (terre, limon, argile…) comme la littérature le mentionne pour certains tranchets (Allard *et al.* 2004).

Figure 12 – Percuteur (1), Ellignies-Sainte-Anne et sorte de pic façonné sur bloc (2) dont l'extrémité la plus étroite porte un luisant, Aubechies

4.3.4. Des stigmates particuliers : utilisation de supports bruts

Les pièces pour lesquelles la présence de luisants, d'émoussés ou de traces de percussion ont été isolées car ces stigmates pourraient résulter de leur utilisation ou de leur emmanchement. La valeur accordée aux ébréchures est moindre en l'absence d'étude tracéologique car on ne peut exclure qu'elles résultent de processus taphonomiques.

Les pièces émoussées

Les pièces émoussées regroupent très certainement des outils destinés à des usages divers (Annexe 97, n° 2 ; Annexe 109, n° 3 ; Annexe 123, n° 8). En contexte blicquien, la présence de pièces émoussées a déjà été signalée et pourrait correspondre à des pièces ayant travaillé des matériaux minéraux tendres, comme le schiste (Caspar et Burnez-Lanotte 1994). Il n'est cependant pas à exclure que ces émoussés résultent d'un emmanchement. L'émoussé est en effet parfois identifié sur les nervures des pièces. Par ailleurs, certaines lames présentent des émoussés bien localisés sur le talon voire également en partie distale. Cet élément n'est pas sans rappeler les observations émises pour les forets mécaniques (Caspar et Burnez-Lanotte 1994 et 1996). Toutefois, ces caractéristiques sont également assez évocatrices des briquets (Constantin *et al.* 2010 ; Guéret 2013). Seule une étude tracéologique permettra de faire le tri des pièces portant des émoussés. Il est en effet difficile de trouver des constantes dans la localisation, l'étendue ou l'intensité de l'émoussé. Signalons simplement qu'il affecte généralement des bords convexes.

Les pièces à luisants

À l'inverse, les pièces à luisants constituent un groupe plus homogène. Le luisant est macroscopiquement similaire à celui observé sur les burins. Il affecte généralement des bords plutôt abrupts (Annexe 97, n°s 1 et 3 ; Annexe 103, n°s 6, 9 et 11 ; Annexe 117 ; Annexe 121, n° 1 ; Annexe 123, n°s 6 et 7). Il correspondrait également au « poli 23 » ou à sa composante 23 (Caspar *et al.* 2007). D'ailleurs, il a été proposé que les coups de burins soient des ravivages de ces bords usés (Allard *et al.* 2004). Ces pièces peuvent alors être considérées comme des « équivalents burins » (Gassin *et al.* 2006).

Les pièces martelées

Les outils martelés se caractérisent par la présence d'une zone assez circonscrite, convexe, qui présente des traces d'écrasements, parfois associés à des esquillements.

Les pièces à ébréchures

Quant aux pièces à ébréchures, leur appartenance à l'outillage devra être confirmée par une étude tracéologique. En effet, il s'agit de pièces qui présentent une fine retouche, souvent irrégulière résultant peut-être de l'utilisation de supports bruts. Le terme d'ébréchures renvoie donc au fait que ces retouches ne seraient pas volontaires mais liées à l'utilisation de supports bruts. Dans un certain nombre de cas, un très léger luisant est perceptible sur la face opposée aux ébréchures, ce qui nous incite à attribuer ces pièces à l'outillage. Celles-ci peuvent se révéler extrêmement nombreuses sur certains sites. Or, elles sont rarement décomptées dans les séries rubanées ou VSG. Par conséquent, les tableaux de l'outillage les décomptent mais nous ne les prendrons pas en compte pour établir les comparaisons puisqu'une incertitude demeure quant à leur intégration ou non à l'outillage.

Ainsi, le contexte chrono-culturel dans lequel s'insère le présent travail est bien défini. De nombreuses études récentes des différentes sphères techno-économiques sont d'ores et déjà disponibles. Onze sites blicquiens ont été découverts en Hainaut et en Hesbaye. Ils livrent une riche industrie lithique que nous avons échantillonnée pour répondre à deux questions principales : quelle est la structure socio-économique de la production de l'outillage lithique blicquien ? Quelles sont les relations entretenues entre les différents foyers d'implantation de cette culture Blicquy/Villeneuve-Saint-Germain ? Comme l'expose la méthode d'étude, l'analyse techno-économique entreprise nécessite dans un premier temps l'identification des différentes matières premières exploitées.

Chapitre 2

Les matières premières exploitées par les populations blicquiennes

La distinction et l'identification des matières premières constituent une étape fondamentale pour les problématiques développées ici. Nous nous sommes heurtée à de grosses difficultés tant dans la distinction des différentes matières que dans leur identification, particulièrement pour les sites du Hainaut. Ces problèmes sont notamment liés à l'absence de collections de référence pour la Belgique.

1. Connaissances actuelles sur les ressources siliceuses de Belgique

Cette présentation des connaissances sur les ressources siliceuses liées aux deux zones d'implantation blicquienne montrera que les potentialités locales sont importantes. La synthèse sur les industries lithiques rubanées et blicquiennes proposée en 1986 offre une « esquisse générale » des ressources lithiques de la Belgique (Cahen *et al.* 1986, 10). Deux principales zones d'affleurements sont circonscrites par l'extension du Crétacé marin (fig. 13). À l'ouest en Hainaut, il se localise dans le bassin de la Haine (ou Bassin de Mons). À l'Est, il correspond à la basse vallée de la Meuse (Hesbaye liégeoise).

1.1. Les ressources siliceuses de Hesbaye

Les danubiens de Hesbaye se sont implantés sur les lœss qui reposent directement sur les formations du Crétacé supérieur. L'accès aux affleurements de silex semble aisé. Le site rubané de Verlaine l'illustre parfaitement par les quantités importantes de silex exploité (Allard 2005). Deux types de silex proviennent de ces formations : le « silex fin de Hesbaye », par opposition au silex dit grenu de Hesbaye. D'après les observations menées à Verlaine, le premier proviendrait du Campanien, plus précisément des assises de Nouvelles (Allard 2005). De teinte gris clair (parfois légèrement bleuté) à gris foncé, il présente fréquemment des taches grises ou blanches gréseuses d'assez grandes dimensions qui peuvent affecter ses propriétés clastiques. Mat, il est assez opaque. Lorsqu'il est possible de l'observer en transparence, sa matrice paraît peu chargée. Il affleure sous forme de rognons dont le cortex blanc à beige est mince (Allard 2005 ; Caspar et Burnez-Lanotte 1994).

Par opposition, le silex grenu de Hesbaye est mat, opaque et rugueux. Sa couleur varie principalement du gris clair au gris foncé mais il peut présenter des teintes plus variées telles du jaune, du beige ou du brun. Il est parfois ponc-

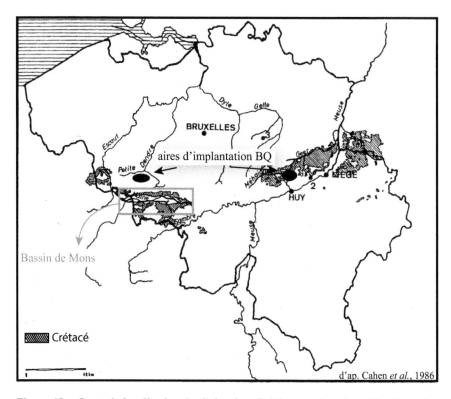

Figure 13 – Carte de localisation du Crétacé en Belgique et des aires d'implantation blicquienne, d'après Cahen *et al.*, 1986

tué de petites taches noires et lisses. Son cortex, de teinte brune, est irrégulier et peu épais (Allard 2005 ; Caspar et Burnez-Lanotte 1994). À Orp-le-Grand, une minière datée du Néolithique moyen-final a livré un silex apparenté (de Grooth 1991). L'auteur souligne la grande proximité entre ce silex, le silex de Rijckholt et le silex de Spiennes qui se révèlent difficilement distinguables (de Grooth 2011). Parfois, du silex dit de « Gulpen » est distingué du silex gris grenu selon la couleur et l'organisation de la matrice (Bosquet *et al.* 2008).

Trois autres types, marginaux dans les décomptes, sont mentionnés par J.-P. Caspar et L. Burnez-Lanotte (Caspar et Burnez-Lanotte 1994). Il s'agit d'un silex « gris beige moucheté ». Ponctué de petites mouchetures claires gréseuses, son grain est fin et le cortex est beige. Le second est un silex brun translucide, très homogène, de grain fin. Il possède un cortex beige, régulier, dépassant le demi-millimètre d'épaisseur. Ces deux variétés, d'après les prospections de J.-P. Caspar et M. Debies, proviendraient des terrasses de la Meuse. Enfin, un silex à cortex vert glauconifère vient des niveaux du Landénien affleurant également dans la région.

Bien qu'il n'existe, pour l'heure, aucune carte précise des différents affleurements, les variétés de silex présentes en Hesbaye sont bien décrites et se laissent aisément distinguer, à de rares exceptions près.

1.2. Les ressources siliceuses du Hainaut

En Hainaut, les ressources siliceuses les plus proches des sites danubiens seraient celles du bassin de Mons, localisé à une vingtaine de km vers le sud. Le bassin de Mons correspond à l'extension du Bassin parisien et présente une longue stratigraphie du Crétacé dont des niveaux du Maastrichtien, absents dans le Bassin parisien (Robaszynski *et al.* 2001). La morphologie en cuvette du bassin de Mons fait que toutes les couches du Crétacé y affleurent. Celles du Crétacé supérieur livrent des ressources siliceuses abondantes et variées (Robaszynski 1995).

Traditionnellement, dans la littérature, quatre variétés de silex y sont systématiquement signalées (Allard 2005 ; Aubry *et al.* 2014 ; Cahen *et al.* 1986 ; Leblois 2000).

Il s'agit d'une part des silex du Turonien dont les niveaux affleurent au nord et au sud du bassin (*cf.* fig. 42), sur toute sa longueur (est-ouest). Les gîtes de silex du Turonien sont donc potentiellement très nombreux dans cette région.

Le silex de Spiennes, provenant des niveaux du Campanien supérieur (Robaszynski et Christensen 1989) est bien connu par les travaux relatifs à la minière qui l'a exploité (Collet et Van Neer 2002 ; Gosselin 1986). Ses premières traces d'exploitation remontent au Néolithique moyen (Bostyn et Collet 2011). Le silex de Spiennes semble absent des assemblages du Néolithique ancien (Allard 2005 ; Cahen et Van Berg 1979).

La troisième variété correspond au silex d'Obourg (craie

d'Obourg, Campanien). Ses gisements sont connus dès le Paléolithique comme l'atteste le site de Maisières-Canal (Miller 1997). Il s'agit d'un silex noir extrêmement homogène, dont la finesse de la texture, presque grasse, en fait un matériau d'une qualité rare. À Obourg, des indices d'une exploitation minière sont attestés et datés du Néolithique moyen I sans toutefois que l'on sache précisément quel matériau y était exploité (Jadin *et al.* 2008). Ce silex apparaît dans les décomptes de quelques séries allemandes et serait issu de contacts avec les Blicquiens (Gehlen et Schön 2007 ; Nowak 2013 et 2014). Toutefois, le silex d'Obourg n'existerait pas dans les séries du Néolithique ancien hennuyer (Allard 2005). Aussi, M. de Grooth souligne la proximité entre le silex d'Obourg et celui de Zeven Wegen provenant du Limbourg hollandais (de Grooth 2011). Non seulement ces derniers gisements seraient plus proches de ces sites allemands mais du silex de Rullen affleure au même endroit et est largement exploité sur ces mêmes sites. Toutefois, la présence de silex d'Obourg dans les séries blicquiennes a parfois été évoquée à travers la reconnaissance d'un « silex gris foncé ou noir à grain très fin et cortex beige crayeux, issu de rognons. Il offre de très nettes analogies avec le silex d'Obourg » (Cahen *et al.* 1986, 59). De récentes analyses géochimiques menées par L. Moreau semblent exclure l'hypothèse Zeven Wegen (Denis et Moreau, en prép.).

Enfin, le silex de Ghlin apparaît de longue date dans la littérature. Décrit comme un « silex gris mat finement zoné à grain très fin et cortex crayeux, issu de bancs tabulaires » (Cahen *et al.* 1986), F. Hubert suggère qu'il proviendrait de Ghlin, à côté de Mons (Hubert 1981). Toutefois, aucun échantillon n'a été récolté *in situ*. Interrogé sur la question, F. Hubert affirme que cette découverte reviendrait à M. Lefrancq, amateur et membre très actif de la SRPH (Société de Recherches Préhistoriques en Hainaut). Décédé, nous avons pu contacter son fils. Malheureusement, aucune archive n'existe sur cette découverte. Les indices les plus récents convergent vers une origine probable du côté de Baudour (Collin 2016 ; Leblois 2000).

À ces quatre variétés, on peut ajouter l'identification récente de traces d'exploitation néolithique de silex à Villerot (Van Assche et Dufrasnes 2009). Ce silex se présente sous forme de rognons mais ne semble pas exploité au Néolithique ancien (Van Assche, com. orale).

Enfin, dans la littérature relative au groupe de Blicquy, on trouve systématiquement la mention de silex à cortex verdi qui proviennent du Landénien (base du Tertiaire) (Cahen *et al.* 1986 ; Constantin 1985 ; Constantin *et al.* 2010).

Ainsi, le bassin de Mons offre de fortes potentialités tant dans les quantités que dans les variétés de silex. Mais l'absence de lithothèque et de cartographie précises des affleurements sont un facteur limitatif fort pour l'interprétation des séries archéologiques. Cependant, les travaux en cours de J.-P. Collin (doctorant, Université de Namur, Université Paris 1 Panthéon Sorbonne) contribueront certainement à une meilleure définition des gîtes du Bassin de Mons.

2. Distinction et identification des matières premières dans les séries blicquiennes

2.1. Les matières premières siliceuses exploitées sur les sites blicquiens de Hesbaye

2.1.1. Vaux-et-Borset

Afin de comparer les proportions relatives de chacune des matières premières utilisées à Vaux-et-Borset, nous utiliserons ici les données fournies par les structures 2 et 3, fouillées en 1998. Elles ont livré 6968 pièces soit 62,5 kg de matériel, principalement contenu dans la structure 2 (6739 pièces).

L'approvisionnement en matières premières est majoritairement orienté vers les potentialités locales (fig. 14). Les silex fin et grenu de Hesbaye représentent plus de 90 pour cent de l'assemblage (en poids). La configuration observée pour le silex grenu est tout à fait singulière. Il ne représente que 4 pour cent du nombre des pièces alors que son poids équivaut à plus de 20 pour cent de la série. Cette surreprésentation du poids est due à la présence de blocs de grandes dimensions, très peu exploités. En nombre de pièces, le silex de Ghlin se classe au deuxième rang des matières premières les plus employées (7 pour cent). Vingt-deux pièces soit moins de 0,5 pour cent de l'assemblage sont reconnues comme étant du silex tertiaire bartonien. Ce silex marron, parfois zoné, présente un grain assez fin. La présence d'oogones de characées permet de l'individualiser facilement (Mauger 1985). Les silex brûlés, à la matière première non déterminable, constituent 7 pour cent de l'assemblage. Les silex indéterminés regroupent notamment des pièces dont les petites dimensions n'autorisent pas une diagnose fiable. Quant aux silex regroupés sous l'appellation « autres », il s'agit de matières premières représentées en très petite quantité et qui s'individualisent assez nettement du reste du corpus. Ces pièces peuvent être distinguées en 5 matières premières différentes. La première correspond à un silex brun translucide, chargé à la fois de petits cercles blancs millimétriques transparents et de petits filaments et points beiges infra millimétriques organisés par concentrations. Une petite zone corticale montre un cortex gris-beige très usé. La deuxième est un silex de couleur grise à noire. Son cortex beige et mince est assez contourné. Des cercles ronds d'un millimètre de diamètre environ, blancs et réguliers, sont dispersés de manière homogène dans la matrice brillante et translucide. La troisième matière correspond à un silex brun-noir, translucide qui possède un cortex blanc à beige. Une fine zone sous-corticale blanche, gréseuse, assure la transition avec la matrice qui possède des taches plus grises, aux contours flous. La quatrième entité individualisée est un silex noir, opaque et mat, au cortex gris usé qui est festonné à la jonction avec la matrice (fig. 15). Celle-ci renferme des points blancs millimétriques et des spicules d'éponge. Enfin, la dernière matière première identifiée est un silex vert-jaune (fig. 16), translucide à la matrice assez homogène. Une pièce possède un résidu de cortex qui montre une zone sous-corticale blanche à grise. Diffuse, elle peut se développer sur 2 mm.

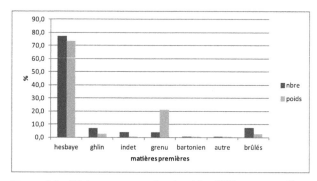

Figure 14 – Histogramme présentant les différentes matières premières exploitées à Vaux-et-Borset (Hesbaye), dans les structures fouillées en 1998

Figure 15 – Photographies (© UNamur / Savé – dva) du silex noir à spicules d'éponge découvert dans les structures de Vaux-et-Borset fouillées en 1998

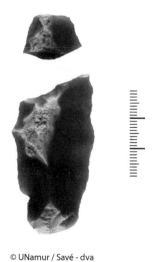

© UNamur / Savé - dva

Figure 16 – Photographies (© UNamur / Savé – dva) du silex vert-jaune découvert à Vaux-et-Borset (VCM 98 et structure 4 de VCL 90)

90 pour cent de ces matières premières sont d'origine locale (< 5 km). L'approvisionnement est nettement orienté vers le silex fin de Hesbaye. Des gîtes potentiels de silex fin de Hesbaye et de silex grenu de Hesbaye affleurent en position remaniée à proximité du site (Caspar et Burnez-Lanotte 1994). Certaines pièces présentent toutefois un cortex crayeux, indiquant un prélèvement en position primaire. Bien que les gîtes ne soient pas précisément

localisés, ils affleurent certainement dans la région. En revanche, le silex de Ghlin provient *a priori* du Hainaut, soit à une centaine de km à l'ouest. La diffusion des matières premières se traduit également par la présence du silex tertiaire bartonien. Ce dernier provient assurément du cœur du Bassin parisien soit à près de 250 km de Vaux-et-Borset. De nombreux affleurements, sous forme de dalles ou de plaquettes épaisses voire de gros rognons aplatis, sont signalés sur les plateaux du Tardenois et dans la montagne de Saint-Thierry ainsi qu'au niveau de Condé-en-Brie, Emeville, Billy-sur-Ourcq et Arcy-Sainte-Restitue (Allard *et al.* 2005 ; Blanchet *et al.* 1989). Enfin, il est délicat de proposer une origine géographique des affleurements des quelques pièces individualisées sous l'appellation « autres matières ». Néanmoins, il est possible d'avancer que le quatrième type renvoie à un silex turonien dont l'aspect évoque sensiblement celui rencontré dans les séries du Hainaut. Le silex vert-jaune existe également en contexte hennuyer, mais nous ne connaissons pas sa zone d'affleurement. Quant aux autres types, s'ils ne surprennent pas au sein des séries hennuyères, on ne peut affirmer avec certitude qu'ils proviennent du Hainaut. La description des silex provenant des terrasses de la Meuse semble assez compatible avec certains de ces types.

2.1.2. Les matières premières exploitées à Darion

N'ayant pas mené d'étude quantitative du matériel de Darion, la présentation des matières premières sera brève. Leur distinction, à l'instar de Vaux-et-Borset, ne pose pas de problème majeur. Les silex locaux constitués par le silex fin et le silex grenu de Hesbaye dominent les assemblages. Signalons simplement que les variétés de silex grenu repérées à Darion se distinguent de celles de Vaux-et-Borset. Elles sont nettement plus foncées à Darion et, du moins pour certaines, paraissent de meilleure qualité. Cela pourrait signifier une exploitation de gîtes différents entre les deux sites. La présence de silex exogène est également attestée par la présence du silex de Ghlin et du silex tertiaire bartonien. Enfin, une pièce évoque le silex d'Obourg (fig. 17).

L'approvisionnement en matières premièresdes habitants des sites de Hesbaye est clairement orienté vers les potentialités locales. Toutefois, l'identification de silex exogènes est systématique. Ces derniers sont particulièrement nombreux à Vaux-et-Borset où le silex de Ghlin représente la deuxième matière première exploitée dans les fosses fouillées en 1998.

2.2. Distinction des matières premières dans les séries blicquiennes du Hainaut

Le classement macroscopique des matériaux s'est appuyé sur la description de sept critères, utilisés dans la méthode d'étude mise en œuvre par C. Bressy (Bressy 2002). Cette grille d'analyse appliquée au site d'Irchonwelz « la Bonne Fortune » a conduit à la distinction de 23 types de matières premières. Or, cette diversité paraît difficilement compatible avec la réalité géologique et peu conciliable avec un

Figure 17 – Photographie de la pièce de Darion qui évoque le silex dit de Obourg

mode de vie agro-pastoral. Nous avons donc pris le parti de simplifier ce premier classement. Cette simplification se justifiait d'autant plus que certains types étaient constitués par une pièce ou moins d'une dizaine. Maintenir ces types n'aurait pu se concevoir que s'ils résultaient d'une diffusion. En outre, la distinction entre certains types s'était révélée fréquemment assez malaisée. Si les pièces placées en « tête de classe » semblaient relativement bien s'individualiser, la proximité des pièces associées, de proche en proche, contribuait à ne former qu'un ensemble indissociable. De surcroît, certains de ces groupes ne paraissaient discriminer aucune intention spécifique en termes de production. Aussi, compte tenu des difficultés rencontrées lors de cette procédure de classement, nous avons intégré un degré de fiabilité quant à la pertinence de la diagnose des types identifiés. Les 10 matières premières retenues se déclinent suivant trois grades (tabl. 6). Le premier et le plus pertinent constitue entre 74 et 88 pour cent des assemblages (en poids[5]). Les matériaux regroupés sous le deuxième grade se révèlent assez rares puisqu'ils ne dépassent pas 3,5 pour cent des corpus. Enfin, le dernier grade rassemble des matières premières pour lesquelles la diagnose est peu fiable. Leur quantité varie de 7 à 21 pour cent suivant les sites. Enfin, mentionnons la présence de 3 à 8 pour cent de pièces indéterminées. Ces dernières correspondent à la fois aux pièces brûlées pour lesquelles la matière n'est plus déterminable, aux pièces de trop petite dimension pour une diagnose fiable (petits éclats, esquilles, fragments) ainsi qu'à toute une série de pièces aux caractéristiques trop ambiguës pour une attribution à l'une ou l'autre des matières.

2.2.1. Grade 1 : les matières premières dont la distinction est la plus pertinente

Le premier grade correspond au degré de fiabilité maximale. Il regroupe le silex de Ghlin, le silex tertiaire bartonien, le silex turonien et le silex thanétien. Ces matières premières se distinguent sans ambiguïté. Les critères de distinction de chacune s'excluent et, à l'exception du silex de Ghlin, sont si distinctifs qu'il est possible de les rappor-

---

5 Les données sur les matières premières seront systématiquement présentées en poids sauf mention contraire.

grades	matières premières	% poids/site	% poids/grade
grade 1 - détermination pertinente	Ghlin	56 à 80	74 à 88
	Bartonien	0,1 à 3	
	Turonien	2 à 10	
	Thanétien	0,8 à 9	
grade 2 - détermination fiable	translucide	1,2 à 2,3	1,6 à 3,2
	translucide chargé	0,06 à 0,9	
	grenu	0 à 0,6	
	vert-jaune	0 à 0,2	
grade 3 - détermination incertaine	noir	0 à 2,1	7 à 21
	types "Hesbaye"	4 à 21	
	autres	0,2 à 1,9	

Tableau 6 – Classement des matières premières suivant trois grades de fiabilité de leur identification et part respective des différentes matières sur les sites du Hainaut (en poids)

ter à un étage géologique. Ces quatre matières premières constituent à elles seules entre 74 à 88 pour cent des assemblages étudiés.

- Le silex de Ghlin

L'approvisionnement en matières premières des populations blicquiennes est nettement centré sur le silex de Ghlin qui constitue entre 56 et 80 pour cent des corpus (fig. 18). Sa dénomination renvoie à l'origine géographique dont il serait issu bien qu'aucun affleurement n'ait pour l'heure été identifié. Pourtant, ce silex a souvent été prélevé en position primaire comme l'atteste son cortex crayeux blanc à jaunâtre, souvent gratté (fig. 19, n° 2 et fig. 20, n° 1). Il affleure sous forme de plaquettes (fig. 20). Leurs dimensions sont variables : des petites plaquettes côtoient des plaquettes de grandes dimensions, préférentiellement réservées à la production laminaire. Quatre plaquettes brutes ou légèrement dégrossies ont été découvertes sur les sites d'Irchonwelz « la Bonne Fortune », Ellignies-Sainte-Anne et Ormeignies « le Bois Blanc ». Elles montrent la grande variabilité dimensionnelle de ces supports. La plus grande, mise au jour à Irchonwelz (fig. 20, n° 1), pèse une quinzaine de kg et mesure 400 mm de long pour 400 mm de large et 40 mm d'épaisseur. Celle d'Ormeignies pèse deux fois moins (8 kg) et mesure 300 x 200 x 110 mm (fig. 20, n° 2). La plaquette d'Ellignies-Sainte-Anne possède des dimensions encore plus restreintes puisqu'elle mesure 165 x 140 x 70 mm pour 3 kg. L'épaisseur de ces plaquettes peut être inférieure. Certains éclats issus de la production laminaire fournissent cette information, notamment les éclats d'initialisation de la crête qui portent du cortex sur leur talon ainsi qu'en partie distale. Il est alors fréquent de rencontrer des plaquettes comprises entre 25 et 45 mm d'épaisseur. Ce silex est globalement d'excellente qualité du fait de la finesse de son grain. De couleur gris clair à gris foncé voire presque noire pour certaines zones sous corticales, il est mat et le plus souvent opaque (fig. 19). Parfois finement zoné (fig. 19, n° 1), il présente presque systématiquement des chapelets de petites « taches » gris foncé, circulaires ou légèrement oblongues (fig. 19, n° 3). Parfois, un cortex verdi témoigne d'un approvisionnement dans des couches du Landénien. Dans ce cas, le silex peut

prendre des teintes rougeâtres mais reste d'excellente qualité. Nous avons pris le parti d'intégrer ces pièces du Landénien dans les décomptes du silex de Ghlin puisque son traitement est en tous points similaire à celui provenant des affleurements primaires qui reste nettement majoritaire.

Nous signalerons l'existence de pièces tout à fait singulières, qui cependant présentent certaines caractéristiques du silex de Ghlin. Il s'agit d'une part de pièces montrant une bipartition nette de la matrice entre du silex de Ghlin et une matrice totalement différente (fig. 21, n°s 1 et 2). Cette dernière peut soit être sensiblement similaire à celle du silex translucide (fig. 21, n° 2) décrit ci-dessous (moins d'une dizaine de pièces), soit être de couleur beige-rose, semi-translucide et très homogène (fig. 21, n° 1). Cet unique cas de figure a été rencontré sur une lame d'Irchonwelz « le Trou al Cauche ». D'autre part, certaines pièces présentaient toutes les caractéristiques du silex de Ghlin, excepté sa couleur, ici beige, rappelant d'ailleurs celle de la lame d'Irchonwelz « le Trou al Cauche ». La majorité des artefacts de ce type a été vue sur le site d'Ellignies-Sainte-Anne (fig. 21, n° 3).

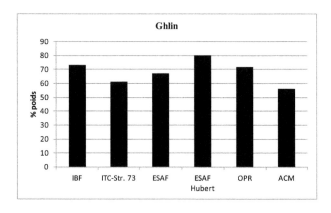

Figure 18 – Part du silex de Ghlin au sein des corpus du Hainaut (en % du poids)

Figure 19 – Photographies de pièces en silex de Ghlin et détails : 1 - des fines zonations ; 2 - du cortex gratté ; 3 - des oolithes

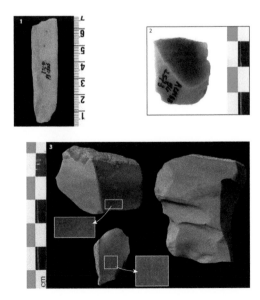

Figure 21 – Pièces probablement en silex de Ghlin mais dont les caractéristiques sont singulières. 1 – lames d'Irchonwelz « le Trou al Cauche » ; 2 – lames d'Aubechies « Coron Maton » ; 3 – éclats d'Ellignies-Sainte-Anne

1- Irchonwelz
« la Bonne Fortune»

2- Ormeignies
« le Bois Blanc»

3- Non marqué

Figure 20 – Plaquettes en silex de Ghlin découvertes sur les sites blicquiens du Hainaut, conservées à la Domus Romana (Aubechies). 1 – Irchonwelz « la Bonne Fortune » ; 2 – Ormeignies « le Bois Blanc » ; 3 – Non marquée

- Le silex tertiaire bartonien

Le deuxième silex mentionné sous ce grade est le silex tertiaire bartonien. Ses caractéristiques sur lesquelles nous ne reviendrons pas l'individualisent nettement du reste des collections (fig. 23). Ainsi, son identification ne pose aucun problème. Il est présent sur l'intégralité des sites en petites quantités (de 0,1 à 3 pour cent) (fig. 22).

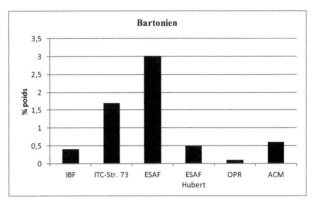

Figure 22 - Histogramme de la part du silex tertiaire bartonien sur les sites du Hainaut étudiés exhaustivement

Figure 23 – Exemples de pièces en silex tertiaire bartonien découvertes à Vaux-et-Borset

- Le silex turonien

Le silex turonien est également facilement identifiable. La matrice est noire, opaque et le grain est fin à moyen selon les blocs (fig. 25). Elle renferme fréquemment des points blancs de moins de 0,5 mm de diamètre (fig. 25, nᵒˢ 1 à 3). Des spicules d'éponge sont presque systématiquement visibles à l'œil nu (fig. 25, n° 5). La jonction entre la matrice et le cortex peut être décrite comme festonnée (fig. 25, n° 4). On peut distinguer deux types de cortex (fig. 25, nᵒˢ 2 et 3). Le premier est gris à jaune, calcaro-gréseux et son épaisseur avoisine le demi-millimètre. Le second est blanc pulvérulent et peut être plus épais. Les pièces de ce second type apparaissent moins nombreuses et se révèlent d'une qualité légèrement supérieure. Mais en l'absence du cortex, il est délicat de distinguer les deux types. C'est pourquoi nous avons pris le parti de les réunir. Ceci se justifiait également car aucune différence de traitement n'a pu être perçue entre ces blocs issus d'au moins deux gisements différents. Le silex turonien constitue de 2

à 10 pour cent des assemblages (fig. 24). Ce silex affleure sous forme de rognons de petites dimensions. Du silex turonien provenant des environs de Rethel (Ardennes) a été exploité par les populations danubiennes de la vallée de l'Aisne (Allard 2005 ; Plateaux 1993). Ses caractéris-

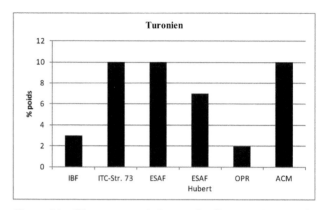

Figure 24 – Histogramme de la part du silex turonien au sein des assemblages du Hainaut

Figure 25 – Silex turonien des sites blicquiens du Hainaut. Coexistence de deux types de cortex différents (nos 2 et 3), cortex festonné à la jonction avec la matrice (n° 4), présence de spicules d'éponge (n° 5)

tiques sont plus proches de celles des blocs à cortex blanc pulvérulent. Mais compte tenu de l'existence de gisements dans le bassin de Mons, on doit raisonnablement envisager une origine locale.

- Le silex thanétien

Sous l'appellation silex thanétien (ou landénien), ont été regroupés les artefacts à cortex glauconifère vert (fig. 27, nᵒˢ 1 et 2). Ils constituent entre 0,8 et 9 pour cent des assemblages (fig. 26). Ils peuvent présenter un liseré sous-cortical orangé (fig. 27, n° 3). Leur formation ne date pas du Thanétien mais c'est durant cette période que des gîtes primaires se démantèlent (par transgression marine) contribuant à leur donner ce cortex glauconifère. Ainsi, le choix d'individualiser ces silex appelle quelques commentaires. En effet, l'ambiguïté de cette catégorie réside dans le fait qu'en l'absence de cortex, elle n'est pas identifiable puisque les caractéristiques de la matrice sont similaires à

celles des rognons issus d'autres niveaux géologiques. Par conséquent, la valeur de ce type est discutable à double titre. D'une part, il est indéniablement sous estimé en termes quantitatifs. D'autre part, il réunit sous une même

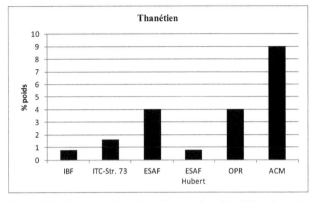

Figure 26 – Part du silex thanétien sur les sites blicquiens du Hainaut

Figure 27 – Caractéristiques du silex thanétien des sites blicquiens du Hainaut : cortex glauconifère (1 et 2), liseré sous-cortical orange (3), différentes variétés de silex (1, 3 et 4)

appellation des matériaux différents renvoyant à des gîtes primaires divers. Par exemple, outre le silex de Ghlin mentionné précédemment, il a été possible de reconnaître du silex turonien (fig. 27, n° 3) ainsi que des silex translucide, translucide chargé, grenu, noir et de « types Hesbaye » (fig. 27, n° 4). Mais, ces derniers matériaux renvoient à des degrés moins fiables de diagnose. De surcroît, l'exploitation de ces rognons thanétiens, de petites dimensions, ne montre pas de différences remarquables suivant les différents matériaux auxquels ils renvoient. Enfin, cette distinction permet de circonscrire l'origine de ces rognons au niveau du Thanétien cartographié dans le bassin de Mons. Le rapprochement avec les gîtes primaires originels permet d'établir, en l'absence de lithothèque, leur existence potentielle dans le bassin de Mons.

2.2.2. Grade 2 : des matières premières à la distinction moins fiable

Le deuxième grade renvoie à un degré de fiabilité inférieur. Les matières premières qui le constituent ont été dénommées silex translucide, silex translucide chargé, silex grenu et silex vert-jaune. Elles ne constituent qu'une infime part des assemblages (de 1,6 à 3,2 pour cent). En outre, certaines pièces possèdent des caractéristiques qui se recoupent notamment entre les silex translucides et translucides chargés et, dans une moindre mesure, les silex translucides chargés et grenus. On peut s'interroger sur la valeur du silex translucide chargé. N'est-il pas simplement l'expression d'une variation latérale de faciès du silex translucide ? En outre, les caractéristiques de ces silex ne nous autorisent pas à apporter de précisions sur une origine géologique potentielle. La distinction du silex vert-jaune, déjà signalé sur le site de Vaux-et-Borset, est quant-à-elle beaucoup moins ambiguë. Mais sa provenance ne peut être précisée, malgré de fortes présomptions pour envisager une origine exogène du fait de la forme sous laquelle il apparaît sur les sites. Il s'agit en effet principalement de produits (semi)finis.

- Le silex translucide

Le silex translucide est présent sur tous les sites mais ne constitue que 2,3 pour cent des assemblages au maximum (fig. 28). Il affleure sous forme de rognons à cortex beige, parfois légèrement rosé. Celui-ci est épais, il peut atteindre le cm et est fréquemment constitué de couches multiples (fig. 29, n° 2). Il possède en effet une épaisse zone sous-corticale blanche, entrecoupée de liserés gris gréseux. Parfois, des résidus de cortex apparaissent sous ces liserés. Les pièces qui semblent se rapporter à cette variété paraissent d'une qualité supérieure à celles qui portent un cortex plus usé. Dans les deux cas, la matrice est brune, parfois miel, souvent très homogène. Brillant et translucide, son grain est fin. Ce silex brun translucide possède des analogies troublantes avec les silex sénoniens du Bassin parisien. Mais plusieurs arguments convergent pour envisager une origine locale : pièces corticales nombreuses, existence de blocs de moins bonne qualité, type de matériau identifié parmi les rognons du Thanétien.

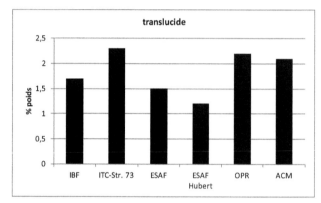

Figure 28 - Part du silex translucide sur les sites blicquiens du Hainaut

Figure 29 – Exemples de pièces en silex translucide et détail d'une zone sous-corticale complexe

- Le silex translucide chargé

Le silex translucide chargé est également présent sur tous les sites mais dans des quantités infimes, strictement inférieures à 1 pour cent. Il présente un large éventail de variations qualitatives. Ses caractéristiques sont assez similaires au précédent. Son cortex est épais, mais légèrement plus clair (fig. 30, n° 1). Aucune délinéation spécifique avec la matrice n'est perceptible. Sa couleur est sensiblement la même (fig. 30, n° 1 et 2) bien que la palette de ses teintes tire parfois plus vers le gris (fig. 30, n° 3). Il est moyennement brillant et souvent moins homogène que le silex translucide. Son grain est assez fin. Il se distingue par la présence de multiples petits points beiges inframillimétriques (fig. 30, n° 2 et 4). Fréquemment concentrés en passées, ils donnent, en transparence, un aspect très chargé à la matrice (fig. 30, n° 2). À cela s'ajoute l'existence moins fréquente de cercles beiges, de dimensions plus importantes (de l'ordre du mm) au sein desquels se détache un « cœur » de texture plus gréseuse (fig. 30, n° 3).

- Le silex grenu

Le silex grenu est encore plus rare sur les sites blicquiens (fig. 31). Le site d'Ormeignies « la petite Rosière » n'en a pas livré et il ne dépasse pas 0,6 pour cent sur les autres sites. Les pièces corticales sont peu fréquentes. Lorsqu'il est présent, il s'agit d'un cortex très mince et usé beige à gris clair sans transition particulière avec la matrice (fig. 31, n° 3). Celle-ci paraît constituée d'une agglomération de grains qui la rendent opaque, mate et assez sèche (fig. 31, n° 4). Néanmoins, ces caractéristiques ne l'empêchent pas d'être un silex de bonne qualité. Sa couleur varie du beige au gris, avec parfois des petites taches noires d'aspect plus siliceux. On observe un certain gradient dans cet aspect grenu (fig. 31, n° 4 et 5). Certaines pièces le sont tellement qu'elles rappellent des quartzites alors que d'autres le sont beaucoup moins et évoquent alors le silex translucide chargé. Ce silex est assez similaire au silex grenu de Hesbaye mais il ne faut pas exclure une origine du bassin de Mons puisque des pièces grenues à cortex verdi existent sur les sites blicquiens.

Figure 31 – Caractéristiques du silex grenu découvert sur les sites blicquiens du Hainaut

- Le silex vert-jaune

La dernière matière première du grade 2 est le silex vert-jaune. Initialement repéré dans les séries du Hainaut, son individualisation au sein des assemblages a pris tout son sens lors de l'étude du site de Vaux-et-Borset. En effet, parmi les matériaux de Hesbaye, ce silex a pu être aisément distingué. En outre, lors du tri de l'intégralité du matériel destiné à retrouver toutes les pièces en silex de Ghlin et en Bartonien, nous avons trouvé un éclat à résidu corti-

Figure 30 – Silex translucide chargé. 1 – cortex épais sans délinéation particulière avec la matrice ; présence de multiples points beiges inframillimétriques (n°s 2 et 4) et de cercles à cœur gréseux (n° 3)

cal assez différent des matériaux identifiés en Hainaut (fig. 32). De là, nous avons considéré cette individualisation comme valable et relativement pertinente. Néanmoins, n'ayant aucune idée de son origine, nous avons préféré le classer sous le grade 2. Il est absent à Irchonwelz « le Trou al Cauche » et à Ormeignies « la Petite Rosière » et les autres sites étudiés en livrent au maximum 0,2 pour cent. Sa couleur vert pâle à vert foncé tire parfois sur le jaune (fig. 33). Il peut présenter des lignes irrégulières blanchâtres. Semi-translucide, il est brillant à grain fin. Il s'agit d'un silex de très bonne qualité. Son origine est indéterminée. Mais nous soupçonnons qu'elle est exogène d'après la forme sous laquelle ce silex apparaît dans les séries. Il s'agit en effet principalement de lames. Lors d'un déplacement à Cologne, nous avons pu observer du matériel issu du site rubané d'Herxheim (Rhénanie-Palatinat). Des lames en silex verdâtre assez similaire y existent sans que D. Schimmelpfennig (en charge de l'étude de cette collection dans le cadre de son doctorat mené à l'université de Cologne) puisse en préciser la provenance. Mais R. Miller mentionne à Maisières-Canal (bassin de Mons, Paléoli-

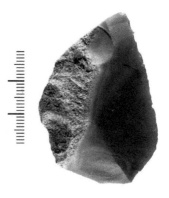

© UNamur / Savé - dva

Figure 32 – Photographie de l'éclat en silex vert-jaune découvert à Vaux-et-Borset (© UNamur / Savé – dva)

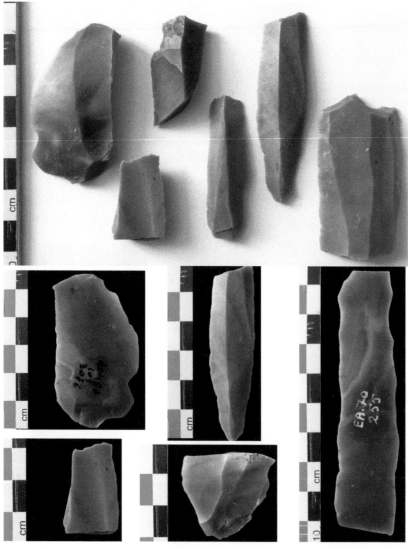

Figure 33 – Artefacts en silex vert-jaune découverts sur les sites blicquiens du Hainaut

thique) la présence de quelques pièces dans un silex vert olive, « olive-green flint » (Miller 1997, 56). Bien qu'elle n'en connaisse pas l'origine, elle envisage que des gîtes pourraient exister dans un rayon de 40 km.

2.2.3. Grade 3 : des matières premières dont la distinction est peu fiable

Pour finir, le troisième grade regroupe deux matières premières dont la distinction est peu fiable : le silex noir et les silex que nous qualifierons de « types Hesbaye ». Dans le premier cas, le recoupement de critères avec le silex translucide et avec cette famille de « types Hesbaye » nous interroge sur la fiabilité de la distinction de ce silex noir. On peut là aussi se demander s'il ne s'agit pas simplement d'une variation latérale de faciès.

Quant à cette famille de « types Hesbaye », elle regroupe toute une série de pièces que nous avions initialement subdivisées. Un point commun les unissait, le fait qu'elles ressemblent au silex fin de Hesbaye. Toutefois, en matière d'exploitation, ces subdivisions étaient loin d'être pertinentes, tout se passant comme si elles correspondaient à une variabilité des blocs ou à des variations latérales de faciès. En outre, par comparaison avec le silex fin de Hesbaye de Vaux-et-Borset, des divergences assez nettes sont apparues. De plus, la reconnaissance de ce silex dans les artefacts à cortex glauconifère tend à confirmer l'existence de gîtes locaux, proches du silex fin de Hesbaye. Sachant que les mêmes niveaux affleurent en Hesbaye et dans le bassin de Mons (Allard 2005 ; Robaszynski *et al.* 2001), cette proposition n'en est que renforcée. Toutefois, de rares pièces s'avèrent extrêmement proches du silex fin de Hesbaye. Il n'est donc pas impossible qu'elles témoignent d'une diffusion depuis la Hesbaye. Il reste cependant délicat de quantifier cet apport avec précision. Certains artefacts ont des caractéristiques tellement équivoques qu'il est difficile de trancher avec certitude entre une origine du Hainaut ou de Hesbaye (fig. 49, n° 1 et fig. 50, n° 4 par exemple). Malgré ces remarques, nous avons pris le parti de conserver l'appellation, certes ambiguë, de « types Hesbaye » car elle fait écho à certaines descriptions présentes dans la littérature (Constantin *et al.* 2010).

Signalons avant de les décrire que ces matériaux du grade 3 sont assez abondants, puisqu'ils constituent ensemble entre 7 et 21 pour cent des assemblages.

- Le silex noir

Le silex noir est rare. Absent à Irchonwelz « le Trou al Cauche », il ne dépasse pas 2 pour cent des autres assemblages. Affleurant sous forme de rognons, son cortex brun-jaune à brun-gris est d'épaisseur moyenne (fig. 34, n° 1). Il

s'accompagne occasionnellement d'une mince zone sous corticale blanche (fig. 34, n° 2 et 3). Noir à brun foncé, ce silex est semi-translucide, peu brillant et son grain est assez fin. Des taches blanches d'ordre millimétrique ainsi que des lignes irrégulières de même couleur sont parfois visibles (fig. 34, n° 4).

- Les silex de types Hesbaye

Ces silex affleurent sous forme de rognons. Ils montrent une différence fondamentale avec le « véritable » silex fin de Hesbaye au niveau du cortex. Celui-ci est systématiquement plus épais et présente régulièrement une zone sous-corticale blanche (fig. 36, 37, 38). Son épaisseur atteint parfois le centimètre (fig. 37, n° 1). Sa couleur varie du blanc au gris. Ce cortex tend à être lisse (fig. 36, n° 1 et 2), alors que celui du silex fin de Hesbaye est plus irrégulier. Il s'agit d'un silex peu brillant, semi-translucide à grain assez fin. Sa couleur varie du gris bleuté au brun clair. La matrice présente souvent un mélange de différentes couleurs (fig. 36, n°s 3 et 4 ou fig. 37, n° 3). Il est fréquent d'y trouver des inclusions allongées ou circulaires de dimensions approchant le centimètre. Des taches plus gréseuses peuvent également être perceptibles. En transparence, il apparaît plus chargé que le silex fin de Hesbaye. Ces silex constituent entre 4 et 20 pour cent des séries étudiées (fig. 35). Mais parmi eux, quelques pièces pourraient être du silex fin provenant de Hesbaye. Un doute subsiste pour moins d'une dizaine de pièces d'Irchonwelz « la Bonne Fortune » (fig. 37, n° 4). En revanche, une pièce d'Irchonwelz « le Trou al Cauche » s'en rapproche plus fortement (fig. 39, n° 3), tout comme une dizaine de pièces d'Aubechies (fig. 39, n° 1, 2 et 4 à 8). À Ellignies-Sainte-Anne, cinq pièces correspondraient à du silex fin de Hesbaye (fig. 40). Le doute persiste pour une dizaine d'autres pièces (par exemple fig. 36, n° 1). Sur la zone fouillée par F. Hubert, seule une pièce a pu être identifiée comme telle. Ormeignies « la Petite Rosière » en livre probablement une également.

- Les silex « autres »

Enfin, la catégorie « autre » correspond à des pièces aux caractéristiques atypiques mais représentées à une ou moins de dix unités. Dans ce cas, elles proviennent fréquemment du même bloc. On y trouve par exemple des galets de mauvaise qualité. Signalons, à Irchonwelz « la Bonne Fortune », la présence de deux pièces qui se révéleraient probablement être du silex d'Obourg, comme l'évoquent leur texture « grasse » et la finesse de leur grain (fig. 41, n° 1). À Aubechies, une pièce ressemble au silex de type Rullen (de Grooth 2011 ; Nowak, com. orale) (fig. 41, n° 2).

Figure 34 – Caractéristiques des pièces en silex noir des sites blicquiens du Hainaut

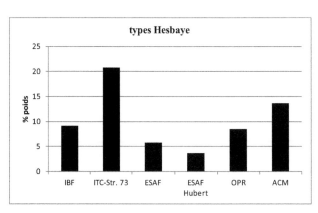

Figure 35 - Part des silex de « types Hesbaye » sur les sites blicquiens du Hainaut

Figure 36 – Exemples de pièces en silex de « types Hesbaye » des sites blicquiens du Hainaut

Figure 37 - Exemples de pièces en silex de « types Hesbaye » des sites blicquiens du Hainaut

Figure 39 – Pièces probablement en silex fin de Hesbaye découvertes à Aubechies « Coron Maton » : 1 à 8 sauf 3 : Irchonwelz « le Trou al Cauche »

Figure 38 - Exemples de pièces en silex de « types Hesbaye » des sites blicquiens du Hainaut

Figure 40 – Pièces probablement en silex fin de Hesbaye découvertes à Ellignies-Sainte-Anne

Figure 41 – Autres matières premières identifiées sur les sites du Hainaut : 1 – silex dont les caractéristiques évoquent celles du silex de Obourg, découvert à Irchonwelz « la Bonne Fortune » (M. 10) ; 2 – silex de Rullen découvert à Aubechies « Coron Maton »

3. Moyens mis en œuvre pour résoudre les problèmes d'identification des matières premières

Les difficultés du classement des matières premières en Hainaut résultent de l'absence de collections de référence à l'échelle du bassin de Mons. Deux moyens ont été mis en œuvre pour tenter de pallier cette lacune : d'une part, des prospections pédestres, d'autre part, la consultation d'une lithothèque constituée par les géologues du Service géologique de Belgique.

3.1. Prospections pédestres et constitution d'une lithothèque

Nous avons d'abord mené, en collaboration avec Pierre Allard, une semaine de prospections du 30 avril au 6 mai 2011. Puis, un groupe de travail intitulé « Lithothèque du bassin de Mons » s'est instauré en décembre 2012 sous l'impulsion d'Hélène Collet (Service Public de Wallonie) et de Jean-Philippe Collin (SRPH, doctorant Université Paris 1-UMR 8215 et Université de Namur-LIATEC). Réunissant archéologues et géologues, il est ouvert aux professionnels et aux amateurs. Les prospections ont été programmées au rythme de quatre sorties par an. Les modalités précises d'accès à cette lithothèque sont encore en cours de discussion. Nous présenterons ici brièvement les résultats obtenus lors de la campagne de prospections menée en 2011.

3.1.1. Objectifs et localisation géographique de la zone prospectée

L'objectif était de récolter un maximum de blocs afin de disposer d'un premier aperçu des ressources du bassin de Mons. À partir de l'observation des cartes géologiques, nous avons circonscrit la zone d'étude. Celle-ci s'étend sur les cartes géologiques 139 (Beloeil-Baudour), 140 (Jurbise-Obourg), 150 (Quiévrain-Saint-Ghislain) et 151 (Mons-Givry) (fig. 42). L'aire sillonnée s'inscrit dans un triangle allant de Harchies (nord-ouest) à Saint-Denis (nord-est) jusqu'à Givry (sud-est), soit environ 180 km². Il est nécessaire de préciser que les prospections sont fortement limitées par la densité des tissus urbain et industriel. Étant donné la brièveté du temps imparti, nous avons couplé l'observation des cartes géologiques à celle d'images satellites. Ces dernières nous permettaient, certes à une date donnée, de visualiser les zones les plus blanches, susceptibles de correspondre à un affleurement de la craie.

Des blocs de silex ont pu être prélevés en 15 points (fig. 42). Toutefois, seuls quatre correspondent à des bancs en position primaire. Parmi eux, deux renvoient à des affleurements déjà connus.

3.1.2. Gîtes en position primaire

- Mesvin « Sans Pareil »

Il s'agit d'une part de la minière de Mesvin « Sans Pareil » (Hauzeur 2011 ; Lefrancq et Moisin 1965). Les coordonnées du point de prélèvement sont 50°24'48.63''N/3°57'31.51''E. La carte géologique n° 151 indique un affleurement de la craie de Ciply qui date du Maastrichtien. Les rognons atteignent 25 à 35 cm de long. Le cortex est mince, de couleur blanche ou beige. La jonction avec la matrice se caractérise par la présence

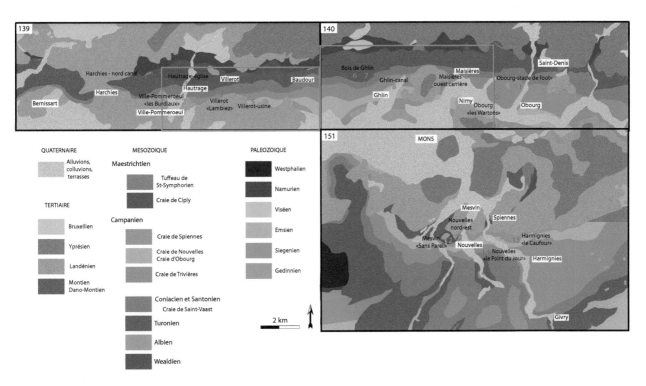

Figure 42 – Localisation des points de prélèvement replacés sur les cartes géologiques concernées par l'emprise de la zone prospectée : 139 (Beloeil-Baudour), 140 (Jurbise-Obourg) et 151 (Mons-Givry), d'après les cartes géologiques du Service Géologique de Belgique.

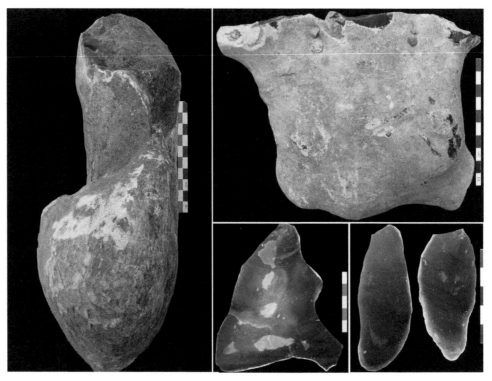

Figure 43 – Matière première récoltée à Mesvin « Sans Pareil »

d'une zone sous-corticale grise pouvant atteindre 5 mm. Le silex est brun-noir. Il contient fréquemment des zones moins siliceuses de couleur gris-clair et des passées de points clairs inframillimétriques (fig. 43).

- Villerot « Lambiez »

D'autre part, le second point se situe à Villerot, à côté du lieu-dit Lambiez. Cet affleurement est donc très proche des traces d'extraction déjà signalées à Villerot (Van Assche et Dufrasnes 2009). Toutefois, notre point de prélèvement se situe un peu plus au nord (50°28'47.11"N/3°47'06.24"E). Aucune trace d'exploitation préhistorique n'a pu être mise en évidence et les rognons découverts semblent être d'une qualité supérieure. À cet endroit, la carte géologique montre que les couches appartiennent soit à la craie de Saint-Vaast (Coniacien et Santonien), soit à la craie de Trivières (Campanien). Le livret explicatif indique une absence de silex pour ces niveaux (Marlière 1977). Cependant, la craie de Saint-Vaast livre des rognons de silex, à l'est du bassin, jusqu'à Obourg. La craie de Trivières est, elle, réputée sans silex. Quoiqu'il en soit, la qualité de ce silex noir est à souligner. Les blocs atteignent une vingtaine de cm de long. Le cortex blanc crayeux est d'épaisseur moyenne (<5mm). La zone sous-corticale est très caractéristique puisque un liseré gris-clair gréseux peut atteindre plus d'un cm et est parfois rehaussé d'un liseré gris foncé de même aspect mais d'épaisseur moindre. La matrice est noire, peu brillante et opaque. Ce silex peut être très homogène comme il peut renfermer de nombreux éléments gris et blancs plus grenus et de formes variées (fig. 44).

- Bois de Ghlin

En lisière sud du Bois de Ghlin (50°29'07.06"N/3°53'26.10"E) s'étend sur moins d'une dizaine de mètres un banc de rognons pouvant atteindre 50 cm de longueur. Leur dimension moyenne se situe plutôt autour de 25-35 cm. La carte géologique indique une provenance des niveaux du Turonien (Tu3b ou Tu3c). Les mêmes caractéristiques que celles observées sur le matériel archéologique peuvent être décrites : cortex calcaro-gréseux gris, à jonction festonnée avec la matrice, silex noir à points blancs, présence de spicules d'éponge (fig. 45). Quelques blocs témoignent d'un degré de silicification inférieur qui les rend impropres à la taille.

- Villerot-usine

Plus au sud que Villerot « Lambiez » mais sur la même commune (50°28'34.43"N/3°38'30.98"E) a été identifié un petit banc formé de très petits rognons (10-15 cm) d'un silex gris-bleu extrêmement mal silicifié. Ses propriétés clastiques s'en trouvent donc amoindries (fig. 46).

Ainsi, outre le silex turonien mis au jour au Bois de Ghlin, les trois autres variétés ne présentent guère d'analogies avec les pièces identifiées dans les séries blicquiennes. Le silex de Villerot « Lambiez » n'est pas sans rappeler certaines pièces en silex noir mais la particularité de sa zone sous-corticale n'a jamais été observée sur le matériel archéologique.

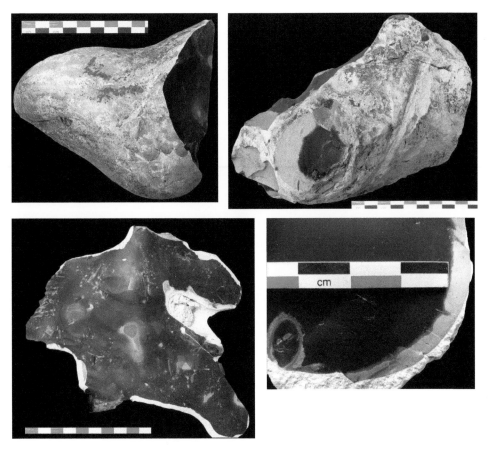

Figure 44 – Matière première récoltée à Villerot « Lambiez »

Figure 45 – Matière première récoltée en lisière sud du Bois de Ghlin

3.1.3. Artefacts prélevés en position secondaire

Nous avons également récolté différents blocs mais qui ne paraissaient pas provenir de bancs en place. Leur potentiel informatif n'est toutefois pas nul. On peut en effet envisager que les gîtes dont ils sont issus existent dans le bassin de Mons. Suite à la confrontation avec le matériel archéologique, quelques commentaires peuvent être avancés.

Les découvertes réalisées à Obourg « les Wartons » et Ghlin « Canal » confirment l'existence de blocs à cortex verdi concordant avec des silex translucides et noirs (fig. 47). L'hypothèse de l'existence de gîtes primaires correspondants peut donc être soutenue. Le troisième bloc provenant d'Obourg « les Wartons » présente de fortes analogies avec la famille des « types Hesbaye » (fig. 48, n° 1). S'en rapprochent également deux blocs issus de Nouvelles « le Point du Jour » (fig. 48, n° 2) et de Harmignies « le Caufour » (fig. 48, n° 3). Le bloc prélevé à Nouvelles (nord-est) (fig. 48, n° 4) s'y rapporte également et présente plus de similitudes avec le silex fin de Hesbaye. Enfin, quelques blocs de silex noir ne dépareilleraient pas dans les séries blicquiennes. On citera par exemple un bloc d'Harmignies « le Caufour » (fig. 49, n° 1) et un de Maisières (carrière ouest) (fig. 49, n° 2). Pour finir, signalons la découverte d'un silex translucide de très bonne qualité à Nouvelles (sud minière). Des petits points rouges et blancs chargent la matrice et l'en éloignent des pièces découvertes en contexte blicquien (fig. 50).

Figure 46 – Matière première mal silicifiée récoltée à Villerot-usine

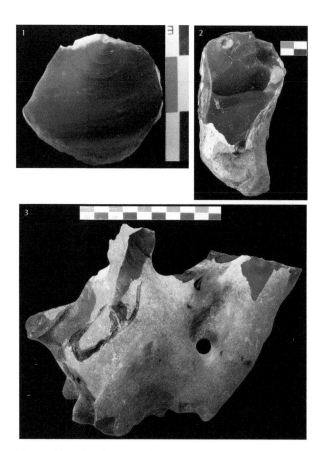

Figure 47 – Matière première provenant de Obourg « les Wartons » (n° 1 et 2) et de Ghlin-canal (n° 3), silex thanétien

Figure 48 – Matières premières présentant de fortes analogies avec le silex de « types Hesbaye ». : n° 1 – Obourg « les Wartons » ; n° 2 – Nouvelles « le Point du Jour » ; n° 3 - Harmignies « le Caufour » ; n° 4 – Nouvelles (nord-est)

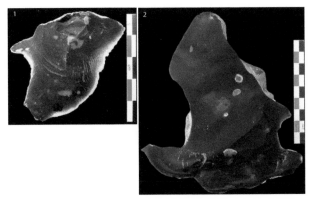

Figure 49 – Matières premières proches du silex noir : n° 1 – Harmignies « le Caufour » ; n° 2 – Maisières (carrière ouest)

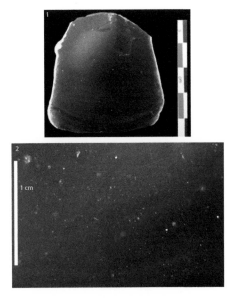

Figure 50 – Matière première découverte à Nouvelles (sud minière), silex translucide de très bonne qualité

Les prospections réalisées dans le bassin de Mons ont permis de confirmer l'existence de gîtes de silex turonien sensiblement similaires à ceux exploités par les populations blicquiennes. En outre, bien qu'en position secondaire, la présence de silex translucide, noir et de « types Hesbaye » semble se confirmer. En revanche, elles réitèrent l'interrogation émise quant à l'existence de silex proches du silex fin de Hesbaye. Les gîtes de silex de Ghlin restent introuvables, malgré les multiples quadrillages de la zone. Ajoutons toutefois que celle-ci se révèle densément urbanisée.

3.2. Lithothèque du Service géologique de Belgique : à la recherche des gîtes de silex de Ghlin...

La question relative à la localisation du silex de Ghlin a alors animé la recherche que nous avons entreprise au Service géologique de Belgique. L'existence d'une lithothèque dans ce service de l'Institut Royal des Sciences Naturelles de Belgique nous a été communiquée par Johan Yans (FUNDP, Chargé de cours). N'ayant *a priori* jamais été exploitée par les archéologues, il nous a semblé opportun d'en évaluer le potentiel informatif compte tenu des difficultés de caractérisation des matières premières.

3.2.1. Constitution de la lithothèque du Service géologique

La constitution de cette lithothèque a été initiée dès le milieu du XIXè siècle et se poursuit encore à l'heure actuelle. Les échantillons qui la composent ont été prélevés lors de divers travaux d'aménagement ou d'exploitation du territoire : sondages carottés pour l'exploitation houillère, pour la construction de puits ou sondages pour le tracé du canal Nimy-Blaton, etc. À chaque fait correspond un point numéroté de 1 à n sur la carte topographique. Les informations relatées pour chaque point varient suivant la date de réalisation du suivi et la personne en charge de celui-ci. Le plus couramment, nous disposons du type de travaux, de son commanditaire, de la localisation et de la date des opérations, du mode de creusement et de sa profondeur. S'ensuit une description de la coupe visible lors des travaux. Cette description comprend, de la surface vers le fond du sondage, le numéro de la couche, sa nature et sa profondeur (fig. 51). Enfin, une interprétation de l'origine géologique de ces couches est généralement proposée. La récolte d'échantillons n'est pas systématique. Elle est donc précisée par un symbole accolé au numéro des couches distinguées.

Ainsi, la documentation accumulée est considérable et sa consultation facilitée par l'informatisation des données[6].

3.2.2. Un travail ciblé sur le silex de Ghlin

Ne disposant d'aucune information relative aux modalités d'échantillonnage et compte tenu de l'ampleur de la documentation, il était inenvisageable, dans le temps imparti, de soumettre l'intégralité du bassin de Mons à cet examen.

Notre étude s'est alors centrée autour de la localisation des gîtes de silex de Ghlin puisque l'approvisionnement en matières premières des populations blicquiennes est orienté principalement vers ce silex. Partant du principe de la validité du nom éponyme, nous avons circonscrit une fenêtre centrée sur Ghlin. Elle correspond à peu près au ¼ sud-est de la carte géologique 139 et au ¼ sud-ouest de la carte géologique 140 (en rouge sur la figure 42). La zone sélectionnée correspond alors à une cinquantaine de km² autour de Ghlin.

3.2.3. Collecte des données

Chacun des points de la carte topographique figurés dans cette fenêtre a été reporté sur la carte géologique afin d'exclure ceux localisés en dehors des couches potentiellement silexifères. Tous les points intéressants ont alors été enregistrés dans une base de données, y compris ceux qui ne fournissaient pas d'échantillons. Les descriptions nous permettaient en effet d'évaluer si le lieu se révélait intéressant pour d'éventuelles prospections futures.

---

6 Travail principalement réalisé par M. Deceukelaire que nous remercions chaleureusement pour nous avoir guidée dans cette recherche

3.2.4. Observation des échantillons

Sur 478 points recensés pour la zone géographique sélectionnée, seuls 64 ont fait l'objet d'un échantillonnage. La consultation de ces échantillons ne nous a pas permis d'identifier le silex de Ghlin. Les échantillons sont contenus dans des volumes extrêmement limités. Il s'agit en effet de petites boîtes ou fioles d'une dizaine de cm de longueur (fig. 52, 1 à 3). Ces dernières renferment le plus souvent de la craie et quelques esquilles de silex (fig. 52, n° 2). Parfois, des fragments de plus grandes dimensions ont été prélevés mais aucun ne présente les attributs du silex de Ghlin (fig. 52, n° 3 et 4). Ces derniers sont tellement spécifiques qu'ils auraient, à notre avis, pu être repérés même sur des petits échantillons.

Ainsi, les gîtes de silex de Ghlin restent toujours à découvrir. Dans le cadre d'une étude sur les matières premières, la lithothèque du service géologique de Belgique ne possède qu'un faible potentiel informatif compte tenu de la trop petite taille des échantillons, principalement orientés pour l'observation de la nature de la craie encaissante.

PL.BAUDOUR 139E
F.Halet

1 (VI)

Puits artésien effectué aux anciennes usines de Fuisseaux, à Boudour (6), par M.M. Detroy frères de Bruxelles, en avril 1907. Echantillons recueillis par le chef sondeur Vital Lestrade, de Ville-Pommeroeul, puits repéré et suivi par Edm. Bourgeois. Côte + 79.

			Profond.	Epais	
r		Remanié	0.00	2.00	2.00
q4	1*	Sable gris jaune pâle légèrement limoneux	2.00	1.80	1.80
qlm	2*	Argile jaune avec cailloux de silex et grès roulés	3.80	0.50	
	3*	Argile plastique schistoïde bleuâtre, avec petits caillox roulés	4.30	3.00	3.50
Hlb	4*	Schistes gris altérés micacés	7.30	0.40	
	5*	Argile noire onctueuse	7.70	4.30	
	6	Schiste houiller noir broyé	12.00	1.00	
	7*	Idem	13.00	5.00	
	8*	Idem	18.00	3.00	
	9*	Idem	21.00	4.00	
	10*	Idem	25.00	2.00	
	11*	Idem	27.00	2.00	
					38.20
	12*	Idem	29.00	1.50	
	13*	Idem altéré	30.50	0.80	
	14*	Schistes houillers noirs broyés un peu pailletés	31.30	2.70	
	15	Idem non pailleté	34.00	3.00	
	16	Idem	37.00	3.00	
	17	Idem	40.00	4.00	
	18*	Idem	44.00	1.50	
	19	Idem	45.00		

Niveau de l'eau sous le sol au prepos : environ 3m00.
en pompant : 11m65
Débit : 116.000 litres par heure.
Diamètre du puits : 40c/m.

Figure 51 – Exemple d'informations fournies pour les différents points observés ou prélevés par les géologues lors de divers travaux

4. Bilan et perspectives : approvisionnement en matières premières des populations blicquiennes

4.1. Une forte exploitation des potentialités locales à régionales...

En Hesbaye, l'approvisionnement en matières premières est principalement orienté vers des silex d'origine locale à régionale puisqu'ils constituent 90 pour cent de l'assemblage de Vaux-et-Borset. C'est plus précisément le silex fin de Hesbaye qui était recherché (70 pour cent).

Pour le Hainaut, il n'existe pas de ressource siliceuse à proximité immédiate des sites. Les affleurements les plus proches se situent au minimum à 15 km vers le sud. Malgré la diversité des ressources siliceuses du bassin de Mons, leur approvisionnement est centré sur le silex de Ghlin qui représente systématiquement plus de la moitié des corpus. Il constitue fréquemment 60 à 70 pour cent des matières premières et atteint 80 pour cent sur la partie du site d'Ellignies-Sainte-Anne fouillée par F. Hubert. S'ensuit toute une série de silex provenant probablement du bassin de Mons. Il s'agit des silex de type Hesbaye, des silex du Thanétien et du Turonien. Les silex de type Hesbaye dépassent 10 pour cent sur les sites d'Aubechies « Coron Maton » et d'Irchonwelz « le Trou al Cauche ». Mais rappelons qu'il s'agit d'une variété mal individualisée. L'examen des proportions relatives des différentes matières conduit à distinguer trois cas de figure. Les deux sites d'Irchonwelz présentent majoritairement du silex de Ghlin, puis la variété des types Hesbaye et du silex turonien. À Ellignies-Sainte-Anne (sur les 2 sites), il y a davantage de silex turonien que de types Hesbaye. Enfin, sur les sites d'Aubechies et d'Ormeignies « la Petite Rosière », si les silex de types Hesbaye arrivent en seconde position, il faut mentionner l'accroissement du nombre de silex du Thanétien qui atteint presque 9 pour cent à Aubechies. Ces groupes de sites correspondent assez bien au découpage chronologique proposé par C. Constantin et pourraient donc traduire de légères variations de l'approvisionnement au cours du temps. Le site d'ACM, *a priori* le plus récent de ceux étudiés, possède le moins de silex de Ghlin.

Les autres variétés décrites sont présentes en quantité presque insignifiante. Nous avons envisagé que les silex translucide, translucide chargé, noir voire grenu seraient également issus du bassin de Mons. On peut alors s'interroger sur la valeur de la faible représentation de ces matériaux. Etaient-ils recherchés pour eux-mêmes ou collectés lorsqu'ils étaient trouvés sur le passage des déplacements vers les gîtes de silex de Ghlin ? La poursuite de notre étude tentera de préciser la nature de cet approvisionnement.

4.2. Présence systématique de silex exogènes : des contacts extra-régionaux

À l'insignifiance quantitative du silex bartonien répond la richesse de sa valeur socio-économique. Ce silex est présent sur l'intégralité des sites blicquiens. Provenant du Bassin parisien, soit au minimum à 150 km, il atteste de contacts avec les populations VSG qu'il faudra tenter de préciser.

Il n'est pas exclu que quelques pièces en silex fin circulent de la Hesbaye vers le Hainaut.

La présence du silex vert-jaune dans les assemblages pourrait également résulter d'une diffusion, sans que nous puissions l'affirmer avec certitude. Ce silex est absent des sites d'Irchonwelz « le Trou al Cauche » et d'Ormeignies « la Petite Rosière » mais a été identifié en Hesbaye, sur le site de Vaux-et-Borset.

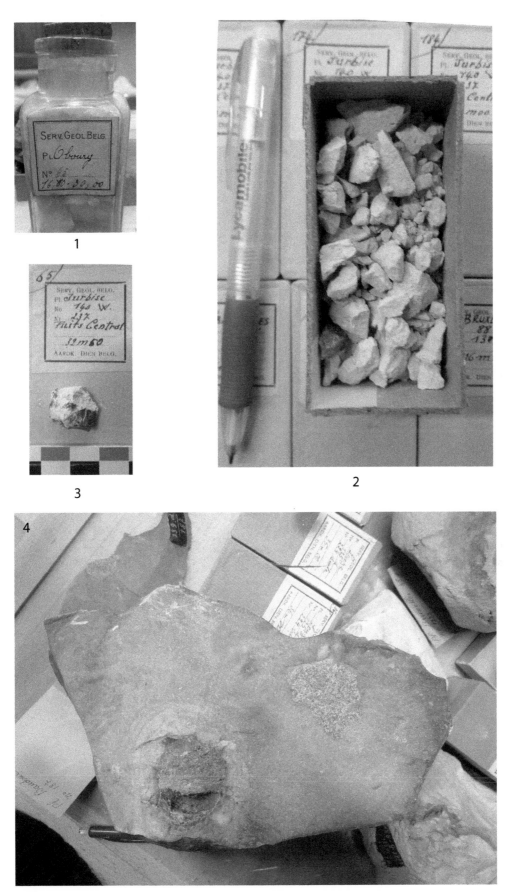

Figure 52 – Exemples du conditionnement et de la dimension des échantillons constituant la lithothèque du Service géologique de Belgique

Sur ce dernier site, la part des silex exogènes est non négligeable. En effet, outre le silex bartonien, le silex de Ghlin, originaire du Hainaut, soit à une centaine de km de Vaux-et-Borset, se révèle être la deuxième matière première la mieux représentée (en nombre de pièces).

Ainsi, l'approvisionnement en matières premières des populations blicquiennes est préférentiellement orienté vers les gisements locaux à régionaux et même centré sur le silex fin de Hesbaye pour la zone d'implantation hesbignonnne et sur le silex de Ghlin pour les habitants des sources de la Dendre. La présence de silex exogènes est cependant systématique et témoigne de contacts entre les différentes communautés BQY/VSG. Mais cette diffusion des matières premières siliceuses est peut-être sous-évaluée, du fait de la mauvaise caractérisation des ressources du bassin de Mons.

4.3. Conséquences et perspectives de l'incertitude de l'identification des matières premières

Grâce au développement des études des gîtes du bassin de Mons, d'intéressantes perspectives apparaissent.

Par exemple, nous avons mentionné la proximité entre le silex translucide et certains silex sénoniens du Bassin parisien. Seule la création de la lithothèque du bassin de Mons permettra d'asseoir l'hypothèse de gîtes locaux de silex translucide. Ces derniers pourront alors être comparés à ceux du Bassin parisien. Étant donné que le bassin de Mons constituait un golfe du Bassin parisien, il y a fort à parier que les matières premières qui seront découvertes soient sensiblement similaires entre elles comme il semble que ça soit le cas pour les silex turoniens. Dans le cadre du projet « Lithothèque du bassin de Mons », J.-M. Baele de la Faculté Polytechnique de Mons a engagé une étude physico-chimique (méthode Libs/Laser-induced breakdown spectroscopy) sur les silex turoniens du bassin de Mons. Suite à la récolte d'échantillons à des endroits opposés du bassin ainsi qu'entre deux couches du Turonien, cette méthode, basée sur l'analyse des éléments traces, cherche à discriminer les différents échantillons. Il semble que les premiers résultats soient plutôt encourageants (J.-P. Collin, com. orale).

Le second problème réside dans la famille des silex que nous avons dénommés « types Hesbaye ». La collecte d'échantillons, dans le bassin de Mons, sera cruciale à l'avenir pour clarifier cette catégorie, d'autant plus qu'elle n'est pas insignifiante en termes quantitatifs. L'incertitude principale demeure la difficulté à diagnostiquer avec certitude la présence d'éléments provenant de Hesbaye. Les

prospections ont en effet prouvé l'existence de matériaux sensiblement similaires en Hainaut. Toutefois, nous pensons que de rares artefacts pourraient provenir de Hesbaye mais leur quantification précise est délicate. La poursuite des prospections dans le bassin de Mons offrira sans doute de meilleures possibilités de diagnostic.

Par ailleurs, malgré les efforts déployés pour retrouver les gîtes de silex de Ghlin, ces derniers restent toujours introuvables. Plusieurs hypothèses peuvent alors être envisagées : soit ils sont très localisés et restent à découvrir, soit ils ne sont plus accessibles du fait de la densité des constructions, soit ils ne se situent pas dans les environs de Ghlin, soit ils sont épuisés. Cette dernière hypothèse pourrait éventuellement justifier la décroissance du silex de Ghlin dans la série la plus récente du site d'Aubechies. Cette décroissance se poursuit d'ailleurs au Néolithique moyen, récent et final car si le silex de Ghlin apparaît encore dans le cortège des matières premières, ses quantités sont nettement inférieures (Allard *et al.* 2010 ; Aubry *et al.* 2014).

Enfin, aucune trace d'extraction proprement dite (fosses, cavage, puits de mine, etc) par les populations blicquiennes n'a pu être mise en évidence dans le bassin de Mons comme en Hesbaye. Par conséquent, les modalités précises d'acquisition de la matière première restent, à ce jour, inconnues. L'observation des cortex permet cependant d'envisager que la majorité des blocs a été prélevée en position primaire ou secondaire proche (Geneste 1985). Dans les deux cas, les cortex sont frais, « intacts et crayeux » (Geneste 1985, 166). De rares pièces témoignent d'un prélèvement en position secondaire éloignée par un cortex érodé, roulé voire par la présence d'un néo-cortex (Geneste 1985, 167). Ce dernier type de prélèvement paraît plus fréquent en Hesbaye qu'en Hainaut. On peut envisager que des traces d'extraction blicquienne restent à découvrir.

Étant donné les incertitudes émises ci-dessus, l'étude concernant la diffusion des matières premières sera centrée sur les silex déterminés avec le plus de fiabilité, à savoir le silex de Ghlin et le silex tertiaire bartonien. Afin de mieux comprendre les modalités de diffusion des silex exogènes, il est donc capital d'établir, dans un premier temps, comment les matières premières locales à régionales ont été introduites et traitées dans les sites d'habitat étudiés. La comparaison entre le traitement de ces différentes matières premières permettra de mieux cerner la structure socio-économique de production et les liens entretenus entre les deux aires d'occupation.

Chapitre 3

L'industrie lithique des populations blicquiennes:
vers une reconstruction de l'organisation socio-économique de la production

L'étude des caractéristiques techno-typologiques de l'industrie lithique des populations blicquiennes visera à proposer des scénarios relatifs à l'organisation socio-économique de ces groupes humains. L'examen de l'outillage montre l'emploi de trois principaux types de supports : des éclats, des lames et des petits blocs. Cette dissociation est bien évidemment le reflet direct des productions identifiées, ramifiées, elles, en deux grands ensembles. En effet, deux ou trois chaînes opératoires sont réunies sous une même entité qualifiée de « productions simples » du fait de la mise en œuvre d'un faible voire très faible niveau de savoir-faire (troisième partie). Il s'agit principalement de productions d'éclats et d'outils façonnés. Celles-ci s'opposent alors aux productions laminaires qui témoignent parfois d'un très haut degré de technicité (quatrième partie). Si cette production vise à l'obtention de lames, ses déchets sont fréquemment sélectionnés comme supports de l'outillage. Cette bipartition tranchée de la production implique de s'interroger sur sa valeur socio-économique. Interrogation qui nous conduira à évaluer le degré de savoir-faire des tailleurs blicquiens. En outre, nous cher-cherons à déterminer l'impact de cette bipartition de la production sur la confection de l'outillage. Autrement dit, nous nous interrogerons sur les stratégies de gestion des supports d'outils (cinquième partie).

1. Caractéristiques générales de l'outillage blicquien : une sélection de supports variés

Les corpus interrogés ici ont livré 5200 outils (tabl. 7). À ceux-ci, il faut ajouter l'existence de plus de 1100 pièces qui présentent des ébréchures susceptibles de résulter de l'utilisation brute de ces supports. Toutefois, en l'absence d'études tracéologiques, une incertitude demeure quant à leur attribution à l'outillage.

Indépendamment des supports employés, la liste des outils confectionnés par les populations blicquiennes se résume à une quinzaine de types. Toutefois, certains sont marginaux puisque environ 70 pour cent de l'outillage découvert sur les sites blicquiens sont constitués par des pièces retouchées, des denticulés, des grattoirs, des burins, des outils facettées ou des bouchardes (tabl. 8).

outillage		IBF	ITC. 73	ESAF Hubert	ESAF	OPR	ACM	VCM 98	total
retouché		545	75	105	318	28	194	258	1523
denticulé		169	60	64	111	20	89	153	666
grattoir		231	32	47	151	17	91	114	683
PF/boucharde		170	18	28	101	15	41	52	425
coche		66	10	15	23	2	18	35	169
burin		152	29	12	62	9	63	35	362
pièce appointée		12	1	10	14	5	13	11	66
faucille		23	2	7	4	1	8	2	47
troncature		21	5	8	5	-	20	3	62
armature		33	4	6	7	3	5	11	69
outil multiple		36	3	2	17	2	8	7	75
éclat facetté		42	-	2	5	1	3	3	56
perçoir		13	7	3	13	-	6	7	49
tranchet		5	-	-	1	-	2	-	8
pièce esquillée		49	4	6	17	4	19	8	107
piquant trièdre		3	-	-	1	-	-	2	6
racloir		5	1	-	-	-	-	2	8
pic		-	-	-	-	-	1	-	1
utilisé	pièce à émoussé	80	9	12	51	5	17	11	185
	pièce à luisant	158	5	10	53	4	19	9	258
	pièce martelée	26	-	4	7	-	7	11	55
fragment		97	14	16	32	6	36	118	319
total 1		**1936**	**279**	**357**	**993**	**122**	**660**	**852**	**5199**
pièces à ébréchures		701	22	30	228	19	98	40	1138
total 2		2637	301	387	1221	141	758	892	6337

Tableau 7 – Décompte général de l'outillage par site. PF=pièce facettée

sites	IBF	ITC. 73	ESAF Hubert	ESAF	OPR	ACM	VCM 98
outils dominants	1267	214	256	743	89	478	612
nbre total	1936	279	357	993	122	660	852
%	**65**	**77**	**72**	**75**	**73**	**72**	**72**

Tableau 8 – Part des principaux outils que sont les pièces retouchées, les denticulés, les grattoirs, les burins, les outils facettés et bouchardes

1.1. Les supports de l'outillage

Les supports de l'outillage sont soit des éclats, soit des lames, soit des petits blocs, petites plaquettes ou débris naturels (tabl. 9). La catégorie « autre » regroupe des supports atypiques tels des chutes de burin ou des débris de débitage. Enfin, certains supports n'ont pas pu être déterminés, notamment du fait de l'intensité des retouches.

Les éclats sont les supports majoritairement employés pour la confection de l'outillage blicquien. Ils constituent plus de la moitié des supports d'outil. Les lames se révèlent, à l'exception du site de Vaux-et-Borset, le deuxième type de support le plus fréquemment sélectionné. Les outils sur lame constituent environ un quart des corpus. Vaux-et-Borset, localisé en Hesbaye, présente une différence fondamentale avec les sites hennuyers. En effet, les outils sur bloc y sont plus nombreux que ceux sur lames. Les premiers représentent près de 25 pour cent des outils de Vaux-et-Borset alors qu'ils ne dépassent rarement 10 pour cent sur les sites du Hainaut.

%	éclats	lames	blocs plaquettes	autres	indet.	total
ESAF	66	21	5	4	5	100
IBF10	64	17	9	1	9	100
OPR	61	17	13	-	9	100
ITC. 73	61	24	8	3	5	100
IBF30	58	26	2	3	10	100
ESAF Hubert	58	27	10	2	3	100
IBF20	58	28	4	2	7	100
ACM G	53	31	8	4	3	100
VCM 98	58	11	24	5	2	100

Tableau 9 – Part des différents supports de l'outillage (en %)

1.2. Des récurrences entre les grandes classes typologiques et les supports employés ?

La confrontation entre types d'outils et supports employés montre certaines récurrences (Annexes 12 à 21). Si la majorité de l'outillage est réalisée sur des supports variés, quelques catégories typologiques relèvent de supports invariants.

Les exemples les plus probants concernent les denticulés, les outils facettés et bouchardes qui sont exclusivement réalisés sur éclat ou sur bloc. À l'opposé, les faucilles, les armatures de flèche ou les troncatures sont presque exclusivement réalisées sur lame.

Les autres types d'outils sont indifféremment réalisés sur éclat, lame, bloc/plaquette...

Ce bref aperçu de l'outillage des populations blicquiennes montre la diversité des supports employés. Celle-ci se révèle être le reflet direct des productions réalisées au sein des sites du groupe de Blicquy. De plus, cette première classification peut être affinée en examinant l'origine précise de la production dont sont issus ces supports. En effet, certains outils paraissent préférentiellement réalisés sur des déchets de la production laminaire contrairement à d'autres. Ainsi, avant de rentrer plus précisément dans les stratégies de gestion des supports de l'outillage, il est nécessaire de s'intéresser à l'organisation des productions blicquiennes.

2. Organisation de la production : différents degrés d'investissement technique

La reconstruction des chaînes opératoires de production de l'outillage blicquien montre une organisation des productions ramifiée en deux pôles. Ceux-ci s'opposent par les niveaux de savoir-faire mis en œuvre. En effet, deux ou trois chaînes opératoires témoignent d'un faible voire très faible niveau technique contrairement à la chaîne opératoire de production de lames qui fait nécessairement appel à un degré supérieur de connaissances et savoir-faire.

2.1. Classement des artefacts par support

Au sein des différents assemblages, sept catégories de supports sont distinguées : des éclats, des lames et lamelles, des blocs ou des plaquettes ou des débris naturels, des débris de débitage, des petits éclats et des esquilles, des chutes d'outils et enfin, une catégorie d'indéterminés (tabl. 10). Les petits éclats sont des éclats aux dimensions inférieures à 20 mm de longueur sur 20 mm de largeur. Les éclats dominent systématiquement les assemblages. Ils constituent entre 50 et 72 pour cent des corpus. Les esquilles et petits éclats représentent entre 14 et 38 pour cent des assemblages. Le nombre élevé de ces éléments atteste que le débitage a du moins en partie été conduit *in situ*. Les structures d'Ellignies-Sainte-Anne livrent moins de petits éclats et d'esquilles. Il n'est pas à exclure que cette sous-représentation puisse être imputée aux techniques de fouille mises en œuvre. Il s'agit en effet du seul site qui n'a pas été fouillé par la mission française des Affaires étrangères et l'équipe de C. Constantin. Toutes les structures livrent des lames dont la proportion varie de 3 à 11 pour cent des assemblages. Enfin, les autres supports ne dépassent rarement 3 pour cent.

2.2. Classement des artefacts par production

2.2.1. Principes et difficultés du classement par production

L'analyse des différentes productions implique de démêler les artefacts issus des productions à faible niveau de savoir-faire de ceux issus des productions laminaires. Cet exercice n'est pas si aisé pour les industries blicquiennes.

Le critère le plus pertinent se révèle être l'examen des techniques de percussion. En effet, la production laminaire est conduite à la percussion indirecte tandis que les pro-

%	IBF.M30	ACM	ITC. 73	VCM	IBF.M20	OPR	ESAF Hub	IBF.M10	ESAF G
éclat	50	51	53	62	62	63	64	70	72
lame/lamelle	6	9	5	3	7	7	11	3	8
bloc/plaquette	2	1	1	4	1	3	2	2	2
débris	1	2	1	6	2	2	2	2	3
esquille/PE	38	35	38	22	27	23	18	21	14
indéterminé	1	0	0	2	1	2	3	1	1
chute outil	1	1	1	1	1	0	1	1	1
total	100	100	100	100	100	100	100	100	100

Tableau 10 – Classement des artefacts par support (en %)

ductions à faible niveau de savoir-faire sont exclusivement menées à la percussion dure. Mais, outre le fait que la technique de percussion ne peut pas être systématiquement diagnostiquée, l'emploi de la percussion dure dans les chaînes opératoires de production laminaire est également attesté. D'une part, les premières étapes de mise en forme sont conduites à la percussion dure lorsqu'une réduction importante du volume est nécessaire préalablement à l'installation des crêtes. L'initialisation voire l'installation des crêtes peut parfois être menée à la percussion dure. D'autre part, la correction d'accidents importants peut passer par le détachement d'éclats épais au percuteur dur. Dans cette situation, la lecture des schémas diacritiques résout l'incertitude. Seule une confusion avec des éclats de reprise des nucléus à lames est possible, bien que ces derniers portent fréquemment des stigmates qui permettent de les individualiser. En revanche, peu de moyens s'offrent à nous pour identifier clairement les premiers éclats de mise en forme. La présence d'accidents ou de maladresses incite à rapprocher de tels éclats des productions à faible niveau de savoir-faire, tandis que la dimension très importante de certaines pièces serait un critère d'attribution à la production laminaire. En effet, les plus gros blocs ou plaquettes sont réservés à la production laminaire et rares sont les éclats issus des productions simples dépassant 60 mm de longueur et 50 mm de largeur. Toutefois, dès que l'ambiguïté était trop forte, nous avons préféré classer ces artefacts dans la catégorie indéterminée. Cette dernière est en outre largement alimentée de très nombreux petits éclats dont la technique de détachement illisible.

2.2.2. Dualité de la production blicquienne

Ce classement indique alors que la dualité des productions est présente sur tous les sites (tabl. 11) et pour toutes les structures (tabl. 12). Cependant, de grosses variations dans les proportions de chacune de ces productions sont perceptibles. La production laminaire regroupe en effet de 10 à 67 pour cent des pièces selon les structures alors que les productions à faible niveau de savoir-faire constituent entre 4 et 86 pour cent des corpus. Le premier tableau établi à l'échelle des sites (tabl. 11) fait apparaître deux groupes de sites. Tout d'abord, les sites d'Irchonwelz « la Bonne Fortune », d'Ellignies-Sainte-Anne et dans une moindre mesure d'Ormeignies « la Petite Rosière » possèdent des quantités plus importantes d'artefacts issus de la production laminaire. Cette domination de la production

laminaire sur les productions simples est particulièrement marquée sur le site d'Irchonwelz « la Bonne Fortune ». Les pièces attribuées aux productions à faible niveau de savoir-faire n'y constituent que 6 pour cent du total des artefacts alors qu'elles dépassent 20 pour cent pour les autres sites. Il est ensuite possible de regrouper les sites d'Aubechies, d'Irchonwelz « le Trou al Cauche » et de Vaux-et-Borset. Sur ces sites, ce sont les artefacts provenant des productions à faible niveau de savoir-faire qui dominent les assemblages, et ce de manière tranchée sur les deux derniers sites mentionnés

%	laminaire	simples	indéterminés
IBF20+9	58	5	36
IBF30	45	5	50
IBF10	45	8	47
ESAF hubert	45	26	29
ESAF	36	22	42
OPR	28	24	48
ACM	26	35	39
ITC-73	21	72	7
VCM98	10	86	4

Tableau 11 – Part des différentes productions sur les sites étudiés (en % du nbre de pièces)

En se plaçant à l'échelle de la structure (tabl. 12), il s'avère que certaines d'entre elles se démarquent de la distribution globale du site. On mentionnera particulièrement les structures 47 et 48 d'Aubechies. Celles-ci livrent principalement du matériel issu des productions laminaires. Les structures 44, 105 et 94 de ce même site livrent presque autant de pièces se rapportant aux productions laminaires qu'aux productions simples. La structure 6 d'Ellignies-Sainte-Anne se démarque, elle aussi, du reste du site puisqu'elle est la seule à livrer plus de témoins des productions à faible niveau de savoir-faire que de la production laminaire.

Ce premier classement constitue un premier pas vers la compréhension de la structure socio-économique de la production lithique au sein des villages blicquiens. Toutefois, avant de discuter de la valeur de cette dualité de la production et de sa signification en termes socio-économiques, il sera nécessaire de vérifier si le débitage a été mené au sein de chacune de ces structures ou non.

%	laminaire	simples	indéterminé
IBF. 9	67	4	28
IBF.M20	52	4	44
ACM. 47	51	24	25
ESAF. 4	45	15	40
IBF. 21	45	10	45
IBF.M10	45	8	47
IBF.M30	45	5	50
ESAF Hub.	45	26	29
ACM. 105	39	38	24
ACM. 48	39	21	40
ESAF. 5	39	20	41
ESAF. 2	35	24	41
ESAF. 3	34	24	42
ACM. 94	34	36	31
ESAF. 1	30	16	54
OPR. 1	28	22	49
OPR. 2	27	26	47
ACM. 44	25	24	51
ACM. 43	25	40	36
ACM. 49	24	26	49
ESAF. 6	24	32	44
ITC. 73	21	72	7
ACM. 108	19	49	31
VCM 98	10	86	4

Tableau 12 – **Part des différentes productions par structures (en %). Pour Aubechies « Coron Maton », seules les structures les plus représentatives ont été sélectionnées**

2.3. Une stratégie particulière de gestion des matières premières ?

Dans le deuxième chapitre de ce travail, nous nous sommes attachée à décrire les matières premières exploitées par les tailleurs blicquiens. Tout d'abord, nous nous interrogerons sur les modalités d'introduction des différentes matières premières sur les sites. Par ailleurs, l'opposition entre productions laminaires et productions simples s'accompagne-t-elle d'une gestion différenciée des matières premières ?

2.3.1. Modalités d'introduction des différentes matières premières sur les sites blicquiens

Afin de déterminer sous quelle forme sont introduites les différentes matières premières sur les sites blicquiens, nous examinerons le taux de cortex visible sur les éclats. Cet examen, mené en présence/absence par site, révèle que la majorité des matériaux exploités livre des éclats corticaux ou possédant 75 pour cent de cortex (tabl. 13).

Ainsi, le silex de Ghlin, le silex turonien, le silex de types Hesbaye, le silex thanétien, le silex translucide et le silex noir sont introduits bruts voire légèrement dégrossis.

En revanche, certaines matières premières se distinguent. Il s'agit notamment du silex translucide chargé pour lequel aucun éclat cortical ou possédant 75 pour cent de cortex n'a été identifié à Irchonwelz « le Trou al Cauche » ou Ormeignies « la Petite Rosière ».

Le silex tertiaire bartonien exogène présente plus de disparités entre les sites. Il semble qu'il soit introduit brut à Ellignies-Sainte-Anne alors que les blocs paraissent introduits dégrossis ou préformés à Irchonwelz « le Trou al Cauche ». Aucun éclat cortical ou possédant 75 pour cent de cortex n'a été découvert sur les autres sites. Le silex grenu se distingue également. Il semble que seules les unités d'habitation 10 et 30 d'Irchonwelz « la Bonne Fortune » fournissent des éclats traduisant l'introduction de blocs bruts ou préformés. Enfin, aucune pièce corticale ou à 75 pour cent de cortex en silex vert-jaune n'a été identifiée sur les sites blicquiens. Bien que l'origine de ce silex soit inconnue, il semble que les modalités d'approvisionnement de ce dernier diffèrent nettement de celles des autres matières premières.

Sur le site de Vaux-et-Borset (tabl. 14), les silex fin et grenu de Hesbaye ainsi que le silex de Ghlin présentent des éclats corticaux ou porteurs de 75 pour cent de cortex. Les blocs sont donc introduits bruts. Le silex tertiaire bartonien n'a livré qu'un éclat porteur de 75 pour cent de cortex. Il pourrait avoir été introduit préformé.

Ainsi, la majorité des matières premières exploitées sur les sites blicquiens semble introduite sous la forme de rognons bruts ou légèrement dégrossis. Trois matières premières se démarquent clairement. Le silex tertiaire bartonien que l'on sait exogène, le silex grenu et le silex vert-jaune dont l'origine est inconnue ou incertaine attestent de modalités d'introduction différentes.

matières premières	Ghlin		Turonien		Thanétien		Bartonien		translucide		translucide chargé		grenu		vert-jaune		noir		types Hesbaye	
tx cortex	100	75	100	75	100	75	100	75	100	75	100	75	100	75	100	75	100	75	100	75
IBF10	x	x	x	x		x			x	x			x	x				x	x	x
IBF20	x	x	x	x	x	x				x				x			x	x	x	x
IBF30	x	x	x	x		x			x	x	x	x		x			x	x	x	x
ITC73	x	x	x	x		x		x	x	x									x	x
OPR	x	x	x	x	x	x				x							x	x	x	x
ACM	x	x	x	x	x	x			x	x		x					x	x	x	x
ESAF	x	x	x	x	x	x	x	x		x		x					x	x		x

Tableau 13 – **Présence/absence d'éclats corticaux ou possédant 75 % de cortex suivant les différentes matières premières exploitées en Hainaut, en grisé : matières absentes des sites**

matières premières	fin Hesbaye		grenu Hesbaye		Ghlin		Bartonien	
tx cortex	100	75	100	75	100	75	100	75
Vaux-et-Borset	x	x	x	x	x	x		x

Tableau 14 - Présence/absence d'éclats corticaux ou possédant 75 % de cortex suivant les différentes matières premières exploitées à Vaux-et-Borset

2.3.2. Une exploitation différentielle suivant les productions ?

Comme nous l'avons souligné plus haut, la production des supports d'outils oppose deux familles de production : la production laminaire et les productions à faible niveau de savoir-faire. On s'interrogera dès lors sur les matériaux exploités au sein de l'une et l'autre de ces grandes familles de production.

- En Hainaut

D'une manière générale, si l'on examine la représentation des différentes matières premières suivant les productions, il est clair que le silex de Ghlin est préférentiellement réservé à la production de lames (tabl. 15). Il constitue en effet plus de 75 pour cent du silex exploité au sein de la production laminaire. Il atteint même jusqu'à 94 pour cent de certains ensembles particulièrement à Aubechies (structures 47, 48 et 94) et à Ellignies-Sainte-Anne (fouille Hubert). La seconde matière première investie dans cette production représente alors moins de 10 pour cent des assemblages et oppose deux groupes. D'une part, à Irchonwelz « la Bonne Fortune » et Aubechies (structures 43, 44, 48, 49, 94 et 105), ce sont les silex de type Hes-

baye qui sont, après le silex de Ghlin, les plus exploités au sein de la production laminaire. En revanche, à l'exception de la structure 1, les habitants du site d'Ellignies-Sainte-Anne ont secondairement disposé de silex tertiaire bartonien, pourtant exogène. Il en est de même pour les fosses 47 et 108 d'Aubechies ainsi que sur le site d'Irchonwelz « le Trou al Cauche ». Le site d'Ormeignies « la Petite Rosière » se distingue de ces deux groupes car ce sont les silex translucide chargé et turonien qui arrivent en seconde position. Les autres matières premières (Turonien, Thanétien, translucide, translucide chargé, grenu, vert-jaune ou noir) se révèlent alors faiblement exploitées au sein de cette production laminaire. Mais, le spectre des matières premières exploitées dans la production laminaire diffère d'un site à l'autre. Il est possible d'opposer le site d'Irchonwelz « la Bonne Fortune » à celui d'Aubechies. Les structures 47, 105, 108 et 48 de ce dernier n'ont que trois ou quatre matières premières exploitées au sein de la production laminaire. Celle-ci est fortement centrée sur l'exploitation du silex de Ghlin. À cet ensemble s'ajoute l'unité d'habitation 10 d'Irchonwelz « la Bonne Fortune » qui se distingue alors fortement des autres unités d'habitation de ce site où l'intégralité des matières premières mentionnées livre des artefacts issus de la production laminaire.

nb matière	10				9		8		7				6
str.	IBF20	IBF9	IBF21	IBF30	ESAF3	ITC73	ESAF6	OPR1	ACM43	ESAFHub	ACM49	OPR2
Ghlin	76,5	90,9	74,7	89,4	81,5	79,4	78,3	91,4	90,7	93,6	90,8	86,9
Turonien	1,0	0,2	0,6	0,1	0,1	1,3	-	2,2	0,7	0,1	0,8	1,6
Thanétien	1,0	0,5	-	0,0	1,5	0,2	-	1,1	-	-	-	1,6
Bartonien	0,9	0,4	1,1	1,0	12,4	7,0	6,6	1,1	1,4	1,4	2,1	1,6
translucide	4,5	1,6	4,6	2,0	0,9	3,5	0,9	1,1	0,7	0,2	0,4	-
translucide chargé	0,6	0,2	0,7	0,6	0,1	0,5	0,9	2,2	-	0,2	0,4	4,9
grenu	0,0	0,1	0,1	0,2	-	0,7	-	-	-	-	-	-
vert-jaune	0,1	0,1	0,4	-	-	-	0,9	-	1,0	0,1	0,8	-
noir	1,5	1,0	2,9	0,2	0,4	-	1,9	-	0,3	-	-	-
types Hesbaye	5,6	2,4	6,8	2,9	1,3	4,9	0,9	1,1	2,1	0,2	2,9	3,3
autres	0,1	0,1	0,7	0,1	0,4	-	-	-	0,7	-	-	-
indéterminés	8,1	2,6	7,3	3,5	1,5	2,5	9,4	-	2,4	4,2	1,7	-
total	100	100	100	100	100	100	100	100	100	100	100	100

nb matière	5						4				3
str.	ACM94	ESAF5	ACM44	ESAF2	ESAF4	ESAF1	IBF10	ACM47	ACM105	ACM108	ACM48
Ghlin	94,3	85,0	79,5	82,8	83,4	87,7	89,9	93,9	81,7	84,8	94,0
Turonien	-	-	-	0,3	-	1,2	-	-	-	-	-
Thanétien	-	-	-	-	0,6	2,5	-	-	-	-	-
Bartonien	1,2	7,7	2,7	6,4	3,6	-	-	1,5	-	6,6	-
translucide	-	1,4	5,5	2,0	1,7	2,5	1,5	-	1,7	-	2,0
translucide chargé	1,2	0,5	-	-	-	1,2	0,5	-	-	-	-
grenu	-	-	1,4	-	-	-	-	-	-	-	-
vert-jaune	1,2	-	-	-	-	-	-	0,5	5,0	1,0	-
noir	-	-	-	-	-	-	-	-	-	-	-
types Hesbaye	2,3	1,9	5,5	2,0	0,8	-	1,6	0,5	5,0	2,8	4,0
autres	-	0,5	-	0,7	4,7	-	0,3	-	-	-	-
indéterminés	-	2,9	5,5	5,7	5,2	4,9	6,1	3,6	6,7	4,7	-
total	100	100	100	100	100	100	100	100	100	100	100

Tableau 15 – Hainaut : classement par matières premières des artefacts issus de la production laminaire

str.	IBF20	IBF9	IBF21	IBF30	ESAF3	ITC73	ESAF6	OPR1	ACM43	ESAFHub	ACM49	OPR2
Ghlin	46,6	48,3	49,4	61,4	47,2	73,3	34,3	31,2	43,8	59,5	48,3	64,4
Turonien	19,3	11,6	4,6	4,5	22,2	7,5	26,6	6,5	8,2	17,3	4,9	6,8
Thanétien	1,2	0,8	0,4	1,8	6,1	1,4	14,0	16,9	17,5	3,0	26,6	5,1
Bartonien	-	0,0	0,4	-	0,7	-	-	-	-	-	-	-
translucide	1,2	1,2	0,4	2,7	0,9	1,7	1,4	6,5	5,6	1,3	4,9	1,7
translucide chargé	0,6	2,1	2,1	2,7	-	-	-	-	-	-	-	-
grenu	-	-	-	0,6	-	-	-	-	-	-	0,2	-
vert-jaune	-	-	-	-	-	-	-	-	-	-	-	-
noir	1,2	8,3	5,8	1,5	1,1	-	-	5,2	0,2	4,3	-	-
types Hesbaye	18,6	19,0	24,5	13,0	8,1	12,9	16,1	28,6	17,7	5,4	12,5	11,9
autres	-	-	0,4	3,0	4,3	0,2	-	-	0,4	4,3	-	-
indéterminés	11,2	8,7	12,0	8,7	9,2	2,9	7,7	5,2	6,5	4,8	2,7	10,2
total	100	100	100	100	100	100	100	100	100	100	100	100

str.	ACM94	ESAF5	ACM44	ESAF2	ESAF4	ESAF1	IBF10	ACM47	ACM105	ACM108	ACM48
Ghlin	45,2	34,6	55,7	47,8	55,5	37,2	43,3	47,3	6,8	21,5	33,3
Turonien	25,8	45,8	11,4	17,4	4,2	7,0	22,4	11,8	15,3	6,1	25,9
Thanétien	15,1	6,5	10,0	7,5	4,2	14,0	0,7	20,4	16,9	6,7	14,8
Bartonien	-	-	-	-	-	4,7	-	-	1,7	-	-
translucide	5,4	-	5,7	1,5	7,6	-	-	5,4	3,4	1,5	3,7
translucide chargé	-	-	-	-	-	2,3	5,2	1,1	-	-	-
grenu	2,2	-	-	-	-	-	9,0	-	-	0,4	-
vert-jaune	-	-	-	-	-	-	-	-	-	-	-
noir	-	1,9	-	-	-	-	3,0	-	-	5,0	-
types Hesbaye	4,3	3,7	10,0	12,4	17,6	11,6	7,5	12,9	49,2	21,7	22,2
autres	-	-	-	-	-	-	1,5	-	-	-	-
indéterminés	2,2	7,5	7,1	13,4	10,9	23,3	7,5	1,1	6,8	37,1	-
total	100	100	100	100	100	100	100	100	100	100	100

Tableau 16 – Hainaut : classement par matières premières des artefacts issus des productions simples

À l'inverse, le silex de Ghlin est beaucoup moins représenté au sein des artefacts issus des productions à faible niveau de savoir-faire (tabl. 16). Il constitue en effet moins de la moitié des effectifs pour la majorité des sites. Quelques exceptions existent toutefois. Le bâtiment 30 d'Irchonwelz « la Bonne Fortune », la structure 2 d'Ormeignies « la Petite Rosière », la fosse 44 d'Aubechies, la structure 4 d'Ellignies-Sainte-Anne tout comme le matériel issu de la fouille de M. Hubert peuvent présenter jusqu'à 65 pour cent de silex de Ghlin. Mais c'est à Irchonwelz « le Trou al Cauche » que ce phénomène est le plus marqué puisque 73 pour cent des artefacts issus des productions à faible niveau de savoir-faire sont en silex de Ghlin. En revanche, ce dernier n'est pas majoritaire dans trois structures. La 105 d'Aubechies ne livre que 7 pour cent de silex de Ghlin alors que les silex de type Hesbaye constituent près de 50 pour cent des artefacts issus des productions à faible niveau de savoir-faire. Les silex thanétien et turonien sont également mieux représentés que le silex de Ghlin puisqu'ils avoisinent 15 pour cent. Pour cette structure, il y a une nette opposition entre les silex exploités dans la production de lames et ceux investis dans les productions à faible niveau de savoir-faire. Dans le même ordre d'idée, le silex de Ghlin n'est pas majoritaire pour les structures 108 d'Aubechies et 5 d'Ellignies-Sainte-Anne. La première est dominée par les silex de type Hesbaye alors que c'est le silex turonien qui domine la seconde.

Nous ajouterons enfin une remarque d'ordre qualitative. Le silex de Ghlin se révèle globalement de meilleure qualité que les autres matières premières locales à régionales dont le grain est moins fin et souvent grevé de diaclases ou surfaces gélives susceptibles de perturber le débitage. De plus, même dans le cas du silex de Ghlin, les blocs de meilleure qualité semblent réservés à la production laminaire.

- En Hesbaye

La sélection préférentielle du silex de Ghlin au sein de la production laminaire se retrouve également à Vaux-et-Borset (Hesbaye), du moins dans les structures fouillées en 1998 (tabl. 17). Le silex de Ghlin constitue en effet 48 pour cent des artefacts de la production laminaire alors que Vaux-et-Borset est distant d'une centaine de km des gîtes de matières premières. Le silex à grain fin de Hesbaye est lui aussi largement exploité. Près de 40 pour cent des pièces issues de la production laminaire sont en silex fin de Hesbaye. Puis, le silex grenu, affleurant pourtant dans l'environnement proche, n'a été identifié que pour 4 pour cent des pièces alors que 3 pour cent de silex tertiaire bartonien exogène ont été décomptés. En revanche, les productions simples sont préférentiellement réalisées

VCM98	nbre	%
Ghlin	333	47,9
fin Hesbaye	275	39,6
grenu	30	4,3
Bartonien	21	3,0
indet	25	3,6
autres	11	1,6
total	695	100,0

Tableau 17 – Part des différentes matières premières exploitées pour produire des lames à Vaux-et-Borset

sur le silex fin de Hesbaye. Ce dernier regroupe près de 90 pour cent des artefacts à faible niveau de savoir-faire. 80 pour cent du silex grenu est investi dans les productions simples, ce qui ne représente cependant que 5 pour cent des pièces identifiées comme issues des productions simples. Le silex de Ghlin exogène a lui aussi été exploité dans le cadre de ces productions à hauteur de 5 pour cent. Bien que nous n'ayons pas mené d'étude quantitative sur le matériel du secteur blicquien de Darion, il est évident que la composition des matières premières investies dans la production laminaire diffère complètement de Vaux-et-Borset. Le silex de Ghlin y est minoritaire. Seules 5 pièces ont été identifiées alors que 8 pièces en silex tertiaire bartonien ont été décomptées. À Darion, le silex de Ghlin n'est donc pas majoritaire au sein de la production laminaire où domine le silex fin de Hesbaye (Jadin *et al.* 2003). Toutefois, le silex grenu est nettement mieux représenté qu'à Vaux-et-Borset. D'ailleurs, les variétés de ce silex grenu diffèrent de celles exploitées à Vaux-et-Borset. À Darion, la matrice, beaucoup plus foncée, tend vers le noir alors qu'à Vaux-et-Borset, les variétés de silex grenu sont beaucoup plus claires. Le silex grenu de Darion paraît exclusivement voué à produire des lames contrairement au silex fin de Hesbaye qui semble majoritairement consacré aux productions à faible niveau de savoir-faire.

À l'exception du site de Darion, la production laminaire blicquienne est centrée sur l'exploitation du silex de Ghlin. Ce silex est nettement moins investi dans les productions à faible niveau de savoir-faire. L'opposition entre le spectre des matériaux exploités dans la production laminaire et dans les productions simples est plus ou moins marquée selon les sites ou structures examinés. Les silex exogènes semblent jouer un rôle particulier dans la production laminaire. Si c'est le cas du silex de Ghlin déplacé en Hesbaye (Vaux-et-Borset), il s'avère que les quantités de silex tertiaire bartonien, affleurant au cœur du Bassin parisien, ne sont pas négligeables au sein des assemblages d'Ellignies-Sainte-Anne, d'Irchonwelz « le Trou al Cauche » ou d'Aubechies (structure 108). Le silex de Ghlin découvert en Hesbaye et le silex bartonien identifié sur les sites blicquiens témoignent d'une circulation entre les différentes zones de peuplement BQY/VSG. Aussi, l'étude de ces matériaux sera isolée (chap. 4) afin de mieux les confronter avec les matières premières d'origine locale à régionale.

3. Les productions à faible niveau de savoir-faire

La première ramification au sein des productions réalisées par les tailleurs blicquiens renvoie à des productions ne requérant qu'un faible à très faible niveau de savoir-faire. Trois productions peuvent être distinguées : une production d'éclats, une production d'outils facettés et une production sur tranche d'éclat. Dans le cadre de ce travail, l'étude de ces productions sera brève. En effet, il est complexe de démêler les artefacts provenant de l'une ou l'autre de ces productions. Or, pour répondre aux problématiques posées, l'étude doit prioritairement être orientée vers une évaluation des niveaux de savoir-faire. Celle-ci peut être proposée par de simples observations qualitatives, soute-

nues par les résultats de notre mémoire de Master (Denis 2008). Deux séries VSG (Vasseny et Tinqueux) ont fait l'objet d'une étude détaillée de ces productions d'éclats et d'outils facettés. C'est sur la base de ces études que se sont structurées les observations menées sur les corpus blicquiens. Enfin, la production que nous dénommons « production sur tranche d'éclat » est rare dans les corpus. Il est délicat, comme nous le verrons, de trancher entre nucléus ou burin. Un examen minutieux de ces artefacts, couplé à une étude tracéologique, devra être mené à l'avenir pour mieux comprendre cette production.

3.1. Production d'éclats et production d'outils facettés : un faible investissement technique

La dissociation des productions d'éclats et d'outils facettés est délicate et nécessite un travail morphométrique fin. Nous ne l'avons pas entrepris dans le cadre de cette thèse. Toutefois, ces productions ont été étudiées de manière détaillée sur deux sites Villeneuve-Saint-Germain (Denis 2008 ; Denis *en prép*). Les conclusions obtenues nous offraient alors de solides bases pour se satisfaire, ici, d'observations ponctuelles.

3.1.1. Préambule : production d'éclats, production d'outils facettés, quelles différences ?

Les objectifs de la production d'éclats et de la production d'outils facettés sont très différents et renvoient à deux modes de taille. La production d'éclats vise, par débitage, à produire des supports éclats. La production d'outils facettés correspond au façonnage de supports divers (petits blocs ou plaquettes, débris naturels) pour obtenir des outils. Ce terme, défini par P. Allard (1999), renvoie aux « pièces sculptées » de certains auteurs belges (Cahen *et al.* 1986). Ces outils se caractérisent alors par leur facettage fait de petits enlèvements, généralement réfléchis, qui peuvent, outre le façonnage, résulter du ravivage de ces outils (fig. 53 et fig. 10). La reconnaissance de cette dernière production a longtemps été mise en doute par les chercheurs français, contrairement aux chercheurs belges. Considérées comme des nucléus, ces pièces facettées n'intégraient pas les décomptes de l'outillage Villeneuve-Saint-Germain. Une étude (Allard 1999) a démontré que ces outils facettés ne pouvaient être, du moins dans leur phase finale d'exploitation, des nucléus à éclats. En effet, les dimensions de leurs négatifs d'enlèvements sont clairement incompatibles avec les supports d'outils issus de la production d'éclats, de dimension nettement supérieure. Les négatifs d'enlèvements créant le facettage des outils mesurent généralement moins de 20 mm sur 20 mm, soit des dimensions correspondant à la catégorie des « petits éclats ». Les mêmes observations ont pu être réalisées sur le matériel des sites de Vasseny et de Tinqueux. En outre, ce facteur dimensionnel se couple avec la présence de traces spécifiques, principalement localisées sur les dièdres, tels des écrasements, des esquillements, du bouchardage et des émoussés. Peu d'études tracéologiques existent sur ces pièces. Ces dernières suggèrent toutefois l'intégration de ces pièces facettées à l'outillage (Cahen *et al.* 1986 ; Cayol *in* Denis 2008 ; Caspar et Burnez-Lanotte 1994). Quoiqu'il en soit, les chaînes opératoires de production d'éclats et d'outils facettés paraissent fortement intégrées puisque nous avons pu montrer que les nucléus à éclats pouvaient être repris en outils facettés. Cette reprise semble logiquement liée à l'exhaustion « économique » de ces nucléus à éclats. Autrement dit, lorsqu'il est impossible au tailleur d'obtenir des éclats dont les dimensions sont en adéquation avec le module de l'outillage, ces nucléus peuvent alors être repris pour la confection d'outils facettés. Les observations, certes succinctes, menées sur les corpus blicquiens nous ont paru compatibles avec les résultats obtenus sur les deux sites VSG de Vasseny (Aisne) et de Tinqueux (Marne). C'est donc sur la base de critères plus simples et en s'appuyant sur ces résultats que nous avons mené cette étude. De plus, aucune différence qualitative évidente n'a pu être repérée entre les corpus blicquiens. C'est pourquoi cette brève présentation s'appuiera sur la sélection de deux sites : celui d'Irchonwlez « le Trou al Cauche » et celui de Vaux-et-Borset. Il s'agit en effet des deux sites pour les-

quels les productions à faible niveau de savoir-faire sont nettement majoritaires. De plus, étant donné leur situation géographique respective, cette sélection permet d'établir une comparaison entre les productions simples du Hainaut et de Hesbaye. Les données des autres sites interviendront ponctuellement pour enrichir les informations recherchées.

3.1.2. Composition générale des assemblages

La composition globale des assemblages attribués aux productions à faible niveau de savoir-faire est présentée dans les tableaux 18 et 19.

Cette composition est sensiblement la même entre Vaux-et-Borset et Irchonwelz « le Trou al Cauche ». Les éclats dominent l'ensemble en avoisinant 60 pour cent. Les petits éclats sont également bien représentés dans les deux assemblages. Puis viennent des débris, des blocs, plaquettes ou débris naturels. Quelques chutes d'outils peuvent également être décomptées. Les supports employés pour pro-

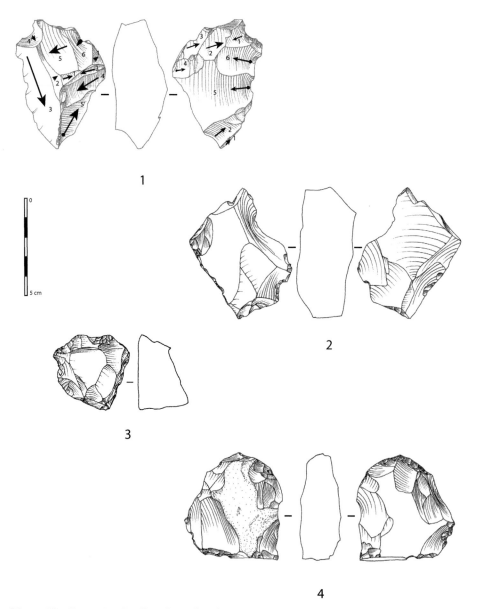

Figure 53 – Exemples de pièces facettées d'Aubechies « Coron Maton ». 1- silex turonien, 2 et 4 – silex de Ghlin, 3 – silex translucide. En blanc, surfaces naturelles.

duire des éclats ou des outils facettés sont des petits blocs ou des petites plaquettes ou encore des débris naturels dont les dimensions semblent rarement dépasser 200 mm de longueur.

VCM98	nbre	%
éclats	3815	63,9
PE/esquilles	1404	23,5
débris	384	6,4
bloc	274	4,6
chutes	74	1,2
indet	19	0,3
total	5970	100

Tableau 18 – Productions simples de VCM 98 : classement des artefacts par support

ITC-73	nbre	%
éclat	1184	57,1
PE/esquille	795	38,3
débris	34	1,6
bloc	31	1,5
chute outil	19	0,9
indet	12	0,6
total	2075	100

Tableau 19 - Productions simples d'ITC 73 : classement des artefacts par support

On peut également souligner la présence de pièces particulières qui offrent quelques clefs de lecture pour la compréhension des chaînes opératoires des productions simples.

Tout d'abord, il faut signaler l'existence d'artefacts qui témoignent de la reprise des nucléus à lames au sein des chaînes opératoires de productions simples. Il s'agit d'une part des éclats de reprise de ces nucléus (Annexe 88, n° 5) et d'autre part des nucléus repris (Annexes 45 à 51). Ces pièces sont légèrement mieux représentées à Irchonwelz qu'à Vaux-et-Borset. Sur le premier site, 11 pièces sont attribuées à la reprise de nucléus à lames. 8 éclats témoignent de la reprise de ces derniers et 3 nucléus le sont. À Vaux-et-Borset, aucun nucléus n'a pu être repéré alors que 11 éclats témoignent de cette reprise. Un nucléus à lames intensément repris peut ne plus être identifiable.

Par ailleurs, il est décompté un certain nombre d'esquilles de bouchardes ou d'outils facettés (fig. 54). Celles-ci se caractérisent par une fracture en split. Selon l'intensité des traces perceptibles sur de tels fragments, il n'est pas toujours possible de discriminer s'ils proviennent de bouchardes ou d'outils facettés. De ces derniers proviennent également toute une série d'éclats aux talons bien marqués des stigmates de la percussion dure. Ces éclats s'individualisent car ils portent sur leur face supérieure les traces que nous imputons à l'utilisation de ces pièces facettées

à savoir écrasements, bouchardage, esquillements voire émoussés (fig. 54). Ces pièces sont alors comprises comme étant des éclats de ravivage des outils facettés. La structure 73 d'Irchonwelz en livre 20 alors que 164 sont décomptés à VCM 98. Enfin, de nombreux éclats de retouche se rapportent à ces productions. Ils correspondent soit au module des petits éclats, soit au module des éclats. Dans ce cas, ces pièces correspondent plutôt à des éclats de taille des outils facettés. Les enlèvements de retouche de l'outillage sur éclat atteignent rarement des dimensions si importantes.

Ainsi, le débitage d'éclats ou le façonnage des outils facettés sont réalisés sur des blocs, plaquettes ou débris naturels de dimensions restreintes. Il faut également ajouter que les nucléus à lames sont fréquemment repris dans le cadre de ces productions dites « simples ». La présence d'éclats d'avivage des outils facettés et d'éclats de retouche de grandes dimensions attestent de la coexistence d'une production d'éclats et d'une production d'outils facettés.

Figure 54 – Exemples de pièces typiques des productions simples : ravivage ou éclats d'utilisation des pièces facettées ou bouchardes

3.1.3. Module de l'outillage

La coexistence de ces deux productions est confirmée par la confrontation des dimensions des outils sur éclat et des outils facettés. En effet, les outils sur éclat mesurent au minimum une quarantaine de mm de longueur pour une trentaine de mm de largeur et plus d'une dizaine de mm d'épaisseur, que ce soit en Hainaut ou en Hesbaye.

À Irchonwelz « le Trou al Cauche », le module de l'outillage est relativement comparable d'une matière première à l'autre (tabl. 20). Les outils en silex de Ghlin sont légèrement plus grands. Le volume initial de la matière première justifie certainement cette légère variation. Le module minimum de l'outillage sur éclat peut être fixé à 37 x 30 x 11 mm. Ces dimensions sont incontestablement plus importantes que celles des « petits éclats » et des négatifs observés sur les outils facettés.

À Vaux-et-Borset, bien que les matériaux exploités diffèrent de ceux du Hainaut, le module de l'outillage est sensiblement le même qu'à Irchonwelz « le Trou al Cauche » sauf pour le silex grenu (tabl. 21). Néanmoins, seul un outil sur éclat est décompté pour cette matière première. Cet outil mesure 90 x 85 x 32 mm, ce qui est nettement supérieur aux outils sur éclat en silex fin de Hesbaye ou en silex de Ghlin. Le module minimum de ces derniers

outil/éclat	effectif	longueur			largeur			épaisseur		
		min.	max.	moyenne	min.	max.	moyenne	min.	max.	moyenne
types Hesbaye	13	29	61	48	25	52	36	6	19	14
translucide	3	32	40	37	28	42	37	8	16	13
Ghlin	31	26	97	51	23	58	39	5	26	13
Turonien	8	31	64	45	18	36	30	7	23	12
Thanétien	2	34	37	36	28	34	31	10	12	11

Tableau 20 – Dimensions des outils sur éclat d'ITC 73 (en mm)

outil/éclat	effectif	longueur			largeur			épaisseur		
		min.	max.	moyenne	min.	max.	moyenne	min.	max.	moyenne
grenu	1	-	90	-	-	85	-	-	32	-
Ghlin	3	31	51	41	34	42	38	11	19	16
fin Hesbaye	134	22	96	42	14	75	37	3	33	13

Tableau 21 – Dimensions des outils sur éclat de VCM 98 (en mm)

outil facetté	effectif	longueur			largeur			épaisseur		
		min.	max.	moyenne	min.	max.	moyenne	min.	max.	moyenne
types Hesbaye	3	21	57	41	25	37	32	19	36	29
translucide	0									
Ghlin	12	23	72	42	24	44	33	16	44	31
Turonien	1		30			28			23	
Thanétien	1		31			40			37	

Tableau 22 – Dimensions des outils facettés d'ITC 73 (en mm)

outil facetté	effectif	longueur			largeur			épaisseur		
		min.	max.	moyenne	min.	max.	moyenne	min.	max.	moyenne
grenu	2	64	77	71	53	60	57	41	71	57
fin Hesbaye	43	28	85	46	22	68	43	6	50	34

Tableau 23 – Dimensions des outils facettés de VCM 98 (en mm)

est de 41 x 37 x 16 mm. Ces dimensions sont donc nettement supérieures à celles des petits éclats dont les dimensions s'apparentent aux négatifs d'enlèvements des outils facettés. Seuls 4 des 134 outils sur éclat en silex fin de Hesbaye ont des largeurs compatibles avec la dimension des petits éclats. Toutefois, leur longueur est nettement supérieure.

Ainsi, sur ces deux sites où les productions simples sont largement majoritaires, le module de l'outillage y est comparable. La longueur et la largeur de ces outils sont nettement plus élevées que celles des petits éclats qui sont systématiquement exclus des supports de l'outillage.

Il est apparu inutile de mesurer les négatifs d'enlèvement des outils facettés : un simple examen de la dimension de ces outils permet d'emblée d'exclure qu'ils aient pu produire ces éclats supports de l'outillage, du moins dans leur phase finale d'exploitation.

À Irchonwelz « le Trou al Cauche », la moyenne des mesures (longueur/largeur) de ces outils est presque systématiquement inférieure à celle des outils sur éclat (tabl. 22).

À Vaux-et-Borset, l'effectif des pièces en silex grenu est à nouveau extrêmement faible mais on peut constater que les outils facettés en silex grenu sont de dimensions beaucoup plus importantes que ceux en silex fin de Hesbaye (tabl. 23), comme c'était le cas pour les outils sur éclat. Toutefois, l'outil sur éclat en silex grenu est de plus grandes dimensions que les outils facettés. En revanche, la moyenne de la longueur et de la largeur des outils facettés en silex fin de Hesbaye se révèle légèrement supérieure à celle des outils sur éclat. Mais le facettage induit par définition la multitude des enlèvements qui couvrent ces artefacts. Rarissimes sont donc les outils facettés qui ne portent qu'un négatif d'enlèvement par face. Aussi, même en considérant qu'une face porte seulement deux enlèvements, la dimension de ces derniers serait nettement incompatible avec le module de l'outillage.

Ainsi, en l'absence d'étude détaillée mais en s'appuyant sur les résultats d'études antérieures (Allard 1999 ; Denis 2008), ce bref examen dimensionnel prouve que les outils facettés ne peuvent être considérés comme des nucléus à éclats. Les outils sur éclat sont nettement plus grands que les négatifs d'enlèvement qui couvrent les outils facettés. Nous sommes donc bien en présence de deux objectifs différents : le débitage d'éclats supports et le façonnage d'outils facettés. Entre Hainaut et Hesbaye, les modules des outils sur éclat et des outils facettés sont sensiblement équivalents. Ils le sont également quelle que soit la matière première employée, à l'exception du silex grenu. Enfin, les outils facettés en silex fin de Hesbaye ont, dans quelques cas, des dimensions compatibles avec celles des outils sur éclat. Cette observation n'est pas en inadéquation avec l'étude que nous avions menée à Vasseny (Denis 2008). En effet, des nucléus à éclats sont repris au sein des chaînes opératoires de production d'outils facettés. Ces pièces se caractérisaient alors par la présence d'au moins un négatif d'enlèvement compatible avec les outils sur éclat. Le raccord d'un outil sur éclat sur un des outils facettés porteurs des stigmates typiques mentionnés précédemment venait alimenter cette proposition. De là, on peut se demander si ces productions d'éclats et d'outils facettés sont disjointes ou bien si nous sommes en présence d'une seule production intégrée (Perlès 1991).

3.1.4. Productions disjointes ou production intégrée ?

En l'absence de mesures, isoler les nucléus potentiels au sein des outils facettés s'avère une tâche plus aléatoire. Aussi, nous avons pris le parti de créer une catégorie « nucléus probables » pour les pièces qui présentent un négatif d'enlèvement dont les dimensions sont compatibles avec les outils sur éclat. On ne peut donc assurer que cet enlèvement résulte de la confection ou du ravivage d'une simple pièce facettée (les pièces considérées comme des nucléus, elles, portent au moins deux négatifs clairement compatibles avec les dimensions des outils sur éclat).

Ce classement, réalisé sur les sites d'Irchonwelz et de Vaux-et-Borset, distingue plusieurs cas de figure.

À Irchonwelz « le Trou al Cauche », les nucléus et nucléus probables en silex de Ghlin, Turonien et Thanétien ont tous été repris comme outils facettés (tabl. 24). Dans ce cas, il semble bien que nous soyons en présence d'une seule et même chaîne opératoire intégrée. Le nucléus ne se révèle pas être l'ultime déchet de la production mais le support des outils facettés. À l'inverse, les nucléus en silex de « types Hesbaye » ont minoritairement été repris, ce qui suggère la coexistence d'une production intégrée et de deux productions disjointes. Toutefois, un des nucléus ouvre la question de la présence, au sein de cet assemblage, d'artefacts reflétant l'apprentissage de jeunes tailleurs. En effet, il a été possible de réaliser le remontage de deux éclats sur un petit rognon de silex de types Hesbaye (fig. 55). En outre, s'y raccordent deux débris de ce rognon, reconstituant alors le bloc dans son ensemble. Ces deux artefacts n'ont pas été débités mais ont probablement cassé lors du débitage, témoignant de la qualité médiocre de la matière première. Le rognon mesure 85 x 25 x 20 mm alors que le nucléus, dans son état d'abandon, mesure 57 x 23 x 15 mm. Quatre éclats en ont été tirés lors d'une séquence de débitage unipolaire. Deux ont pu être remontés. Ces derniers mesurent 40 x 12 x 3 mm et 40 x 10 x 3 mm alors que les deux négatifs possèdent des dimensions

comparables : 40 x 18 mm et 33 x 16 mm. Ainsi, la largeur et l'épaisseur de ces éclats sont clairement incompatibles avec le module de l'outillage. De plus, les éclats sont bruts. La recherche d'éclats ne paraît pas être l'objectif de ce débitage. Pourtant, le nucléus ne porte aucune des traces caractéristiques des outils facettés et sa morphologie diffère de celle des outils facettés. Ainsi, n'étant ni dans le cadre du façonnage d'un outil facetté, ni dans celui du débitage d'éclats, l'objectif de ce petit débitage s'avère inexplicable sauf à témoigner de l'entraînement d'un jeune tailleur, sans intention fonctionnelle et donc sans valeur économique.

1	Ghlin	abandon	repris OF	total
	nucléus	-	1	1
	nucléus probable	-	8	8
	nucléus à lame repris	-	3	3
	total	-	12	12

2	types Hesbaye	abandon	repris OF	total
	nucléus	7	2	9
	nucléus probable	-	1	1
	nucléus à lame repris	-	-	-
	total	7	3	10

3	Turonien	abandon	repris OF	total
	nucléus	-	2	2
	nucléus probable	-	-	-
	nucléus à lame repris	-	-	-
	total	-	2	2

4	Thanétien	abandon	repris OF	total
	nucléus	-	-	-
	nucléus probable	-	1	1
	nucléus à lame repris	-	-	-
	total	-	1	1

Tableau 24 – Irchonwelz « le Trou al Cauche » (structure 73), décompte des nucléus et nucléus probables par matières premières et intégration ou non de ces derniers à l'outillage (OF=outils facettés)

5 cm

Figure 55 – Remontage d'éclats sur un nucléus en silex de types Hesbaye d'Irchonwelz « le Trou al Cauche » qui correspond probablement au travail d'un jeune tailleur

À Vaux-et-Borset, les nucléus en silex fin de Hesbaye paraissent majoritairement repris en pièces facettées car 2/3 des nucléus le sont, tout comme l'intégralité des nucléus probables (tabl. 25, n° 1). En revanche, la configuration observée pour le silex grenu diffère (tabl. 25, n° 2). La majorité des nucléus ne sont pas repris dans le cadre d'un façonnage d'outils facettés. Toutefois, ces pièces ne s'apparentent pas aux nucléus identifiés en silex fin de Hesbaye. Il s'agit là de gros blocs d'une vingtaine de cm de longueur. La matière première est de très mauvaise qualité et ils sont à peine exploités. Généralement, moins de quatre éclats en sont débités. Il faut souligner que la morphologie « patatoïde » de ces blocs offre difficilement des angles favorables au débitage. Cette production en silex grenu revêt alors un caractère plus opportuniste, moins systématique que la production en silex fin de Hesbaye.

Figure 56 – Vaux-et-Borset (VCM 98), réalisation d'un outil facetté sur un support aux dimensions incompatibles avec une production d'éclats

éclats bruts

pièce facettée

Figure 57 – Remontages d'Aubechies (structure 49), façonnage d'outils facettés. Aucun des éclats ne sont retouchés même quand leurs dimensions seraient compatibles avec les supports recherchés par la production d'éclats

1 fin Hesbaye	abandon	repris OF	total
nucléus	7	14	21
nucléus probable	-	34	34
total	7	48	55

2 grenu	abandon	repris OF	total
nucléus	5	2	7
nucléus probable	-	1	1
total	5	3	8

Tableau 25 – Vaux-et-Borset (VCM 98), décompte des nucléus et nucléus probables par matières premières et intégration ou non de ces derniers à l'outillage (OF=outils facettés)

Ce rapide examen des nucléus montre qu'ils sont presque systématiquement repris en outils facettés. Cette information suggère qu'outils sur éclat et outils facettés résultent fréquemment d'une seule et même chaîne opératoire intégrée. Toutefois, une production disjointe d'outils facettés coexiste. En effet, il n'est pas rare que ces outils soient façonnés sur des petits blocs ou petites plaquettes dont les dimensions restreintes ne permettaient pas l'obtention d'éclats respectant le module de l'outillage (fig. 56). Par ailleurs, plusieurs remontages de petits blocs de silex thanétien ont pu être réalisés sur le matériel de la structure 49 d'Aubechies (fig. 57). Alors que certains des éclats de façonnage de ces outils facettés avoisinent les dimensions minimales de l'outillage, aucun de ces éclats n'a été transformé en outils. Ces remontages prouvent donc de manière incontestable que les productions d'éclats et d'outils facettés peuvent également être disjointes. La mise en évidence du déroulement d'une chaîne opératoire intégrée pour produire des éclats et des outils facettés renforce l'idée que les tailleurs en charge de la production de ces outils sont les mêmes. Qui plus est, nous avions souligné, dans les études menées sur les sites de Vasseny et de Tinqueux, que les schémas opératoires mis en œuvre étaient similaires pour les deux productions.

3.1.5. Schémas opératoires et degré de savoir-faire

Les schémas diacritiques de toutes ces pièces facettées n'ont pas été réalisés contrairement à ce que nous avions

pu faire sur les sites VSG. Toutefois, des observations ponctuelles suggèrent que peu de différences, du moins qualitatives, existent.

Les productions d'éclats et d'outils facettés sont menées selon une succession de séquences de débitage unipolaire (fig. 58). En revanche, l'agencement de ces séquences est varié et adapté à la morphologie du bloc. Quelques schémas bidirectionnels coexistent mais extrêmement rares sont les schémas multidirectionnels. Une étude fine de ces productions blicquiennes pourrait peut-être apporter des précisions sur d'éventuelles distinctions avec le Villeneuve-Saint-Germain. Il nous a semblé par exemple que les débitages bifaciaux pouvaient être un peu plus fréquents. Seule une étude fine de ces schémas diacritiques permettrait de mettre en évidence des différences avec les corpus VSG. Quoi qu'il en soit, le débitage d'éclats et d'outils facettés ne semble régi par aucune prédétermination à proprement parler puisqu'aucune « préconfiguration » ni entretien du nucléus n'ont été décelés. Néanmoins, ce débitage d'éclat n'est pas aléatoire car il est manifestement dominé par la mise en œuvre de séquences de débitage unipolaire dans le but d'obtenir des éclats larges et épais. L'emploi de la percussion dure est d'ailleurs une technique parfaitement adaptée pour les objectifs visés. Pourtant, les nucléus, outils facettés et talons des éclats présentent très fréquemment de nombreux points d'impact (fig. 59 et 60) dont la dispersion indique un mauvais ajustement des

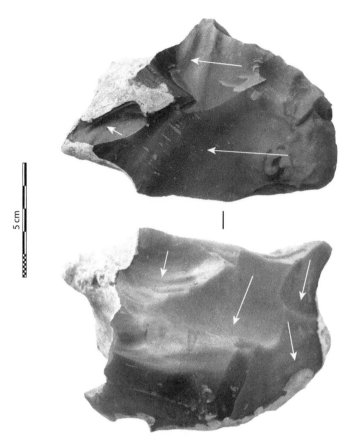

Figure 58 – Exemple de nucléus à éclats débité par succession de séquences de débitage unipolaire (silex fin de Hesbaye, VCM 98)

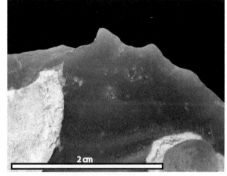

Figure 59 – Dispersion de points d'impact sur les plans de frappe de deux nucléus à éclats en silex fin de Hesbaye de Vaux-et-Borset (VCM 98)

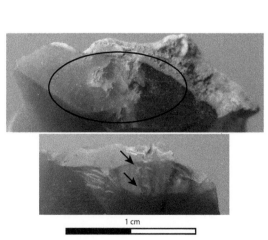

Figure 60 – Multiplication des points d'impact sur les talons des éclats issus des productions simples (ITC 73)

gestes du tailleur avant qu'un enlèvement soit détaché avec succès. Cet élément témoigne donc de la maladresse des tailleurs qui réalisent ces productions. De même, il n'est pas rare que les éclats ou négatifs d'enlèvements montrent des réfléchissements. Ainsi, l'absence de prédétermination du débitage et les possibles témoignages de maladresses reflètent le faible niveau de savoir-faire détenu par les tailleurs produisant les outils sur éclat et les outils facettés.

3.1.6. Une production à l'échelle de la maisonnée

On s'interrogera dès lors sur le contexte de production de ces artefacts. Nous inclurons ici les données de tous les sites. Comme nous l'avons vu précédemment, toutes les structures livrent des artefacts rapportables à ces productions. Toutefois, on peut se demander si la production se déroule à l'échelle de la maisonnée ou à l'échelle du site. Nous chercherons alors à préciser si les différentes structures livrent l'intégralité de la chaîne opératoire de ces productions ou seuls les produits finis. Ainsi, le début de la chaîne opératoire sera illustré par la présence ou non d'éclats corticaux ou porteurs de 75 pour cent de cortex. Mais comme nous l'avons souligné, ces artefacts sont les plus délicats à attribuer entre productions simples ou laminaires. Aussi, nous avons cherché, dans les pièces indéterminées, si de tels éclats existent. La fin de la chaîne opératoire sera représentée par les nucléus, les outils facettés et les outils sur éclat.

Pour les sites d'Irchonchwelz « le Trou al Cauche » et de Vaux-et-Borset, toute la chaîne opératoire de production est représentée. Sur le site d'Irchonwelz « le Trou al Cauche », seul le silex translucide ne livre pas d'éclats corticaux ou porteurs de 75 pour cent de cortex, mais il n'y a que trois pièces.

Cet examen mené sur tous les sites, par structure ou unité d'habitation selon les contextes, révèle que l'intégralité de la chaîne opératoire de ces productions à faible niveau de savoir-faire est identifiée dans tous les cas. Certaines matières premières montrent parfois des lacunes mais il s'agit systématiquement de celles les moins bien représentées au sein des assemblages. On peut alors légitimement invoquer un problème de représentativité pour justifier les lacunes observées. Ces productions d'éclats et d'outils facettés sont donc réalisées à l'échelle de l'unité d'habitation.

3.1.7. Objectifs de ces productions : outillage

Ces productions étant réalisées au sein de la maisonnée, on s'interrogera dès lors sur l'outillage recherché. Ces productions simples visent principalement à l'obtention d'outils facettés, de denticulés et de pièces retouchées (tabl. 26, Annexes 22 à 30). Ces trois catégories constituent généralement plus des 2/3 de l'outillage. Ensuite, les pièces qui portent des stigmates que nous attribuons à leur utilisation (pièces utilisées) peuvent se révéler assez nombreuses sur certains sites, de même que les grattoirs. Le reste des artefacts se révèle être des outils nettement minoritaires.

Ainsi, ces productions d'éclats et d'outils facettés se caractérisent par :

- une sélection des matières premières assez « lâche », orientée vers des matières premières de qualité moyenne à médiocre. Le silex de Ghlin apparaît nettement moins sélectionné pour ces productions
- la mise en œuvre d'un débitage et d'un façonnage réalisés à la percussion dure selon des méthodes simples n'impliquant aucune prédétermination au sens propre
- la présence fréquente d'accidents tels des réfléchissements voire des traces de maladresse comme la dispersion de nombreux points d'impact
- la conduite d'un débitage réalisé au sein de chacune des unités domestiques.

Les caractéristiques du débitage d'éclats et du façonnage des outils facettés présentent donc de fortes similarités. De surcroît, certaines pièces résultent d'une seule et même chaîne opératoire intégrée. On peut donc raisonnablement présumer que les tailleurs de ces deux productions sont les mêmes. Au sein de la cellule domestique, il existe donc un ou plusieurs tailleurs disposant d'un faible niveau de savoir-faire qui ne requiert aucun apprentissage spécifique. Les caractéristiques de ces productions renvoient clairement à un mode de production domestique (Jamard 2010). Certains habitants d'une unité d'habitation produisent eux-mêmes les éclats dévolus prioritairement à la confection de denticulés ou d'éclats retouchés, ainsi que de leurs outils facettés.

	OPR	ACM	ESAFHub	ESAF	ITC73	IBF30	IBF20	IBF10	VCM98
éclat retouché	10	74	24	80	18	18	9	4	135
denticulé	13	62	40	40	43	12	20	4	105
outil facetté	15	39	25	91	19	32	63	28	49
total	**54**	**288**	**121**	**331**	**119**	**88**	**147**	**47**	**394**
outils majoritaires	38	175	89	211	80	62	92	36	289
% outils majoritaires	70	61	74	64	67	70	63	77	73

Tableau 26 – Part des éclats retouchés, des denticulés et des outils facettés/bouchardes au sein de l'outillage confectionné sur les supports issus des productions simples

3.2. *Une production de pseudo-chutes de burin sur tranche d'éclats : des connaissances particulières*

L'existence d'une production sur tranche d'éclats reste à quantifier et à documenter plus précisément. Nous souhaitons simplement souligner l'existence de pièces particulières. Celles-ci s'apparentent à des burins. Toutefois, les chutes correspondantes atteignent des dimensions importantes à tel point qu'il est légitime de se demander si ce n'est pas la chute qui était recherchée plutôt que la pièce de type burin. Nous n'avions pas identifié ces pièces en contexte VSG et l'existence, dans le Rubané de Belgique (Omalien), d'une production de type « frite » (l'objectif du débitage est d'obtenir des chutes de section quadrangulaire en forme de frite) pourrait trouver un écho dans certains assemblages blicquiens. La méthode de débitage de ces « frites » « consiste à débiter de gros éclats (de préparation de nucléus) par la tranche, moyennant l'aménagement sommaire d'une crête unilatérale et d'une troncature servant de plan de frappe » (Cahen 1984, 21). Ces frites portent des stigmates liés à des activités de raclage lors du traitement de végétaux tendres rigides (Caspar 1988). Or, ces traces d'utilisation sont similaires à celles observées sur les burins (Allard *et al.* 2004). Cet outil, typique de la culture BQY/VSG apparaît au RRBP (Constantin 1985 ; Plateaux 1982). Étant donné la similarité du processus technique de la production de frites et de la confection des burins d'angle et la similarité des traces d'utilisation, il a été proposé que « la technique du débitage d'éclats par la tranche et l'utilisation des produits qui en découlent soit à l'origine des burins d'angle du RRBP. » (Allard 2005, 208).

3.2.1. Le remontage d'Irchonwelz « le Trou al Cauche »

La découverte d'un remontage de trois pièces en silex de Ghlin sur le site d'Irchonwelz « le Trou al Cauche » (fig. 61) a renforcé les soupçons que nous avions eus lors de l'étude du site d'Irchonwelz « la Bonne Fortune » pour lequel les pièces de type burin/nucléus sont les plus nombreuses. Le remontage d'Irchonwelz « le Trou al Cauche » interroge sur les objectifs de ce débitage. Il s'agit en effet du remontage de 3 pièces. Un éclat d'une quarantaine de mm de longueur sur une cinquantaine de mm de largeur et une dizaine de mm d'épaisseur a été débité par deux fois transversalement à l'axe de débitage. La dimension très importante des chutes obtenues, tout comme leur section quadrangulaire, paraissent très inhabituelles pour les contextes BQY/VSG. La première pièce débitée mesure 68 x 11 x 15 mm et la seconde 56 x 10 x 15 mm. Toutes deux sont outrepassées. De plus, le support résiduel est difficilement assimilable à un burin. Outre sa morphologie trapue, ses parties actives, à savoir la jonction entre le pan de burin et la face inférieure ou supérieure de l'éclat, sont peu propices à être utilisées, contrairement à celles des chutes. D'une part, la surface potentiellement apte à être employée est beaucoup plus importante sur les chutes que sur le support résiduel. D'autre part, il en est de même de l'angulation des bords. La recherche de bords abrupts, dépassant 75° est clairement établie pour l'utilisation des burins (Allard *et al.* 2004). De là, il semble que l'objectif de ce débitage s'oriente plus vers la recherche des chutes que de l'éclat résiduel. Toutefois, aucune de ces pièces ne présente macroscopiquement de traces évidentes de leur utilisation qui auraient pu confirmer cette proposition. Quoiqu'il en soit, en considérant que l'objectif du débitage est d'obtenir des chutes de section quadrangulaire de type frite, ce débitage n'est pas complètement conforme au schéma classique proposé pour l'Omalien (Cahen *et al.* 1986 ; Cahen 1988). L'absence de mise en forme du premier enlèvement par une préparation de type crête est notable. Nous signalerons simplement que cet enlèvement profite d'une bonne carène naturellement offerte par le talon et le bord proximal de l'éclat. Des petits enlèvements, réalisés depuis le talon, pourraient être liés à une brève préparation au débitage, effectuée à la percussion dure.

3.2.2. Répartition spatiale de cette production

Nous avons donc tenté d'isoler toutes les pièces se rapportant à cette méthode. Vaux-et-Borset et Ormeignies « la Petite Rosière » n'en livrent aucune. Sur les autres sites, ces pièces représentent au maximum 3 pour cent de l'ensemble des pièces attribuées aux productions simples. Les pièces d'Aubechies ont été découvertes dans les structures 49, 105, 108 et 93/94. Les sites d'Ellignies-Sainte-Anne et d'Irchonwelz « la Bonne Fortune » ont livré les quantités les plus importantes. Ces pièces sont, dans les deux cas, concentrées dans une des structures, à savoir la structure 4 d'Ellignies-Sainte-Anne et la structure 14 d'Irchonwelz (M20). Sur ce site, les décomptes ne signalent que les pièces les plus probantes contrairement aux autres sites pour lesquelles la sélection est plus lâche.

3.2.3. Indices relatifs aux intentions de cette production

Plusieurs informations permettent de valider l'existence d'une telle production sur tranche d'éclats et d'en préciser les intentions.

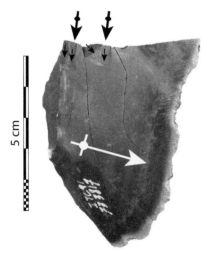

Figure 61 – Remontage de deux pseudo-chutes de burin débitées sur la tranche d'un gros éclat en silex de Ghlin d'Irchonwelz « le Trou al Cauche »

- Utilisation des chutes

D'une part, sept pièces de type chute ont clairement été transformées en outil. Moins d'une dizaine porteraient des traces susceptibles d'être liées à leur utilisation. En l'absence de confirmation par une étude tracéologique, nous n'en tiendrons pas compte ici. Parmi les sept pièces, trois sont des pièces retouchées (ESAF Hubert et IBF, fig. 62, n° 1), une est un perçoir (ESAF) alors qu'une autre est une pièce appointée (ACM). À Irchonwelz « la Bonne Fortune », une pièce porte des retouches denticulées ainsi qu'un petit front assimilable à un grattoir (fig. 62, n° 2). La septième pièce est une frite de grandes dimensions puisqu'elle mesure 65 x 16 x 10 mm. De plus, elle est en silex de type Hesbaye aux caractéristiques très proches du silex fin qui affleure en Hesbaye (fig. 40, n° 2). Cette pièce porte des émoussés très développés sur ses extrémités. Sur son talon, l'émoussé s'accompagne de petits esquillements et de piquetage. Des plaques d'altération ou des lustrés de sol couvrent la pièce. Toutes ces caractéristiques évoquent une utilisation comme briquet (Guéret 2013).

Ainsi, contrairement à ce que nous avions pu observer pour le remontage d'Irchonwelz « le Trou al Cauche », il existe, au sein des corpus blicquiens, des pièces de type chute incontestablement utilisées. Cet élément est un argument fort pour proposer que l'objectif de cette production soit la recherche des chutes. L'examen des burins-supports tend à alimenter cette proposition.

- Préparations au débitage

Un examen plus minutieux des pièces résiduelles, mené sur le site d'Irchonwelz « la Bonne Fortune » révèle la présence d'aménagements de type crête comme cela existe dans le débitage de frites de l'Omalien. Une dizaine de ces pièces présentent des négatifs transversaux de type crête (fig. 62, n° 6 ; fig. 63, nos 1 et 2 ; fig. 64, nos 1, 2, 3 et 5). Ces enlèvements sont généralement réalisés sur un seul versant et ne visent pas à créer une crête sur toute la longueur de la pièce. Ils consistent simplement à régulariser *a minima* la tranche de l'éclat qui sera ensuite débitée. Une probable pièce de type crête a été identifiée (fig. 62, n° 1). Nous ne sommes pas certaine de cette attribution car aucune face inférieure d'éclat n'est visible. Mais, elle pourrait être masquée par la préparation de type crête, bifaciale en partie proximale ou les retouches des bords. De plus, les caractéristiques de cette pièce nous paraissent incompatibles avec une production laminaire : pièce courte (42 mm), avec cortex distal, emploi de la pierre dure pour l'installation de la crête et son détachement.

Par ailleurs, lorsque la morphologie de l'éclat n'est pas adéquate, un enlèvement burinant est détaché pour ouvrir un plan de frappe (fig. 62, nos 3 et 4 ; fig. 63, n° 2 ; fig. 64, nos 1 et 3). Ce dernier peut également consister en une troncature (fig. 63, n° 1 et 64, n° 2), une surface naturelle (fig. 62, n° 6 et 64, n° 4), ou une cassure. Enfin, deux pièces témoignent de l'enlèvement d'un éclat latéral visant à recintrer la pièce, ce qui offre alors la possibilité de débi-

ter une « chute » plus étroite (fig. 62, n° 3 et 4). Ainsi, ces observations ponctuelles illustrent une véritable volonté de mise en forme du futur burin-nucléus, ce qui tend à prouver que l'objectif de ces débitages vise à l'obtention de supports de type chute de burin. Il serait nécessaire qu'une étude tracéologique vienne soutenir cette proposition. De plus, il n'est pas à exclure que les pièces résiduelles de type burin puissent elles-mêmes être utilisées. Toutefois, au moins quatre exemples viennent à l'encontre de cette proposition. En effet, certaines pièces montrent un débitage semi-tournant (fig. 61, n° 6 et 63, n° 4). Dans cette situation, il n'existe plus aucune arête propice à l'utilisation de ces pièces comme burin.

- Supports et dimensions des produits recherchés

Les supports employés pour produire ces pièces de type frite sont généralement des éclats détachés à la percussion dure, de grandes dimensions. Il n'est pas toujours possible de distinguer les supports issus des productions simples et les éclats de mise en forme de la production laminaire.

Un rapide examen des dimensions des chutes et des négatifs visibles sur les nucléus montre qu'elles mesurent en moyenne quarante mm de longueur pour une douzaine de mm de largeur et d'épaisseur. Ces dimensions paraissent inférieures aux frites omaliennes qui avoisinent plutôt 60 à 90 mm de longueur (Allard 2005 ; Cahen 1984b ; Cahen *et al.* 1986). Néanmoins, le module peut descendre à 40 ou 50 mm (Cahen 1984b), ce qui est plus en adéquation avec les corpus blicquiens.

- Des incertitudes

Tout d'abord, la pièce que nous avons mentionnée comme proche d'une pièce en silex fin de Hesbaye pose la question de son introduction sur le site d'Ellignies-Sainte-Anne sous forme de produit fini. En effet, aucune autre pièce dans cette matière première n'a été identifiée sur le site. Cet exemple montre alors qu'il n'est pas impossible que certaines frites aient été introduites déjà débitées, voire à l'état d'outils en cours d'usage. Cet aspect sera rediscuté ultérieurement.

Enfin, nous signalerons la présence d'un nombre important de grands burins transverses ou obliques sur éclat. Ces derniers semblent plus nombreux sur les sites où a été identifiée cette production. En l'absence de préparation particulière du support préalablement au détachement de la chute, nous considérons ces pièces comme des burins, bien qu'une étude tracéologique soit nécessaire pour le confirmer.

Plusieurs arguments viennent soutenir la reconnaissance d'un débitage sur tranche d'éclats en contexte blicquien. Mené à la percussion dure, il vise à l'obtention de supports de type chute de burin. Si certaines chutes sont incontestablement transformées en outils, il sera nécessaire de mettre en œuvre une étude tracéologique pour avaliser notre proposition et surtout préciser l'ampleur de ce phénomène. Il est incontestable que cette production présente des affi-

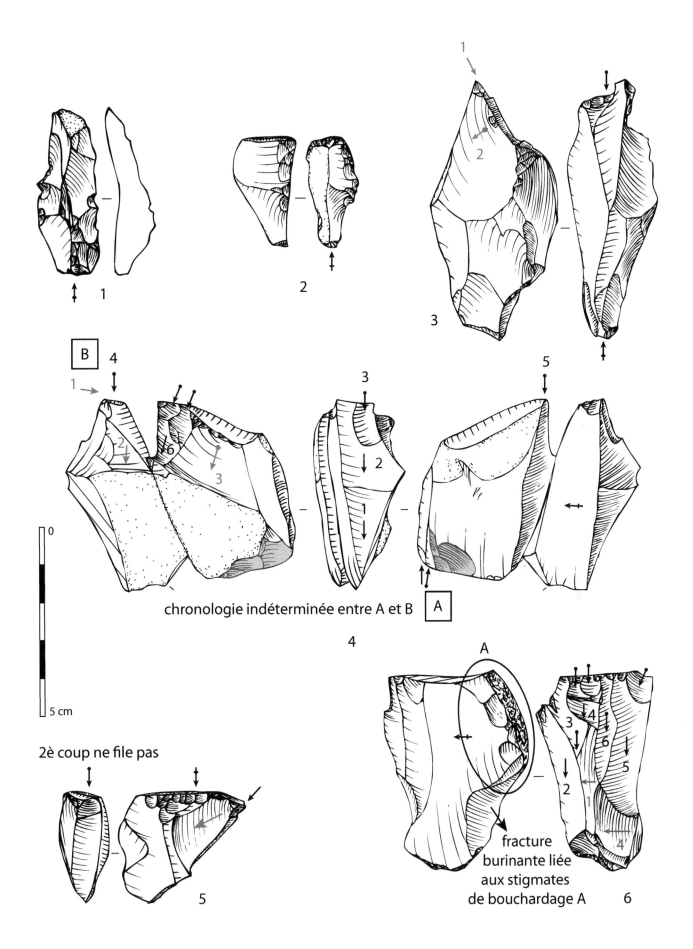

B 4

1

2

3

3

5

chronologie indéterminée entre A et B A

4

A

0

5 cm

2è coup ne file pas

5

fracture
burinante liée
aux stigmates
de bouchardage A   6

Figure 62 – Irchonwelz « la Bonne Fortune » (bâtiment 30) : frites (1 et 2) et nucléus (3 à 6). Structure 12 : 1 à 4 et structure 19 : 5 et 6, en gris : mise en forme, entretien et préparation au détachement

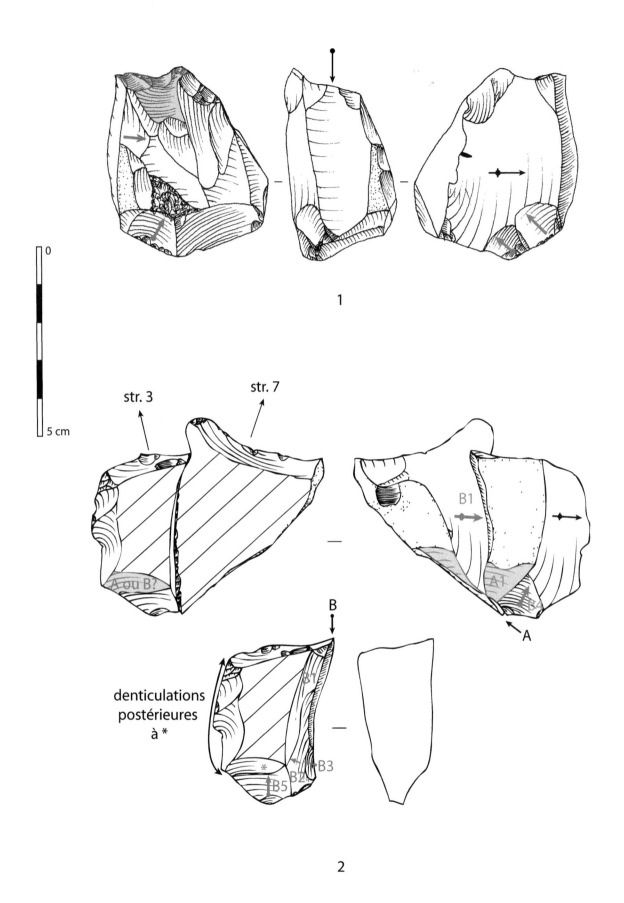

Figure 63 - 1 : Irchonwelz « la Bonne Fortune », nucléus à frites. Structure 13 (M30). 2 : raccord entre structure 3 (M10) et structure 7 (M20). En gris : mise en forme, entretien et préparation au détachement.

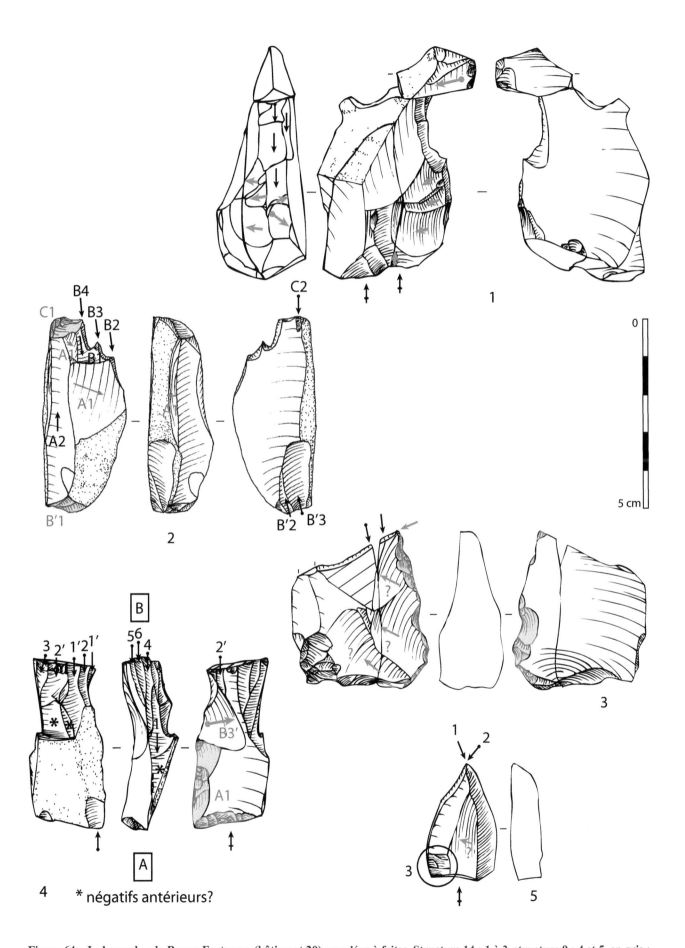

Figure 64 – Irchonwelz « la Bonne Fortune » (bâtiment 20) : nucléus à frites. Structure 14 : 1 à 3, structure 9 : 4 et 5, en gris : mise en forme, entretien et préparation au détachement

nités notoires avec la production de frites de l'Omalien. L'identification d'une petite phase de mise en forme qui se traduit par l'installation d'une crête et d'un plan de frappe témoigne d'une certaine prédétermination de ce débitage. Plusieurs pièces montrent une concentration de points d'impact témoignant d'une certaine maladresse. Ainsi, les savoir-faire mis en jeu restent sommaires. En outre, tous les sites ne semblent pas présenter cette production sur tranche d'éclats. Lorsqu'elle a été identifiée, ces artefacts paraissent concentrés dans une des structures du site. De plus, on ne peut exclure que certaines pièces aient été introduites sous forme de produits finis. De là, on peut envisager que cette production n'était pas réalisée par tous. Ainsi, la configuration observée pour cette production sur tranche d'éclat diffère de ce que nous avons observé pour les productions d'éclats et d'outils facettés. On peut envisager que le ou les tailleurs à l'origine de cette production disposent de connaissances particulières. On peut avancer l'idée d'une tradition héritée du Rubané.

4. Les productions laminaires : haut degré de savoir-faire et variabilité

Par comparaison avec les productions qui viennent d'être présentées, la production laminaire requiert incontestablement un niveau de savoir-faire supérieur. La mise en forme passe par l'installation de crêtes qui permettent d'établir les convexités longitudinales et latérales du nucléus. Le débitage de la crête initie alors la production des lames recherchées pour l'outillage. Ce débitage, mené à la percussion indirecte, appelle pour son bon déroulement un entretien constant des convexités ou du plan de frappe. L'indispensable prédétermination des gestes qu'implique cette production témoigne des connaissances et des niveaux de savoir-faire plus élevés des tailleurs de lames. Comme nous l'avons vu précédemment, cette production a préférentiellement été réalisée sur le silex de Ghlin. Les deux autres matières premières les mieux représentées sont d'une part le silex tertiaire bartonien exogène et d'autre part, les silex de types Hesbaye. Or, il faut rappeler que cette matière première est très mal identifiée (grade 3). Les autres matériaux exploités dans cette production sont quantitativement rares. Les corpus se révèlent alors faiblement représentatifs. C'est pourquoi cette étude sur la production laminaire sera centrée sur le silex de Ghlin. L'étude des autres matériaux présumés locaux ou régionaux viendra en contrepoint de cette analyse pour souligner les ressemblances ou dissemblances avec la production en silex de Ghlin. En revanche, l'exploitation des silex exogènes sera présentée dans un quatrième chapitre afin de mieux souligner les différences avec les silex d'origine locale à régionale. L'étude de la production laminaire en silex de Ghlin sera amorcée par un examen des objectifs de la production. La chaîne opératoire sera ensuite décrite en vue d'établir les diagrammes techno-économiques qui conduiront à diagnostiquer le contexte de production. Nous serons systématiquement amenée à jouer entre les échelles d'analyse (structures ou sites) selon la représentativité des corpus en question.

4.1. Une production laminaire centrée sur l'exploitation du silex de Ghlin, le cas du Hainaut

Si cette production vise à l'obtention de lames, un certain nombre des déchets de la production sont eux aussi sélectionnés comme supports de l'outillage. Mais dans un premier temps, nous chercherons à déterminer les objectifs premiers de la production.

4.1.1. Objectifs de la production

Afin d'établir les objectifs de la production, nous nous intéresserons aux supports de l'outillage en cherchant à préciser leurs particularités vis-à-vis du reste des lames produites. Cela permettra en outre de présenter les caractéristiques générales des lames en silex de Ghlin.

Sur les sites du Hainaut que nous avons étudiés, 1646 lames en silex de Ghlin sont décomptées (tabl. 27). Le site d'Irchonwelz « la Bonne Fortune » est de loin le plus riche. Il livre en effet près de 740 pièces ont 32 sont issues de la maison 10, 368 de l'unité d'habitation 20 et de la structure 9 alors que 244 ont été découvertes dans le bâtiment 30. Le site d'Ormeignies « la Petite Rosière » ne fournit que 27 pièces, ce qui est à la limite de la représentativité. En revanche, les autres sites livrent des corpus conséquents donc représentatifs. Parmi ces lames, 960 pièces sont des outils. Le taux d'utilisation des lames en silex de Ghlin est donc de 58 pour cent. Celui-ci est assez homogène d'un site à l'autre puisqu'il oscille de 43 pour cent (ESAF Hubert) à 63 pour cent (IBF). Le bâtiment 10 d'Irchonwelz « la Bonne Fortune » se distingue toutefois des autres corpus. À l'exception d'une pièce, toute la production est utilisée.

lames Ghlin	total	outil	tx transformation
IBF10	*32*	*31*	*97*
IBF20+9	*368*	*232*	*63*
IBF30	*244*	*141*	*58*
str. 21	*92*	*57*	*62*
IBFtotal	736	461	63
ESAF	258	164	64
ESAFHub	207	88	43
ACM	327	180	55
ITC73	91	42	46
OPR	27	16	59
Total	**1646**	**951**	**58**

Tableau 27 – Silex de Ghlin : décompte du nombre de lames, du nombre d'outils sur lame et taux de transformation des supports

- Fragmentation des lames

Les lames en silex de Ghlin ont été retrouvées principalement sous forme de fragments mésiaux et proximaux (environ 30-35 pour cent des lames) (tabl. 28 ; Annexe 32). Les fragments distaux de lame constituent environ 20 pour cent de l'assemblage alors que les lames entières, mieux représentées sur le site d'Ellignies-Sainte-Anne, sont les moins nombreuses. La sélection des supports de l'outillage est orientée vers les fragments proximaux et mésiaux (tabl. 29 ; Annexe 32). Les distaux de lames sont délaissés. Les lames entières ne paraissent pas spécifiquement recherchées à l'exception peut-être des sites d'Ellignies-Sainte-Anne. Une très légère distinction peut être opérée entre les sites. Si sur la majorité d'entre eux, les outils ont préférentiellement été confectionnés sur des fragments mésiaux, ceux du bâtiment 20 d'Irchonwelz « la Bonne Fortune » et ceux d'Ellignies-Sainte-Anne le sont sur des fragments proximaux.

- Une sélection de supports d'outils variés

Le classement des lames suivant leur position dans le débitage révèle que les lames de plein-débitage sont systématiquement les plus nombreuses (tabl. 30 ; Annexe 32). Elles constituent généralement un peu moins de la moitié des corpus (48 pour cent en moyenne). La structure 21 d'Irchonwelz « la Bonne Fortune » en livre près de 60 pour cent. Mais rappelons que cette structure diffère des autres puisqu'il s'agit d'une fosse silo et non d'une fosse latérale d'habitation, ce qui peut renvoyer à des modalités de rejet différentes. En revanche, l'unité d'habitation 20 de ce même site présente un taux de lames de plein-débitage nettement inférieur aux autres sites (38 pour cent). Les crêtes et les lames sous-crête y sont en revanche plus nombreuses. Ces dernières sont les plus fréquentes après les lames de

plein-débitage (entre 14 et 26 pour cent). S'ensuivent les lames à pan cortical. De plus grandes variations quantitatives apparaissent entre les sites puisqu'elles constituent entre 3 et 22 pour cent des corpus. Entre 6 et 11 pour cent de lames à crête sont décomptés. Les lames d'entretien et de réfection sont les plus rares.

Environ 60 pour cent des lames de plein-débitage sont sélectionnés comme supports de l'outillage (tabl. 31 ; Annexe 32). Le taux d'utilisation par type de lame montre que si les lames à crête paraissent globalement moins choisies, les autres types le sont et dans des proportions parfois supérieures aux lames de plein-débitage. Il semble donc que la sélection des supports de l'outillage soit indépendante de la position de la lame dans le débitage. En revanche et comme nous le verrons par la suite, l'outillage montre une certaine différenciation selon les types de support employés (cf. chapitre 3, partie 6). Nous chercherons alors à diagnostiquer si cette sélection des supports de l'outillage n'est pas plutôt basée sur des critères dimensionnels.

- Objectifs dimensionnels de la production

La présentation des dimensions des lames en silex de Ghlin intégrera tous les types de supports puisqu'il n'y a pas de sélection préférentielle de l'un ou de l'autre dans l'outillage.

lames Ghlin-%	total	IBF10	IBF20-9	IBF30	IBF21	ESAF	ESAF Hut	ACM	ITC73	OPR
entière	**13**	6	13	10	11	16	20	12	12	4
proximale	**35**	31	33	34	30	38	35	36	35	52
mésiale	**30**	47	23	34	40	26	29	33	25	22
distale	**22**	16	30	23	18	19	15	20	23	22
indéterminée	**1**	-	1	-	-	1	-	-	4	-
total	**100**	100	100	100	100	100	100	100	100	100

Tableau 28 – Fragmentation des lames en silex de Ghlin (% du nombre)

outils lames Ghlin-%	total	IBF10	IBF20-9	IBF30	IBF21	ESAF	ESAF Hut	ACM	ITC73	OPR
entière	**13**	6	13	10	11	17	23	10	12	-
proximale	**36**	32	37	35	30	40	32	37	36	44
mésiale	**33**	45	23	39	44	26	38	42	31	19
distale	**17**	16	26	16	16	15	8	11	17	38
indéterminée	**1**	-	0	-	-	2	-	-	5	-
total	**100**	100	100	100	100	100	100	100	100	100

Tableau 29 – Fragmentation des outils sur lame en silex de Ghlin (% du nombre)

lames Ghlin-%	total	IBF10	IBF20-9	IBF30	IBF21	ESAF	ESAF Hut	ACM	ITC73	OPR
plein-débitage	**44**	53	38	48	59	42	50	42	46	52
crête	**9**	6	11	8	7	7	9	7	10	7
sous-crête	**21**	22	26	22	16	19	14	24	22	22
néo-crête	**2**	9	4	2	2	3	1	2	3	-
flanc	**16**	3	13	15	9	19	20	22	13	15
entretien/réfection	**5**	6	6	3	8	7	6	4	2	-
indéterminé	**2**	-	3	2	-	2	-	-	3	4
total	**100**	100	100	100	100	100	100	100	100	100

Tableau 30 – Types de lames en silex de Ghlin (% du nombre)

taux utilisation	total	IBF10	IBF20-9	IBF30	IBF21	ESAF	ESAF Hub	ACM	ITC73	OPR
plein-débitage	**62**	100	64	61	63	69	50	59	57	57
crête	**47**	100	57	60	33	58	11	43	22	50
sous-crête	**54**	100	58	55	53	59	43	44	50	83
néo-crête	**70**	100	77	50	50	57	100	83	33	-
flanc	**55**	-	60	54	88	67	31	61	33	50
entretien/réfection	**65**	100	86	43	71	63	50	58	-	-
indéterminé	**48**	-	67	67	-	-	-	100	33	-
total	**58**	97	63	58	62	64	43	55	46	59

Tableau 31 – Taux de transformation des lames en silex de Ghlin selon les types de lame

lames Ghlin-mm	IBF10	IBF20	IBF30	IBF21	ITC73	ACM	OPR	ESAF	ESAFHub
longueur total	1142	15686	10650	4074	3820	12720	1188	13304	9814
nbre proximaux	12	168	106	38	43	142	15	137	114
longueur moy. pondérée	95	93	100	107	89	90	79	97	86

Tableau 32 – Longueur moyenne pondérée des lames en silex de Ghlin

Dans un premier temps, nous nous attacherons à décrire la longueur des lames. Un premier travail consiste à proposer une longueur moyenne pondérée. Celle-ci est calculée en faisant la somme de la totalité des longueurs des différents fragments de lame. Cette somme est ensuite divisée par le nombre minimum d'individus, déterminé par un décompte des proximaux de lame. Cette longueur moyenne pondérée est assez comparable d'un site à l'autre (tabl. 32). Les lames en silex de Ghlin mesurent entre 85 à 100 mm de longueur. La plupart des sites présente une moyenne pondérée avoisinant 90 mm. C'est à Irchonwelz « la Bonne Fortune » (M30 et structure 21) et à Ellignies-Sainte-Anne que les lames paraissent les plus longues.

Cet aspect peut néanmoins être affiné au regard des pièces entières, certes peu fréquentes. À Irchonwelz « la Bonne Fortune », 72 pièces sont entières. Près de 60 pour cent des lames entières mesurent entre 60 et 80 mm avec une majorité des pièces ayant une longueur comprise entre 60 et 70 mm (fig. 65). Mais deux pièces présentent des dimensions plus importantes par rapport au reste de la production qui ne dépasse pas 130 mm. L'une mesure 143 mm et la seconde 163 mm. On peut également ajouter une troisième pièce qui, réfléchie, mesure 137 mm. Ces trois pièces sont issues de l'unité d'habitation 30. Elles partagent la particularité d'être des lames à crête (fig. 66).

À Irchonwelz « le Trou al Cauche », neuf pièces sont entières et leur longueur est strictement inférieure à 110 mm. Trois de ces lames mesurent entre 70 et 80 mm.

La seule lame entière d'Ormeignies « la Petite Rosière » mesure 108 mm.

Ellignies-Sainte-Anne livre 36 pièces entières. La majorité est comprise dans l'intervalle 70-80 mm et à une exception près, ces lames ne mesurent pas plus de 120 mm (fig. 67). Mais une pièce se démarque nettement du reste de la production puisqu'elle mesure 195 mm de long (fig. 68). Il s'agit cette fois d'une lame de plein-débitage. Sur la fouille Hubert de ce même site, parmi les 34 pièces entières, c'est à nouveau l'intervalle 70-80 mm qui est le plus représenté. Quatre pièces se démarquent légèrement, elles sont comprises entre 120 et 140 mm.

34 pièces entières sont décomptées à Aubechies. 75 pour cent d'entre elles mesurent entre 60 et 90 mm (fig. 69). À l'exception d'une pièce de 120 mm de longueur, les autres mesurent moins de 102 mm.

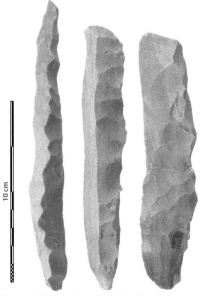

Figure 66 – Irchonwelz « la Bonne Fortune » (bâtiment 30), grandes lames à crête en silex de Ghlin

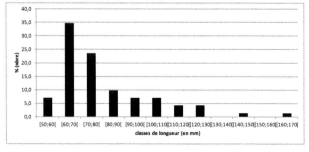

Figure 65 – Irchonwelz « la Bonne Fortune », histogramme de la longueur des lames en silex de Ghlin

La longueur des lames en silex de Ghlin est assez comparable d'un site à l'autre. Mesurant en moyenne 90 mm, elles sont presque toutes comprises entre 60 et 100 mm. Toutefois, de rares lames atteignent des dimensions nettement supérieures. L'exemple le plus frappant est la lame de plein-débitage d'Ellignies-Sainte-Anne qui atteint 195 mm de longueur. Celle-ci a été découverte dans la structure 5. On doit également signaler l'existence de lames plus longues que le gabarit moyen dans le bâtiment 30 d'Irchonwelz la Bonne Fortune. Comme nous l'avons signalé, les lames entières n'apparaissent pas préférentiellement sélectionnées dans l'outillage. Une très légère tendance s'impose vers une sélection des supports les plus longs, sans que cela soit une constante. Concernant les lames les plus longues, une disparité se fait jour. Si celles d'Irchonwelz sont toutes utilisées, la lame d'Ellignies-Sainte-Anne est brute.

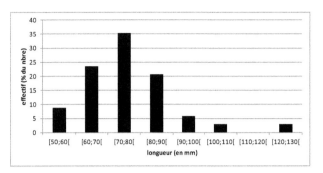

Figure 69 – Aubechies « Coron Maton », histogramme de la longueur des lames en silex de Ghlin

La largeur et l'épaisseur des lames en silex de Ghlin sont sensiblement comparables d'un site à l'autre (tabl. 33 et 34). La majorité des lames en silex de Ghlin mesure entre 14 et 21 mm de largeur (tabl. 33) pour 3 à 7 mm d'épaisseur (tabl. 34). Les moyennes de la largeur et de l'épaisseur de ces pièces sont équivalentes à 17-18 mm pour 5-6 mm. Une légère sélection des supports de l'outillage en faveur des produits les plus larges et les plus épais apparaît, un peu plus centrée sur 18-20 mm de large et 5-6 mm d'épaisseur

Les longues lames mentionnées précédemment présentent des dimensions comparables à celles de l'essentiel de la production. En effet, la lame d'Ellignies-Sainte-Anne dont la longueur atteint 195 mm présente une largeur de 20 mm et une épaisseur de 4 mm. Les deux pièces découvertes à Irchonwelz « la Bonne Fortune » mesurent 163 x 18 x 9 mm et 143 x 23 x 12 mm. L'épaisseur assez importante de ces produits s'explique du fait qu'il s'agisse de lames à crête.

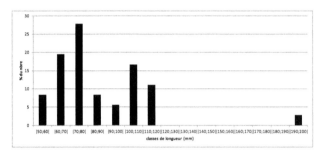

Figure 67 – Ellignies-Sainte-Anne, histogramme de la longueur des lames en silex de Ghlin

Figure 68 – Ellignies-Sainte-Anne, grande lame en silex de Ghlin, conservée à la Domus Romana, Aubechies

largeur (moy.) mm	brute	outil	G
IBF	16,8	18,5	17,9
ITC	16,2	18	17
ESAF	18	19	18,6
ESAFHub	17,7	19,5	18,5
ACM	16,9	18,3	17,7
OPR	16,9	19,3	18,3

Tableau 33 – Largeur moyenne des lames en silex de Ghlin

épaisseur (moy.) mm	brute	outil	G
IBF	4,5	5,3	5
ITC	4,6	4,9	4,7
ESAF	5,3	5,8	5,6
ESAFHub	5,2	5,6	5,4
ACM	4,5	5,5	5,1
OPR	4,9	5,3	5,2

Tableau 34 - Épaisseur moyenne des lames en silex de Ghlin

- Une production centrée sur la recherche de lames trapézoïdales

La section des lames de plein-débitage en silex de Ghlin est majoritairement trapézoïdale (tabl. 35 ; Annexe 31). Ces lames à 3 pans représentent, suivant les sites, entre 53 et 67 pour cent des lames. À plus de 50 pour cent, le code opératoire relevé sur ces lames est 212' (tabl. 36 ; Annexe 33). Seules les lames du bâtiment 20 d'Irchonwelz « la Bonne Fortune » présentent un peu plus de lames de code 123/321. Le code 212' traduit que les tailleurs ont délibérément recherché des lames à section trapézoïdale régulière et symétrique (Pelegrin, com. orale). Il coexiste systématiquement environ 1/3 de lames à section triangulaire. En général, les lames à 4 pans constituent moins de 10 pour cent des assemblages. Elles sont les plus nombreuses dans l'unité d'habitation 30 d'Irchonwelz « la Bonne Fortune » et sur la fouille Hubert d'Ellignies-Sainte-Anne. Il est incontestable que la production est orientée vers l'obtention de supports trapézoïdaux, mais les lames triangulaires ne sont pas exclues de la sélection des supports de l'outillage.

Ainsi, la production vise à l'obtention de supports à section trapézoïdale régulière d'une dizaine de centimètres de longueur pour 18-20 mm de largeur et 5-6 mm d'épaisseur. Les supports de l'outillage paraissent plus fréquemment prélevés dans les supports les plus larges et les plus épais. La sélection des supports de l'outillage semble lâche. Certains sites livrent des produits qui déparent nettement du reste de la production. Il s'agit de rares longues lames que nous n'avons pas identifiées sur tous les sites. L'exemple le plus flagrant concerne une lame découverte à Ellignies-Sainte-Anne dont la longueur atteint 195 mm. Nous chercherons dès lors à préciser les modalités de production de ces supports.

section	2	3	4	5	
IBF10	19	69	13	0	100
IBF20	36	58	5	0	100
IBF30	35	53	11	1	100
IBF21	31	67	2	0	100
ITC	27	66	5	2	100
OPR	57	29	14	0	100
ACM	28	66	6	0	100
ESAF	27	67	6	0	100
ESAFHub	27	63	10	0	100

Tableau 35 – Section des lames en silex de Ghlin. En grisé : effectifs peu représentatifs

4.1.2. Description de la chaîne opératoire de production

La description de la chaîne opératoire de production des lames en silex de Ghlin passera tout d'abord par la présentation des huit grandes classes individualisées en vue de construire les diagrammes techno-économiques (Ghlin dans Annexes 34 à 39 et Annexes 52 à 72).

- Dégrossissage : les éclats du début de la mise en forme

La première classe techno-économique repérée concerne les premiers éclats de mise en forme. Comme nous l'avons signalé précédemment, leur identification est complexe dans cette industrie. Ils sont généralement débités à la percussion directe dure et permettent de préconfigurer le bloc en lui donnant une morphologie idéale pour installer les crêtes. Toutefois, cette étape de la chaîne opératoire peut s'avérer inutile lorsque les plaquettes sélectionnées sont bien régulières. La mise en forme se réduit alors à l'installation des crêtes.

- L'installation des crêtes

La deuxième classe techno-économique individualisée correspond aux éclats de préparation de crête. Ces éclats se caractérisent par leur profil en S, la présence de négatifs sub-parallèles sur leur face supérieure, fréquemment accompagnés de cortex localisé en partie distale (Annexe 78, n° 7 ; Annexe 89, sauf n° 8 ; Annexe 102, n° 1 ; Annexe 124, n° 3). Le talon de ces éclats emporte les contrebulbes des enlèvements détachés antérieurement vers le versant opposé de la future crête. Ces contrebulbes servent en effet de plan de frappe au détachement de l'éclat alterne suivant. D'autres aspects de ces éclats de préparation de crête enrichissent les données relatives à la mise en place des crêtes. La présence d'un ou plusieurs négatifs opposés, en partie distale de certains éclats, atteste de l'installation d'une seconde crête (tabl. 37). Ce type d'éclat a été identifié pour tous les sites, mais ils sont rares (moins de 10 pour cent). C'est à Aubechies et dans les structures de la fouille Hubert d'Ellignies-Sainte-Anne qu'ils sont les plus nombreux (9 pour cent) alors qu'ils ne constituent que 2 pour cent des assemblages d'Irchonwelz « la Bonne Fortune » ou d'Ormeignies « la Petite Rosière ». Par ailleurs, d'autres pièces portent du cortex sur le talon et en partie distale, indiquant alors que les crêtes sont installées dans l'épaisseur des plaquettes. Les dimensions des éclats de préparation de crête sont extrêmement variables suivant qu'ils se situent au début de l'installation de la crête ou lors de la régularisation de celle-ci. Enfin, si la majorité d'entre eux sont détachés à la percussion indirecte, l'emploi de la percussion dure est également attesté. Les proportions

		IBF10	IBF20	IBF30	ITC	OPR	ACM	ESAF	ESAF HUB
lames à 3 pans	123/321	30	47	37	35	25	32	40	46
	212'	50	45	60	62	50	62	60	51
	121'	20	8	4	4	25	6	0	4
total		100	100	100	100	100	100	100	100

Tableau 36 – Code opératoire des lames trapézoïdales en silex de Ghlin. En grisé : effectifs peu représentatifs

d'éclats de préparation de crête détachés à la percussion dure varient de manière significative d'un site à l'autre. Ils ne constituent que 1 ou 2 pour cent de l'ensemble de ces éclats sur les sites d'Aubechies, d'Irchonwelz « le Trou al Cauche » ou d'Ellignies-Sainte-Anne (fouille Hubert). Mais ils avoisinent 20 pour cent à Irchonwelz « la Bonne Fortune » et Ellignies-Sainte-Anne alors qu'ils atteignent presque 40 pour cent des éclats de préparation de crête à Ormeignies « la Petite Rosière ». Ces éclats, apparemment détachés au percuteur dur, pourraient en fait se situer en position intermédiaire entre les deux premières classes.

EP2-Ghlin	nbre	nbre EP	%
ACM	28	327	9
ESAF	29	647	4
ESAF Hubert	25	373	9
OPR	1	52	2
IBF10	5	307	2
IBF20	34	1832	2
IBF30	16	901	2
ITC	7	180	4

Tableau 37 – Décompte de la part des éclats de préparation de crête (EP) en silex de Ghlin qui présente les traces de l'installation d'une seconde crête

- L'initialisation du débitage

La troisième catégorie techno-économique regroupe les pièces contribuant à initier le débitage des lames. Il s'agit donc principalement de pièces à crête. De rares lames d'entame ou crêtes naturelles coexistent. Les pièces à crête peuvent être à un (Annexe 86, n° 2 ; Annexe 98, n° 2) ou deux versants préparés (Annexe 94, n° 7). Elles peuvent être totales ou partielles. Ces différences résultent d'une adaptation à la morphologie initiale des blocs exploités. Si la majorité de ces pièces sont des lames, quelques pièces courtes assimilables à des éclats coexistent. Ces pièces attestent que la crête n'est pas systématiquement tirée d'un seul tenant. Dans certains cas, ces éclats correspondent à des accidents. Les tailleurs ont échoué à débiter la crête dans son intégralité. Mais certaines de ces pièces à crête paraissent détachées depuis la base du nucléus étant donné leur angle de chasse très fermé. Il n'est pas impossible que le choix d'enlever une partie de la crête depuis la base résulte du manque de carène du nucléus préformé. Cette option reviendrait alors à un perfectionnement de la mise en forme.

- Quatrième classe techno-économique : les éclats d'entretien du débitage

La quatrième catégorie est constituée par toutes les pièces attribuées à l'entretien du débitage laminaire quel qu'il soit.

Description du plan de frappe

Aucun éclat d'ouverture de plan de frappe n'a pu être repéré. Seuls des éclats se rapportant à son entretien ont été attribués à cette quatrième classe techno-économique.

Ils se caractérisent par la présence d'un pan abrupt avoisinant 90° sur lequel sont visibles les parties proximales des lames antérieurement débitées. Généralement, ce pan se situe sur le talon et donc dans l'axe de débitage de l'éclat d'entretien du plan de frappe. Ces éclats peuvent également être débités transversalement à la surface de débitage laminaire, c'est-à-dire depuis un flanc. Dans le premier cas, des confusions avec des éclats de préparation de crêtes sont possibles. En effet, lorsque les négatifs proximaux des lames sont alignés sur une droite, perpendiculaire à l'axe de débitage de l'éclat, nous ne sommes pas nécessairement en mesure de déterminer s'il s'agit d'un éclat de préparation de crête ou d'un éclat d'entretien de plan de frappe. Toutefois, les plans de frappe sont facettés. Dans le cadre des débitages tournants, le facettage et l'entretien du plan de frappe créent des négatifs centripètes. Ainsi, la présence de négatifs centripètes sur la face supérieure des éclats permet de discriminer les éclats de plan de frappe des éclats de préparation de crête. Lorsque nous n'avons pas été en mesure d'établir un diagnostic sûr, ces éclats ont été classés dans la catégorie n° 6 (cf. *infra*). La grande majorité de ces éclats d'entretien du plan de frappe consiste en tablettes partielles, détachées à la percussion indirecte. Rares sont les tablettes entières. Ces dernières s'avèrent alors plus fréquemment détachées à la percussion dure. Le facettage du plan de frappe résulte donc de l'enlèvement de ces tablettes partielles mais également du détachement de petits éclats, mesurant 10 ou 20 mm de longueur (fig. 70). Ils présentent fréquemment un léger réfléchissement, dû à leur minceur et au profil très rectiligne. En outre, le détachement des tablettes partielles et des petits éclats contribue à bomber le plan de frappe en son centre. Ainsi, l'angle entre le plan de frappe et la table laminaire tend parfois à dépasser légèrement 90°. Il semble alors que le détachement des petits éclats permette, grâce à la concavité de leur contrebulbe, de réduire l'ouverture de cet angle. La prise de risque au détachement de la lame est alors amoindrie. Un certain nombre de ces tablettes partielles paraissent jouer le même rôle. Préparation au détachement et entretien du plan de frappe se recouvrent donc en partie. Ces procédés permettent d'éviter ou de retarder le détachement de tablettes entières, nécessairement plus épaisses, qui amputent alors le nucléus dans sa longueur.

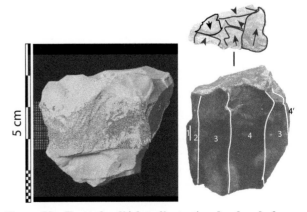

Figure 70 – Exemples d'éclats d'entretien du plan de frappe montrant le facettage centripète par petits éclats centrimétriques, Irchonwelz « le Trou al Cauche »

Entretien des convexités et réfection des accidents

Tous les éclats d'entretien des convexités du nucléus (cintre et carène) appartiennent aussi à cette quatrième classe techno-économique. Les éclats de cintrage axial, débités depuis le plan de frappe, contribuent par un léger recul des surfaces à donner de la convexité latérale au nucléus. Des éclats sont fréquemment débités depuis la base du nucléus pour entretenir le cintre ou la carène. Cette base peut également être sollicitée pour corriger des accidents, comme les réfléchissements de lames dans le tiers inférieur du nucléus. Tous les éclats de réfection appartiennent également à cette même classe techno-économique.

La néo-crête à vocations multiples

Cette classe comprend également les nombreux éclats de néo-crête. Ces derniers emportent sur leur face supérieure les négatifs laminaires perpendiculairement à l'axe de débitage. Il s'agit en effet d'éclats détachés sur la table laminaire depuis une nervure. Plusieurs fonctions semblent être attribuables aux néo-crêtes : la correction d'un accident (fig. 71), l'entretien des convexités du nucléus, la régularisation d'une nervure. Dans certains cas de figure, ces éclats portent près de 75 pour cent de cortex. Il semble que l'installation d'une néo-crête puisse également être un moyen d'étendre ou de déporter le débitage sur un flanc.

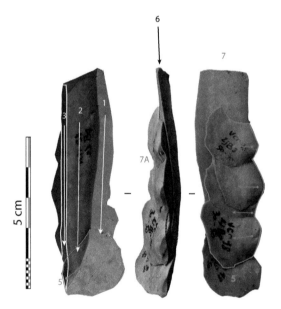

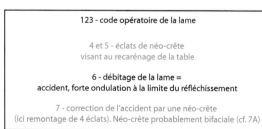

123 - code opératoire de la lame

4 et 5 - éclats de néo-crête
visant au recarénage de la table

6 - débitage de la lame =
accident, forte ondulation à la limite du réfléchissement

7 - correction de l'accident par une néo-crête
(ici remontage de 4 éclats). Néo-crête probablement bifaciale (cf. 7A)

Figure 71 – Remontages en silex de Ghlin montrant deux objectifs de l'installation d'une néo-crête : le recarénage distal de la table laminaire et la correction d'accidents

Enfin, toute une série d'éclats permettant la régularisation des flancs ou des nervures complète cette quatrième catégorie techno-économique.

- Apport de l'analyse des lames à la compréhension de la chaîne opératoire de production

La cinquième classe techno-économique est constituée par l'intégralité des lames et des lamelles. Les lamelles ne sont pas les produits recherchés par le débitage mais elles résultent soit d'une intense préparation de la corniche, soit de la régularisation d'une nervure préalablement au débitage d'une lame. Nous renvoyons le lecteur au chapitre 1 pour un détail de la définition des différents types de lames individualisés. Sont distinguées des lames à crête, des lames sous-crête, des lames à pan cortical, des lames néo-crête, des lames d'entretien ou de réfection et des lames de plein-débitage. La description des supports obtenus ayant déjà été proposée ci-dessus, nous nous attacherons ici à décrire les lames susceptibles de nous apporter de l'information relative au déroulement de la chaîne opératoire de production.

Les lames à crête

L'examen des lames à crête permet d'apporter quelques précisions sur le déroulement de la mise en forme. Certaines crêtes irrégulières pourraient être interprétées comme des crêtes postérieures. Toutefois, on ne peut exclure que ces dernières soient le fruit du travail de tailleurs inexpérimentés (Annexe 86, nᵒˢ 2 et 3). Aussi, seul un décompte est proposé sans que nous n'allions plus loin dans l'interprétation de ces pièces (tabl. 38). Les lames à crête sont majoritairement à deux versants préparés et assez régulières. Certaines ne sont pas préparées sur toute leur longueur mais les tailleurs ont mis à profit la morphologie idéale de la plaquette exploitée. Pour les mêmes raisons, certaines crêtes ne sont préparées que sur un versant. Enfin, quelques pièces correspondent à des arêtes naturelles, juste régularisées par un ou deux enlèvements. Les tailleurs n'hésitent donc pas à profiter de la morphologie idéale des plaquettes. On doit toutefois envisager qu'en l'absence de crête, la poursuite du débitage nécessite un entretien plus poussé des convexités latérales et longitudinales du nucléus. Les crêtes à deux versants préparés sont nettement les plus nombreuses sur l'ensemble des sites. L'absence de crête à un versant et de lames à arête naturelle est à souligner dans les bâtiments 10, 30 et la structure 21 d'Irchonwelz « la Bonne Fortune ». Il en est de même à Ormeignies « la Petite Rosière ». Rappelons toutefois l'indigence du corpus d'Ormeignies. Aubechies en livre la plus grande proportion.

Les lames sous-crête

Un détail des différentes lames sous-crête apporte quelques informations relatives à la chaîne opératoire. Les lames sous-crête peuvent être subdivisées en quatre catégories (tabl. 39). Les plus représentées sont les lames sous-crête antérieures et les lames sous-crête postérieures. À celles-ci nous avons ajouté les lames sous-crête que nous dénommons mixtes, c'est-à-dire qu'elles portent à la fois les négatifs d'une crête antérieure et les négatifs d'une crête postérieure. Puisqu'aucune trace de cortex n'est visible entre les négatifs de la crête antérieure et ceux de la crête postérieure, on peut envisager la mise en œuvre d'une mise en forme poussée, c'est-à-dire totalement envahissante sur les flancs. Mais ces pièces pourraient également résulter de l'installation de deux crêtes antéro ou postéro latérales. Enfin, les lames sous-crête centrales correspondent à des lames dont les négatifs de crête sont situés sur le pan central des lames. Autrement dit, les proximaux et distaux des enlèvements de préparation de crête sont tronqués. Ces pièces témoignent alors de la jonction de deux surfaces de débitage, simultanément ou successivement initiées sur un même nucléus.

De ce classement des lames sous-crête, il ressort que plus de 70 pour cent sont des lames sous-crête antérieures. Les témoignages de l'installation de crêtes postérieures ou postéro-latérales sont beaucoup plus rares dans les corpus. Pour les ensembles les plus représentatifs, ces pièces ne représentent pas plus de 15 pour cent des lames sous-crête, même en intégrant les lames sous-crête que nous appelons mixtes puisqu'elles attestent de l'installation de deux crêtes. Enfin, les lames sous-crête centrales sont encore moins fréquentes. Elles n'ont été découvertes que sur les sites d'Irchonwelz « la Bonne Fortune » (M20 et M30), d'Aubechies et d'Ellignies-Sainte-Anne (fouille Hubert).

L'analyse des lames sous-crête contribue alors à envisager que la mise en forme passe plus fréquemment par l'installation d'une seule crête. Cette crête peut, si la morphologie de la plaquette le permet, n'être que partielle ou à un versant. Dans les cas les plus extrêmes, il semble que le débitage soit même initié sans préparation de crête. À l'opposé, les lames sous-crête mixtes attestent du développement

d'une mise en forme très envahissante. Une confrontation entre le nombre de lames sous-crête et le nombre de lames à pan cortical permet de préciser cet aspect.

Le soin apporté à la mise en forme, ratio du nombre de lames sous-crête sur le nombre de lames à pan cortical

Un rapport du nombre de lames sous-crête sur le nombre de lames à pan cortical permet de donner un aperçu du degré d'envahissement de la mise en forme (tabl. 40). Sur tous les sites, les lames sous-crête sont plus nombreuses que les lames à pan cortical. Cette donnée permet de diagnostiquer que les tailleurs ont soigné leur mise en forme. Celle-ci apparaît fréquemment envahissante. Elle semble l'être tout particulièrement dans l'unité d'habitation 10 d'Irchonwelz « la Bonne Fortune ». Toutefois, cette unité d'habitation est mal conservée. C'est sur les sites d'Aubechies et d'Ellignies-Sainte-Anne qu'elle semble la moins poussée puisque autant de lames sous-crête que de lames à pan cortical ont été découvertes.

Les lames néo-crête

Comme nous l'avons mentionné pour les éclats, les lames néo-crête paraissent jouer plusieurs rôles selon les circonstances (cf. fig. 71). Elles contribuent à restaurer des convexités distales au nucléus. Elles permettent de corriger un accident de type forte ondulation ou réfléchissement, de supprimer un défaut de la matière première ou de régulariser une nervure trop irrégulière et peut-être le débordement du débitage sur les flancs.

Talons et corniches, quelles préparations au détachement ?

D'autres caractères peuvent nous conduire à préciser les modalités de production des lames en silex de Ghlin. Un examen des talons et des corniches nous renseigne sur les modalités de préparation au détachement.

lames à crête	IBF10	IBF20+ str. 9	IBF30	IBF21	ACM	OPR	ITC73	ESAF Hub	ESAF	total
régulière à 2 versants	1	26	17	4	13	2	5	12	15	95
irrégulière à 2 versants	1	8	3	2	1		2	1	2	20
un versant		2			3		1	5	1	12
brute		6			5		1		1	13
total	2	42	20	6	22	2	9	18	19	140

Tableau 38 – Décompte des types de lame à crête en silex de Ghlin

lames sous-crête	IBF10	IBF20+ str. 9	IBF30	IBF21	ACM	OPR	ITC73	ESAF Hub	ESAF	total
sous-crête antérieure	6	77	38	12	63	6	14	28	40	284
sous-crête postérieure	2	10	6		6		2	5	5	36
sous-crête mixte		1	1		4			1	2	9
sous-crête centrale		2	1		1			1		5
indéterminé		5	7	3	4		3	5	2	29
total	8	95	53	15	78	6	19	40	49	363

Tableau 39 – Précisions sur les lames sous-crête en silex de Ghlin

rapport ss-crête/pan cortical	
IBF10	8
IBF20	2
IBF21	1,9
ITC73	1,7
OPR	1,5
IBF30	1,4
ESAFHub	1,3
ACM	1,1
ESAF	1

Tableau 40 – Rapport du nombre de lames sous-crête sur le nombre de lames à pan cortical, évaluation du degré d'envahissement de la mise en forme

Quatre principaux types de talon peuvent être distingués : des talons lisses, des talons naturels, des talons dièdres et des talons facettés. L'unité d'habitation 10 et le site d'Ormeignies « la Petite Rosière » n'ont pas livré assez de lames pour que ce caractère puisse être apprécié. Les talons naturels sont peu fréquents (tabl. 41 ; Annexe 40). Ils attestent que le débitage peut être initié sans ouverture préalable d'un plan de frappe, si un pan de fracture naturelle pouvait faire office. Le raccord de deux lames d'Ellignies-Sainte-Anne (fouille Hubert) montre bien l'absence d'ouverture de plan de frappe préalablement au débitage de la lame à crête et de la lame suivante (Annexe 86, n° 3). Mentionnons toutefois que ces pièces sont plutôt irrégulières et inhabituelles dans les corpus, et on ne peut exclure qu'elles témoignent du travail de tailleurs inexpérimentés. 44 à 65 pour cent des talons sont lisses. Ils sont alors majoritaires dans les assemblages. Toutefois, ils coexistent systématiquement avec des talons dièdres, qui représentent 31 à 38 pour cent des talons des lames déterminables. La plupart du temps, ce ne sont pas des talons techniquement dièdres mais morphologiquement dièdres. Autrement dit, le punch n'est pas positionné sur le dièdre créé par la jonction entre deux petits enlèvements. Il est légèrement décalé par rapport à cette nervure pour être posé dans la concavité laissée par l'un de ces enlèvements (fig. 72). Ces talons dièdres sont le reflet direct du facettage du plan de frappe évoqué précédemment. Nous avons isolé quelques lames qui possèdent des talons facettés. Ces derniers se différencient des talons dièdres du fait de la présence de petits négatifs d'enlèvements plus nombreux. Le punch ne peut

être placé dans une de leurs concavités car leur dimension est inférieure à celle de la pointe du punch. Ces talons peu fréquents font probablement suite à une régularisation occasionnelle du plan de frappe. Signalons simplement qu'ils sont plus nombreux à Aubechies.

Un peu moins de la moitié des lames ne montre pas de réduction de la corniche (tabl. 42 ; Annexe 41). Mais celle-ci n'est pas systématiquement surplombante. D'une part, les bulbes des lames ne sont pas très proéminents et surtout, le facettage du plan de frappe contribue également à éliminer les corniches. L'autre moitié des lames présente une préparation dont le degré varie. Il s'agit principalement d'une très légère préparation visant juste à retirer la proéminence créée à la jonction entre deux négatifs laminaires. Parfois, cette préparation est plus intense et contribue à un léger recul du plan de frappe. Il faut signaler que les lames de plein-débitage font l'objet d'une réduction plus fréquente de leur corniche (Annexe 41B).

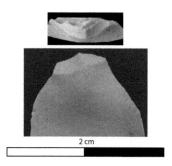

Figure 72 – Exemple de talon morphologiquement dièdre

corniche	brute	égrisée	préparée	total
IBF10	30	60	10	100
IBF20	49	29	22	100
IBF30	43	40	16	100
IBF21	31	49	20	100
ITC	48	31	21	100
OPR	50	29	21	100
ACM	44	32	24	100
ESAF	44	37	20	100
ESAFHub	43	34	24	100

Tableau 42 – Degré de préparation de la corniche des lames en silex de Ghlin (% du nombre)

- Les inclassables

La sixième classe techno-économique est constituée par des éclats qui sont incontestablement attribuables à la chaîne opératoire du débitage laminaire d'après l'emploi de la percussion indirecte ou la lecture des schémas diacritiques. Toutefois, nous n'avons pas été en mesure de les attribuer à une étape précise de la chaîne opératoire.

talon-%	lisse	naturel	dièdre	facetté	linéaire	
IBF10	50	-	50	-	-	100
IBF20	65	1	31	1	1	100
IBF30	57	2	33	7	-	100
IBF21	61	-	32	6	-	100
ITC	48	13	35	5	-	100
OPR	71	-	14	14	-	100
ACM	44	7	36	13	-	100
ESAF	51	7	36	5	1	100
ESAFHub	60	2	38	-	-	100

Tableau 41 – Types de talon identifiés sur les lames en silex de Ghlin (% du nbre), en grisé : effectifs non représentatifs

82

- Petits éclats et déchets de l'outillage

La septième catégorie regroupe les petits éclats débités à la percussion indirecte, les éclats de retouche attribuables à la production laminaire par la lecture des schémas diacritiques. Enfin, il s'agit surtout des chutes d'outils sur lame, principalement des chutes de burins.

- Apport de l'étude des nucléus

La huitième catégorie est constituée par les nucléus à lames. Ces derniers sont à de rares exceptions près repris dans le cadre des productions à faible niveau de savoir-faire. Aussi, les éclats de reprise de ces nucléus ont également été adjoints à cette catégorie. S'ils sont décomptés ici pour évaluer la part des nucléus dans les diagrammes techno-économiques, ils sont intégrés aux productions simples dans le cadre de l'évaluation de la part respective de chacune des grandes familles de productions. L'étude des nucléus, couplée avec les observations émises sur les lames permet d'affiner la description de la chaîne opératoire de production des lames en silex de Ghlin.

Une mauvaise conservation des nucléus : une lecture difficile

Les nucléus blicquiens sont non seulement rares, mais ils sont encore souvent défigurés par leur reprise au sein des productions simples ou comme boucharde. Sur l'ensemble des sites hennuyers étudiés, 36 nucléus à lames en silex de Ghlin sont décomptés, dont seulement 23 (incluant une préforme) (tabl. 43) s'avèrent suffisamment bien conservés pour nous permettre quelques observations qualitatives. Deux nucléus ne semblent pas réalisés sur une plaquette (Annexe 48B par exemple). Bien que le support ne soit pas clairement lisible, il pourrait s'agir de gros éclats.

nucléus	Ghlin
ITC	3
ESAF Hubert	2
ACM94	1
ACM43	1
ACM110	1
ESAF2	1
ESAF3	1
ESAF5	2
ESAF6	1
IBF9	3
IBF20	2
IBF21	1
IBF10	2
IBF30	2
total	23

Tableau 43 – Décompte du nombre de nucléus en silex de Ghlin suffisamment bien conservés pour permettre quelques observations sur le déroulement de la chaîne opératoire de production

Que subsiste-t-il de la mise en forme ?

Il subsiste peu de restes visibles de la mise en forme. Néanmoins, deux pièces attirent l'attention. Il s'agit de pièces travaillées par des tailleurs débutants, dont on peut envisager qu'ils ont tenté de reproduire les gestes effectués par les tailleurs plus expérimentés et productifs.

Une de ces pièces a été abandonnée alors que la mise en forme n'était pas achevée. Trop d'erreurs techniques l'affectent pour permettre l'initialisation du débitage (Annexe 42). Découverte dans la fosse 5 d'Ellignies-Sainte-Anne, il s'agit d'une plaquette mesurant 162 mm de longueur pour 100 mm de large et 60 mm d'épaisseur. La réduction d'une protubérance localisée sur le flanc a été tentée sans parvenir à sa complète suppression. Puis, une crête bifaciale a été installée dans l'épaisseur de la plaquette. Cette crête se poursuit sur la base. À l'arrière, seuls quelques enlèvements transversaux et unifaciaux permettent une régularisation de la plaquette. Un éclat transversal a été détaché sur ce qui aurait été le futur plan de frappe mais un problème d'angulation entre la crête antérieure et le plan de frappe interdit toute initialisation du débitage. De plus, la crête antérieure est très mal maitrisée puisque concave. Si la majorité des enlèvements paraissent débités à la percussion indirecte, des tentatives de détachement à la percussion dure sont attestées par des concentrations de points d'impact. Ce changement de percuteur visait à débiter épais en vue d'amincir la base pour offrir un cintre optimal en alignant la crête distale et antérieure. Mais les angles étaient trop ouverts pour permettre de tels détachements. Ainsi, les erreurs techniques qui affectent cette plaquette témoignent d'une mauvaise maîtrise des angulations. Néanmoins, on constate que la mise en forme passe par l'installation d'une crête bifaciale qui se poursuit sur la base de la plaquette. Le dos est aménagé par des enlèvements transversaux unifaciaux.

La seconde pièce en question provient de la structure 21 d'Irchonwelz « la Bonne Fortune » (fig. 73). La plaquette est beaucoup plus petite puisqu'elle mesure presque 100 mm de large et de long pour 32 mm d'épaisseur. Sa morphologie régulière facilite sa mise en forme. En effet, la crête antérieure n'est qu'à un versant puisqu'elle profite d'une ancienne fracture qui offre un angle aigu avec le futur flanc droit du nucléus. Cette crête se poursuit à la base et devient bifaciale à l'arrière du nucléus. À nouveau, c'est un problème de régularité de la crête antérieure qui a empêché la lame à crête de filer. Le débitage s'arrête alors très rapidement sur le réfléchissement de la première lame centrale débitée.

Ainsi, ces deux exemples montrent que la mise en forme passe par l'installation d'une crête antérieure à un ou deux versants. Une crête postérieure peut également être dégagée à moins que seuls des enlèvements transversaux régularisent le dos du futur nucléus. La poursuite de la crête à la base permet un cintrage du nucléus.

Les autres nucléus fournissent peu d'informations relatives

Figure 73 – Plaquette en silex de Ghlin découverte dans la structure 21 d'Irchonwelz « la Bonne Fortune » probablement débitée par un apprenti. En noir, débitage laminaire ; en blanc, reprise et en pointillé noir, indéterminé

à cette installation des crêtes. S'il subsiste fréquemment des portions distales de négatifs d'éclats de préparation d'une crête, il est délicat de la situer précisément puisque le débitage est fréquemment tournant. Deux exemples témoignent de l'installation de plusieurs crêtes. À Aubechies, un nucléus découvert dans la structure 43 (Annexe 43 A) possède les traces de deux crêtes postéro-latérales, assez irrégulières. Il semble qu'il en soit de même pour le nucléus de la structure 110. En revanche, comme sur le modèle de la plaquette d'Ellignies-Sainte-Anne, le dos de certains nucléus n'a été régularisé que par des enlèvements transversaux unifaciaux. Cette préparation du dos est illustrée par deux exemples issus des sites d'Irchonwelz « le Trou al Cauche » (Annexe 50) et d'Aubechies (Annexe 43B). Ils ont tous les deux la particularité d'être des nucléus à débitage semi-tournant.

Les informations relatives à l'installation du plan de frappe sont rarissimes. La plaquette de la structure 21 d'Irchonwelz « la Bonne Fortune » a gardé un plan de frappe naturel, profitant de la morphologie adéquate de la plaquette (fig. 73). Quelques enlèvements latéraux tentent de supprimer un ressaut naturel orienté vers le flanc droit. Un autre nucléus d'Irchonwelz « la Bonne Fortune » qui provient de l'unité d'habitation 20 s'est fracturé au débitage sur une diaclase (Annexe 48A). Les deux fragments

raccordés ont été découverts pour l'un dans la structure 8, pour l'autre de la structure 9. La surface naturelle bombée qui correspond au plan de frappe a été légèrement aplanie par des enlèvements transversaux. Si la morphologie de la plaquette le permet, le plan de frappe reste brut ou est simplement régularisé par des enlèvements transversaux. Rappelons qu'aucun éclat n'a pu être attribué à l'ouverture d'un plan de frappe.

Ainsi, la mise en forme du débitage laminaire passe préférentiellement par l'installation d'une crête antérieure. Une mise en forme à double voire triple crête coexiste également. La morphologie naturelle des plaquettes permet fréquemment d'initier le débitage sans ouverture préalable d'un plan de frappe.

Précisions sur les modalités de débitage

Deux modalités de débitage coexistent : un débitage semi-tournant (Pigeot 1983) et un débitage tournant à périphérique. Le débitage semi-tournant se définit par l'installation et la conservation de la table laminaire dans l'épaisseur de la plaquette, ne débordant que modérément sur les flancs. Ainsi, la table est globalement circonscrite par les flancs du nucléus et recule au fur et à mesure du débitage. En revanche, le débitage tournant envahit nettement les flancs de la plaquette, et peut même devenir périphérique s'il s'étend au dos du nucléus.

Sur les 18 nucléus pour lesquels le diagnostic est possible, 13 présentent un débitage tournant à périphérique (Annexes 43A, 44A, 45A, 46 ou 49) alors que 5 ont des tables semi-tournantes (Annexes 43B, 44B, 48B, et 50). Les plaquettes étroites (inférieures à 40 mm d'épaisseur) sont exploitées « frontalement » contrairement aux plaquettes plus larges. La majorité des plaquettes exploitées de manière tournante à périphérique ont une épaisseur de plus de 40 mm. Cinq possèdent toutefois une épaisseur comprise entre 30 et 36 mm. Bien que l'épaisseur originelle soit difficile à appréhender, on peut raisonnablement envisager qu'elle dépasse ou avoisine 40 mm. Une de ces pièces semble toutefois relever de la combinaison des deux modalités. Il semble que deux tables frontales opposées aient été exploitées avant que l'une d'entre elles s'étende sur un flanc (Annexe 45B).

Plusieurs variantes coexistent donc dans la conduite du débitage. Celui-ci peut être semi-tournant ou tournant. Dans de rares cas, il semble que les deux variantes puissent être combinées. Le débitage semi-tournant est mis en œuvre sur des plaquettes étroites. Les fronts de débitage comprennent alors entre 3 et 5 négatifs d'enlèvements laminaires. Les débitages tournants sont plus nombreux, attestant alors d'une sélection plus fréquente de plaquettes dépassant 40 mm d'épaisseur. Dans cette variante, jusqu'à 13 négatifs laminaires ont été décomptés.

Le débitage est systématiquement unipolaire. Les enlèvements opposés ne sont pas rares mais sont destinés à entretenir le nucléus. Ils peuvent viser à supprimer un réfléchissement ou plus fréquemment à entretenir les convexités du nucléus. Deux cas suggèrent toutefois l'existence de débitages opposés. Sur l'un de ces nucléus, on ne peut percevoir le lien entre les deux tables du fait d'une reprise trop importante (IBF, Annexe 48B). Aussi, il est impossible de dire si elles ont fonctionné simultanément ou successivement. Sur l'autre pièce, le débitage est clairement successif mais on ne peut préciser les raisons du retournement du nucléus (ESAF, Annexe 45B).

L'examen des agencements lisibles sur ces nucléus révèle la multitude des combinaisons possibles. Pour les débitages semi-tournants, trois grands schémas coexistent :

- le débitage des lames de la gauche vers la droite (ACM et IBF)
- le débitage des lames de la droite vers la gauche (ESAF)
- un débitage convergent, c›est-à-dire des flancs vers le centre du nucléus. Cette modalité regroupe quatre nucléus, ce qui fait qu'elle est la plus fréquente. (ITC, ESAF Hubert, IBF).

Pour les débitages tournants à périphériques, les combinaisons sont beaucoup plus nombreuses. Mais deux grandes familles peuvent être distinguées. D'une part, les agencements renvoyant à un débitage non adjacent (7 pièces), par opposition au débitage adjacent (2 pièces) qui voit s'en-

chaîner le débitage des lames de la droite vers la gauche. Certains nucléus présentent la combinaison des deux modalités (deux pièces).

En se basant sur les 4 grands schémas répertoriés (fig. 74) (Astruc *et al.* 2007 ; Binder et Gassin 1988), les agencements perceptibles sur ces nucléus pourraient effectivement permettre l'obtention de lames à section trapézoïdale de code 212'. Toutefois, étant donné la faiblesse des effectifs, nous ne pousserons pas cette analyse.

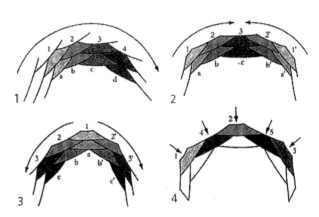

Figure 74 – Quatre grands schémas présentant les agencements du débitage conduisant à l'obtention préférentielle de lames à section trapézoïdale régulière et symétrique (code 212'). Figure de Jacques Pelegrin, construite suite à une longue esxpérience de tests de taille et d'observations de matériel archéologique, in Astruc et al., 2007 ; 1 – d'après Binder et Gassin, 1988

L'évaluation de la régularité de ces nucléus n'est possible que sur les nucléus suffisamment bien conservés. La grande majorité atteste d'une bonne régularité du débitage des lames. Trois se distinguent par leur extrême régularité. Ils ont été découverts à Ellignies-Sainte-Anne (structure 5- Annexe 45A et fouille Hubert- Annexe 46B) et dans le bâtiment 30 d'Irchonwelz « la Bonne Fortune » (Annexe 49A). Deux d'entre eux correspondent aux nucléus présentant un débitage adjacent. Le troisième est le plus régulier de tous.

Lorsque le plan de frappe est conservé ou pas trop abîmé par la reprise, il s'avère qu'il est systématiquement facetté. Des petits éclats de 10 à 20 mm de longueur ont été détachés depuis la surface de débitage vers le plan de frappe au niveau de la nervure guide qui permettra le débitage de la future lame. En adéquation avec les observations menées sur les éclats et les lames, plusieurs fonctions doivent être attribuées à ces enlèvements. D'une part, le petit contrebulbe laissé par le détachement de l'éclat pourrait permettre un positionnement précis du punch. D'autre part, ce contrebulbe permet d'abaisser l'angle entre le plan de frappe et la surface de débitage lorsqu'il égale ou dépasse 90°. Ce phénomène est bien visible sur le nucléus très régulier de la fouille Hubert d'Ellignies-Sainte-Anne (Annexe 46B). Par la même occasion, l'enlèvement de ces éclats contribue au retrait des corniches surplombantes. Ce procédé permet d'éviter les ravivages intégraux de plan de frappe qui amputent nécessairement le nucléus dans sa longueur.

Dimensions des supports recherchés

Enfin, la longueur des lames débitées est rarement appréhendable puisque extrêmement rares sont les nucléus conservés dans leur intégralité. Il est parfois possible de l'évaluer. Elle avoisine généralement 90 mm. Sur le nucléus le plus régulier, découvert à Ellignies-Sainte-Anne, les négatifs sont légèrement plus courts puisqu'ils mesurent environ 70 mm. Le nucléus très régulier découvert dans le bâtiment 30 d'Irchonwelz « la Bonne Fortune » se démarque (Annexe 50A). Encore d'environ 60 mm de long après perte de sa partie distale, on peut évaluer qu'il a été amputé sensiblement de moitié. Les lames débitées depuis ce nucléus devaient donc avoisiner 120 mm, soit des produits relativement longs, d'autant plus en fin de production. La largeur des lames est quant à elle plus aisée à appréhender grâce à celle du dernier négatif. Elle est majoritairement comprise entre 14 et 20 mm. Au sein de cet intervalle, les lames de 18 mm de larges sont les plus nombreuses. À Irchonwelz « la Bonne Fortune », deux nucléus présentent des négatifs aux dimensions inférieures, à savoir 8 et 11 mm.

Bilan et causes d'abandon

Ainsi, l'observation des nucléus à lames blicquiens révèle que la mise en forme passe par l'installation de crêtes. Une, deux ou trois crêtes permettent de mettre en forme le volume qui sera ensuite débité de manière unipolaire. Deux variantes coexistent dans le débitage et semblent corrélées à l'épaisseur de la plaquette sélectionnée. Sur les plaquettes étroites, la table est conservée dans l'épaisseur de la plaquette. Les plaquettes les plus larges ont été débitées de manière tournante à périphérique. Les plans de frappe sont systématiquement facettés. La production vise à l'obtention de supports d'une longueur minimale de 70 à 90 mm pour des largeurs comprises entre 14 et 20 mm. Les raisons de l'abandon de ces nucléus sont souvent difficiles à appréhender du fait de leur reprise systématique. Toutefois, trois cas de figure semblent coexister :

- une exhaustion économique. Autrement dit, le nucléus ne peut plus produire de supports au gabarit recherché. Le nucléus le plus régulier d'Ellignies-Sainte-Anne (fouille Hubert) en est un parfait exemple (Annexe 46B). En effet, les lames obtenues ne dépassent pas 70 mm de longueur pour 14 mm de largeur. Comme nous l'avons vu, ce type de support est assez court et étroit pour les productions blicquiennes. De plus, il n'est pas à exclure que cette exhaustion économique se double également d'un problème technique. En effet, l'angulation entre le plan de frappe et la surface de débitage est légèrement supérieure à 90°. Plusieurs tentatives de détachement de lames ont conduit à des réfléchissements. Un ravivage total du plan de frappe n'aurait guère présenté d'intérêt à ce stade.
- un défaut de la matière première. L'existence de diaclases dans la matière première peut perturber le débitage et conduire à l'abandon du nucléus. Le nucléus fracturé en deux d'Irchonwelz « la Bonne Fortune » a souffert d'une diaclase qui a largement tronqué la plaquette dans

son épaisseur conduisant à l'abandon du nucléus (Annexe 50A). L'apparition de « géodes » crayeuses ou de défauts de la matière première a également conduit à l'arrêt du débitage d'un nucléus d'Aubechies (structure 94 – Annexe 43B), d'un nucléus d'Ellignies-Sainte-Anne (structure 3 – Annexe 44B) et d'un d'Irchonwelz « la Bonne Fortune » (M10 – Annexe 47A). Il semble également que ce soit un défaut de la matière première qui ait conduit à la fracturation du nucléus très régulier de la maison 30 d'Irchonwelz « la Bonne Fortune ». Le dernier enlèvement ondule fortement au niveau de la cassure du nucléus, laissant envisager que c'est lors du débitage de cette lame que le nucléus s'est fracturé.

À une exception près, nous n'avons pas repéré d'accidents de taille rédhibitoires qui auraient conduit à l'arrêt du débitage. Parfois, de légers problèmes de cintre ou de carène sont perceptibles mais auraient pu être corrigés facilement. Rappelons toutefois qu'il n'est pas possible de diagnostiquer les raisons de l'abandon de ces nucléus pour un nombre non négligeable de pièces. Le nucléus de la structure 110 d'Aubechies montre qu'une lame a fortement réfléchi. Le tailleur a poursuivi le détachement de cette lame en positionnant le punch dans la concavité laissée par le réfléchissement ou en repositionnant la lame réfléchie et en répétant la percussion. Toutefois, le réfléchissement a trop endommagé la surface de débitage. Qui plus est, il reste peu de matière première à exploiter sur ce nucléus, ce qui expliquerait également que le tailleur n'ait pas tenté de corriger cet accident.

Si tous ces nucléus sont repris dans le cadre des productions d'éclats ou du façonnage d'outils facettés, un cas nous a interpellée. Il s'agit d'un nucléus découvert à Irchonwelz « la Bonne Fortune » (structure 9 – Annexe 49C). Une exploitation laminaire est largement tronquée par la reprise. Toutefois, cette reprise est menée à la percussion indirecte. Une petite crête irrégulière paraît avoir été installée avant le débitage de deux petits enlèvements mesurant moins de 30 mm. Un petit éclat de plan de frappe a également été détaché. On peut se demander si ce nucléus n'a pas été repris par un jeune tailleur s'essayant à la production laminaire.

La production laminaire en silex de Ghlin vise à l'obtention de supports de section trapézoïdale régulière. Ces lames mesurent au moins de 90 mm de longueur pour 18-20 mm de large et 5-6 mm d'épaisseur. La chaîne opératoire de production passe par l'installation d'une crête antérieure. L'installation d'une crête postérieure voire de trois crêtes paraît plus rare. Le débitage, mené à la percussion indirecte, est semi-tournant sur les plaquettes étroites et tournant à périphérique sur les plaquettes les plus larges. Le facettage des plans de frappe vise à un meilleur positionnement du punch, à entretenir l'angle entre le plan de frappe et la table laminaire. Il contribue également à la suppression des corniches. Un entretien constant des convexités longitudinales et latérales du nucléus est perceptible. On s'interrogera dès lors sur le contexte de production de ces lames en silex de Ghlin.

4.1.3. Contexte de production : apport des diagrammes techno-économiques

Les diagrammes techno-économiques permettent de visualiser une représentation quantitative des différentes étapes de la chaîne opératoire de production. Ils permettent donc de reconnaître quelles étapes de la production se sont déroulées localement ou non.

Puisque toute la chaîne opératoire du débitage laminaire en silex de Ghlin est prise en compte pour dresser les diagrammes techno-économiques, les effectifs sont suffisamment représentatifs pour traiter les données par structure. Pour préciser le contexte de production, cette échelle de traitement des données est particulièrement intéressante sur les sites où l'absence de bâtiment est notoire. Il s'avère que tous les sites et structures étudiés livrent l'intégralité des étapes de la chaîne opératoire de la production laminaire en silex de Ghlin (Annexes 52 à 72). On peut donc sans conteste affirmer que le débitage s'est déroulé à l'échelle de la maisonnée. Des variations quantitatives apparaissent néanmoins entre les sites et seront discutées ultérieurement. Une étude qualitative des niveaux de savoir-faire engagés distingue cependant certaines unités d'habitation.

4.1.4. Évaluation et comparaison des niveaux de compétences engagés

La production laminaire en silex de Ghlin témoigne d'un bon niveau de savoir-faire. Mais à plusieurs reprises, nous avons mentionné l'existence de pièces particulières telles des longues lames ou des nucléus très réguliers. À l'opposé ont été décrites des pièces qui témoignent du travail de jeunes ou d'apprentis. Ces éléments témoignent directement de la gradation des niveaux de savoir-faire perceptibles à travers l'étude de la production laminaire en silex de Ghlin.

- Un très bon niveau de savoir-faire standard

Les caractéristiques des lames et de la chaîne opératoire du débitage laminaire en silex de Ghlin attestent que les tailleurs disposent globalement d'un bon niveau de savoir faire. L'évaluation de la régularité des lames nous a conduite à établir un classement en quatre niveaux, de 0 (lames très régulières) à 3 (lames très irrégulières) (tabl. 44). Entre 50 et 60 pour cent des lames sont des lames régulières (niveau 1). Ce degré de régularité correspond alors au niveau de savoir-faire moyen (ou standard) observé sur les sites blicquiens. La recherche de lames trapézoïdales au code 212' implique la mise en œuvre d'agencements particuliers du débitage (Astruc *et al.* 2007 ; Binder 1991 ; Binder et Gassin 1988). Ceux-ci nécessitent non seulement leur connaissance mais également les savoir-faire nécessaires pour les initier et les maintenir (Pelegrin, com. orale). On peut donc diagnostiquer que le savoir-faire standard des tailleurs de lames en silex de Ghlin est très bon. Il est dès lors possible de se baser sur cette notion de savoir-faire moyen pour isoler les pièces s'éloignant de ce degré de compétence.

- Des « apprentis-tailleur »…

C'est lors de l'étude des nucléus à lames en silex de Ghlin que nous avons eu l'occasion de repérer trois pièces attestant du travail de jeunes ou d'apprentis. Une préforme issue de la structure 5 d'Ellignies-Sainte-Anne n'a pas pu aboutir au débitage de lames du fait d'une mauvaise maîtrise des convexités. Dans la structure 21 d'Irchonwelz « la Bonne Fortune », une plaquette préformée a fait l'objet d'une courte séquence de débitage stoppée par un accident. Cette pièce témoigne également du travail d'un tailleur en cours d'acquisition des compétences nécessaires à produire des lames. Enfin, dans la structure 9 d'Irchonwelz « la Bonne Fortune », un nucléus à lames a probablement été repris par un jeune.

Ainsi, quelques artefacts attestent de la présence de jeunes ou apprentis en cours d'acquisition des connaissances et des savoir-faire nécessaires à la production laminaire. Aucun support laminaire n'a véritablement été obtenu de ces débitages. En revanche, il existe un certain nombre de lames très irrégulières voire irrégulières qui pourraient traduire l'existence de tailleurs disposant de connaissances pour mener un débitage de lames mais dont le niveau de savoir-faire est inférieur au niveau standard (tabl. 44).

Nous nous intéresserons ici plus particulièrement aux lames très irrégulières qui sont donc les plus éloignées du niveau de savoir-faire moyen. Les dimensions des talons de ces lames tendent à être plus importantes que celles des talons des lames correspondant au niveau de savoir-faire standard (tabl. 45). Cet élément est un bon indice d'un niveau de savoir-faire faible (Pelegrin, com. orale). À l'exception du site d'Irchonwelz « la Bonne Fortune », ces lames très irrégulières semblent peu investies dans l'outillage (tabl. 46). Ainsi, certaines de ces pièces très irrégulières paraissent ne pas avoir la même valeur économique que le reste de la production.

Par conséquent, ces lames très irrégulières peuvent d'une part résulter du travail de jeunes en cours d'acquisition des savoir-faire nécessaires à produire des lames. D'autre part, elles pourraient correspondre à un niveau de savoir-faire légèrement supérieur à celui de ces jeunes mais inférieur à la production standard.

À l'opposé de ces témoignages d'apprentis, certaines lames présentent des caractéristiques « exceptionnelles » qui les démarquent du savoir-faire moyen.

- …aux tailleurs confirmés

Les pièces qui témoignent de la mise en œuvre d'un savoir-faire supérieur peuvent être divisées en deux groupes : d'une part, des lames extrêmement régulières et d'autre part, des lames très longues.

régularité	ITC73	IBF20+9	IBF21	IBF10	IBF30	ESAF Hubert	ACM	ESAF	OPR
0	8	19	16	16	7	6	6	8	
1	58	53	51	55	56	62	60	51	50
2	28	26	27	23	32	29	26	31	46
3	6	3	7	6	4	3	7	11	4
%	100	100	100	100	100	100	100	100	100

Tableau 44 – Régularité des lames en silex de Ghlin. 0 = très régulière à 3 = très irrégulière

1.moyenne larg.	IBF	ITC	ESAF	ESAF Hub	ITC	OPR
0	5,6	5,7	7,4	5	5,7	-
1	7,8	7,6	8,7	8,6	7,6	7,9
2	8,6	8,1	9	11	8,1	9
3	9,9	8,5	8,4	9,8	8,5	-
G	**8**	**7,6**	**8,6**	**9,2**	**7,6**	**8,4**

2.moyenne ep.	IBF	ITC	ESAF	ESAF Hub	ITC	OPR
0	2	1,2	2,8	1,4	1,2	-
1	2,7	2,8	3,1	3,6	2,8	2,7
2	2,9	3,3	3,4	4,5	3,3	3,9
3	3	4	3,4	3,2	4	-
G	**2,7**	**2,9**	**3,2**	**3,7**	**2,9**	**3,3**

Tableau 45 - Confrontation entre le degré de régularité des lames et les dimensions moyennes de leur talon. 1, largeur moyenne et 2, épaisseur moyenne, en mm

degré régularité	IBF		ITC		ESAF		ESAF Hubert		Aubechies	
	brut	outil	brut	outil	brut	outil	brut	outil	brut	outil
0	23	77	29	71	5	95	42	58	25	75
1	35	65	48	52	34	66	56	44	42	58
2	47	53	64	36	39	61	61	39	48	52
3	28	72	80	20	50	50	83	17	70	30

Tableau 46 - Part des lames brutes et des lames utilisées suivant leur degré de régularité, pourcentage par degré de régularité

Des lames très régulières : l'excellence de certains tailleurs

Certaines lames permettent de reconnaître un niveau de savoir-faire supérieur à la moyenne par leur extrême régularité. Elles se caractérisent par le parallélisme de leurs bords et la grande régularité de leurs nervures (fig. 75 et 76). D'autres paramètres sont fréquemment à souligner telles leur quasi-rectitude, la régularité de leur profil, leur minceur et les dimensions restreintes de leur talon. Des nucléus correspondants à cette qualité de débitage ont été découverts à Ellignies-Sainte-Anne. Le plus régulier de la fouille Hubert présente des négatifs extrêmement réguliers. Sur les derniers enlèvements sont visibles des rides nettes particulièrement au niveau du talon de la lame. De tels caractères suggèrent l'emploi de la pression qui avait été mentionné dans les publications pour le groupe de Blicquy (Cahen et van Berg 1979 ; Cahen *et al.* 1986 ; Constantin 1985 ; Jadin *et al.* 2003). Mais, les critères qui viennent d'être décrits ne sont généralement pas tous

simultanément présents. De plus, à de rares exceptions près, ces lames présentent un renflement mésial sur leur face inférieure ou « ventre » qui est typique de la percussion indirecte (Pelegrin, en préparation). Une seule pièce, découverte dans la structure 9 d'Irchonwelz « la Bonne Fortune » présente toutes les caractéristiques de la pression : petit talon, minceur, rectitude, bords et nervures parallèles et réguliers, ride sur le bulbe qui est haut et court (fig. 77). Toutefois, il s'agit de la seule pièce pour laquelle la pression pourrait être diagnostiquée. On doit donc raisonnablement invoquer la marge de recouvrement possible des deux techniques, particulièrement dans la situation de l'emploi d'une percussion indirecte par des tailleurs disposant d'un extrêmement bon niveau de savoir-faire.

La meilleure part de cette production laminaire en silex de Ghlin a été identifiée sur tous les sites et dans toutes les structures. Deux exceptions sont toutefois à souligner. Ormeignies « la Petite Rosière » n'en a pas livré tout comme

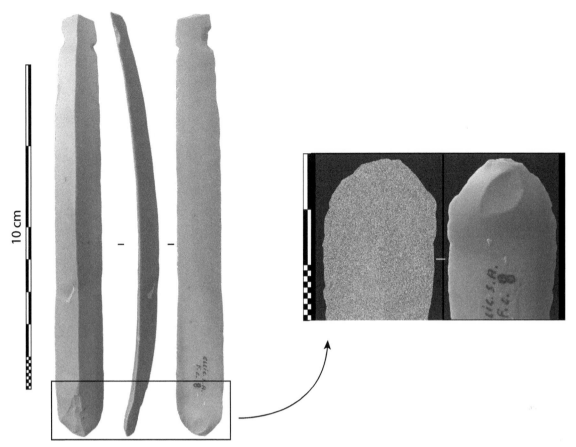

Figure 75 – Lame très régulière en silex de Ghlin découverte à Ellignies-Sainte-Anne, fouillé par François Hubert (SNF, en 1970-1971 et 1980), conservé à la Direction de l'Archéologie, SPW

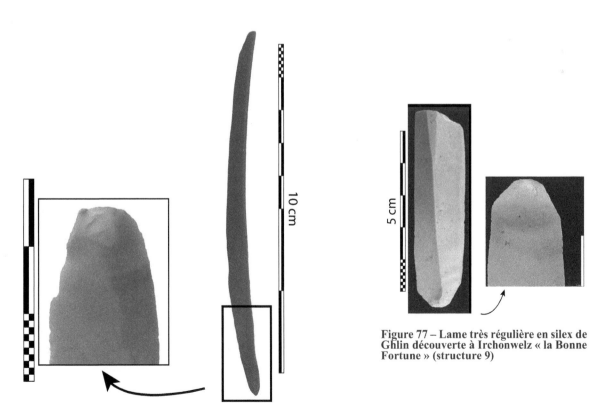

Figure 77 – Lame très régulière en silex de Ghlin découverte à Irchonwelz « la Bonne Fortune » (structure 9)

Figure 76 – Lame très régulière en silex de Ghlin découverte à Irchonwelz « le Trou al Cauche », Mons, SPW

la structure 44 d'Aubechies. Elles se révèlent quantitativement plus nombreuses sur le site d'Irchonwelz « la Bonne Fortune » particulièrement dans l'unité d'habitation 20 et la structure 9 (tabl. 44).

Ces pièces très régulières correspondent donc à la meilleure part des débitages laminaires en silex de Ghlin. Les tailleurs possèdent les mêmes connaissances mais un savoir-faire optimal. Des longues lames témoignent également de l'existence de savoir-faire particulier.

Des longues lames : des compétences hors-normes ?

Comme nous l'avons signalé précédemment, l'examen de la longueur des lames en silex de Ghlin révèle l'existence de longues lames qui déparent du reste de la production. Ces longues lames dépassent 140 mm pour atteindre jusqu'à 200 mm de longueur, soit environ deux fois plus que la production standard. Or, « la difficulté de réalisation de grandes pièces régulières grandit exponentiellement avec leur dimension » (Pelegrin 2002, p. 142). Par conséquent, ces pièces font nécessairement appel à un degré de savoir-faire plus important que la production moyenne, d'autant plus que la mise en forme de grands volumes implique des connaissances et des savoir-faire spécifiques. Toutefois, les pièces issues de de la mise en forme de cette chaîne opératoire ne présentent pas assez de particularités pour être isolées, à l'exception du nucléus potentiellement de grande dimension de la maison 30 d'Irchonwelz « la Bonne Fortune ». Il est donc délicat de localiser le lieu de production de ces grandes lames, d'autant plus qu'elles ne sont présentes qu'à de rares unités. Néanmoins, ces pièces n'ont pas été produites à l'échelle domestique puisqu'elles n'ont pas été découvertes sur tous les sites, ni au sein de toutes les unités d'habitation. Elles ont été identifiées :

- dans la maison 30 d'Irchonwelz « la Bonne Fortune ». Toutefois, il ne s'agit que de lames à crête dont la plus longue mesure 160 mm. On doit donc envisager qu'aucune lame de plein-débitage de plus de 160 mm n'a été produite (cf. fig. 66).
- en revanche, la grande lame de plein-débitage découverte dans la structure 5 d'Ellignies-Sainte-Anne mesure elle 195 mm (cf. fig. 68) soit des dimensions nettement plus importantes qu'à IBF. Il s'agit d'une lame à 4 pans, très arquée, à petit talon (7 x 2 mm). Cette lame a été conservée intacte et brute.

D'autres grandes lames ont été découvertes sur les sites blicquiens. Il s'agit notamment d'une pièce découverte à Vaux-et-Borset. Cette lame trapézoïdale à 3 pans est plus courte et plus large que la lame d'Ellignies-Sainte-Anne. Elle mesure en effet 150 x 27 x 8 mm et est utilisée. C'est également à Blicquy « la Couture de la Chaussée » que des longues lames sont signalées. Nous avons eu l'occasion d'examiner celle conservée à la Domus Romana (Aubechies) (fig. 78). Il s'agit d'une lame de plein-débitage à section triangulaire qui mesure 187 x 22 x 7 mm. Son talon est à nouveau de petites dimensions puisqu'il mesure 5 x 1 mm. Cette pièce, tout comme celle d'Ellignies-Sainte-

Anne a été conservée brute, dans son intégrité. La publication du site de Blicquy « la Couture de la Chaussée » montre l'existence d'une deuxième longue lame. Il s'agit cette fois d'une lame à crête qui mesure 152 x 19 x 12 mm (Cahen et Van Berg 1979, 22). Sur les autres sites que nous n'avons pas étudiés de manière exhaustive, il semble que des longues lames puissent également être signalées à Ormeignies « le Bois Blanc » (Constantin *et al.* 1982). Toutes issues de la structure 2, elles sont brutes et mesurent 155 x 29 x 5, 146 x 23 x 5 et 141 x 18 x 6 mm. Il est précisé, dans la bibliographie, qu'elles sont brutes et qu'elles ont été « découvertes groupées en paquet ». « On peut considérer qu'elles constituent un « dépôt » » (Constantin *et al.* 1982, 29).

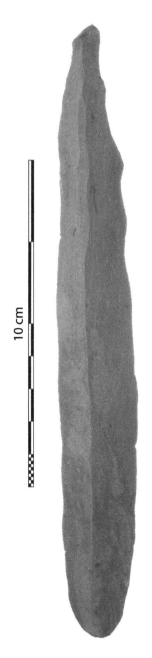

Figure 78 – Grande lame découverte à Blicquy « la Couture de la Chaussée », conservée à la Domus Romana

Ainsi, ces longues lames traduisent la présence de tailleurs disposant d'un excellent niveau de savoir-faire. Elles n'ont été identifiées que dans l'unité d'habitation 30 d'Irchonwelz « la Bonne Fortune », la structure 5 d'Ellignies-Sainte-Anne, le site de Blicquy éponyme, Vaux-et-Borset et Ormeignies « le Bois Blanc ». Elles apparaissent en outre rares dans ces corpus. Certes, on peut arguer que fragmentées elles sont difficilement repérables. Toutefois, la longueur moyenne pondérée des lames en silex de Ghlin serait nettement supérieure si ces lames étaient plus nombreuses. Cette production de grandes lames en silex de Ghlin paraît donc quantitativement anecdotique. On ne doit pas exclure que ce caractère résulte d'une contrainte liée au matériau. Les affleurements de silex de Ghlin n'offriraient peut-être que de rares grandes plaquettes. Cette production n'est pas identifiée sur tous les sites et les contextes de découverte sont parfois particuliers (OBB). Bien qu'il soit délicat de prouver le lieu de leur production, il est évident qu'il ne s'agit pas d'une production réalisée à l'échelle domestique. En outre, les savoir-faire nécessaires pour produire ces grandes lames sont éminemment plus élevés que la production standard. Cette production implique notamment une parfaite maîtrise de la mise en forme sur de gros volumes.

L'examen du niveau de savoir-faire des producteurs de lame en silex de Ghlin montre d'une part l'existence d'apprentis, de jeunes tailleurs et de tailleurs disposant d'un niveau de savoir-faire standard. La qualité du débitage laminaire en silex de Ghlin permet d'affirmer que les savoir-faire mis en jeu sont déjà très bons (Pelegrin, com. orale). Mais, ont été distinguées des lames qui attestent de la mise en œuvre d'un très haut degré de technicité. Celui-ci se révèle suivant deux aspects. D'une part, il s'agit de lames dont les caractéristiques sont similaires à celles de la production standard. Mais leur extrême régularité atteste d'un niveau de savoir-faire supérieur des tailleurs de ces lames. Cette production de lames très régulières paraît réalisée à l'échelle de la maisonnée. D'autre part, l'existence de longues lames suggère l'existence d'une production hors-norme qui n'a pas été réalisée à l'échelle domestique. Ajoutons pour finir qu'il semble que les blocs de meilleure qualité soient réservés à ces productions d'un excellent niveau de savoir-faire, particulièrement d'ailleurs pour les petites lames très régulières.

4.2. Une production laminaire rare sur les autres matériaux : le cas du Hainaut

Les autres silex ne sont que très peu employés pour produire des lames. Les effectifs sont donc réduits. Aussi, l'objectif de l'étude de ces matériaux visera principalement à en déterminer le contexte de production. En effet, dans ses grandes lignes, nous n'avons pas remarqué de différences majeures dans le déroulement de la chaîne opératoire de production de lames dans ces autres matières premières et les objectifs de la production sont similaires à ceux décrits pour les lames en silex de Ghlin. Par conséquent, les mêmes classes techno-économiques ont été retenues (Annexes 34 à 39). Étant donné la faiblesse des effectifs,

des lacunes sont beaucoup plus fréquemment observables dans les diagrammes, sans pour autant exclure un débitage local. Les lacunes les plus fréquentes sont les nucléus (n° 8), les pièces à crête (n° 3) et la septième classe techno-économique (chutes d'outils, éclats de retouche…). Or, ces pièces sont de fait les moins nombreuses pour un débitage. Nous considérerons donc, malgré ces lacunes, que la production s'est déroulée *in situ*. Mais lorsque les effectifs sont inférieurs à 15 pièces, d'autres classes techno-économiques apparaissent fréquemment lacunaires. Le diagnostic se révèle alors difficile à établir, d'autant plus que la majorité des sites étudiés présentent des fosses latérales isolées dont la répartition n'a pas permis de mettre en évidence des bâtiments. Ainsi, nous nous sommes autorisée à compiler l'information par site pour permettre un diagnostic.

4.2.1. Autres matériaux : contexte de production

- Irchonwelz « la Bonne Fortune »

Dans la maison 10 d'Irchonwelz « la Bonne Fortune », seules les classes 7 et 8 sont lacunaires pour les silex de types Hesbaye (Annexe 34). Elles ne sont pas fondamentales pour rejeter l'idée d'un débitage *in situ* de cette matière première. Le silex translucide, représenté par 11 pièces, ne présente pas de nucléus, pas de crête et pas d'éclats corticaux. Comme nous l'avons mentionné précédemment, l'absence de nucléus ou de crête, pour un effectif si réduit, ne peut nous conduire à diagnostiquer l'absence de débitage local. Seul le déficit de la première classe pourrait s'avérer signifiant de l'introduction de blocs préformés. Toutefois, des éclats corticaux ou possédant 75 pour cent de cortex existent dans les pièces que nous n'avons pas réussi à attribuer à l'une ou l'autre des grandes familles de productions. On peut donc proposer que l'intégralité de la chaîne opératoire de production se soit déroulée localement. Cette remarque est également valable pour le silex translucide chargé. Ce dernier n'a livré que 5 pièces issues de la production laminaire. L'absence de lames pour ce silex translucide chargé pose question. Mais l'indigence de ces artefacts nous interdit d'aller plus loin. Enfin, deux pièces dont les caractéristiques suggèrent qu'elles sont issues d'un même bloc sont regroupées sous l'appellation « autres ». Il pourrait s'agir du silex de type Obourg (cf. Chapitre 2). La présence d'un fragment de lame et d'un éclat de préparation de crête ne permet pas d'affirmer que le débitage a été conduit localement.

La configuration observée pour l'unité d'habitation 20 et la structure 9 est sensiblement équivalente. Les silex de types Hesbaye, Turonien, translucide, translucide chargé, noir et Thanétien sont débités *in situ* (Annexe 34). L'absence de la mise en forme pour le silex tertiaire Bartonien paraît évidente puisque seuls des éclats d'entretien du débitage ont été identifiés. Les nucléus semblent donc introduits en cours de débitage. Enfin, les silex grenu et vert-jaune ne sont représentés que par des lames ce qui suggère l'absence de débitage local pour ces matériaux.

Quelques variations sont observées pour l'unité d'habitation 30 (Annexe 34). Si les silex de types Hesbaye, translucide et translucide chargé semblent débités localement, la question se pose pour les silex noir, turonien, et grenu. En effet, trois ou quatre classes techno-économiques sont présentes. Mais pour le silex turonien, l'absence d'éclats de préparation de crête pose question. Pour le silex noir, c'est l'absence de lames qui interpelle. Finalement, malgré les lacunes visibles sur le diagramme, le débitage local de lames en silex grenu paraît le plus crédible. Cependant, ces matériaux sont représentés par moins de six pièces. Il faut donc probablement invoquer un problème de représentativité pour justifier l'absence des catégories techno-économiques les plus cruciales pour attester d'un débitage *in situ*. En revanche, il est évident, comme pour l'unité d'habitation 20, que toute la chaîne opératoire du débitage laminaire en silex tertiaire bartonien ne s'est pas déroulée localement. Les blocs sont introduits en cours de débitage.

Ainsi, à Irchonwelz « la Bonne Fortune », il semble, malgré les faibles effectifs, que la majorité des matériaux exploités dans la production laminaire soit débitée localement. Pour les 3 unités d'habitation, les silex de type Hesbaye, translucide et translucide chargé présentent toutes les caractéristiques d'un débitage local. Les silex turonien, thanétien et noir semblent également débités *in situ* pour l'unité d'habitation 20. Le diagnostic est moins sûr pour l'unité d'habitation 30. Signalons que ces silex ne sont pas exploités dans la maison 10, tout comme le silex bartonien, le silex grenu ou le silex vert-jaune. Ce dernier n'a d'ailleurs été identifié que dans l'unité d'habitation 20, la structure 9 et la structure 21[7] où il n'est introduit que sous forme de lames. Il en est de même pour le silex grenu identifié dans l'unité d'habitation 20 alors qu'il semble avoir été en partie débité sur place dans le bâtiment 30. Quant au silex tertiaire bartonien exogène, l'intégralité du débitage ne s'est pas déroulée *in situ*. Les nucléus semblent introduits en cours de débitage.

- Irchonwelz « le Trou al Cauche »

À Irchonwelz « le Trou al Cauche », les diagrammes techno-économiques révèlent que les silex de types Hesbaye, translucide et turonien sont débités localement (Annexe 36). Les silex thanétien et translucide chargé ne sont présents que sous forme de lames. Le silex grenu présente lui à la fois des lames et un éclat de préparation de crête. Bien que cela soit insuffisant pour attester d'un débitage local, on ne peut exclure qu'il se soit déroulé à un autre endroit du village. En revanche, le silex tertiaire bartonien exogène paraît débité sur place. L'absence des gros éclats corticaux de mise en forme suggère l'introduction de blocs dégrossis ou légèrement préformés. Etant donné qu'une unique structure a été étudiée à Irchonwelz « le Trou al Cauche », on ne peut exclure que les silex thanétien, translucide chargé ou grenu aient été débités à un autre endroit du village.

- Ellignies-Sainte-Anne

Sur la fouille Hubert d'Ellignies-Sainte-Anne (Annexe 35), la configuration observée pour les silex bartonien et translucide suggère qu'une partie de la chaîne opératoire s'est déroulée *in situ*. Deux éclats de préparation de crête, une crête et des lames évoquent qu'un bloc de silex bartonien légèrement préformé a pu être introduit pour être en partie débité localement. La présence d'une lame, d'un nucléus repris et d'un éclat d'avivage de plan de frappe en silex translucide tend à indiquer que seule la fin de la chaîne opératoire se serait tenue dans cette partie du site d'Ellignies-Sainte-Anne. Les silex turonien, translucide chargé, de types Hesbaye et vert-jaune ne sont représentés que par des lames.

Dans la structure 1 de l'autre secteur d'Ellignies-Sainte-Anne, les matériaux autres que le silex de Ghlin ne livrent qu'une ou deux pièces. L'interprétation qui peut en être faite est donc extrêmement limitée. Le silex turonien n'a livré qu'une lame. Le silex translucide présente un éclat de préparation de crête et une lame. Le silex thanétien ne livre que deux éclats, un de préparation de crête et un de la sixième classe techno-économique. Mais aucune lame ne peut être signalée. Le silex translucide chargé ne livre qu'un éclat d'entretien du débitage laminaire. Les silex tertiaire Bartonien et de types Hesbaye ne sont identifiés que par un éclat de reprise de nucléus à lames. Ainsi, à l'exception du silex turonien, toutes les matières premières livrent des déchets du débitage mais aucune interprétation ne peut être proposée du fait de l'indigence de ces corpus.

Pour la structure 2, seul le silex turonien ne présente qu'une lame isolée. Les autres silex exploités dans la production laminaire présentent des fractions de la chaîne opératoire qui rendraient crédibles l'hypothèse d'un débitage *in situ*.

Au sein de la structure 3, le silex tertiaire bartonien est nettement mieux représenté que les autres matières premières. Tout concourt pour diagnostiquer un débitage local, malgré l'absence de nucléus. Les blocs semblent introduits bruts. Si la production de lames en silex thanétien paraît également locale, l'absence de lames pose question. Néanmoins, soulignons que l'identification de ce silex repose principalement sur la présence de cortex. On ne peut exclure qu'en l'absence de cortex, les lames aient été attribuées à une autre matière première. Les silex translucide et de types Hesbaye ont été débités localement. En revanche, seul un éclat de préparation de crête est décompté pour le silex translucide chargé et le silex turonien.

Pour la structure 4, toutes les matières premières livrent des éclats de préparation de crête, des éclats probablement liés à l'entretien du débitage et des lames, ce qui pourrait signifier que le débitage s'est du moins partiellement déroulé localement. L'absence de lames en silex thanétien appelle les mêmes commentaires que pour la structure 3.

Les artefacts en silex tertiaire bartonien de la structure 5 témoignent incontestablement de son débitage *in situ*. Les

---

7 La structure 21 n'est pas traitée dans le cadre de cette analyse du fait qu'il ne s'agisse pas d'une fosse latérale, ce qui implique fréquemment des modalités de rejet différentes

autres matériaux sont plus ambigus. Toutefois, cela pourrait également être le cas pour le silex de types Hesbaye. La coexistence de deux lames et d'un éclat de préparation de crête en silex translucide est délicate à interpréter. Quant au silex translucide chargé, il ne livre qu'une lame.

Le matériel de la structure 6 peut difficilement traduire une production locale. Les silex vert-jaune, de type Hesbaye et translucide ne sont représentés que par une lame. Un seul éclat débité à la percussion indirecte est recensé pour le silex translucide chargé. Le silex noir livre un éclat de préparation de crête et une lame. Finalement, c'est le digramme techno-économique du silex tertiaire bartonien qui se révèle le plus complet puisque les catégories 2, 5 et 6 sont présentes.

Ainsi, selon les matériaux, différents cas de figure coexistent et semblent délicats à interpréter. Mais ces structures ne fonctionnent certainement pas de manière indépendante puisqu'il s'agit *a priori* de fosses latérales de bâtiments. En compilant l'information de toutes les structures (Annexe 37), y compris celles de la fouille Hubert, on peut incontestablement affirmer que l'intégralité de ces matières premières a été débitée localement. L'absence de lames en silex thanétien pourrait se justifier par les remarques émises précédemment. Seul le silex vert-jaune ne présente que des lames, repérées dans la structure 6 et sur la fouille Hubert. Comme pour Irchonwelz « la Bonne Fortune », il semble que cette matière première arrive à Ellignies-Sainte-Anne sous forme de lames.

- Ormeignies « la Petite Rosière »

À Ormeignies « la Petite Rosière » (Annexe 39), les matériaux autres que le silex de Ghlin sont rares. Aussi, de nombreuses lacunes sont observables. Pour la structure 1, les silex turonien, thanétien, bartonien et translucide chargé ne sont représentés que par une lame. Le silex translucide n'a livré qu'un éclat de préparation de crête alors qu'un éclat d'entretien a été décompté pour le silex de types Hesbaye. La structure 2 révèle un assemblage plutôt complémentaire. Un éclat en silex thanétien correspond à un éclat de préparation de crête. Le silex translucide chargé livre deux éclats de préparation de crête et un éclat de la sixième classe techno-économique. Ces deux classes techno-économiques sont également représentées pour le silex de type Hesbaye. Les silex turonien et thanétien ne livrent que des lames. Ainsi, en croisant les informations des structures 1 et 2 et bien que les effectifs soient extrêmement restreints, on peut envisager que la production se soit déroulée sur le site pour les silex thanétien, translucide chargé et de types Hesbaye. Cette dernière matière première ne livre toutefois pas de lames. Les silex turonien et bartonien ne sont présents que sous forme de lames. Enfin, on ne peut certifier que le débitage de lames en silex translucide s'est déroulé *in situ* étant donné qu'un seul éclat de préparation de crête a été identifié.

- Aubechies « Coron Maton »

Le silex de Ghlin étant nettement majoritaire à Aubechies, les effectifs sont extrêmement réduits pour les autres matières premières. Il est donc délicat de reconnaître si le débitage a été réalisé localement ou non. Nous raisonnerons alors à nouveau par compilation de l'information offerte par chaque structure représentative (Annexe 38).

Il ressort alors que le silex tertiaire bartonien paraît introduit dégrossi ou préformé pour être débité localement. Les classes techno-économiques 2, 5, 6 et 7 étant représentées pour le silex translucide, on peut également envisager qu'il a été débité localement. Seuls les éclats d'entretien sont lacunaires. Toutefois, un éclat que nous n'avons pas pu replacer précisément au sein de la chaîne opératoire pourrait combler cette lacune. Pour la première fois, le silex vert-jaune a livré des éclats du débitage laminaire. La compilation des données issues des différentes structures montre alors la présence des classes techno-économiques 2 à 6 ce qui suggérerait que le débitage a été réalisé sur le site. Pour le silex de types Hesbaye, la situation n'est pas claire. En effet, seuls deux éclats issus de la mise en forme ont été décomptés alors que 30 lames ont été identifiées. Ce net déséquilibre, jamais rencontré ni pour les autres matières premières ni sur les autres sites suggère de fortes lacunes dans la chaîne opératoire, d'autant plus qu'aucun éclat d'entretien du débitage ne peut être signalé. Une explication peut être avancée. Cette matière première appartient au grade 3 (cf. Chapitre 2) et est donc mal caractérisée. On ne peut alors exclure que des subdivisions doivent être opérées au sein de cette catégorie comme nous le suggérions avec la présence de probables lames en silex fin affleurant en Hesbaye. On doit alors envisager que certaines lames aient été introduites sous cette forme à Aubechies alors que d'autres variétés de silex de types Hesbaye ont pu être, en petites quantités, débitées localement. Un seul éclat de mise en forme en silex noir a été décompté. Or, cette matière première est également constituante du grade 3. Il peut alors s'agir d'une erreur de diagnostic puisqu'aucune autre pièce en silex noir issue de la production laminaire n'existe à Aubechies. Plusieurs matières premières ne paraissent pas avoir été débitées localement compte tenu du fait qu'elles ne sont représentées que par des lames. Il s'agit du silex turonien, translucide chargé et grenu.

L'indigence des artefacts issus de la production laminaire réalisée sur les matériaux autres que le silex de Ghlin révèle, d'une part, que ces matériaux ne sont pas préférentiellement recherchés pour produire des lames. D'autre part, les diagrammes techno-économiques montrent de très nombreuses lacunes sans pour autant qu'il soit possible d'exclure d'emblée que la production se soit déroulée in situ. Il semble alors qu'il faille privilégier l'hypothèse de l'utilisation ténue de matériaux autres que le silex de Ghlin, quand les qualités morphologiques, dimensionnelles ou l'homogénéité de la matière première l'autorisaient, suggérant alors un certain opportunisme dans le choix de débiter telle ou telle matière première. Se distinguent toutefois de ce schéma deux matériaux particuliers. D'une part, le silex tertiaire bartonien qui présente systématiquement au moins des portions de chaîne opératoire cohérente, si ce n'est l'intégralité de la production. D'autre part, le silex vert-jaune nous apparaît particulier au sein de ces assemblages. Il n'a pas été identifié sur tous les sites (IBF, ESAF, ACM). Présent en très petites quantités, il s'agit de la seule matière première qui n'a pas été exploitée au sein des productions à faible niveau de savoir-faire. Identifié sous forme de lames à Irchonwelz « la Bonne Fortune » et à Ellignies-Sainte-Anne, de rares déchets de la production ont été repérés à Aubechies. Tout concorde donc pour envisager que ce silex a circulé. Nous avons alors pris le parti de traiter l'information issue des artefacts en silex tertiaire bartonien et en silex vert-jaune dans le chapitre suivant (Chapitre 4) qui vise à présenter les réseaux de diffusion des matières premières. Par ailleurs, se démarque de cet examen le site d'Aubechies. Il s'agit en effet du seul site pour lequel la majorité des matières premières autres que le silex de Ghlin ne paraisse présente que sous forme de lames (Turonien, translucide chargé, grenu et types Hesbaye dans une moindre mesure). Or, la fouille de ce site est relativement extensive et les corpus découverts paraissent plutôt représentatifs. On doit dès lors se demander si les stratégies de gestion des matières premières et de production ne diffèrent pas des autres sites étudiés. De plus, nous soupçonnons qu'un certain nombre de pièces en silex de type Hesbaye pourrait être du silex fin affleurant en Hesbaye. Résultant alors d'une diffusion, ces artefacts seront également présentés dans le chapitre suivant.

4.2.2. Brève description de la chaîne opératoire de production de ces lames

L'examen de ces pièces permet d'affirmer que la chaîne opératoire de production des lames dans ces silex est similaire à celle du silex de Ghlin. Cette affirmation peut en outre être soutenue par l'examen des nucléus correspondants à ces matières premières.

Sur les sites étudiés, quatre nucléus ne sont pas en silex de Ghlin (tabl. 47). Il s'agit d'un nucléus issu de la maison 10 d'Irchonwelz « la Bonne Fortune » pour lequel nous n'avons malheureusement pas réussi à diagnostiquer la matière première. Un second provient de la même unité d'habitation et est en silex translucide chargé. La structure 7 (M20 d'Irchonwelz « la Bonne Fortune ») a fourni un nucléus en silex de types Hesbaye. Enfin, un nucléus en silex translucide a été découvert lors de la fouille Hubert

d'Ellignies-Sainte-Anne.

Les témoignages de la mise en forme attestent de l'existence de crêtes antérieures et de crêtes postérieures. Le nucléus dont la matière est indéterminée de la maison 10 d'Irchonwelz montre l'installation d'une crête postérieure très régulière qui permet, outre la mise en forme, des interventions ponctuelles pour entretenir les convexités du nucléus (fig. 79). Celui en silex translucide d'Ellignies-Sainte-Anne (fouille Hubert) montre également l'installation d'une crête postérieure (fig. 80). Toutefois, son statut est à discuter puisqu'elle n'a aucun impact sur la table principale opposée. En revanche, elle a initié le débitage de 3 lames. Les deux tables sont alors autonomes. Le nucléus en silex de types Hesbaye de la maison 20 d'Irchonwelz « la Bonne Fortune » est tellement exploité qu'il ne reste aucun témoignage de la mise en forme (fig. 81). En revanche, des néo-crêtes distales permettent de recintrer ou recaréner le nucléus.

Les deux modalités de débitage identifiées pour le silex de Ghlin coexistent également. Des débitages semi-tournants ou tournants à périphériques sont attestés. Le nucléus en silex translucide chargé pourrait lui se distinguer par une table frontale (fig. 82). Toutefois, la reprise importante de ce nucléus gène la lecture des flancs.

Comme pour le silex de Ghlin, le débitage est unipolaire. Seul le nucléus en silex indéterminé a conservé son plan de frappe, montrant le même facettage que pour les nucléus en silex de Ghlin.

Les dimensions des enlèvements laminaires sont assez variables mais concordent assez bien avec les observations émises pour le silex de Ghlin. La plus grande longueur repérée l'est sur le nucléus dont la matière n'a pu être déterminée. Les enlèvements laminaires mesurent près de 130 mm de longueur. En revanche, le nucléus en silex translucide d'Ellignies-Sainte-Anne présente des négatifs dont la longueur avoisine 60 mm et une largeur d'environ 15 à 19 mm.

Les mêmes raisons d'abandon de ces nucléus peuvent être avancées. Le nucléus en silex de type Hesbaye est arrivé à exhaustion économique. Il ne mesure en effet plus que 22 mm de large sur 22 mm d'épaisseur. Les nucléus en silex translucide d'Ellignies-Sainte-Anne et translucide chargé d'Irchonwelz « la Bonne Fortune » présentent des diaclases qui ont perturbé le débitage et conduit à l'arrêt de la production. Enfin, le nucléus de la maison 10 d'Irchonwelz « la Bonne Fortune », dont la matière première est indéterminée, montre outre le fort réfléchissement d'une lame, un problème d'angulation entre le plan de frappe et la table laminaire.

Ainsi, ces quelques nucléus ne montrent pas de différence évidente avec la production laminaire en silex de Ghlin, tout comme les lames. En revanche, on peut souligner quelques variations relatives au niveau de savoir-faire engagés. Il semble que ces matériaux aient été exploités

nucléus	translucide	types Hesbaye	translucide chargé	indéterminé	total
ESAF Hubert	1				1
IBF20		1			1
IBF10			1	1	2
total	1	1	1	1	4

Tableau 47 – Décompte des nucléus à lames en matières premières autres que le silex de Ghlin

Figure 79 – Nucléus à lames découvert dans la maison 10 d'Irchonwelz « la Bonne Fortune », matière première indéterminée

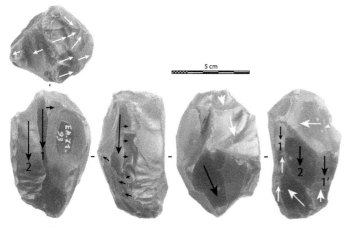

Figure 80 – Nucléus à lames en silex translucide découvert à Ellignies-Sainte-Anne, fouillé par François Hubert (SNF, en 1970-1971 et 1980), conservé à la Direction de l'Archéologie, SPW. En noir, laminaire et en blanc, reprise.

⬭ diaclases

Figure 81 – Nucléus à lames en silex de types Hesbaye découvert dans l'unité d'habitation 20 d'Irchonwelz « la Bonne Fortune », En noir, débitage laminaire ; en blanc, reprise et en pointillé noir, indéterminé

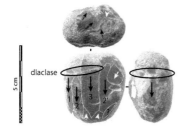

Figure 82 – Nucléus à lames en silex translucide chargé découvert dans l'unité d'habitation 10 d'Irchonwelz « la Bonne Fortune », En noir, débitage laminaire ; en blanc, reprise et en pointillé noir, indéterminé

Figure 83 – Exemple de lames très régulières en silex translucide, Irchonwelz « la Bonne Fortune »

par des tailleurs disposant du savoir-faire défini comme standard pour le débitage de lames en silex de Ghlin. Pour ces matériaux, rares sont les pièces témoignant d'un savoir-faire plus élevé. En effet, aucune longue lame dans ces matières premières n'a été repérée. Par ailleurs, les lames très régulières sont beaucoup moins fréquentes que pour le silex de Ghlin, et sont absentes à Aubechies (à l'exception du silex vert-jaune probablement exogène), Ellignies-Sainte-Anne ou Ormeignies. Deux lames en silex translucide sont très régulières à Irchonwelz « le Trou al Cauche ». À Irchonwelz « la Bonne Fortune », c'est également le silex translucide qui livre le plus de lames très régulières (fig. 83). Mais elles sont également identifiées dans d'autres matériaux tels les silex de type Hesbaye.

Les autres matières premières exploitées pour produire des lames sont nettement moins nombreuses, particulièrement à Aubechies, Ormeignies et Ellignies-Sainte-Anne. Or, lorsque les pièces sont présentes à de rares unités, il est délicat d'interpréter la présence ou l'absence de telle ou telle étape de la chaîne opératoire. Pour tenter de pallier l'indigence de ces ensembles, nous avons pris le parti de traiter l'information en compilant les données offertes par chaque structure. Il semble alors que la majorité de ces matières premières rares soit débitée in situ. Le silex translucide l'est sur tous les sites. À l'exception d'Aubechies, il en est de même pour les silex de types Hesbaye. Aubechies se démarque d'ailleurs des autres sites par le nombre élevé de matières premières qui semblent introduites sous forme de lames. Il s'agit du silex turonien, du silex de types Hesbaye, du silex grenu et du silex translucide chargé. La chaîne opératoire de production laminaire sur ces matériaux est similaire à celle du silex de Ghlin. La rareté de ces matériaux semble traduire le caractère opportuniste de leur sélection pour produire des lames. Si les modalités de production sont comparables entre le silex de Ghlin et ces matériaux, les savoir-faire mis en jeu paraissent légèrement inférieurs. Du moins, les témoignages de savoir-faire hors-normes décrits pour le silex de Ghlin n'ont pas été identifiés pour ces matériaux (absence de longues lames et rares lames très régulières).

4.3. Les productions laminaires de Hesbaye : d'importantes différences techniques

Nous examinerons dès lors les productions laminaires en silex local de Hesbaye. C'est sur l'étude du matériel découvert dans les structures de Vaux-et-Borset fouillées en 1998 que nous nous appuierons pour les décrire. Le matériel de Darion n'ayant fait l'objet que d'une étude qualitative, seules quelques observations ponctuelles seront émises pour souligner les ressemblances ou dissemblances avec les productions de Vaux-et-Borset.

Comme nous l'avons vu précédemment, l'approvisionnement en matières premières du site de Vaux-et-Borset est principalement orienté vers des matériaux locaux à régionaux (silex fin et grenu de Hesbaye). Ces derniers sont principalement exploités dans le cadre des productions à faible niveau de savoir-faire qui se révèlent nettement

dominantes à Vaux-et-Borset (fig. 84).

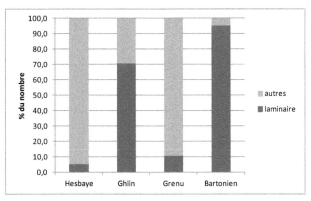

Figure 84 – Part de chacune des productions selon les matières premières identifiées à Vaux-et-Borset (VCM 98)

La production laminaire exploite elle prioritairement le silex de Ghlin exogène (fig. 85). Le silex fin de Hesbaye arrive en seconde position de ce classement. Le silex grenu est faiblement exploité alors que le silex tertiaire bartonien exogène l'est légèrement moins. Parmi les silex « autres » sont notamment identifiées deux pièces en silex vert-jaune. Aussi, comme pour les sites du Hainaut, tous les matériaux exogènes aux sites de Hesbaye seront traités dans le quatrième chapitre. Ici, nous focaliserons notre étude sur les silex fin et grenu de Hesbaye. Il en sera de même pour Darion bien que des différences notoires dans l'approvisionnement et dans la gestion des matières premières apparaissent. En effet, le silex de Ghlin est marginal dans cet assemblage puisque seules 5 pièces sont décomptées. Elles sont même moins nombreuses que celles en silex tertiaire bartonien (8 pièces). Par ailleurs, si la production laminaire semble préférentiellement réalisée sur le silex fin de Hesbaye, les artefacts en silex grenu sont nettement mieux représentés qu'à Vaux-et-Borset. Les variétés de silex grenu de Darion diffèrent d'ailleurs de celles exploitées à Vaux-et-Borset.

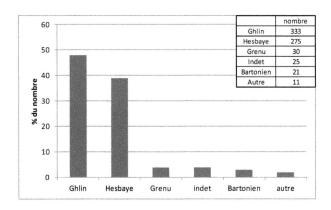

Figure 85 – Part des matières premières investies dans la production laminaire à Vaux-et-Borset (VCM 98), en % du nombre

4.3.1. La production laminaire en silex grenu de Vaux-et-Borset : de trop rares témoins

Le silex grenu a été employé pour produire des lames comme l'attestent les neuf lames identifiées et les 21 éclats attribuables à cette production. Avec 30 pièces (143 g), cette production en silex grenu apparaît marginale au sein de la série. Néanmoins, toutes les étapes de la chaîne opératoire sont représentées, attestant d'un débitage *in situ* (fig. 86). L'absence de lames à crête est à mettre au compte du caractère restreint de cet échantillon. C'est d'ailleurs pour cette raison que nous n'entrerons pas dans les détails du déroulement de la chaîne opératoire.

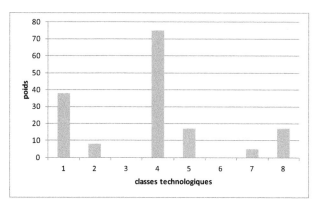

Figure 86 – Classement techno-économique de la production laminaire en silex grenu de Vaux-et-Borset (VCM 98)

Signalons simplement que la mise en forme passe par l'installation d'une crête par percussion indirecte, sans indice de l'installation de plusieurs crêtes. Neuf éclats ont été détachés pour entretenir les convexités du nucléus, en régulariser les flancs et entretenir le plan de frappe. L'emploi de la néo-crête est attesté notamment pour un recarénage distal du nucléus. Malgré l'impossibilité d'attribuer les plus petits éclats détachés à la percussion indirecte à une étape précise de la chaîne opératoire, ils confirment cependant que le débitage a été opéré au sein du village. Enfin, l'absence de nucléus à lame est comblée par l'identification d'un éclat de reprise de ces derniers. Outre un petit fragment distal, les autres lames conservées correspondent à 3 lames de plein débitage, 4 lames sous-crête antérieure et une lame à pan cortical. Il s'agit de lames assez régulières et rectilignes. Aucune n'est entière. La largeur des lames de plein-débitage est comprise entre 16 et 20 mm pour des épaisseurs de 3 ou 4 mm.

4.3.2. La production laminaire en silex fin de Hesbaye de Vaux-et-Borset : la particularité de certains traits techniques

- Brève description du déroulement de la chaîne opératoire

Les témoins de la production laminaire en silex fin de Hesbaye sont plus nombreux (275 pièces pour 1674 g). Outre 58 lames, 6 chutes d'outil et 4 lamelles, 211 éclats attestent que la production s'est déroulée *in situ*. Des déchets de toutes les étapes de la chaîne opératoire ont pu être identifiés (fig. 87).

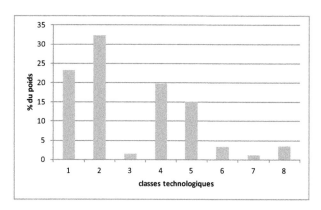

Figure 87 - Classement techno-économique de la production laminaire en silex fin de Hesbaye, Vaux-et-Borset (VCM 98)

Il semble qu'au moins 8 éclats peuvent être attribués à l'étape initiale de la chaîne opératoire. Il s'agit d'éclats de grandes dimensions avec larges plages de cortex et détachés au percuteur dur. Ce n'est que pour l'installation des crêtes que l'emploi de la percussion indirecte est attesté. 16 des 108 éclats de préparation de crête témoignent de la coexistence d'au moins deux crêtes sur le nucléus.

Les cinq lames à crête décomptées suggèrent une mise en forme peu poussée. En effet, trois des 5 crêtes sont partielles. Les enlèvements alternants ne couvrent pas toute la longueur du bloc mais seulement une partie, l'autre restant corticale, profitant d'une morphologie adaptée du bloc à débiter.

56 éclats témoignent de l'entretien du nucléus au cours du plein-débitage dont un des moyens est l'installation de néo-crêtes (fig. 88) (17 éclats). L'entretien du plan de frappe passe par l'enlèvement de tablettes partielles (11 pièces). Une seule tablette entière, détachée à la percussion dure a été identifiée. L'absence des petits éclats de préparation au détachement qui avaient été repérés en Hainaut est à souligner. Sa face supérieure montre le détachement antérieur de 3 ou 4 tablettes partielles d'assez grandes dimensions (fig. 89).

À nouveau, aucun nucléus n'a pu être identifié alors qu'un éclat de reprise atteste qu'ils ont existé.

Outre les 5 lames à crête mentionnées, 53 lames en silex fin de Hesbaye ont été recensées : 32 lames de plein-débitage, 8 lames sous-crête, 8 lames à pan cortical, 3 lames à néo-crête et deux lames d'entretien. Deux lames sous-crête postérieures viennent confirmer que la mise en forme peut faire intervenir deux crêtes opposées. L'existence d'autant de lames sous-crête que de lames à pan cortical confirme que la mise en forme n'était pas très envahissante. Les lames néo-crête paraissent en partie destinées à l'entretien des convexités distales du nucléus.

Tous les éléments sont donc réunis pour affirmer que la production laminaire sur les silex locaux s'est déroulée dans l'enceinte même du village, du moins dans cette partie du village.

Remontage 3 éclats de néo-crête

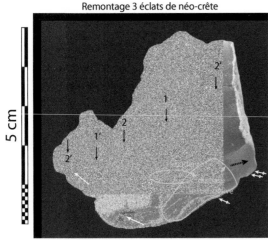

1 - en pointillé : débitage d'un éclat pour redonner
de la convexité distale au nucléus
PB : cet éclat révèle une diaclase et une surface gélive
2 - toutefois, poursuite du débitage mais
une lame est à la limite du réfléchissement (accident)
3- le tailleur décide de procéder à une remise en forme du volume
par l'installation d'une néo-crête (en blanc)

Figure 88 – Remontage d'éclats de néo-crête en silex fin de Hesbaye, VCM 98

	HESBAYE
nbre proximaux	34
longueur total (mm)	2325
longueur moy.pondérée	68,4

Tableau 48 – Longueur moyenne pondérée des lames en silex fin de Hesbaye, VCM 98

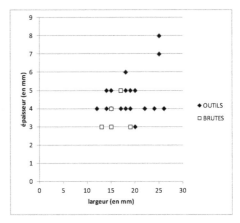

Figure 90 – Largeur et épaisseur des lames en silex fin de Hesbaye de VCM 98

Figure 89 – Tablette de ravivage de plan de frappe en silex fin de Hesbaye , VCM 98

- Des lames aux caractéristiques techniques particulières

Les caractéristiques des lames en silex fin de Hesbaye montrent des différences franches avec les lames en silex de Ghlin.

La longueur est un paramètre difficile à appréhender puisque la majorité des lames est fragmentée. Six lames en silex de Hesbaye sont entières et sont principalement comprises entre 60 et 80 mm de longueur, pour une moyenne pondérée d'environ 70 mm de longueur (tabl. 48). La largeur de ces lames est comprise entre 12 et 27 mm (fig. 90). La majorité est comprise entre 14 et 15 mm de large et 18 et 19 mm. L'épaisseur de ces lames est comprise entre 3 et 6 mm et est préférentiellement de 4 mm (fig. 90). Il semble

donc que les lames en silex fin de Hesbaye soient légèrement plus courtes et minces que celles en silex de Ghlin.

La section des lames de plein-débitage en silex fin de Hesbaye est indifféremment triangulaire ou trapézoïdale (fig. 91). Peu de pièces nous permettent d'appréhender le code opératoire de ces lames. Toutefois, il semble qu'il y ait presque autant de lames qui portent des codes 123/321 que de lames au code 212' (tabl. 49). Il s'agit là d'une différence sensible entre les modalités de la production laminaire en silex fin de Hesbaye et celles de la production en silex de Ghlin. La proportion inférieure de lames à section trapézoïdale régulière (code 212') suggère que les tailleurs de lames en silex fin de Hesbaye maîtrisaient moins bien les agencements favorisant ce type de produits.

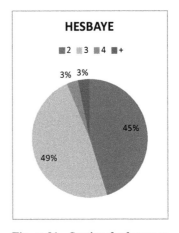

Figure 91 – Section des lames en silex fin de Hesbaye de VCM 98

code opératoire	HESBAYE
123/321	6
121'	1
212'	7
total	14

Tableau 49 – Code opératoire des lames en silex fin de Hesbaye de VCM 98

%	HESBAYE
brute	35
égrisée	42
préparée	23
	100

Tableau 50 – Degré de préparation de la corniche des lames en silex fin de Hesbaye de VCM 98

Les talons des lames en silex de Hesbaye sont majoritairement lisses (81 pour cent). Les talons dièdres ne constituent que 13 pour cent du corpus (fig. 92). Cette faible représentation des talons dièdres dans ce corpus de Hesbaye peut directement être corrélée à l'absence de préparation du plan de frappe par des petits éclats centripètes. De plus, ces talons apparaissent moins fréquemment concaves que ceux des lames en silex de Ghlin, ce qui va également dans le sens de cette absence de préparation du plan de frappe antérieurement au détachement de la lame.

Les talons des lames en silex fin de Hesbaye mesurent majoritairement 8 à 9 mm de large pour 4 à 5 mm d'épaisseur (fig. 93). Les lames en silex de Ghlin montrent elle une légère prédominance de talons de 6-7 mm de large pour 2-3 mm d'épaisseur. Enfin, la présence d'un large « débord » (fig. 94, n° 1) ou d'une fissuration semi-circulaire mesu-

rant moins de 5 mm de large (fig. 94, n° 2) est typique des talons des lames en silex fin de Hesbaye. Cela attesterait peut-être d'un positionnement différent du punch sur le plan de frappe voire de l'emploi d'un punch de nature différente (morphologie, matière ?).

Si le degré de préparation de la corniche est important (65 pour cent) (tabl. 50) et donc comparable à celui des lames en silex de Ghlin, ce sont les modalités de traitement de cette corniche qui diffèrent. La préparation est beaucoup moins soignée. On doit même se demander si elle est réellement destinée à retirer la corniche. En effet, les tailleurs enlèvent de courts éclats (plus longs et moins lamellaires que pour le silex de Ghlin) qui peuvent créer de nouvelles corniches (fig. 95). Ces petits enlèvements se révèlent fréquemment détachés latéralement du talon. Ainsi, cette préparation viserait plutôt à réduire la largeur du futur talon de la lame afin d'éviter l'étalement de l'onde de choc et la concentrer sur la lame à détacher (Pelegrin, com. orale).

1   © UNamur / Savé - dva   2

Figure 94 – Caractéristiques des talons des lames en silex fin de Hesbaye, photographies © UNamur / Savé – dva

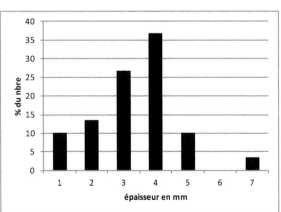

5 cm

Figure 95 – Préparation au détachement typique des lames en silex fin de Hesbaye

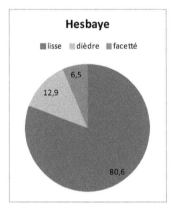

Figure 92 – Types de talon repérés sur les lames en silex fin de Hesbaye de VCM 98

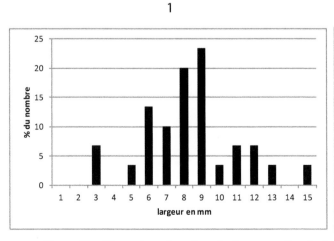

1

2

Figure 93 – Dimensions des talons des lames en silex fin de Hesbaye de VCM 98 (1 – largeur et 2 – épaisseur)

Ainsi, la chaîne opératoire de production des lames en silex fin de Hesbaye montre une différence notable avec la production en silex de Ghlin dans le traitement des plans de frappe. Il ne semble pas qu'il y ait de préparation au détachement par des petits éclats de facettage. Cela engendre donc naturellement une plus grande proportion de lames au talon lisse. En outre, les modalités de préparation de la corniche sont différentes. De plus, il existe autant de lames triangulaires que de lames trapézoïdales. Ces dernières ne portent pas plus de codes 212' que de codes 123/321. Par conséquent, les tailleurs ne sont pas très productifs en lames à section trapézoïdale régulière et symétrique. Les tailleurs ne connaissent pas ou sont moins à l'aise pour mettre en œuvre un agencement particulier dans le rythme du débitage. On peut donc avancer qu'outre les nuances perceptibles dans la chaîne opératoire de production, le niveau de savoir-faire des tailleurs de lames en silex fin de Hesbaye est inférieur à celui des tailleurs de lames en silex de Ghlin. Les dimensions plus importantes des talons des lames en silex fin de Hesbaye abonderaient également en ce sens.

4.3.3. Les productions laminaires de Darion : bref aperçu qualitatif

Le matériel de Darion a principalement fait l'objet d'une étude qualitative, aussi peu de décomptes seront présentés. Il sera nécessaire de mener une étude plus poussée de ce site pour confirmer les premières observations proposées ici. Tout d'abord, nous avons tenté de diagnostiquer si toute la chaîne opératoire de production en silex fin et en silex grenu de Hesbaye était présente sur le site. Les deux matières premières livrent *a priori* tous les artefacts de la chaîne opératoire de production laminaire. Toutefois, la quasi-intégralité des éclats en silex grenu appartiennent à la chaîne opératoire de production laminaire. L'emploi de la percussion indirecte est clairement attesté et de nombreux raccords tendent à indiquer qu'un ou deux blocs y ont été exploités. En revanche, les éclats en silex de Hesbaye relèvent plus des productions simples et les éclats de la production laminaire sont plus rares. Il semble toutefois que toutes les étapes de la chaîne opératoire soient représentées. Nous ne la décrirons pas plus puisqu'elle semble conforme à ce que nous avons déjà décrit pour Vaux-et-Borset. Signalons simplement que là aussi, un fragment d'une tablette de ravivage de plan de frappe indique l'absence de préparation par le détachement de petits éclats de la table vers le plan de frappe. Seules des tablettes de ravivage partielles ont été débitées. Un nucléus repris en silex fin de Hesbaye a également été découvert à Darion (fig. 96).

Les caractéristiques des lames en silex fin de Hesbaye sont en adéquation avec la description proposée pour le site de Vaux-et-Borset. En revanche, quelques variations apparaissent pour les lames en silex grenu, bien qu'il s'agisse d'observations plus ponctuelles qu'il faudrait enrichir. Tout d'abord, la longueur moyenne pondérée est de 92 mm (tabl. 51) soit des lames globalement plus longues que les lames en silex fin de Hesbaye et plus en adéquation avec

les lames en silex de Ghlin. De plus, les caractéristiques des talons diffèrent également. Bien que les effectifs soient extrêmement réduits, il semble que les talons lisses constituent à peine le 1/3 du corpus. Les talons sont soit dièdres soit facettés (tabl. 52). La préparation au détachement de ces lames montre à notre avis des nuances par rapport à la production laminaire en silex de Ghlin (fig. 97). La préparation des lames en silex grenu s'apparente plus à un vrai facettage du plan de frappe. Les petits enlèvements détachés ont des dimensions nettement inférieures à ceux réalisés pour le silex de Ghlin. Ils ne visent pas à mieux positionner le punch ou à entretenir l'angle entre la table et le plan de frappe. En revanche, il semble qu'il pourrait faciliter la préparation de la corniche qui s'avère très soignée. Par ailleurs, deux tiers de ces 26 lames sont des lames de section triangulaire (tabl. 53). Seul un tiers de lames à section trapézoïdale est décompté.

Ainsi, il semble que toutes les étapes de la chaîne opératoire de la production laminaire en silex fin de Hesbaye soient représentées à Darion. Les lames produites partageraient les mêmes caractéristiques que celles décrites pour Vaux-et-Borset. En revanche, la production en silex grenu, incontestablement réalisée in situ, semble présenter des caractéristiques particulières, notamment dans les modalités de préparation au détachement. La proportion très élevée de lames à deux pans suggère l'emport des lames trapézoïdales. Un débitage laminaire ne peut conduire à l'obtention d'un taux dominant de lames triangulaires. Puisque le débitage d'une lame crée deux nervures, la moyenne du nombre de nervures sur l'ensemble des lames d'un même débitage est proche de 2 (Pelegrin, com. orale).

	Darion-grenu
longueur total (en mm)	1195
nbre proximaux	13
longueur moyenne pondérée (en mm)	91,9

Tableau 51 – Longueur moyenne pondérée des lames en silex grenu de Darion

Darion	grenu
lisse	4
naturel	1
dièdre	4
facetté	4
total	13

Tableau 52 – Types de talon identifiés sur les lames en silex grenu de Darion

section	nbre	%
2	17	65,4
3	9	34,6
total	26	100

Tableau 53 – Section des lames en silex grenu de Darion

Figure 96 – Nucléus en silex fin de Hesbaye découvert à Darion

Figure 97 – Talons des lames en silex grenu de Darion

5. Conclusion sur l'organisation de la production lithique blicquienne : différents investissements techniques, variabilité des niveaux de savoir-faire et opposition de comportements techniques

Cette étude des productions blicquiennes réalisées sur les silex d'origine locale à régionale montre d'une part la dualité des productions (fig. 98). Sur tous les sites et structures coexistent des artefacts issus des productions à faible niveau de savoir-faire et des artefacts issus des productions laminaires. Les productions à faible niveau de savoir-faire correspondent à des productions d'éclats et d'outils facettés. Menés à la percussion dure, les schémas opératoires sont simples. De plus, de nombreuses maladresses transparaissent fréquemment sur ces pièces. Les connaissances et les savoir-faire nécessaires à la mise en œuvre des chaînes opératoires de production d'éclats et d'outils facettés sont minimaux. Avec de la pratique, ces productions sont accessibles à tous. Nous avons également pu identifier de rares artefacts se rapportant à une production sur tranche d'éclats de type frite. Celle-ci fait appel à des connaissances particulières. De plus, ces pièces n'ont pas été découvertes sur tous les sites et paraissent concentrées dans certaines structures. Ainsi, si le contexte de produc-

tion est domestique pour les éclats et les outils facettés, la production de type frite ne semble pas réalisée dans toutes les unités domestiques.

La production laminaire requiert elle incontestablement des niveaux de savoir-faire supérieurs. Ces derniers ne peuvent s'acquérir que dans le cadre d'un apprentissage relativement long ou soutenu au moins pendant une période d'acquisition. Une certaine gradation des niveaux de savoir-faire apparaît entre ces différentes productions laminaires. La première « marche » dans cette gradation distingue les productions laminaires réalisées en Hainaut de celles conduites en Hesbaye. Les savoir-faire nécessaires à la production laminaire sur silex locaux à régionaux de Hesbaye semblent inférieurs à ceux mis en œuvre en Hainaut. Ce diagnostic se base particulièrement sur le fait que les codes opératoires des lames en silex fin de Hesbaye ne montrent pas d'orientation préférentielle vers des codes 212'. On peut alors affirmer que cette production n'appelle pas l'initialisation et le maintien d'un agencement spécifique dans le débitage visant à l'obtention de lames trapézoïdales à section régulière symétrique comme c'est le cas pour la production laminaire en silex de Ghlin du Hainaut. Ces agencements induisent des connaissances et une habileté particulières que ne semblent pas détenir les tailleurs de lames en silex fin de Hesbaye. La production laminaire en silex grenu de Darion est difficile à placer au sein de cette gradation des niveaux de savoir-faire. Ce constat résulte à la fois de l'indigence du corpus en question mais également de l'emport supposé des lames à section trapézoïdale. Toutefois, l'examen des talons distingue les lames en silex de Ghlin, des lames en silex fin de Hesbaye et des lames en silex grenu de Darion. En effet, le traitement des plans de frappe et la préparation au débitage se révèlent différents. Les lames en silex de Ghlin sont débitées après le détachement d'un petit éclat vers le plan de frappe qui vise à mieux positionner le punch, à entretenir l'angle entre le plan de frappe et la table laminaire voire à la suppression des corniches. Celles-ci peuvent aussi faire l'objet d'une préparation soignée qui se retrouve également sur les lames en silex grenu de Darion. La suppression de la corniche s'appuie sur le facettage fin du plan de frappe réalisé au préalable. Enfin, les lames en silex fin de Hesbaye ont principalement des talons lisses résultant de l'absence de facettage du plan de frappe quel qu'il soit. Des petits éclats sont détachés vers la table laminaire préalablement au détachement de la lame. L'objectif, par la réduction de la surface de contact entre l'outil et le plan de frappe, serait alors de concentrer l'onde de choc au niveau de la lame à détacher. Il s'agit donc de trois processus techniques différents de préparation au détachement. Ainsi, trois « styles » se distinguent dans la production laminaire : celui du Hainaut, celui de la production laminaire en silex fin de Hesbaye et celui de la production laminaire en silex grenu de Darion.

Au sein même de la production laminaire du Hainaut, une certaine gradation des niveaux de savoir-faire est perceptible. En effet, des lames extrêmement régulières en silex de Ghlin s'individualisent comme la meilleure part de cette production. Celui-ci peut certainement être atteint grâce à une expérience plus longue de la taille de ces lames ou à une pratique plus régulière. Ces lames très régulières ont été identifiées, à de très rares exceptions près, dans toutes les structures. L'identification de grandes lames en silex de Ghlin témoigne également d'un haut degré de technicité. On doit envisager que cette production nécessite au moins une grande habileté technique, si ce n'est des connaissances spécifiques pour réussir à gérer des volumes importants. Ces grandes lames mesurent en effet jusqu'à 195 mm de longueur. Une dizaine d'exemplaires de ces lames ont été décomptée. Il s'agit donc d'une production quantitativement marginale qui n'a pas été réalisée à l'échelle domestique. Nous ne sommes malheureusement pas en mesure de préciser leur lieu de production. Les sites de Blicquy « la Couture de la Chaussée » et d'Irchonwelz « la Bonne Fortune » (M30) livrent toutefois des longues crêtes, ce qui pourrait être un indice de production locale. En outre, la valeur économique de cette production est à discuter puisque les plus longs produits ne semblent pas avoir été utilisés. Le contexte de découverte de ces lames paraît également spécifique, notamment à Ormeignies « le Bois Blanc » où les fouilleurs mentionnent un contexte de « dépôt » (Constantin *et al.* 1982).

Ainsi, l'unité domestique blicquienne dispose d'une panoplie de supports variés pour confectionner leur outillage. Nous nous intéresserons dès lors à la gestion de ces supports pour tenter de mieux comprendre cette dualité de la production. Autrement dit, les supports issus des productions simples visent-ils à la réalisation des mêmes outils que les supports offerts par la production laminaire ?

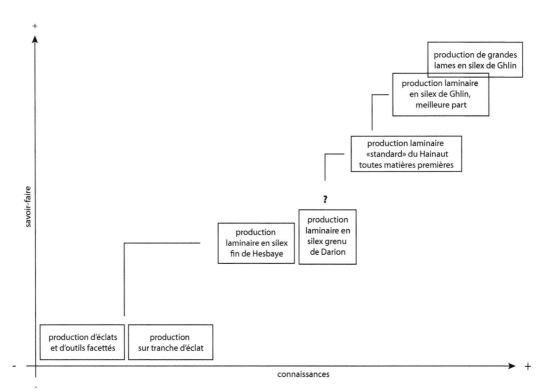

Figure 98 – Schéma synthétique de la gradation des niveaux de compétences des productions blicquiennes

6. L'outillage des populations blicquiennes : quelles stratégies de gestion des supports ?

Les outils sur éclats dominent systématiquement les assemblages (tabl. 9). Ils constituent entre 53 et 66 pour cent des supports de l'outillage selon les sites. Le support laminaire représente entre 11 et 31 pour cent de l'outillage alors que les petits blocs ou plaquettes présentent une plus grande variation selon les sites. Ils représentent en effet de 2 à 24 pour cent des supports. À de rares exceptions près, le panel de l'outillage est sensiblement le même d'un site à l'autre.

6.1. Panoplie de l'outillage sur les sites blicquiens

Les outils sur éclat sont systématiquement dominés par les pièces retouchées, les grattoirs et les denticulés (Annexes 12 à 21). Les grattoirs sont plus nombreux que les denticulés sur les sites d'Irchonwelz « la Bonne Fortune » (bâtiment 20 et 30), Ellignies-Sainte-Anne, Aubechies, Ormeignies « la Petite Rosière » et Vaux-et-Borset. En revanche, les denticulés se révèlent dominants à Irchonwelz « le Trou al Cauche » et sur le secteur d'Ellignies-Sainte-Anne fouillé par F. Hubert. L'unité d'habitation 10 d'Irchonwelz « la Bonne Fortune » se démarque nettement des autres assemblages car les grattoirs sur éclat sont extrêmement rares, les trois outils principaux sont des éclats retouchés, des denticulés et des pièces émoussées. Sur les autres sites, le reste de l'outillage sur éclat est constitué par des coches, des burins, et des pièces émoussées. Quelques variations apparaissent notamment pour l'unité d'habitation 20 d'Irchonwelz « la Bonne Fortune » qui présente beaucoup d'éclats à luisant. À Ormeignies « la Petite Rosière », il existe plus de pièces appointées que de burins. Enfin, l'unité d'habitation 10 d'Irchonwelz « la Bonne Fortune » présente un taux de pièces esquillées assez élevé.

Les lames retouchées dominent également l'ensemble de l'outillage sur lame. Les burins et les grattoirs viennent compléter cette liste des principaux outils sur lame à Aubechies, Irchonwelz « la Bonne Fortune » (M30) et Irchonwelz « le Trou al Cauche ». Les grattoirs sont plus nombreux que les burins sur les deux secteurs d'Ellignies-Sainte-Anne. Les autres sites font exception. En effet, l'unité d'habitation 20 se démarque car les lames à luisant dominent l'outillage sur lame. Rappelons que cet outil présente les mêmes traces que les burins et relèvent probablement de la même utilisation (Allard *et al.* 2004). Sur les autres sites, ce type d'outil arrive fréquemment en quatrième position. Le site d'Ormeignies « la Petite Rosière » présente très peu d'outils sur lame (21 pièces). Ils sont nettement dominés par les burins. Le bâtiment 10 d'Irchonwelz « la Bonne Fortune » fait à nouveau figure d'exception. Les armatures y sont très nombreuses. Elles arrivent en seconde position de l'ensemble des outils sur lame derrière les lames retouchées et devant les lames émoussées puis les grattoirs. Les armatures s'avèrent également plus nombreuses que les grattoirs à Vaux-et-Borset et dans l'unité d'habitation 20 d'Irchonwelz « la Bonne Fortune ». Enfin, notons que les perçoirs sont assez nom-

breux à Irchonwelz « le Trou al Cauche ».

Ainsi, la composition de l'outillage est assez stable d'un site à l'autre, particulièrement pour les outils sur éclat. La maison 10 d'Irchonwelz « la Bonne Fortune » a livré un ensemble d'outils qui diffère de celui des autres sites. Si une certaine homogénéité est à souligner dans la composition de l'outillage, qu'en est-il de la gestion des supports de ces outils ?

6.2. Gestion des supports de l'outillage

L'étude des productions permet de distinguer les éclats issus des productions à faible niveau de savoir-faire des éclats constituants les sous-produits de la chaîne opératoire du débitage laminaire. Ces derniers représentent entre 9 et 66 pour cent des éclats supports de l'outillage. C'est à Vaux-et-Borset que ces pièces sont les moins nombreuses alors qu'elles dominent l'outillage sur éclat d'Irchonwelz « la Bonne Fortune ». 46 pour cent de ces éclats sont décomptés sur la fouille Hubert d'Ellignies-Sainte-Anne alors qu'ils ont été identifiés à 35 pour cent sur l'autre secteur. Ils constituent entre 20 et 30 pour cent de l'outillage sur éclat des autres sites. La rareté de ces artefacts sur le site de Vaux-et-Borset est en adéquation avec les observations quantitatives des productions puisque le débitage laminaire y est largement minoritaire. À Irchonwelz « le Trou al Cauche », bien que les productions simples soient largement majoritaires, les éclats issus de la production laminaire sont beaucoup plus intégrés aux supports de l'outillage. Nous tenterons alors d'approcher au plus près ces nuances en cherchant à déterminer quels types de supports sont sélectionnés pour confectionner les différents outils (Figures 99 à 107).

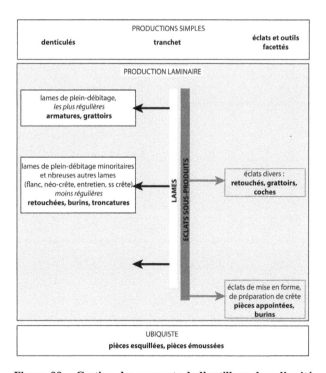

Figure 99 – Gestion des supports de l'outillage dans l'unité d'habitation 10 d'Irchonwelz « la Bonne Fortune »

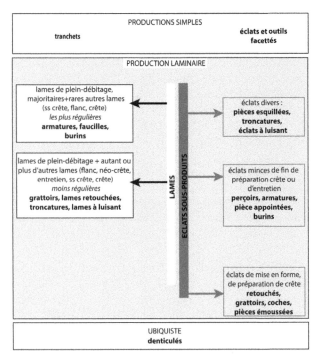

Figure 100 – Gestion des supports de l'outillage dans l'unité d'habitation 20 d'Irchonwelz « la Bonne Fortune »

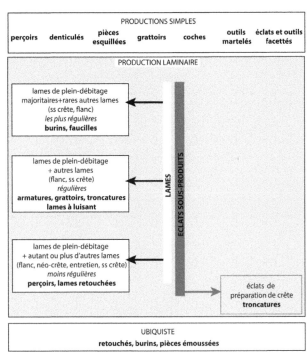

Figure 102 – Gestion des supports de l'outillage dans la structure 73 d'Irchonwelz « le Trou al Cauche »

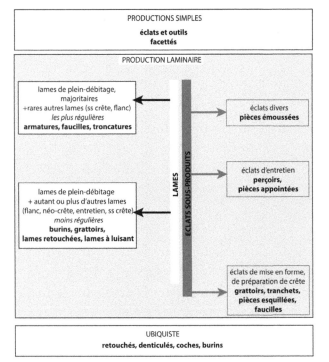

Figure 101 – Gestion des supports de l'outillage dans l'unité d'habitation 30 d'Irchonwelz « la Bonne Fortune »

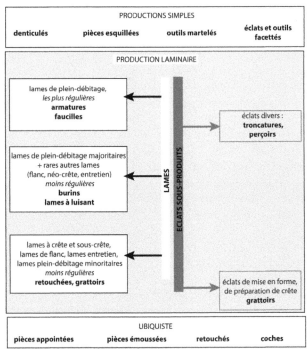

Figure 103 – Gestion des supports de l'outillage à Ellignies-Sainte-Anne (Fouille F. Hubert)

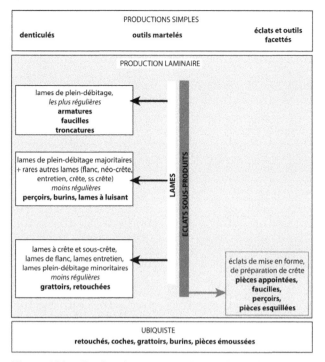

Figure 104 – Gestion des supports de l'outillage à Ellignies-Sainte-Anne

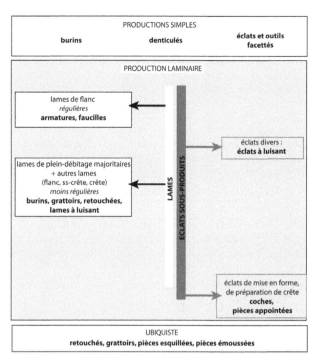

Figure 106 – Gestion des supports de l'outillage à Ormeignies « la Petite Rosière »

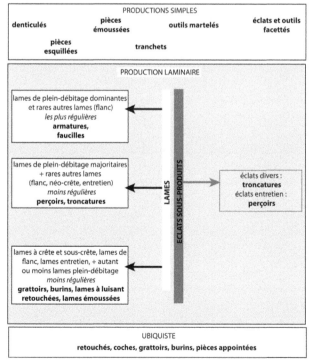

Figure 105 – Gestion des supports de l'outillage à Aubechies « Coron Maton »

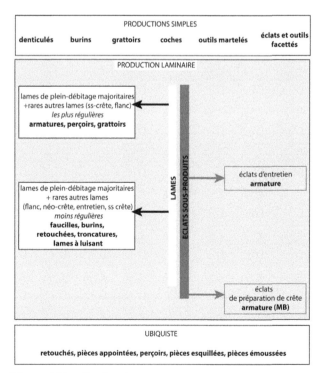

Figure 107 – Gestion des supports de l'outillage à Vaux-et-Borset dans les structures fouillées en 1998

6.2.1. Les pièces retouchées

Les pièces retouchées dominent l'intégralité des assemblages étudiés (tabl. 7). Elles constituent entre 23 et 32 pour cent de l'outillage. Toute la gamme des supports possibles a été employée pour réaliser ces outils : éclats, lames, débris naturels ou de débitage, petits blocs ou petites plaquettes (tabl. 54). Le support éclat est privilégié, il constitue entre 56 pour cent (Vaux-et-Borset) et 89 pour cent (Ormeignies « la Petite Rosière ») des supports des pièces retouchées. Environ 20 pour cent de ces pièces sont des lames retouchées retouchées sauf à Ormeignies « la Petite Rosière » (7 pour cent). Vaux-et-Borset s'individualise du reste des assemblages. De nombreux débris naturels et petites plaquettes sont retouchés, ce qui est rarement le cas sur les sites du Hainaut.

À l'exception des unités d'habitation 10 et 20 d'Irchonwelz « la Bonne Fortune », les supports des éclats retouchés proviennent indifféremment des productions à faible niveau de savoir-faire ou des sous-produits de la chaîne opératoire du débitage laminaire (fig. 101 à 107). Les deux bâtiments qui font exception ont livré des éclats retouchés préférentiellement réalisés sur des supports issus de la production laminaire. Les habitants de l'unité d'habitation 10 ont apparemment récupéré des éclats issus de toutes les étapes de la chaîne opératoire. En revanche, les éclats retouchés de l'unité d'habitation 20 se révèlent principalement confectionnés sur des éclats de mise en forme.

Pour les lames retouchées, aucune sélection particulière d'un type de support ne peut être soulignée. Les lames retouchées sont prélevées parmi les supports les moins réguliers. Les lames de plein-débitage ne semblent pas privilégiées.

retouchées	éclats	lames	blocs/plaquettes	autres	indéterminés	
OPR	89	7	4	-	-	100
ESAF	81	15	1	3	-	100
IBF 10	74	23	1	1	-	100
ITC	73	25	1	-	-	100
IBF30	72	23	1	1	3	100
ESAF Hubert	71	26	-	2	1	100
IBF20+9	68	27	1	2	2	100
ACM	63	30	3	3	1	100
VCM98	56	13	24	7	-	100

Tableau 54 – Supports des pièces retouchées, en %

6.2.2. Les denticulés

Les denticulés constituent entre 5 et 22 pour cent des assemblages. Les maisons 10 et 20 d'Irchonwelz « la Bonne Fortune » en livrent le moins. Ils sont les plus nombreux à Irchonwelz « le Trou al Cauche ». La recherche de supports épais guide la sélection des supports de ces outils qui sont alors majoritairement des gros éclats ou des petits blocs et débris naturels (tabl. 55). Aucune lame n'est sélectionnée pour confectionner les denticulés. Généralement, les éclats rassemblent de 60 à 100 pour cent des supports des denticulés. Mais à Vaux-et-Borset et Ormeignies « la Petite Rosière », il existe presque autant de denticulés sur éclat que de denticulés sur bloc ou plaquette.

Les supports sélectionnés pour confectionner des denticulés sont presque exclusivement issus des productions à faible niveau de savoir-faire (fig. 99 à 107). C'est à nouveau deux unités d'habitation d'Irchonwelz qui se démarquent de cette généralité. Les supports des denticulés des maisons 20 et 30 sont indifféremment choisis parmi les sous-produits de la chaîne opératoire du débitage laminaire ou parmi les supports produits par les productions à faible niveau de savoir-faire. S'agissant principalement d'éclats de mise en forme, les dimensions, bien que légèrement inférieures, sont assez proches de celles des éclats des productions à faible niveau de savoir-faire.

denticulés	éclats	lames	blocs/plaquettes	autres	indéterminés	
IBF 10	100	-	-	-	-	100
ESAF	79	-	11	8	2	100
IBF20+9	79	-	10	10	1	100
IBF30	78	-	-	16	6	100
ESAF Hubert	67	-	19	8	6	100
ACM	64	-	18	8	10	100
ITC	60	-	22	7	12	100
VCM98	51	-	41	5	4	100
OPR	45	-	45	-	10	100

Tableau 55 – Supports des denticulés, en %

6.2.3. Les grattoirs

Les grattoirs sont représentés de manière relativement stable d'un site à l'autre puisqu'ils constituent entre 12 et 15 pour cent des ensembles. Une seule exception apparaît : l'unité d'habitation 10 d'Irchonwelz « la Bonne Fortune » qui n'a livré que 3 pour cent de grattoirs (tabl. 56).

Les grattoirs sont préférentiellement réalisés sur éclat, mais ceux sur lame sont néanmoins identifiés sur tous les sites. La proportion des supports employés révèle également une relative stabilité entre les sites. En effet, pour la majorité d'entre eux, entre 64 et 78 pour cent des grattoirs sont réalisés sur éclat alors que 22 à 33 pour cent de grattoirs sur lame sont décomptés. L'unité d'habitation 20 d'Irchonwelz « la Bonne Fortune » se distingue légèrement car les grattoirs sur éclat sont nettement plus nombreux que ceux sur lame (82 pour cent contre 12 pour cent). Mais c'est à Vaux-et-Borset que la différence est la plus marquée. La rareté des grattoirs sur lame est à souligner (3 pour cent des grattoirs). En revanche, les grattoirs confectionnés sur des débris naturels ou des petites plaquettes sont plus nombreux que sur les autres sites.

Les grattoirs sur éclat ou sur bloc/plaquette de Vaux-et-Borset et Irchonwelz « le Trou al Cauche » sont réalisés sur des supports issus des productions simples contrairement aux grattoirs d'Irchonwelz « la Bonne Fortune » ou de la fouille Hubert d'Ellignies-Sainte-Anne qui sont préférentiellement réalisés sur des éclats de la mise en forme du débitage laminaire (fig. 99 à 107). À Ormeignies « la Petite Rosière », Ellignies-Sainte-Anne ou Aubechies, la sélection des supports s'opère indifféremment vers les supports des productions simples ou les sous-produits du débitage laminaire.

De la même manière que pour les lames retouchées, les grattoirs sur lame sont réalisés sur tous les types de supports, généralement peu réguliers. Deux exceptions sont toutefois à noter. Les grattoirs sur lame de la maison 10 d'Irchonwelz « la Bonne Fortune » sont préférentiellement réalisés sur des lames de plein-débitage régulières. Mais rappelons que cet outil est rare pour cette unité d'habitation. À Irchonwelz « le Trou al Cauche », les grattoirs sur lame tendent également à être confectionnés sur des lames de plein-débitage assez régulières.

grattoirs	éclat	lame	*part totale des grattoirs sur les sites*
ESAF Hub	64	30	*13*
IBF30	65	25	*13*
IBF10	67	33	*3*
ESAF	68	29	*15*
ACM	70	26	*14*
OPR	71	24	*14*
ITC	78	22	*11*
IBF20+9	82	12	*12*
VCM	82	3	*13*

Tableau 56 – Supports des grattoirs, en %

6.2.4. Les outils facettés et bouchardes

Les outils facettées et bouchardes représentent entre 6 et 12 pour cent des assemblages, et sont presque exclusivement réalisées sur des petits blocs, petites plaquettes ou débris naturels, plus rarement sur éclats. Soulignons toutefois que selon l'intensité du facettage de ces pièces, le support n'est pas toujours identifiable. À l'exception des nucléus à lames repris comme outils facettés ou bouchardes, l'intégralité des supports constituant cette classe de l'outillage correspond à des artefacts issus des productions à faible niveau de savoir-faire (fig. 99 à 107).

6.2.5. Les burins

Les burins représentent de 3 à 10 pour cent des assemblages (tabl. 57). Ils sont moins nombreux sur les sites d'Ellignies-Sainte-Anne (fouille Hubert), la maison 10 d'Irchonwelz « la Bonne Fortune » et Vaux-et-Borset (4 pour cent). Ils sont mieux représentés à Irchonwelz « le Trou al Cauche » et Aubechies ainsi que dans les bâtiments 20 et 30 d'Irchonwelz « la Bonne Fortune » (8 pour cent). Les supports de cet outil présentent une grande variabilité suivant les sites, bien que systématiquement il y ait coexistence des supports laminaires et éclats. Rappelons toutefois qu'il n'est pas à exclure qu'un certain nombre de ces burins sur éclat puissent être des nucléus à frites. Les supports éclats dominent très légèrement sur les supports laminaires à Irchonwelz « le Trou al Cauche », Irchonwelz « la Bonne Fortune » (M20 et 30) et Vaux-et-Borset. L'inverse est observable à Ellignies-Sainte-Anne. En revanche, le support éclat est nettement plus prégnant à Irchonwelz « la Bonne Fortune » (M10) alors que le support laminaire domine nettement à Aubechies, Ormeignies et sur la fouille Hubert d'Ellignies-Sainte-Anne.

Les éclats, supports des burins, sont indifféremment prélevés dans les sous-produits du débitage laminaire ou dans les produits du débitage d'éclats sur les sites d'Aubechies, d'Ellignies-Sainte-Anne, Irchonwelz « la Bonne Fortune » (M30) et d'Irchonwelz « le Trou al Cauche » (fig. 99 à 107). Ils sont presque exclusivement réalisés sur les supports issus des productions à faible niveau de savoir-faire à Ormeignies « la Petite Rosière » et à Vaux-et-Borset. En revanche, dans les unités d'habitation 10 et 20 d'Irchonwelz « la Bonne Fortune », ce sont les sous-produits de la chaîne opératoire du débitage laminaire qui sont privilégiés.

L'examen des supports laminaires des burins oppose deux groupes de sites : ceux pour lesquels les supports sont similaires à ceux des lames retouchées et des grattoirs, à savoir des lames de plein-débitage non majoritaires et des supports peu réguliers (ACM, IBF10, IBF30 et OPR). Sur les autres sites, les burins sont principalement réalisés sur des lames de plein-débitage (ESAF, ESAF Hubert), qui peuvent même se révéler des lames très régulières (IBF 20 et ITC).

burins	éclat	lame	autres indet	*part totale des burins sur les sites*
IBF10	67	11	22	*4*
IBF20	54	44	2	*8*
IBF30	56	42	2	*8*
ESAFHub	17	83		*3*
ESAF	42	53	5	*6*
ACM	24	76		*10*
OPR	22	78		*7*
VCM	49	43	8	*4*

Tableau 57 – Supports des burins, en %

6.2.6. Les coches

Les coches ne représentent qu'une faible part de l'outillage blicquien (2 à 6 pour cent des assemblages). Elles sont majoritairement réalisées sur des éclats (plus de 80 pour cent). Quelques coches sur lame coexistent. À Vaux-et-Borset, des petits blocs, plaquettes ou débris naturels sont fréquemment sélectionnés pour réaliser ces coches (30 pour cent contre 60 pour cent sur éclat).

Les supports éclats peuvent être prélevés dans les sous-produits du débitage laminaire (OPR, IBF10 et 20), dans les éclats de la production d'éclats (ITC, Vaux) ou indifféremment dans les uns ou les autres (IBF30, ESAF Hub, ESAF, ACM) (fig. 99 à 107).

6.2.7. Les pièces appointées

Les pièces appointées s'avèrent un outil rare dans les corpus puisqu'elles constituent généralement moins de 1 pour cent de l'outillage et 4 pour cent au plus (OPR). Il s'agit presque exclusivement d'éclats appointés. Seuls les sites d'Ellignies-Sainte-Anne, d'Aubechies et de Vaux-et-Borset possèdent une ou deux lames appointées.

Les supports sont majoritairement prélevés dans les sous-produits du débitage laminaire à Ormeignies « la Petite Rosière », Irchonwelz « la Bonne Fortune » ou Ellignies-Sainte-Anne. À Vaux-et-Borset, Ellignies-Sainte-Anne (fouille Hubert) et Aubechies, les pièces appointées sont indifféremment réalisées sur des supports des productions à faible niveau de savoir-faire ou sur les sous-produits du débitage laminaire (fig. 99 à 107).

6.2.8. Les armatures de faucille

Les armatures de faucille sont peu représentées dans l'outillage. Absentes dans l'unité d'habitation 10 d'Irchonwelz « la Bonne Fortune », elles ne dépassent jamais 2 pour cent de l'outillage. Elles sont strictement réalisées sur des lames à trois exceptions près. Ces trois éclats, découverts à Ellignies-Sainte-Anne et Irchonwelz « la Bonne Fortune » (M30) sont des éclats de préparation de crête aux dimensions comparables à celles des supports laminaires.

Les lames de plein-débitage les plus régulières apparaissent sélectionnées pour réaliser les armatures de faucille. Seul Vaux-et-Borset se distingue par une sélection de supports un peu moins réguliers (fig. 99 à 107).

6.2.9. Les troncatures

La configuration observée pour les troncatures est similaire à celle des faucilles. Elles ne dépassent pas 3 pour cent, sont absentes cette fois d'Ormeignies « la Petite Rosière », sont presque systématiquement sur des lames. De très rares éclats sont signalés à Irchonwelz « le Trou al Cauche », Ellignies-Sainte-Anne (fouille Hubert) et Aubechies. À nouveau, il s'agit d'éclats issus du débitage laminaire (principalement des éclats de préparation de crête) dont les dimensions sont similaires avec celles des lames.

Les troncatures paraissent principalement réalisées sur des lames de plein-débitage (fig. 99 à 107). Néanmoins, celles-ci sont généralement moins régulières que les lames sélectionnées pour réaliser les armatures de faucille, à l'exception de l'unité d'habitation 30 d'Irchonwelz « la Bonne Fortune ». À l'opposé, dans l'unité d'habitation 10 de ce même site, les lames de plein-débitage ne sont pas privilégiées. Les troncatures sont réalisées sur des supports divers (lames sous-crête, à pan cortical...), moins réguliers.

6.2.10. Les armatures de flèche

Les armatures représentent au maximum 2 pour cent de l'outillage blicquien. Elles sont systématiquement sur lame, à l'exception de rares éclats identifiés à Irchonwelz « la Bonne Fortune » (M20) et Vaux-et-Borset. Ces derniers appellent les mêmes commentaires que les armatures de faucilles ou les troncatures. Une sélection évidente des lames de plein-débitage les plus régulières transparaît sur tous les sites, à l'exception d'Irchonwelz « le Trou al Cauche » où les supports apparaissent un peu moins réguliers (fig. 99 à 107).

6.2.11. Les éclats facettés

Les éclats facettés sont isolés des outils facettés car ce support particulier conduit à donner une morphologie différente du façonnage des petits blocs. Ils constituent généralement moins de 1 pour cent de l'outillage. Ils peuvent atteindre 3 pour cent particulièrement à Irchonwelz « la Bonne Fortune » (M10). Ils sont strictement sur éclats issus des productions à faible niveau de savoir-faire (fig. 99 à 107).

6.2.12. Les perçoirs

Les perçoirs constituent moins de 1 pour cent des outils sauf à Irchonwelz « le Trou al Cauche » où 2,5 pour cent de perçoirs sont décomptés. Sur ce site, le support laminaire domine comme à Ellignies-Sainte-Anne et Aubechies. Mais l'emploi d'éclats est systématique. Ce support peut constituer plus de la moitié des supports des perçoirs. Ces éclats sont majoritairement prélevés dans les sous-produits de la production laminaire sauf à Irchonwelz « le Trou al Cauche » où les supports des productions à faible niveau de savoir-faire dominent (fig. 99 à 107). À Vaux-et-Borset, ils sont également prélevés dans les uns et les autres.

Pour les supports laminaires, une grande variabilité apparaît sur les sites où les perçoirs sont suffisamment nombreux pour autoriser cette description. Les lames les plus régulières sont sélectionnées à Vaux-et-Borset. En revanche, à Irchonwelz « le Trou al Cauche », les supports des perçoirs sont fréquemment des lames peu régulières, pas nécessairement de plein-débitage. En revanche, à Ellignies-Sainte-Anne et Aubechies, les lames de plein-débitage sont dominantes mais pas exclusives. Leur régularité est moyenne. Elle est inférieure aux supports des faucilles ou des armatures.

6.2.13. Les tranchets

Les tranchets sont rares et n'ont pas été identifiés sur tous les sites. Repérés dans toutes les unités d'habitation d'Irchonwelz « la Bonne Fortune », ils sont également présents à Aubechies et à Ellignies-Sainte-Anne. Les supports sont généralement des éclats mais des exemplaires sur bloc coexistent, particulièrement dans les bâtiments 10 et 20 d'Irchonwelz « la Bonne Fortune ». Etant donné le façonnage mis en œuvre pour confectionner ces outils, la lecture des supports est difficile. Il semble néanmoins qu'ils soient principalement issus des productions à faible niveau de savoir-faire, sauf dans l'unité d'habitation 30 d'Irchonwelz « la Bonne Fortune ».

6.2.14. Les pièces esquillées

Les pièces esquillées constituent généralement autour de 2 pour cent des assemblages. Vaux-et-Borset en livre le moins (1 pour cent). Elles sont les plus nombreuses à Irchonwelz « la Bonne Fortune », où 4 pour cent sont décomptés pour le bâtiment 10, et respectivement 2 et 3 pour cent le sont pour les bâtiments 20 et 30. Ces deux unités d'habitation se distinguent du fait de l'intégration de petits blocs comme support de cet outil alors qu'il s'agit généralement d'éclats. Quelques lames esquillées ont été repérées à Aubechies, Irchonwelz « la Bonne Fortune » (M.30), Vaux-et-Borset et sur les deux secteurs d'Ellignies-Sainte-Anne.

Les éclats sélectionnés proviennent des productions laminaires à Ellignies-Sainte-Anne, ou dans les maisons 20 et 30 d'Irchonwelz « la Bonne Fortune » (fig. 99 à 107). En revanche, les habitants d'Aubechies ou d'Ellignies-Sainte-Anne (fouille Hubert) privilégient les artefacts issus des productions à faible niveau de savoir-faire. Les supports sont ubiquistes dans l'unité d'habitation 10 d'Irchonwelz « la Bonne Fortune » ou à Ormeignies « la Petite Rosière ».

6.2.15. Les pièces utilisées

- Les pièces émoussées

Les pièces émoussées constituent entre 1,3 pour cent (Vaux-et-Borset) et 7,8 pour cent (Irchonwelz « la Bonne Fortune »- M10) de l'outillage. Les éclats sont nettement le support privilégié de cet outil bien que quelques lames coexistent presque systématiquement. Une frite d'Ellignies-Sainte-Anne porte également des émoussés. Ces éclats sont indifféremment prélevés dans les deux grandes familles de production. Trois exceptions sont à signaler. À Aubechies, les éclats des productions simples sont privilégiés alors que les sous-produits du débitage laminaire le sont à Irchonwelz « la Bonne Fortune » (M20 et M30).

- Les pièces à luisant

L'unité d'habitation 20 d'Irchonwelz « la Bonne Fortune » se distingue franchement des autres sites puisque 15 pour cent de pièces à luisant y sont décomptées alors qu'elles représentent moins de 5 pour cent sur les autres sites. À l'inverse des observations menées pour les pièces émoussées, c'est le support laminaire qui domine. Irchonwelz « le Trou al Cauche » ne présente que des lames alors qu'à Ellignies-Sainte-Anne, Ormeignies « la Petite Rosière » ou Irchonwelz « la Bonne Fortune » (M10), autant de lames que d'éclats sont employés. Les lames à luisant ou « équivalent-burins » (Gassin *et al.* 2006) sont réalisées sur les mêmes supports que les burins à deux exceptions près : l'unité d'habitation 20 d'Irchonwelz « la Bonne Fortune » et la structure 73 d'Irchonwelz « le Trou al Cauche » où les supports sont moins réguliers que ceux des burins.

- Les outils martelés

Les outils martelés sont plus rares dans les corpus. Absents des sites d'Ormeignies « la Petite Rosière » et d'Irchonwelz « le Trou al Cauche », ils représentent moins de 2 pour cent des autres ensembles. Il s'agit généralement d'éclats percutés ou de petits blocs ou plaquettes, tous issus des productions simples.

Nous ne reviendrons pas sur les outils marginaux (cf. Chapitre 1, 4.3.3). Ces exceptions au sein de l'outillage blicquien ne peuvent donc participer à la reconstitution des stratégies de gestion des supports de l'outillage.

L'examen des supports de l'outillage permet de dégager quelques récurrences :

- les denticulés (sauf M20 et 30 d'IBF), les outils facettés, les bouchardes et les outils martelés sont systématiquement réalisés sur des supports issus des productions à faible niveau de savoir-faire,
- les armatures de faucille, les armatures de flèches et les troncatures sont elles toujours réalisées sur lame. Les rares éclats qui coexistent sont des sous-produits du débitage laminaire,
- les autres types d'outils apparaissent indifféremment sur lame ou sur éclat, issus de la production laminaire ou non. La sélection ou non des sous-produits du débitage laminaire ou des pièces issues des productions simples varie d'une maisonnée à l'autre. Bien évidemment, lorsque la production laminaire est dominante sur les sites et par conséquent que les sous-produits sont nombreux, ces derniers sont préférentiellement sélectionnés comme supports de l'outillage.

Sur les unités d'habitation où la production laminaire domine, les productions à faible niveau de savoir-faire visent principalement à l'obtention des éclats et des outils facettés. Les exemples le reflétant sont les unités d'habitation 20 et 30 d'Irchonwelz « la Bonne Fortune ». Un second outil apparaît aussi prioritairement réalisé sur les éclats issus des productions à faible niveau de savoir-faire : le denticulé. Il l'est même exclusivement pour le bâtiment 10 de ce même site où la production laminaire est pourtant nettement dominante. Le denticulé se révèle, sur les autres sites, systématiquement réalisé sur les produits issus des productions simples. Afin d'évaluer quels types d'outils ont été transférés des supports de la production laminaire aux supports issus des productions à faible niveau de savoir-faire, nous nous baserons sur les sites où ces dernières sont nettement dominantes, à savoir Irchonwelz « le Trou al Cauche » et Vaux-et-Borset. Sur ces deux sites, les sous-produits du débitage laminaire, nettement plus rares, ne sont plus exclusivement voués à la confection de certains outils, à l'exception des armatures (Vaux-et-Borset) et des troncatures (Irchonwelz « le Trou al Cauche »). Or, comme nous l'avons vu, ces outils privilégient le support laminaire. Il s'agit donc là du prélèvement de sous-produits du débitage laminaire aux caractéristiques morpho-dimensionnelles similaires à celles des lames pour réaliser des outils typiquement conçus sur lame. La majorité des outils sur éclat se révèle alors confectionnée sur des pièces issues des productions à faible niveau de savoir-faire. Nombre d'entre eux sont des outils peu fréquents des assemblages. En revanche, le grattoir, qui fait partie des outils majoritaires, est préférentiellement conçu sur des supports issus des productions à faible niveau de savoir-faire. Il s'agit donc là d'une différence importante dans la gestion des supports d'outils.

Ainsi, cette étude de l'outillage montre que la composition de l'outillage est assez homogène d'un site à l'autre ou d'une unité d'habitation à l'autre. Seule la maison 10 d'Irchonwelz « la Bonne Fortune » montre une panoplie d'outils très différente des autres sites. En revanche, la gestion des supports de l'outillage y est sensiblement équivalente. L'examen des supports employés montre d'une part que les outils facettés et les denticulés sont exclusivement réalisés sur des supports issus des productions simples et ce, même sur les sites où la production laminaire domine nettement les corpus. D'autre part, certains outils sont exclusivement réalisés sur lame, comme les armatures de flèche, les armatures de faucille ou les troncatures. Enfin, les autres outils sur éclat peuvent préférentiellement être réalisés sur les sous-produits du débitage laminaire lorsque ces der-

niers sont nombreux sur les sites. Lorsque les productions à faible niveau de savoir-faire dominent, ces sous-produits tendent à être beaucoup moins fréquemment sélectionnés ou du moins ne font pas l'objet d'une transformation systématique en un type d'outil donné. On observe un véritable transfert des supports employés pour réaliser les grattoirs. Quand les productions laminaires dominent, ils sont presque exclusivement réalisés sur les éclats de mise en forme de cette production. À l'opposé, ils sont réalisés sur les supports issus des productions à faible niveau de savoir-faire lorsque celles-ci sont majoritaires sur les sites.

Chapitre 4

La diffusion des matières premières siliceuses vers la reconstitution des relations socio-économiques entre les différentes communautés BQY/VSG

La diffusion des matières premières entre les différentes zones d'implantation BQY/VSG est incontestablement attestée par deux matières premières : le silex de Ghlin et le silex tertiaire bartonien. En effet, le silex de Ghlin provient du Bassin de Mons et a été identifié sur les sites de Darion (Jadin *et al.* 2003) et de Vaux-et-Borset (Caspar et Burnez-Lanotte 1994). Ces sites localisés en Hesbaye sont donc distants d'une centaine de km des gîtes de silex de Ghlin. De rares sites Villeneuve-Saint-Germain en livrent également. Le silex tertiaire bartonien, dont les gîtes affleurent au cœur du Bassin parisien, a lui été repéré sur l'intégralité des sites blicquiens et atteste de contacts avec les groupes VSG du Nord de la France. Notre étude sur la diffusion des matériaux se focalisera sur ces deux silex puisque leur identification est aisée. Mais nous soupçonnons que d'autres matières premières circulent. Toutefois, cette hypothèse est moins solide car l'identification de ces matières premières est moins fiable.

1. La diffusion du silex de Ghlin entre les différentes zones de peuplement de la culture Blicquy/Villeneuve-Saint-Germain

Les villages de Vaux-et-Borset et de Darion sont localisés en marge de l'aire d'extension de la culture BQY/VSG. Ils ne sont pourtant pas exclus des réseaux de diffusion des matières premières siliceuses (Caspar et Burnez-Lanotte 1994 ; Jadin *et al.* 2003). Dans un premier temps, ce sont les relations entre Hainaut et Hesbaye qui tenteront d'être éclaircies par l'étude de la diffusion du silex de Ghlin. Dans un second temps, les données bibliographiques seront mobilisées pour examiner cette diffusion vers les sites Villeneuve-Saint-Germain.

1.1. Diffusion du silex de Ghlin vers les sites de Hesbaye : bref historique

La publication du site de Vaux-et-Borset montre que le silex de Ghlin, destiné à la production laminaire, a en partie été débité sur place car « les phases de dégrossissage et de mise en forme des plaquettes sont partiellement attestées » (Caspar et Burnez-Lanotte 1994, 11). L'apport de préformes pourrait être couplé avec l'introduction de produits finis. La répartition spatiale des artefacts ne montre aucune zone préférentielle du travail de ce silex. Une distinction entre les lames en silex local et les lames en silex exogène est soulignée (Caspar et Burnez-Lanotte *op. cit.* ; Caspar et Burnez-Lanotte 1997). Les « tendances observées pourraient signifier l'existence de deux productions majeures, potentiellement significatives de deux modes de débitage » (Caspar et Burnez-Lanotte 1997, 422). À Darion, le silex de Ghlin n'est introduit que sous forme de produits finis (Jadin *et al.* 2003)

L'étude proposée ici vise donc à affiner ces premières observations sur la diffusion du silex de Ghlin. La mise en exergue de ces différences entre lames en silex local et lames en silex de Ghlin par J.-P. Caspar et L. Burnez-Lanotte coïncide bien avec les observations émises dans le chapitre 3. Ces différences posent la question de l'identité des tailleurs des lames en silex de Ghlin en contexte hesbignon. Une meilleure compréhension de ces éléments permettra une perception plus fine des relations socio-économiques entre les habitants du Hainaut et de Hesbaye.

1.2. Modalités d'apport du silex de Ghlin sur le site de Darion

Le site de Darion n'a livré que 5 pièces en silex de Ghlin (soit 0,3 pour cent du total des pièces). Quatre sont issues de la structure 37, qui fournit l'essentiel du matériel, et une a été découverte dans la structure 48. Parmi elles, quatre sont des lames et une est un éclat laminaire de recarénage, assimilable à un fragment de lame. Le débitage ne semble donc pas s'être déroulé *in situ*, d'autant plus que ces pièces présentent une matière première diversifiée suggérant qu'elles ne proviennent pas du même bloc sauf peut-être pour deux de ces lames. Trois pièces portent un pan cortical ainsi que les négatifs d'une crête antérieure pour l'une. Elles sont toutes de section trapézoïdale. Une lame est entière et mesure 92 mm de longueur. Leur largeur est comprise entre 14 et 26 mm et leur épaisseur entre 5 et 8 mm. Deux lames ont leur talon conservé, l'un lisse et l'autre dièdre. Ainsi, malgré le faible effectif des lames en silex de Ghlin de Darion, leurs caractéristiques ne semblent pas diverger de celles observées sur les sites producteurs du Hainaut. Les quatre lames sont intégrées à l'outillage.

La diffusion du silex de Ghlin vers Darion s'effectue donc sous forme de lames. Darion s'individualise alors du village voisin de Vaux-et-Borset puisque sur ce dernier, la production laminaire en silex de Ghlin s'est incontestablement déroulée *in situ*.

1.3. Modalités de diffusion du silex de Ghlin vers le site de Vaux-et-Borset

Près de 1690 pièces en silex de Ghlin sont décomptées sur le site de Vaux-et-Borset. Ainsi, au moins 8 kg de silex de Ghlin ont été transportés depuis le Hainaut, vers les trois ou quatre unités d'habitation fouillées à Vaux-et-Borset (tabl. 58).

Ghlin	nbre	poids
VCM 98	470	1692
VBT/VCL	1216	6311
total	1686	8003

Tableau 58 – Décompte des pièces en silex de Ghlin découvertes à Vaux-et-Borset

111

1.3.1. Supports et productions

L'examen des supports révèle que les éclats sont majoritaires (tabl. 59). Les lames ne constituent que 20 pour cent de l'assemblage. Sept plaquettes, de petites dimensions, ont été décomptées. Les petits éclats ou esquilles ainsi que les chutes d'outils indiquent que le débitage et la confection de l'outillage se sont en partie déroulés *in situ*.

Ghlin	nbre	poids
lame/lamelle	339	1584
éclat	1102	5687
bloc/plaquette	7	501
chute d'outil	16	22
esquille/PE	219	133
indéterminé	3	76
total	1686	8003

Tableau 59 – Classement du silex de Ghlin découvert à Vaux-et-Borset par supports

L'attribution des pièces à la production dont elles sont issues prouve que le silex de Ghlin a principalement été apporté pour produire des lames (fig. 108 et tabl. 60). Néanmoins, 20 pour cent des pièces témoignent de l'intégration du silex de Ghlin dans des chaînes opératoires de productions simples. Parmi ces pièces, un nucléus à lames repris ainsi que des éclats de reprise d'autres nucléus illustrent la récupération presque systématique des déchets de la production laminaire dans les chaînes opératoires de production d'éclats ou d'outils facettés. Ces pièces ne constituent toutefois que 18 pour cent des artefacts attribués aux productions à faible niveau de savoir-faire. L'existence d'au moins quatre plaquettes au gabarit nettement inférieur à celui requis pour réaliser un débitage laminaire le confirme. Dans la même perspective, un remontage d'une quinzaine de pièces sur un polyèdre ne montre aucune trace d'une production laminaire antérieure et le bloc employé ne devait pas dépasser 70 mm de longueur. Cela suppose alors le transport volontaire de supports destinés à alimenter les productions simples.

Ainsi, si le silex de Ghlin est principalement dévolu à produire des lames, un transport volontaire de très petites plaquettes destinées à intégrer les productions à faible niveau de savoir-faire coexiste. Ces productions ne montrent pas de différences notoires avec celles réalisées en silex local. Aussi, nous focaliserons cette étude sur la production laminaire.

Ghlin-nbre	laminaire	domestiques	indéterminé
lame/lamelle	339	-	-
éclat	758	94	250
bloc/plaquette	-	7	-
chute outil	14	-	2
esquille/PE	119	4	96
indet	1	1	1
total	1231	106	349

Tableau 60 – Décompte du nombre de pièces en silex de Ghlin par productions

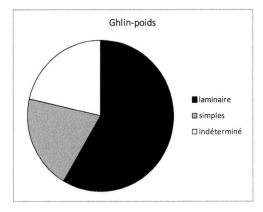

Figure 108 – Part de chacune des productions réalisées sur le silex de Ghlin, en poids

1.3.2. Caractéristiques de la production laminaire en silex de Ghlin réalisée à Vaux-et-Borset

Dans ses grandes lignes, la production laminaire en silex de Ghlin réalisée à Vaux-et-Borset ne montre pas de différences sensibles avec celle du Hainaut. Le seul nucléus à lames conservé montre, malgré sa reprise, la mise en œuvre d'un débitage envahissant (fig. 115). Le plan de frappe est facetté. Il ne subsiste aucune trace de la mise en forme. Nous avons repris les mêmes classes techno-économiques que celles décrites dans le chapitre 3 pour reconnaître quelles étapes de la chaîne opératoire se sont déroulées à Vaux-et-Borset.

Le diagramme techno-économique révèle que toutes les étapes de la chaîne opératoire de production laminaire sont présentes (fig. 109). Il est dès lors possible de comparer ce diagramme à ceux établis sur les sites producteurs du Hainaut (tabl. 61). Il ressort que les premiers éclats de mise en forme apparaissent sous-représentés bien que leur proportion soit comparable à certains sites, notamment Aubechies ou Ellignies-Sainte-Anne (fouille Hubert). Toutefois, il existe, à Vaux-et-Borset, des éclats corticaux ou couverts de 75 pour cent de cortex. Ainsi, on doit envisager l'apport à la fois de plaquettes brutes et de plaquettes plus ou moins dégrossies. Le taux d'éclats de préparation de crête est similaire à celui des sites du Hainaut. L'installation et la régularisation des crêtes se déroulent incontestablement *in situ*.

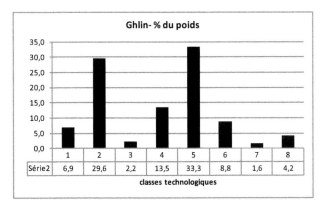

Figure 109 – Diagramme techno-économique de la production laminaire en silex de Ghlin sur le site de Vaux-et-Borset

% POIDS	1	2	3	4	5	6	7	8	TOTAL
ESAF	19,1	30,1	2,5	8,5	13,0	10,2	0,2	16,3	100
ESAFHub	8,2	30,1	5,0	13,7	14,2	5,3	0,0	23,6	100
IBF10	30,1	33,9	4,3	9,8	3,9	9,7	0,9	7,5	100
IBF20+9	23,7	30,4	3,2	13,8	7,4	16,4	1,3	3,7	100
IBF30	22,0	35,4	4,0	14,7	9,4	8,0	1,8	4,8	100
OPR	20,9	28,8	6,6	17,8	9,4	3,8	0,2	12,7	100
ITC	9,3	27,4	4,9	14,5	14,7	5,3	1,0	23,0	100
ACM	7,4	24,7	4,0	16,6	26,1	6,8	1,2	13,3	100
Vaux-et-Borset	6,9	29,6	2,2	13,4	33,3	8,8	1,6	4,2	100

lames

Tableau 61 – Comparaison des diagrammes techno-économiques de la production laminaire en silex de Ghlin entre les sites du Hainaut et Vaux-et-Borset. 1 – éclats de dégrossissage ; 2 – éclats de préparation de crête ; 3 – crêtes ; 4 – éclats d'entretien ; 5 – lames ; 6 – éclats indéterminés ; 7 – petits éclats et chutes d'outil ; 8 - nucléus

Afin d'évaluer le nombre minium de plaquettes découvertes à Vaux-et-Borset, nous avons tenté, à l'instar de l'étude proposée pour le silex tertiaire bartonien (cf. chapitre 4, partie 2), de discerner différents blocs à partir des caractéristiques macroscopiques du matériau. Malheureusement, nous étions face à l'impossibilité de distinguer des blocs sur cette base. Nous imputons cet échec à deux facteurs : une très grande proximité des blocs entre eux et une forte variabilité interne. Cet exercice apporte toutefois un élément de précision sur les modalités d'introduction du silex de Ghlin. En effet, une lame se démarquait nettement des autres. Couplé au fait qu'aucun déchet du débitage ne s'en rapproche, l'hypothèse qu'elle ait été introduite sous forme de lame déjà débitée peut être posée. Un indice la renforcerait, celui du gabarit hors normes de cette lame par rapport aux autres (fig. 110). Il s'agit en effet de la grande lame (150 mm) mentionnée chapitre 3. Ainsi, il apparaît que le silex de Ghlin a diffusé également sous forme de lames brutes en parallèle des plaquettes, ce qui transparaît également dans la comparaison avec les diagrammes techno-économiques du Hainaut (tabl. 61).

Une autre voie a alors été explorée pour décompter le nombre minimum de plaquettes apportées dans les trois ou quatre unités d'habitation de Vaux-et-Borset. Celle-ci allie deux aspects. D'une part, nous avons sélectionné les remontages d'éclats de préparation de crête porteurs de surfaces naturelles ou cortex. En sélectionnant les éclats situés à l'extérieur du bloc, nous espérions atténuer la forte variabilité interne et faciliter alors la discrimination de blocs. D'autre part, le décompte du nombre de crêtes apporte une information complémentaire. Une relative adéquation ressort de la prise en compte de ces deux paramètres. L'examen des remontages nous conduit à distinguer 13 plaquettes différentes et 17 pièces à crêtes sont décomptées. Quelques artefacts témoignent de l'installation de deux crêtes par nucléus mais cette option semble peu privilégiée. 7 pour cent des éclats de préparation de crête portent les négatifs d'une crête opposée et il y a seulement trois lames sous-crête postérieure. On peut donc proposer

qu'une quinzaine de plaquettes brutes ou légèrement dégrossies ait été introduite à Vaux-et-Borset pour produire des lames. Compte tenu des contextes de découverte, il

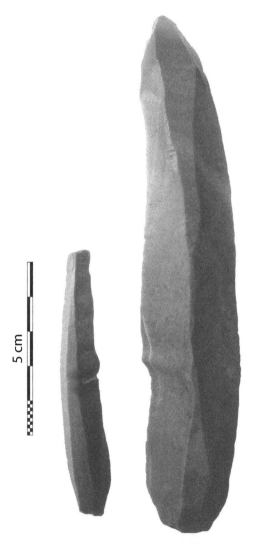

Figure 110 – Opposition entre petite lame probablement produite à Vaux-et-Borset et grande lame probablement importée (silex de Ghlin)

s'agit bien entendu de l'évaluation d'un nombre minimum d'individus. La diffusion concomitante de lames brutes est également envisagée.

La répartition spatiale du mobilier en silex de Ghlin n'indique aucune concentration ni de la production laminaire, ni des productions à faible niveau de savoir-faire dans un endroit précis du village (tabl. 62). En revanche, certaines unités d'habitation paraissent plus riches (fig. 111). Les fosses fouillées en 1998 se rattachent au bâtiment du sec-

teur sud, en témoignent deux remontages et un rapprochement entre des pièces de VCM 98 et de la fosse 4 de VCL 90. Cette unité d'habitation concentre plus de 40 pour cent du matériel en silex de Ghlin. L'excellente conservation de ce secteur n'explique probablement qu'en partie cette concentration. En outre, à niveau de conservation sensiblement égal, le bâtiment dénommé ici A livre deux fois plus de silex de Ghlin que le bâtiment B.

Nous chercherons dès lors à déterminer l'identité des tail-

		part Ghlin (% nbre)	déchets laminaire	lames	productions domestiques
VBT 90	str. 2	6,5	x	x	x
	str. 3	4,4	x	x	x
	str. 11	0,1		x	x
	str. 12	0,1	x		
	str. 15	3,1	x	x	x
	str. 16	2,2	x	x	
	str. 17	0			
	str. 18	1,1	x	x	
VBT 89	str. 1	6,5	x	x	x
	str. 3	12,3	x	x	x
	str. 56	5,3	x	x	x
	str. 67	0,1		x	
	str. 69	9,8	x	x	x
	str. 82	0,8	x	x	
	str. 87	0			
	str. 89	2,2	x	x	x
	str. 102-102'	2,5	x	x	x
	str. 103	0,5	x	x	x
VCL 90	str. 4	6	x	x	x
	str. 5	0,1		x	
	str. 6	8,1	x	x	x
	str. 7	0,4	x	x	
VCM 98		27,9	x	x	x

Tableau 62 – Part du silex de Ghlin dans les différentes structures de Vaux-et-Borset et présence/absence des différentes productions

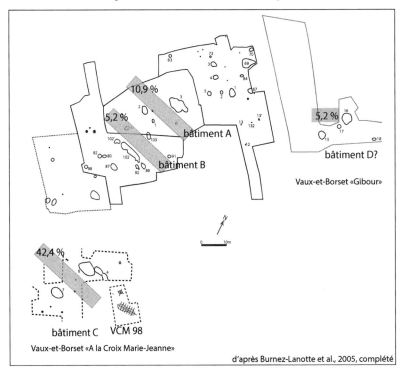

Figure 111 – Part du silex de Ghlin dans les différentes unités d'habitation de Vaux-et-Borset, plan d'après Burnez-Lanotte *et al.* 2005, complété

leurs des lames en silex de Ghlin de Vaux-et-Borset.

1.3.3. Identité des tailleurs des lames en silex de Ghlin de Hesbaye

L'étude des productions révèle que les caractéristiques de la production laminaire en silex fin de Hesbaye montrent des différences notoires avec la production laminaire en silex de Ghlin (**Chapitre 3**, 4.3 et Denis 2014). L'examen des critères les plus pertinents conduit à affirmer que les lames en silex de Ghlin produites en Hesbaye présentent les mêmes caractéristiques que les lames produites en Hainaut.

Tout d'abord, la longueur est en adéquation avec celle des lames en silex de Ghlin du Hainaut. Elle se révèle délicate à appréhender car peu de lames sont entières. De plus, l'objectif étant d'évaluer la longueur des pièces produites à Vaux-et-Borset, nous avons exclu la grande lame en silex de Ghlin introduite déjà débitée. Cette pièce n'est certainement pas la seule à être arrivée sous cette forme, ce qui biaise l'analyse sans que nous soyons en mesure de maîtriser ce paramètre. Les lames entières en silex de Ghlin produites à Vaux-et-Borset mesurent préférentiellement 80 mm de long et quatre pièces sont comprises entre 100 et 130 mm (fig. 112). La longueur moyenne « pondérée » approche 90 mm (tabl. 63), ce qui est en adéquation avec les lames du Hainaut. Leur largeur est comprise entre 14 et 21 mm. Les outils sont préférentiellement réalisés sur les

1.	Vaux-et-Borset	GHLIN	HESBAYE
	nbre proximaux	146	34
	longueur totale (en mm)	13119	2325
	longueur moy. pondérée	89,9	68,4

2.	VCM 98	GHLIN	HESBAYE
	nbre proximaux	40	34
	longueur totale (mm)	3580	2325
	longueur moy.pondérée	89,5	68,4

Tableau 63 – Longueur moyenne pondérée des lames en silex de Ghlin de Vaux-et-Borset, confrontée à celle des lames en silex fin de Hesbaye. 1, ensemble des lames en silex de Ghlin de Vaux-et-Borset. 2, lames en silex de Ghlin des fosses fouillées en 1998.

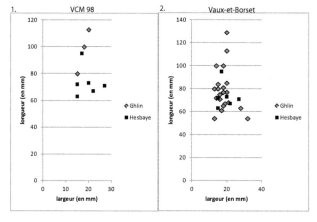

Figure 112 – Longueur/largeur des lames en silex de Ghlin de Vaux-et-Borset (1, fosses fouillées en 1998 et 2, ensemble du site pour les lames en Ghlin)

supports de 18-19 mm et de 5-6 mm d'épaisseur, soit des dimensions comparables à celles du Hainaut.

Les lames de plein-débitage en silex de Ghlin sont préférentiellement de section trapézoïdale que l'on prenne en compte ou non les supports bruts (fig. 113, n° 1). Et l'examen des codes opératoires révèle que plus de 60 pour cent des lames en silex de Ghlin présentent un code opératoire 212' (fig. 113, n° 2). Ainsi, la méthode inclut certainement un agencement systématisé pour l'obtention de lames de section trapézoïdale régulière et symétrique (Pelegrin in Astruc *et al.* 2007). Cette modalité particulière de la production en silex de Ghlin est similaire entre Hainaut et Hesbaye.

De plus, si les talons lisses sont majoritaires à 60 pour cent, il existe 36 pour cent de talons dièdres (fig. 114). Ces derniers attestent donc de la mise en œuvre du même facettage du plan de frappe que pour le Hainaut. Ce facettage est d'ailleurs encore parfaitement perceptible sur le nucléus (fig. 115). Les modalités de préparation de la corniche sont comparables avec celles du Hainaut. Le taux des corniches bien préparées est légèrement supérieur à celui des lames du Hainaut. Cet élément peut être mis en relation avec les dimensions des talons de ces lames (fig. 116). En effet, ils sont en moyenne plus étroits et plus minces que les lames produites en Hainaut. C'est particulièrement l'épaisseur des talons qui semble se distinguer. Environ 80 pour cent des lames en silex de Ghlin produites en Hesbaye présentent un talon dont l'épaisseur est inférieure ou égale à 2 mm. En revanche, en Hainaut, aucun site ne livre plus de 55 pour cent de lames en silex de Ghlin au talon inférieur ou égal à 2 mm d'épaisseur. Ce phénomène est directement à corréler à la régularité des lames en silex de Ghlin. Il apparaît en effet que les lames en silex de Ghlin produites en Hesbaye sont plus régulières que celles produites en Hainaut (fig. 117).

Ce rapide examen des critères de distinction les plus pertinents ayant conduit à distinguer la production laminaire en silex de Ghlin du Hainaut de celle en silex fin de Hesbaye nous permet d'affirmer que les lames en silex de Ghlin débitées à Vaux-et-Borset sont similaires à celles du Hainaut, alors qu'elles se distinguent des lames en silex fin de Hesbaye. Une nuance apparaît toutefois dans la dimension des talons et la régularité des lames. Les lames produites à Vaux-et-Borset s'avèrent plus régulières et présentent des talons encore un peu plus minces que celles du Hainaut. Ainsi, ces pièces correspondent à la meilleure part des débitages laminaires en silex de Ghlin. De là, on peut envisager que les tailleurs des lames en silex de Ghlin de Vaux-et-Borset disposent globalement d'un niveau de savoir-faire plus élevé que le savoir-faire standard diagnostiqué en Hainaut. Cela suggère donc le déplacement de tailleurs expérimentés, disposant d'une plus longue ou d'une plus intense expérience de la taille. Cependant, un degré supplémentaire d'excellence transparaissait aussi en Hainaut à travers la présence de très longues lames. Or, à Vaux-et-Borset, la seule longue lame identifiée ne semble pas avoir été débitée localement.

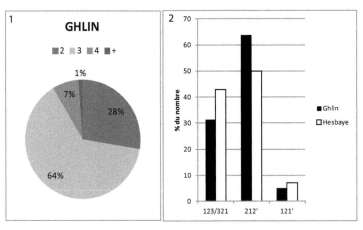

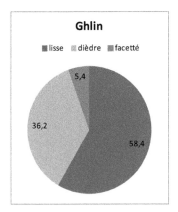

Figure 113 – Section des lames en silex de Ghlin (1) et codes opératoires confrontés aux lames en silex fin de Hesbaye (2)

Figure 114 – Types de talon des lames en silex de Ghlin de Vaux-et-Borset

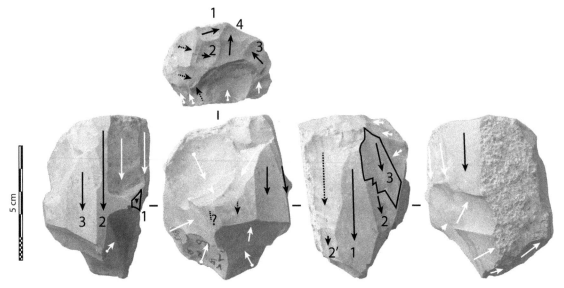

Figure 115 – Nucléus en silex de Ghlin découvert à Vaux-et-Borset, En noir, débitage laminaire ; en blanc, reprise et en pointillé noir, indéterminé

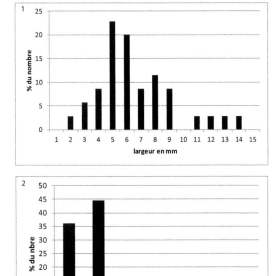

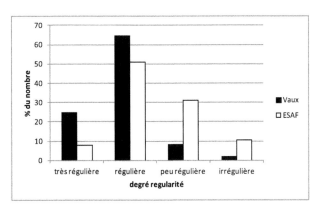

Figure 117 – Régularité des lames en silex de Ghlin de Vaux-et-Borset et confrontation avec la régularité des lames en silex de Ghlin d'Ellignies-Sainte-Anne, site *a priori* contemporain

Figure 116 – Dimensions des talons des lames en silex de Ghlin de Vaux-et-Borset (1- largeur ; 2- épaisseur)

1.3.4. Outillage : une utilisation particulière du silex de Ghlin ?

L'examen de l'outillage proposé ici s'appuie sur l'étude des fosses inédites fouillées en 1998. Le but est en effet d'établir des comparaisons avec l'outillage en silex local. 67 outils en silex de Ghlin ont été décomptés. Le tableau 64 fournit la liste des types d'outils identifiés. Le support laminaire est nettement prédominant dans cet assemblage (63 pour cent). Les éclats représentent 34 pour cent des supports de l'outillage. Parmi eux, seuls 36 pour cent sont des sous-produits du débitage laminaire. Le taux d'utilisation du silex de Ghlin n'est donc que de 14 pour cent et celui des lames en silex de Ghlin s'élève à 44 pour cent.

- Les outils sur éclat

Les outils sur éclats sont principalement des grattoirs (Annexe 106) puis des éclats retouchés. Sur le silex local, ces deux catégories sont inversées. Cette nuance ne peut constituer une différence fondamentale dans la gestion de l'outillage. Les sous-produits de la chaîne opératoire de production laminaire en silex de Ghlin sont peu investis dans l'outillage. En effet, seuls 13 pour cent de ces artefacts sont retouchés. Ce taux est nettement inférieur à celui des sites du Hainaut.

- Les outils sur lame

43 pour cent de l'outillage sur lame est en silex de Ghlin alors que les lames en silex de Hesbaye ne représentent que 30 pour cent des supports d'outils (Annexe 73). L'outillage en silex de Ghlin est dominé par les lames retouchées (Annexe 109) puis les burins (Annexe 110). Notons que les micro-burins sont nombreux (8 pièces). Ces déchets de l'outillage sont généralement associés à la confection des armatures de flèche. La confrontation des différentes catégories typologiques révèle l'absence d'armatures de faucille en silex de Ghlin. À l'inverse, les per-

çoirs, les troncatures ou les grattoirs semblent exclure les supports en silex local. Toutefois, les effectifs sont réduits et il reste délicat d'interpréter cette situation. Il faudrait étendre cette étude à l'ensemble du site de Vaux-et-Borset pour déterminer s'il s'agit de récurrences ou non. Les données bibliographiques tendent à indiquer que non (Caspar et Burnez-Lanotte 1994).

Les modalités de diffusion du silex de Ghlin opposent Darion et Vaux-et-Borset. Seules des lames sont introduites sur le premier site alors que le débitage se déroule incontestablement sur le site de Vaux-et-Borset. Dans ce dernier site, pour 3 ou 4 unités d'habitation, au moins 8 kg de silex de Ghlin ont été transportés depuis le Hainaut vers la Hesbaye, soit une quinzaine de plaquettes destinées à la production laminaire, mais aussi des lames et des petits supports spécifiquement voués aux productions d'éclats ou d'outils facettés. Ces deux phrases illustrent bien le biais quantitatif lié aux contextes de découverte. En effet, la plus légère des plaquettes, découverte sur le site d'Ormeignies « le Bois Blanc », pèse 1,9 kg. Sur cette base, les 15 plaquettes transportées à Vaux-et-Borset représenteraient environ 30 kg de matières premières. Or, il n'en reste que 8 kg, soit environ 40 pour cent de ce que l'on pourrait attendre, ce qui est en adéquation avec les observations quaitatives émises à Jablines sur la conservation des vestiges (Lanchon *et al.* 1997). De plus, l'impact économique de ces lames en silex de Ghlin apparaît nettement moins important à Darion qu'à Vaux-et-Borset. En effet, il faut rappeler que les productions laminaires en silex fin et grenu de Hesbaye sont largement dominantes à Darion. En revanche, à Vaux-et-Borset, du moins dans les structures fouillées en 1998, c'est la production laminaire en silex de Ghlin qui est quantitativement la plus importante. Les liens entre les habitants du Hainaut et ceux de Vaux-et-Borset apparaissent donc beaucoup plus intenses. En outre, les caractéristiques de la production laminaire en silex de Ghlin sont similaires à celles identifiées en Hai-

Ghlin		lame	éclat	plaquette /débris	indet.	nbre total	%
	retouché	14	7	-	-	21	**31,3**
	denticulé	-	2	-	1	3	**4,5**
	grattoir	2	8	1	-	11	**16,4**
	coche	-	1	-	-	1	**1,5**
	burin	8	1	-	-	9	**13,4**
	armature	1	-	-	-	1	**1,5**
	pièce appointée	1	1	-	-	2	**3,0**
	perçoir	3	1	-	-	4	**6,0**
	multiple	1	-	-	-	1	**1,5**
	troncature	1	-	-	-	1	**1,5**
	piquant-trièdre	1	-	-	-	1	**1,5**
utilisé	pièce à émoussé	1	-	-	-	1	**1,5**
	pièce à luisant	3	-	-	-	3	**4,5**
utilisé probable	pièce à ébréchures	1	2	-	-	3	**4,5**
	fragment	5	-	-	-	5	**7,5**
nbre total		42	23	1	1	67	**100**
%		62,7	34,3	1,5	1,5	100	

Tableau 64 – Décompte de l'outillage en silex de Ghlin de Vaux-et-Borset

naut, mais pas à celles de la production laminaire en silex fin de Hesbaye menée sur place. On doit donc envisager que ce sont des tailleurs du Hainaut qui sont venus à Vaux-et-Borset pour produire des lames en silex de Ghlin. En outre, il s'agirait de tailleurs parmi les plus expérimentés.

Il y aurait donc une forme de relation sociale directe entre certains habitants du Hainaut et les habitants de Vaux-et-Borset, alors même que la distance séparant les habitats du Hainaut et le village de Vaux-et-Borset est d'une centaine de km. En revanche, les données bibliographiques offrent une toute autre vision de la circulation du silex de Ghlin vers le Bassin parisien.

1.4. Modalités de diffusion du silex de Ghlin vers le Bassin parisien

Le silex de Ghlin a été identifié sur huit sites Villeneuve-Saint-Germain (fig. 118) : Ocquerre en Seine-et-Marne (Praud *et al.* 2009), Vermand (Bostyn *et al.* 2003), Bucy-le-Long (Allard 1999), Pasly (découverte prospections par P. Allard) et Pontavert (Denis 2012b) dans l'Aisne, Lacroix-Saint-Ouen (Bostyn 1994) et Pontpoint (Bostyn *et al.* 2012), dans l'Oise. Enfin, une pièce a également été signalée sur un site localisé beaucoup plus près des sites blicquiens que des sites VSG, à Noyelles-sous-Lens, dans le Pas-de-Calais (Martial 2001 ; Praud *et al.* 2010).

À l'exception de Bucy-le-Long, seules des lames en silex de Ghlin ont circulé. À raison généralement d'une à deux

unités, elles représentent moins de 0,1 pour cent des assemblages. À Bucy-le-Long, un polyèdre et trois lames ont été découverts (Allard 1999). Sur le site de Pontpoint, où quatre bâtiments ont été fouillés, plusieurs dizaines de pièces en silex de Ghlin ont été découvertes. Elles sont concentrées dans l'unité d'habitation 50 où 80 pour cent du silex de Ghlin a été découvert (soit 1,6 pour cent du matériel). La maison 60 en livre 0,6 pour cent. 13 lames, 27 outils sur lame, 7 chutes de burin et 2 éclats de retouche, soit la valeur minimale de 40 lames a été découverte (Bostyn *et al.* 2012). L'outillage ou les lames brutes ne paraissent pas concentrés dans l'une ou l'autre des unités d'habitation. La circulation s'effectue donc, comme pour les autres sites, sous forme de lames et l'outillage paraît réalisé *in situ*.

À Pontpoint, l'auteur signale qu'il s'agit uniquement de lames de plein-débitage. Leur section est presque exclusivement trapézoïdale (Bostyn, *et al.* 2012). 76 pour cent de ces lames mesurent entre 13 et 20 mm de largeur pour 2 à 6 mm d'épaisseur. « La grande régularité de ces produits […] ainsi que le soin apporté à la préparation du bord du nucléus témoignent du niveau élevé de savoir-faire mis en jeu pour l'obtention de ces produits […] » (Bostyn *et al.* 2012, 108). En outre, les talons dessinés sur les planches montrent bien leur petite dimension, confirmant cette assertion. Trois lames dessinées sont entières ou presque. La plus longue mesure près de 120 mm, les autres ont une longueur plus proche de 90-100 mm. Ainsi, les lames de Pontpoint présentent toutes les caractéristiques de la meilleure part

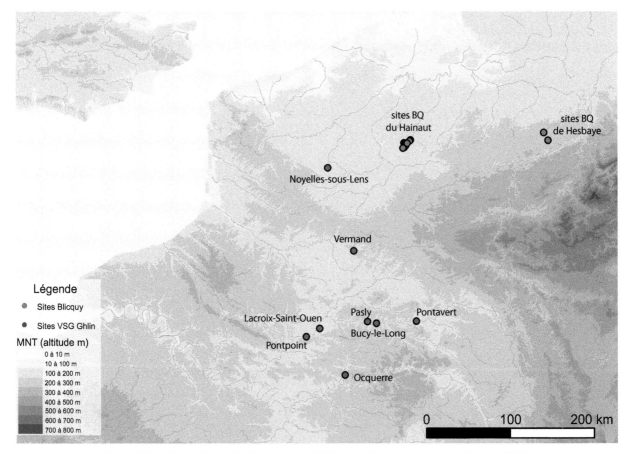

Figure 118 – Carte de localisation des sites VSG ayant livré des lames en silex de Ghlin

du débitage laminaire en silex de Ghlin. Ces lames sont des lames courtes, comme celles ayant circulé vers Bucy-le-Long (Allard 1999). Néanmoins, au moins une des trois lames de ce site est une lame à pan cortical qui porte les négatifs transversaux d'une crête antérieure. Sa régularité est moindre (fig. 119). La sélection des produits appelés à circuler vers Bucy-le-Long apparaît moins rigoureuse. Les lames en silex de Ghlin identifiées à Vermand sont des petits fragments de deux lames à 2 pans, comme à Pontavert. À Ocquerre, il s'agit d'un fragment mésial de lame à 3 pans (Praud *et al*. 2009). Nous ne disposons pas d'information précise pour Noyelles-sous-Lens. Enfin, à Lacroix-Saint-Ouen, une longue lame de presque 150 mm en silex de Ghlin a été conservée entière (Bostyn 1994).

Ainsi, la diffusion du silex de Ghlin vers les sites VSG s'effectue sous forme de lames. Il s'agit généralement de pièces à l'unité, à l'exception de Pontpoint (Oise) vers lequel au moins 40 lames en silex de Ghlin ont été transportées. Les caractéristiques de ces lames tendent à indiquer que la meilleure part des débitages laminaires en silex de Ghlin était sélectionnée. Le site de Pontpoint offre de bons exemples de lames courtes très régulières alors qu'à Lacroix-Saint-Ouen, il s'agit d'un produit issu de la production de grandes lames. Se démarquent les pièces de Bucy-le-Long où une lame à pan cortical et un polyèdre ont été découverts. Aucun des sites n'indique un quelconque indice de débitage local. La diffusion du silex de Ghlin vers les sites VSG montre alors l'apport possiblement direct d'un lot de plusieurs dizaines de lames vers des sites receveurs (ex. de Ponpoint), la présence de lames à l'unité sur la majorité des autres sites pourrait évoquer une diffusion secondaire.

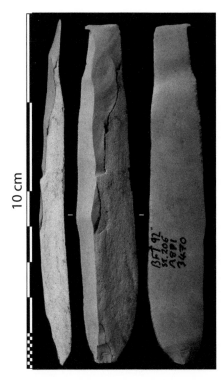

Figure 119 – Lame à pan cortical en silex de Ghlin de Bucy-le-Long , Denis, 2014

2. La diffusion du silex tertiaire bartonien vers les sites blicquiens : précisions sur les relations entretenues entre populations VSG et blicquiennes

Le silex tertiaire bartonien affleure au cœur du Bassin parisien, soit à environ 200 km des sites blicquiens. Ce silex a été identifié sur tous les sites du groupe de Blicquy (Bostyn 2008 ; Caspar et Burnez-Lanotte 1994 ; Constantin 1985 ; Jadin *et al*. 2003). Préciser les modalités de diffusion de ce silex constitue alors un enjeu capital pour comprendre les relations socio-économiques entretenues entre les communautés VSG du Nord de la France et les populations blicquiennes.

2.1. Bref historique sur la diffusion du silex tertiaire bartonien

La diffusion du silex tertiaire bartonien n'est désormais plus à prouver dans la culture Blicquy/Villeneuve-Saint-Germain (Augereau 2004 ; Bostyn 1994 ; Plateaux 1990a et b). M. Plateaux a posé l'hypothèse d'une circulation du schiste et du silex tertiaire entre le Bassin parisien et le Hainaut. F. Bostyn propose un schéma de l'organisation de la production laminaire et des réseaux de circulation du silex tertiaire bartonien (Bostyn 1994). Elle a également mené une étude récente de cette circulation vers les sites blicquiens du Hainaut (Bostyn 2008). Le silex bartonien y arrive sous forme de nucléus préformés. De plus, « les différences mises en relief entre les sites blicquiens semblent indiquer une gestion des importations de préformes en silex bartonien au niveau régional où certains sites jouent le rôle de re-distributeurs de produits finis » (Bostyn 2008, 410). Enfin, nous avons souligné la coexistence, dans le Bassin parisien, de sites producteurs de grandes lames et de sites producteurs de petites lames (Denis 2012a). Ces derniers ne semblent pas impliqués dans la redistribution du silex tertiaire bartonien puisque seules les grandes lames seraient prioritairement dévolues à entrer en circulation.

Notre étude menée sur le silex tertiaire bartonien découvert en contexte blicquien visera à préciser les modalités de diffusion de ce silex et les relations entretenues entre les populations VSG et blicquiennes.

2.2. Quantités et caractéristiques générales des pièces en silex tertiaire bartonien découvertes sur les sites blicquiens

2.2.1. Quantités de silex tertiaire bartonien déplacées vers le groupe de Blicquy

L'intégralité des pièces en silex tertiaire bartonien découvertes sur les sites blicquiens a été étudiée. 746 pièces (tabl. 65) soit près de 4,6 kg de silex tertiaire bartonien sont décomptées pour les sites de Belgique. Présent sur tous les sites (fig. 120), il constitue généralement moins de 1 pour cent des assemblages. Il faut toutefois signaler qu'aucune pièce en silex tertiaire bartonien n'a été découverte dans l'unité d'habitation 10 d'Irchonwelz « la Bonne Fortune » et dans la structure 48 d'Aubechies. Le site d'Ellignies-Sainte-Anne se démarque puisqu'il en a livré 3 pour cent. Les sites d'Irchonwelz « le Trou al Cauche » et de Blicquy

« la Couture de la Chaussée » apparaissent eux aussi légèrement mieux pourvus. Les sites de Hesbaye, pourtant plus éloignés des sources de matières premières, possèdent des quantités comparables aux sites du Hainaut.

Bartonien	nbre	poids
Darion	8	61
Vaux	148	615
ITC	82	405
IBF	77	443
ESAF	201	1485
ESAF Hubert	16	136
BCC	140	1040
OPR	2	8
ODBM	13	50
OBB	9	65
BCCo	9	73
ACM	41	207
total	746	4588

Tableau 65 – Décompte des pièces en silex tertiaire bartonien découvertes sur les sites blicquiens

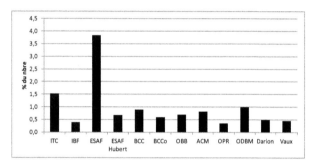

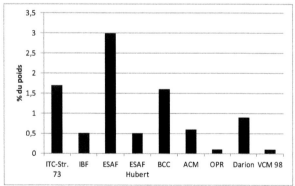

Figure 120 – Part du silex tertiaire bartonien sur les sites blicquiens (en nombre et en poids). La donnée « poids » n'est pas toujours présente dans les publications, pour les sites non étudiés de manière exhaustive

2.2.2. Supports et productions

Suite au classement des artefacts par support, quatre groupes de sites peuvent être distingués (tabl. 66). Trois sites (Ormeignies-Blicquy « la Petite Rosière », Blicquy « la Couture du Couvent » et Darion) n'ont livré que des lames. Dans chacun de ces deux derniers sites, une chute de burin témoigne qu'au moins une partie de l'outillage

y a été retouché. Le deuxième groupe est constitué par Irchonwelz « la Bonne Fortune », Ormeignies « le Bois Blanc » et Ellignies-Sainte-Anne (fouille Hubert). Si les lames sont presque exclusives, quelques éclats les accompagnent en faible proportion (moins de 12 pour cent). À nouveau, des chutes d'outils ainsi que des petits éclats de retouche attestent de la confection de l'outillage *in situ*. Le troisième groupe individualisé correspond à des sites dans lesquels les lames ne représentent plus que 70 pour cent du matériel en silex bartonien, complétées d'environ 30 pour cent d'éclats. Les sites d'Aubechies, d'Ormeignies « les Dérodés du Bois de Monchy » et de Vaux-et-Borset correspondent à cette description. Certains des petits éclats d'Aubechies et de Vaux-et-Borset ne sont pas des éclats de retouche mais des esquilles, soutenant l'idée d'un débitage du silex bartonien *in situ*. Enfin, le dernier groupe concerne les sites d'Irchonwelz « le Trou al Cauche », de Blicquy « la Couture de la Chaussée » et d'Ellignies-Sainte-Anne Anne, où le taux de lames est égal ou inférieur à la part des éclats. On peut de plus souligner la présence de débris de débitage et de petits éclats et esquilles. Ces différents indices suggèrent que le débitage s'est déroulé localement. Le site de Blicquy « la Couture de la Chaussée » est le seul à avoir livré un nucléus.

La lecture technologique des pièces montre que le silex tertiaire bartonien était presque exclusivement destiné à produire des lames (tabl. 67). Sur les sites d'Ellignies-Sainte-Anne, de Vaux-et-Borset et de Blicquy « la Couture de la Chaussée », des éclats de reprise de nucléus à lames ont été découverts. Les nucléus peuvent donc être repris dans des chaînes opératoires de productions simples. En revanche, à Blicquy « la Couture de la Chaussée », le taux de production laminaire est faible comparé aux autres sites. Ce phénomène est lié à la reconnaissance d'une vingtaine de pièces particulières. Un rognon aplati de silex bartonien de mauvaise qualité a été apporté sur le site (fig. 121). Il est possible de lui associer, par la similitude des caractéristiques de la matière première, une vingtaine d'éclats obtenus à la percussion dure, souvent réfléchis. Un remontage de cinq de ces éclats prouve que le débitage a eu lieu sur le site. Le nucléus montre un détachement bifacial d'éclats évoquant alors l'installation d'une crête. Mais l'irrégularité des enlèvements ne peut en aucun cas conduire à initier le débitage laminaire. Deux hypothèses sont envisageables : soit ces pièces correspondent au début d'une chaîne opératoire de production laminaire, soit elles renvoient à un débitage d'éclats. Dans les deux cas, ce débitage a été effectué par une personne inexpérimentée comme l'attestent les réfléchissements, les coups à la percussion dure multiples et surtout l'abandon de ce volume encore important du fait de l'incapacité à maintenir des angles propices au débitage. La longueur initiale de ce bloc ne devait pas dépasser 100 mm, ce qui est inapte à la mise en œuvre d'une production laminaire respectant les gabarits recherchés. Ainsi, on peut présumer que ce rognon de médiocre qualité a volontairement été apporté pour être débité par une personne ne disposant que d'un très faible niveau de savoir-faire.

% poids	BCC	ESAF	ITC	ACM	ODBM	Vaux	ESAF Hub	IBF	OBB	BCCo	OPR	Darion
lame/lamelle	25,7	31,9	50,1	67,6	70,6	70,9	87,5	89,4	93,9	98,6	100	100
éclat	29,9	66,1	45,9	28	29,4	26,2	11,8	8,3	4,6	-	-	-
bloc/plaquette	40,7	-	-	-	-	-	-	-	-	-	-	-
débris	1,3	0,1	-	-	-	-	-	0,2	-	-	-	-
chute outils	0,8	0,1	1,5	1,9	-	1,8	-	1,6	1,5	1,4	-	-
esquille/PE	1,5	1	2	1,5	-	0,5	0,7	0,5	-	-	-	-
indéterminé	0,1	0,8	0,5	1	-	0,6	-	-	-	-	-	-
	100	100	100	100	100	100	100	100	100	100	100	100

Tableau 66 – Distinction de quatre groupes de sites suite au classement par supports des artefacts en silex tertiaire bartonien

	BCC	ACM	ITC	ESAF	Vaux	ESAF Hubert	IBF	OBB	ODBM	BCCo	OPR	Darion
part production laminaire (% nbre)	66	81	88	91	93	94	96	100	100	100	100	100

Tableau 67 – Part des artefacts en silex bartonien attribués à la production laminaire

Figure 121 – Rognon de silex tertiaire bartonien de mauvaise qualité, débité sur le site de Blicquy « la Couture de la Chaussée » par un tailleur inexpérimenté

Ainsi, plus de 4,5 kg de silex tertiaire bartonien ont été découverts dans les structures des sites blicquiens. Ce silex a clairement été apporté sur les sites en vue de produire des lames. L'examen des supports prouve que la production s'est, du moins en partie, déroulée sur certains sites.

2.3. Approche fine des modalités de diffusion du silex tertiaire bartonien

Les mêmes catégories techno-économiques décrites pour le silex de Ghlin ont été reprises puisqu'aucune différence fondamentale n'est perceptible dans le déroulement de la chaîne opératoire de production des lames en silex tertiaire Bartonien.

2.3.1. Diagrammes techno-économiques généraux

La réalisation des diagrammes techno-économiques confirme les observations menées par F. Bostyn en 2008. La production ne s'est pas déroulée sur tous les sites. Comme mentionné précédemment, les sites d'Ormeignies-Blicquy « la Petite Rosière », de Blicquy « la Couture du Couvent » et de Darion ne livrent que des lames (fig. 122). En revanche, deux sites présentent l'intégralité des étapes de la chaîne opératoire du débitage laminaire : Ellignie-Sainte-Anne et Vaux-et-Borset (fig. 123). La majorité des sites montrent des situations qualifiables d'intermédiaires (fig. 124) du fait de l'absence de certaines étapes de la chaîne opératoire, particulièrement des éclats de mise en forme, des nucléus ou des crêtes.

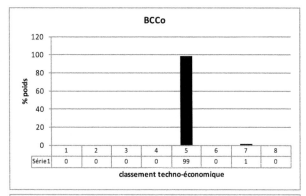

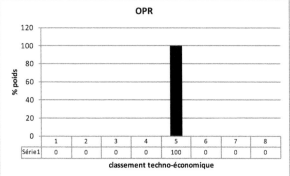

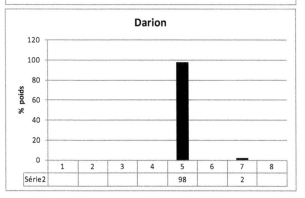

Figure 122 – Diagrammes techno-économiques de la production laminaire en silex bartonien des sites de Blicquy « la Couture du Couvent » (BCCo), Ormeignies « la Petite Rosière » (OPR) et Darion. 1 – éclats de dégrossissage ; 2 – éclats de préparation de crête ; 3 – crêtes ; 4 – éclats d'entretien ; 5 – lames ; 6 – éclats indéterminés ; 7 – petits éclats et chutes d'outil ; 8 - nucléus

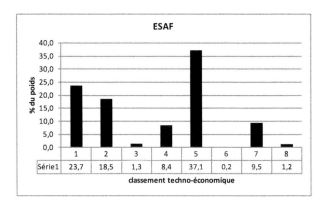

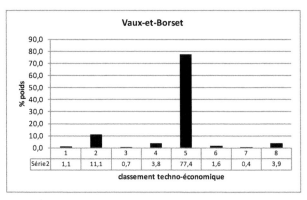

Figure 123 - Diagrammes techno-économiques de la production laminaire en silex bartonien des sites d'Ellignies-Sainte-Anne (ESAF) et de Vaux-et-Borset. 1 – éclats de dégrossissage ; 2 – éclats de préparation de crête ; 3 – crêtes ; 4 – éclats d'entretien ; 5 – lames ; 6 – éclats indéterminés ; 7 – petits éclats et chutes d'outil ; 8 - nucléus

Répartis en trois catégories, ces différents diagrammes s'individualisent les uns des autres au regard de la proportion relative des différentes classes techno-économiques. Ils présentent de plus des distorsions notoires. Les éclats de mise en forme sont systématiquement absents ou nettement sous-représentés alors que les lames sont le plus souvent surreprésentées. Sur le site d'Ormeignies « les Dérodés du Bois de Monchy », la part des lames est inférieure à celle des pièces à crête. Cette situation résume bien le déséquilibre net de ces diagrammes techno-économiques que ne peut justifier à lui seul le contexte de découverte. Afin de comprendre ces déséquilibres, nous avons alors tenté de raisonner par bloc. Une observation qualitative fine des caractéristiques macroscopiques de la matière première a conduit à distinguer différents groupes. Ces caractéristiques correspondent principalement à la

structure de la matrice, sa texture, sa couleur, ses inclusions, la densité du nombre d'oogones et leur « design », les diaclases ou imperfections. Les rapprochements opérés dans un premier temps par site sont pour nous significatifs d'une origine commune de ces artefacts. Chaque groupe individualisé reflète probablement un bloc. Bien évidemment, l'intégralité des pièces n'a pu être soumise à ce tri (tabl. 68). Les plus petites pièces ont été d'emblée écartées ainsi que les éléments trop ambigus. Par ailleurs, la mémoire visuelle des pièces est insuffisante pour une attribution fiable à l'un ou l'autre des groupes. Ainsi, les pièces n'ayant pu être directement comparées à l'ensemble du corpus ont été sciemment exclues des comparaisons inter-sites qui seront proposées par la suite. Nous pensons plus partiulièrement aux pièces étudiées à la Domus Romana (Aubechies), à certaines pièces d'Irchonwelz « le Trou al Cauche » étudiées à Mons ou celles de Darion, étudiées à Bruxelles. Enfin, la photographie était le meilleur outil pour transmettre aux lecteurs les informations obtenues. Mais nous n'avons pas été en mesure de réaliser l'intégralité des clichés dans les mêmes conditions (lieu, matériel, météorologie). Aussi, certaines photos s'éloignent plus que d'autres de l'aspect réel des pièces malgré les traitements de l'image sous Photoshop.

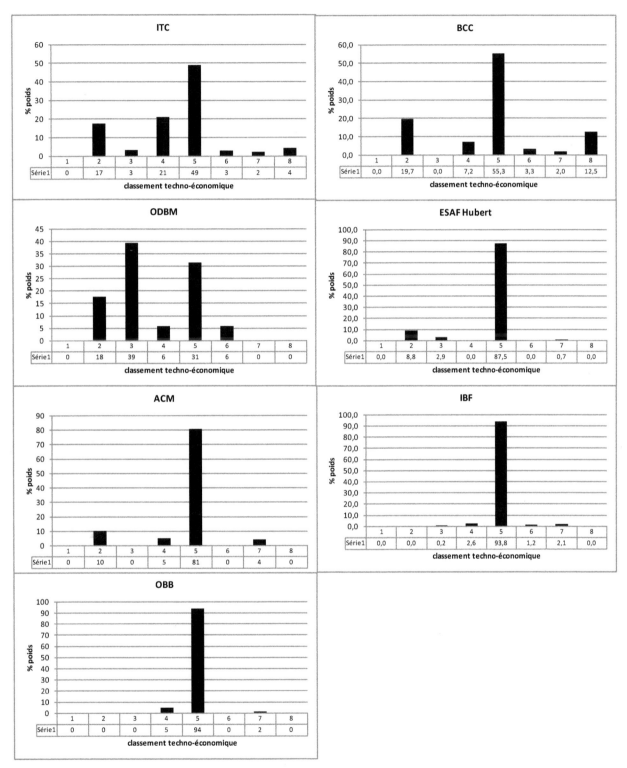

Figure 124 - Diagrammes techno-économiques de la production laminaire en silex bartonien des sites d'Irchonwelz « le Trou al Cauche » (ITC) et « la Bonne Fortune » (IBF), de Blicquy « la Couture de la Chaussée (BCC), Ormeignies « les Dérodés du Bois de Monchy » (ODBM), Ellignies-Sainte-Anne (fouille Hubert), Aubechies (ACM) et Ormeignies « le Bois Blanc » (OBB) 1 – éclats de dégrossissage ; 2 – éclats de préparation de crête ; 3 – crêtes ; 4 – éclats d'entretien ; 5 – lames ; 6 – éclats indéterminés ; 7 – petits éclats et chutes d'outil ; 8 - nucléus

pièces non classées	
OPR	0
BCCo	0
ESAF	20
Vaux	40
ITC	32
IBF	36
ACM	12
ESAF Hubert	1
ODBM	1
OBB	1
BCC	47

Tableau 68 – Nombre de pièces par site n'intégrant pas le classement par rapprochements

2.3.2. Au-delà des diagrammes techno-économiques : les rapprochements par bloc

- Les sites n'ayant livré que des lames

Ormeignies « la Petite Rosière »

Figure 125 – Lames en silex tertiaire bartonien découvertes à OPR

Les deux lames de plein-débitage d'OPR sont d'une même variété de silex (fig. 125) et auraient donc été débitées d'un même nucléus ou du moins de deux rognons issus d'un même affleurement.

Blicquy « la Couture du Couvent »

En revanche, les lames de Blicquy « la Couture du Couvent » proviennent de plusieurs nucléus (fig. 126). Un lot de 4 pièces proviendrait du même bloc dont deux fragments d'une même lame de flanc (fig. 126, n° 1), ainsi que deux lames de plein-débitage (fig. 126, n° 2 et 3). Un fragment mésial de lame de plein-débitage est rapproché de l'unique chute de burin identifiée (fig. 126, n° 2), mais cette dernière porte un négatif transversal. Provenant alors d'une lame sous-crête, un couple de lames paraît issu du même nucléus. Enfin, quatre lames se distinguent à la fois de ces deux groupes ainsi que les unes des autres (fig. 126, n° 5 à 7). Il s'agit principalement de lames de plein-débitage.

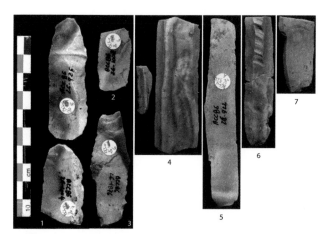

Figure 126 – Lames en silex tertiaire bartonien découvertes à BCCo

Figure 127 – Lames en silex tertiaire bartonien découvertes à Darion

Darion

Les sept lames de Darion semblent toutes s'individualiser les unes des autres (fig. 127). Mise à part une lame à pan cortical, il s'agit de lames de plein-débitage.

- Les sites ayant livré l'intégralité de la chaîne opératoire

Ellignies-Sainte-Anne

Le diagramme techno-économique général du site d'Ellignies-Sainte-Anne est le seul à paraître relativement équilibré. Les rapprochements par bloc attestent que plus de 70 pour cent des pièces d'Ellignies-Sainte-Anne (150 pièces) proviendraient d'une seule et même plaquette (fig. 128 et 129). Une douzaine de remontages ou raccords soutient cette proposition. Les artefacts se rapportant à cette plaquette illustrent toutes les étapes de la chaîne opératoire. Ellignies-Sainte-Anne est le seul site blicquien à avoir livré des gros éclats corticaux de dégrossissage. Les éclats de préparation de crête sont bien représentés (38 pièces) ainsi que les pièces à crête. Toute une série d'éclats d'en-

Figure 128 – Eclats provenant probablement d'un même débitage d'une plaquette de silex tertiaire, Ellignies-Sainte-Anne

Figure 129 – Lames associées par similitude de la matière première à la même plaquette que les éclats de la figure 128, Ellignies-Sainte-Anne

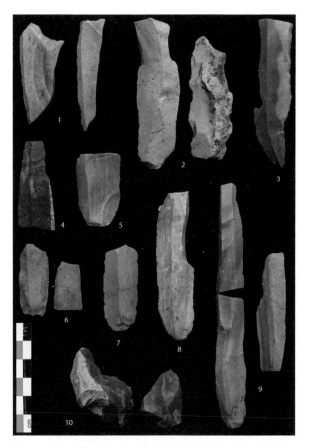

Figure 130 – Rapprochements des autres lames et éclats découverts à Ellignies-Sainte-Anne

tretien est également recensée. 33 lames correspondent à cette plaquette dont 23 lames de plein-débitage. Aucun nucléus mais un probable éclat de reprise de celui-ci indiquerait que la fin de la chaîne opératoire s'est également déroulée sur le site.

Outre l'introduction de cette plaquette brute, 25 lames attestent de l'apport concomitant de produits finis ou semifinis (fig. 130). Les rapprochements proposés suggèrent que ces 25 lames proviennent de 13 blocs différents, majoritairement représentés par une ou deux lames. Sur ces 25 lames, 17 sont des lames de plein-débitage, 4 portent des négatifs transversaux de la crête et 4 autres un pan cortical.

Enfin, deux éclats se distinguent (fig. 130, n° 10). Ils ne correspondent ni à la matière première de la plaquette, ni *a priori* à celle des lames isolées. Les deux sont débités à la percussion dure. L'un, très réduit par la retouche, porte au moins 25 pour cent de cortex. L'autre porte des négatifs laminaires. Il s'agirait d'un éclat d'entretien destiné à franchir une diaclase qui gênait certainement le débitage. Un éclat laminaire pourrait être rapproché de ces artefacts avec un degré de certitude inférieur.

Figure 131 – Artefacts en silex tertiaire provenant probablement d'une même plaquette, Vaux-et-Borset

Vaux-et-Borset

De la même manière, plus de 50 pièces dont la majorité des éclats du débitage laminaire découverts à Vaux-et-Borset paraissent issues d'une seule et même plaquette (fig. 131).

Contrairement à Ellignies-Sainte-Anne, l'absence des gros éclats corticaux est à souligner. Un seul éclat de dimensions modestes possède plus de 75 pour cent de cortex. Une quinzaine d'éclats se rattache à l'installation des crêtes (fig. 131). Deux sont semi-corticaux et dix ne porte que du cortex résiduel. 24 lames dont 19 de plein-débitage sont conservées ainsi que des éclats d'entretien du débitage. Signalons toutefois que 9 lames sont attribuées à cette plaquette malgré une certaine incertitude (fig. 132, n° 1). L'absence de nucléus est compensée par l'identification d'éclats de reprise.

Quatre groupes apparaissent, qui associent chacun un ou deux éclats et une ou deux lames. Dans deux cas, une lame à pan cortical est rapprochée d'un éclat de retouche, sans que celui-ci puisse en provenir. Une autre de ces associations est constituée par un probable éclat de préparation de crête, une lame à pan cortical et une lame de plein-débitage (fig. 132, n° 6). Un dernier groupe rapproche un probable éclat d'avivage de plan de frappe, un éclat porteur d'une crête très irrégulière, sans doute postérieure, et deux lames, l'une sous-crête antérieure et l'autre de plein-débitage (fig. 132, n° 6).

Enfin, une quarantaine de lames dont 29 de plein-débitage semblent avoir été introduites déjà débitées. Onze blocs sont représentés par des exemplaires uniques (fig. 132, n°s 2 à 4) et cinq par une paire de lames (fig. 132, n° 8). Deux blocs fournissent chacun quatre lames (fig. 132, n° 7). Cinq et six lames sont obtenues de deux blocs différents.

Ces données n'intègrent pas une quarantaine de pièces signalées mais que nous n'avons pas retrouvées. Toutefois, grâce aux archives mises à disposition par le Professeur Laurence Burnez-Lanotte, il semble qu'aucun des éclats lacunaires n'ait plus de 50 pour cent de cortex. Aussi, on peut raisonnablement envisager que la forme sous laquelle est introduit le silex tertiaire bartonien est cernée. Seul le nombre de préformes ou de nucléus en cours de débitage pourrait être revu à la hausse.

- Les cas intermédiaires

Irchonwelz « le Trou al Cauche »

À Irchonwelz « le Trou al Cauche » (ITC), trois cas de figure se côtoient : l'introduction d'une préforme, l'introduction de lames isolées et l'introduction de nucléus en cours de débitage.

Tout d'abord, 33 pièces proviennent du même bloc dont la majorité des éclats découverts à ITC (fig. 133). Aucun de ceux-ci ne porte plus de 25 pour cent de cortex. La plaquette arrive sur le site largement dégrossie. La crête a été

finalisée sur le site comme en témoigne la dizaine d'éclats de préparation de crête dont un remontage de deux pièces. Une seule lame à crête a été découverte. Dix éclats ont été détachés au cours du débitage. Ils permettent la régularisation des flancs pour le débordement du débitage, un entretien des convexités et du plan de frappe. L'installation

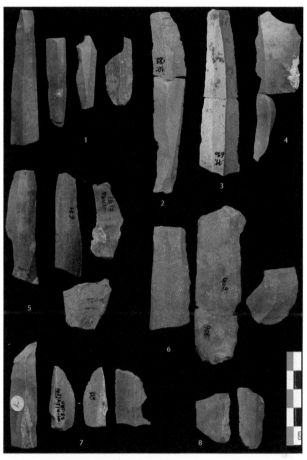

Figure 132 - Rapprochements effectués sur les autres lames et éclats découverts à Vaux-et-Borset

Figure 133 – Irchonwelz « le Trou al Cauche » : artefacts supposés issus d'une même plaquette de silex tertiaire bartonien

d'une néo-crête est attestée par l'identification de deux éclats et une lame néo-crête. Deux autres lames sont des lames sous-crête. Une seule lame de plein-débitage peut être rapprochée de cette plaquette. Ainsi, les étapes de fin de mise en forme et d'entretien du nucléus sont bien documentées mais des lames de plein-débitage sont manquantes.

Un doute subsiste toutefois quand à l'attribution de deux lots de 4 et 2 lames (fig. 134, nᵒˢ 2 et 5). Nous opterions pour les considérer comme des lames isolées mais un rapprochement avec la préforme n'est pas complètement à exclure. Le lot de deux pièces est formé par une lame sous-crête et une lame de plein-débitage alors que celui de quatre pièces est constitué par 3 lames de plein-débitage et une lame sous-crête. Mais la diffusion de lames isolées est confirmée par deux cas non ambigus (fig. 134, nᵒˢ 3 et 4). Il s'agit d'une part d'un petit fragment mésial de lame de plein-débitage et d'autre part d'un lot de deux lames de plein-débitage.

Enfin, deux groupes présentent une situation similaire, à savoir un lot de lames associé à un unique éclat. Dans les deux cas, les lames ne sont que de plein-débitage. Pour le lot de 5 lames, l'éclat associé est un éclat d'avivage de plan de frappe (fig. 134, nᵒ 1). L'autre est un éclat de préparation de crête avec un résidu cortical en partie distale

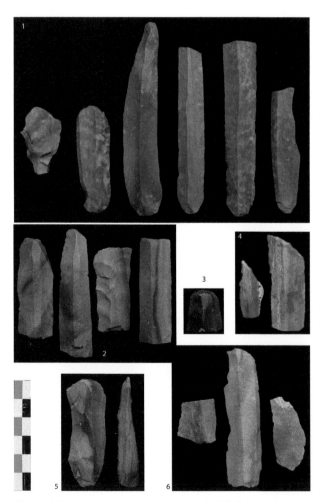

Figure 134 - Autres rapprochements réalisés à Irchonwelz « le Trou al Cauche »

(fig. 134, nᵒ 6). Par la proximité des étapes de la chaîne opératoire représentées, le premier cas évoqué laisse envisager l'introduction d'un nucléus en cours de débitage. En revanche, dans le second, les séquences représentées sont discontinues. On peut alors se demander si ces pièces reflètent l'introduction d'un nucléus en cours de débitage ou l'introduction simultanée d'une lame et d'un éclat issus du même bloc mais débité dans le Bassin parisien ou du moins en dehors de ce village.

Ellignies-Sainte-Anne (fouille F. Hubert)

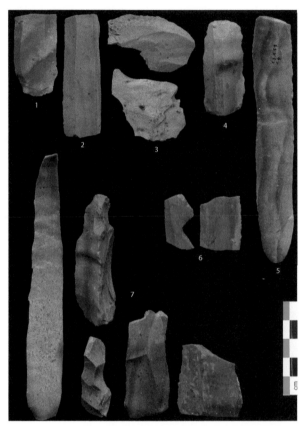

Figure 135 – Ellignies-Sainte-Anne fouillé par François Hubert (SNF, en 1970-1971 et 1980), conservé à la Direction de l'Archéologie, SPW, distinction des artefacts en silex tertiaire par blocs

La majorité des pièces du site d'Ellignies-Sainte-Anne fouillé par F. Hubert correspond à des lames isolées. Ces dernières proviendraient de 6 blocs différents, représentés principalement par une unité (fig. 135, nᵒˢ 1, 2, 4 et 5) et, dans un cas, par deux exemplaires (fig. 135, nᵒ 6).

Deux éclats de préparation de crête ont été détachés du même bloc mais ils ne correspondent à aucune des lames (fig. 135, nᵒ 3). Enfin, cinq pièces se rapportent probablement au même bloc : 4 fragments de lames et un éclat porteur de la crête (fig. 135, nᵒ 7).

Ormeignies « le Bois Blanc »

Le seul éclat mis au jour à Ormeignies « le Bois Blanc » est un éclat d'entretien des convexités depuis la base du nucléus (fig. 136, nᵒ 7). Les caractéristiques de sa matière première en font une pièce isolée. Aucune lame ne correspond à ce type de matière première. De plus, toutes les lames sont des pièces isolées (fig. 136, n°s 3 à 6), à l'exception des deux lames à pan cortical (fig. 136, n°s 1 et 2) qui proviennent incontestablement du même bloc. Ces lames sont alors issues de cinq blocs différents.

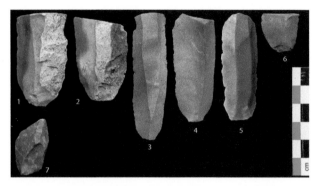

Figure 136 – Ormeignies « le Bois Blanc », distinction des artefacts en silex tertiaire par bloc

Aubechies « Coron Maton »

À Aubechies, le groupe comprenant le plus de pièces est principalement constitué par six éclats (fig. 137, n° 1). L'un d'eux est un éclat d'entretien du débitage que nous ne sommes pas en mesure de replacer plus précisément dans la chaîne opératoire. Deux pièces sont des éclats d'avivage du plan de frappe. Enfin les trois autres pièces témoignent de l'installation d'une crête. Ils possèdent tous un résidu cortical distal. Deux de ces éclats emportent une seconde crête distante de 15 mm de celle en cours d'installation. Il n'est pas à exclure que ces pièces témoignent en fait de l'installation d'une néo-crête. En effet, les négatifs distaux réfléchis de deux enlèvements axiaux sont perceptibles. L'un d'eux recoupe un négatif transversal provenant d'une crête installée antérieurement. On peut donc penser que le débitage était déjà en cours au moment où ces trois éclats de préparation de crête ont été détachés. Cette configuration correspond parfaitement au grand fragment de lame n° 4 de la figure 137. En effet, il porte les négatifs d'une crête postéro-latérale ou d'une néo-crête que recoupe un négatif laminaire qui tend à rebrousser. Les négatifs distaux d'une néo-crête recoupent le tout. Finalement, une lame bien régulière a pu être débitée. Cependant, cette pièce n'est rapprochée de ce groupe qu'avec un faible degré de certitude contrairement aux deux petits fragments de lame de plein-débitage n° 2 de la figure 137. La même incertitude demeure pour trois autres fragments de lame dont deux de flanc (fig. 137, n° 3).

Trois autres pièces s'individualisent par le fait qu'elles sont probablement issues d'une chaîne opératoire de production domestique (fig. 137, n°s 5 et 6). Deux éclats, dont un fragment distal, sont issus du même bloc de mauvaise qualité (fig. 137, n° 6). Réfléchis, ils sont débités à la percussion dure.

La matière de l'éclat n° 5 (fig. 137) est proche de la précédente notamment par sa qualité. Il est également obtenu à la percussion dure, tout comme ses négatifs antérieurs, souvent réfléchis. Leur agencement ne permet pas d'attribuer cet éclat à une chaîne opératoire de production laminaire.

En revanche, les deux pièces de flanc issues du même nucléus se rattachent à la production laminaire (fig. 137, n° 7). Elles proviennent des deux flancs opposés. Le fragment mésial de lame de plein-débitage n° 3 de la figure 138 pourrait être issu du même bloc.

Enfin, huit lames isolées représenteraient au maximum 7 blocs différents (fig. 138, n°s 1 et 2 et 4 à 8). Les pièces n° 2, 5 et 7 proviendraient peut-être du même bloc. Trois autres pièces présentent de fortes similarités qui signeraient leur appartenance à un même bloc (fig. 138, n° 9).

Le matériel d'Aubechies peut donc être atribué à une dizaine de blocs. L'un a en partie été débité localement. Les autres ne sont représentés que par des lames. Un bloc évoque la mise en œuvre d'un débitage d'éclats.

Figure 137 – Aubechies, distinction des artefacts en silex tertiaire par bloc

Figure 138 – Aubechies, distinction des artefacts en silex tertiaire par bloc

Blicquy « la Couture de la Chaussée »

Comme nous l'avons mentionné précédemment, une ving-taine de pièces forme un ensemble homogène et atteste du travail d'un tailleur inexpérimenté (fig. 121).

Puis, le groupe le mieux représenté comprend 34 pièces issues du débitage *in situ* d'une préforme (fig. 139). Trois raccords et quatre remontages alimentent cette proposition. Un éclat de préparation de crête remonte sur un fragment de lame (fig. 139, n° 4). Celui-ci a été découvert dans la lithothèque de l'Institut d'Archéologie de Cologne. Trois pièces en silex tertiaire bartonien avaient été envoyées dans les années 70 comme référence pour le silex dit de Baudour. C'est grâce à K. Nowak et à l'accord du profes-seur A. Zimmermann que ces pièces ont pu être intégrées à notre étude. La régularisation de la crête s'est déroulée sur le site, ce que confirme la présence d'une petite dizaine d'éclats de préparation de crête. Parmi eux, seuls trois présentent une partie corticale résiduelle. Le nucléus est donc arrivé largement préformé sur le site de Blicquy « la Couture de la Chaussée ». La matière première exploitée est affectée par des diaclases et une vacuole crayeuse qui ont gêné le bon déroulement du débitage. Un éclat cherche à régulariser la surface de débitage suite à l'apparition de cette vacuole crayeuse. Mais un accident au débitage affecte gravement la surface de débitage. Un remontage de trois éclats de petites dimensions constitue probable-ment une séquence proche d'entretien de la table. Deux éclats visent à entretenir le plan de frappe. Treize lames se rapportent à ce nucléus, dont huit lames de plein-débi-tage, trois lames sous-crête et deux lames à pan cortical.

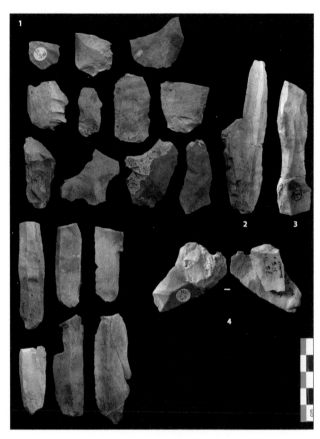

Figure 139 – Blicquy « la Couture de la Chaussée », artefacts en silex tertiaire probablement débités d'un même bloc

Deux des lames de plein-débitage remontent (fig. 139, n° 2), tout comme une chute de burin sur la lame dont elle a été extraite, attestant une nouvelle fois que l'outillage a été réalisé sur le site.

Un petit groupe de 13 autres pièces pourraient provenir du même bloc. Deux remontages ont pu être réalisés. L'un témoigne de l'installation d'une néo-crête (fig. 140, n° 1). Les autres lames sont trois lames sous-crêtes et une lame de plein-débitage. Nous ne comprenons pas bien le second remontage de quatre éclats obtenus à la percussion dure (fig. 140, n° 2). Il semble que leur face supérieure soit constituée par la face inférieure d'un gros éclat. Il s'agi-rait donc d'éclats Kombewa. Aucun élément ne tend à les rattacher à une production laminaire : il s'agirait d'un débitage simple de petits éclats, mais il n'est pas possible de préciser si l'éclat support dérive d'un nucléus traité sur place, ou a été apporté tel quel.

Un nucléus en silex bartonien, le seul identifié sur les sites blicquiens, est incontestablement associé avec un éclat d'avivage de plan de frappe (fig. 141, n° 1). Un fragment disto-latéral d'éclat se rattache également à ce groupe. En revanche, des difficultés surviennent pour identifier les lames produites par ce nucléus. Les meilleures candidates sont deux fragments de lame de plein-débitage (fig. 141, n° 2). Aucun artefact ne se rapporte au début de la chaîne opératoire.

Huit pièces constituent un groupe assez homogène com-

Figure 140 – Blicquy « la Couture de la Chaussée », distinction des artefacts en silex tertiaire par bloc

Figure 141 - Blicquy « la Couture de la Chaussée », distinction des artefacts en silex tertiaire par bloc

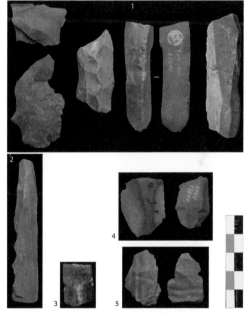

Figure 142 – Ormeignies « les Dérodés du Bois de Monchy », distinction des artefacts en silex tertiaire par bloc

prenant une chute de burin, un éclat d'entretien du débitage et six lames de plein-débitage (fig. 140, n° 3).

Enfin, 11 lames arrivent sous forme de produits finis ou semi-finis. Elles sont issues de 7 blocs différents (fig. 140, nᵒˢ 4 à 8).

Ormeignies « les Dérodés du Bois de Monchy »

À Ormeignies « les Dérodés du Bois de Monchy », un groupe très cohérent est constitué par 6 pièces : 3 éclats et 3 lames (fig. 142, n° 1). Les trois éclats sont des éclats de préparation de crête qui portent un résidu de surface naturelle en partie distale. Deux d'entre eux raccordent. Deux des lames initient le débitage. Il s'agit d'une lame à crête très régulière et d'une seconde lame à crête préparée sur un seul versant. La troisième lame montre des négatifs transversaux de la crête antérieure en partie distale. Ainsi, ces artefacts témoignent principalement du début de la chaîne opératoire de production laminaire sur une plaquette introduite en cours de mise en forme. La crête à un versant préparé correspondrait alors à une crête antérolatérale en considérant que tous ces artefacts témoignent d'étapes successives de la chaîne opératoire. Le plein-débitage semble absent du site.

De plus, deux lames isolées complètent la description des ces pièces en silex bartonien. Il s'agit d'un fragment d'une lame néo-crête (fig. 142, n° 2) et d'un petit fragment mé-

sial de lame de plein-débitage (fig. 142, n° 3).

Enfin, deux lots de deux éclats d'entretien du débitage laminaire sont isolés (fig. 142, nᵒˢ 4 et 5). Aucune lame ne peut être associée à l'un ou l'autre des lots. Il n'est pas à exclure que ces quatre éclats proviennent en fait d'un même bloc.

L'assemblage présent à Ormeignies « les Dérodés du Bois de Monchy » se caractérise donc par une lacune patente de lames de plein-débitage.

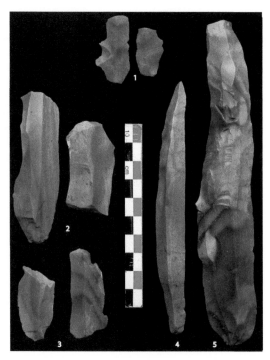

Figure 143 – Irchonwelz « la Bonne Fortune », artefacts en silex tertiaire probablement débités d'un même bloc

Figure 144 – Irchonwelz « la Bonne Fortune », distinction des artefacts en silex tertiaire par bloc

Irchonwelz « la Bonne Fortune »

À Irchonwelz « la Bonne Fortune », un groupe est constitué par 11 pièces (fig. 143), soit sept lames, deux éclats et deux chutes de burin raccordées. Les éclats entretiennent les convexités du bloc par un cintrage axial (fig. 143, n° 1). Parmi les lames, deux sont sous-crête (fig. 143, n° 2) et quatre sont des lames de plein-débitage (fig. 143, nᵒˢ 3 et 4). La dernière vise à redonner deux nervures régulières pour la poursuite du débitage (fig. 143, n° 5). Plusieurs négatifs témoignent de réfléchissements qu'une courte néocrête cherche à éliminer. Un enlèvement depuis la base du nucléus redonne un peu de convexité distale au nucléus. Par ailleurs, deux pièces à pan cortical pourraient, avec un degré de certitude inférieur, compléter ce groupe.

Les autres pièces sont des lames isolées (fig. 144). Celles-ci proviennent de 11 blocs différents. Quatre lames sont des exemplaires uniques. Quatre blocs sont représentés par deux pièces et deux autres blocs le sont par trois pièces. Enfin, une série de six lames et une chute de burin seraient débitées d'un même bloc. Deux autres lames pourraient compléter ce groupe mais ce rapprochement est plus discutable.

Enfin, signalons la présence d'une esquille de boucharde d'une variété de silex bartonien apparemment unique dans cette série, mais la pièce est de petite dimension, ce qui implique que cette observation doit être prise avec réserve. En revanche, un éclat dans un silex bartonien de très mauvaise qualité n'est comparable à aucune autre pièce du site.

- Bilan : diversité des formes d'introduction du silex tertiaire bartonien sur les sites BQY

Le tableau 69 récapitule les informations obtenues de cet examen. Le silex tertiaire bartonien est introduit sur les sites blicquiens sous différentes formes :

- une plaquette brute est apportée à Ellignies-Sainte-Anne
- quatre préformes de nucléus ont été en partie débitées à Vaux-et-Borset, Blicquy « la Couture de la Chaussée », Irchonwelz « le Trou al Cauche » et Ormeignies « les Dérodés du Bois de Monchy »
- des lames ont circulé simultanément et sont identifiées sur tous les sites. La reconnaissance d'éclats de retouche et de chutes d'outils qui remontent parfois sur leur support d'origine indique plutôt l'introduction de lames brutes, sans éliminer l'apport de lames déjà aménagées en outils
- le transport de nucléus en cours de débitage coexiste également, bien qu'il soit plus délicat à mettre en évidence. En effet, on ne peut pas exclure le transport volontaire d'éclats parallèlement à des lames issues du même nucléus débité dans le Bassin parisien. Nous considérons que si les éclats et les lames témoignent d'étapes immédiatement successives ou proches dans le déroulement de la chaîne opératoire de production, il est probable qu'un nucléus en cours de débitage ait été introduit. Ainsi, il faut envisager l'introduction d'une petite dizaine de nucléus en cours de débitage sur les sites de Blicquy « la Couture de la Chaussée »,

	ESAF	BCC	ITC	Vaux	ODBM	ESAF Hub	IBF	ACM	OBB	BCCo	OPR	Darion	TOTAL
plaquette	1												1
préforme		1	1	1	1								4
nucléus en cours de débitage		2 ?	1 ?	1 ?		1?	1?	1?					7
éclats isolés laminaire	2				4	2			1				10 env.
lames isolées	X	X	X	X	X	X	X	X	X	X	X	X	130 env.
éclats prod. domestiques		20 env.					2?	3					25 env.

Tableau 69 – Synthèse des modalités d'introduction du silex tertiaire bartonien sur les différents sites blicquiens

Vaux-et-Borset, Irchonwelz « le Trou al Cauche » et « la Bonne fortune », Ellignies-Sainte-Anne (fouille Hubert) et Aubechies
- enfin, trois sites attestent de l'introduction de pièces issues de productions à faible niveau de savoir-faire (Irchonwelz « la Bonne Fortune » et Aubechies « Coron Maton »). À Blicquy « la Couture de la Chaussée », un rognon semble avoir été spécialement emporté depuis le Bassin parisien pour être exploité par un apprenti. Les contraintes imposées par la matière première (petites dimensions et mauvaise qualité) interdisent d'emblée le déroulement d'une chaîne opératoire de production laminaire productive.

Mais de cette analyse découlent des interrogations puisque sur certains sites, une ou plusieurs étapes de la chaîne opératoires sont absentes ou lacunaires. On citera par exemple l'absence marquante d'éléments relatifs au plein-débitage à Ormeignies « les Dérodés du Bois de Monchy » ou à Irchonwelz « le Trou al Cauche ». À Blicquy « la Couture de la Chaussée », c'est l'absence de la mise en forme ainsi que d'une grande partie du plein-débitage qui affecte le groupe individualisé autour du seul nucléus conservé. Enfin, à trois reprises (Ormeignies « le Bois Blanc », Ormeignies « les Dérodés du Bois de Monchy » et Ellignies-Sainte-Anne (fouille Hubert)), nous avons signalé la présence d'éclats isolés du débitage laminaire sans qu'aucune lame ne puisse leur être associée. Aussi, soit ces lames ont été abandonnées en dehors ou à un autre endroit des villages, soit ces observations posent la question d'une segmentation de la chaîne opératoire liée à la redistribution du silex tertiaire bartonien d'un site à l'autre. Pour tenter de percevoir et de préciser les modalités de redistribution des artefacts en silex bartonien, nous avons entrepris d'étendre l'étude proposée ici à l'ensemble des sites, en autorisant les comparaisons des blocs entre sites.

2.4. Un système complexe de redistribution entre les sites blicquiens

Diagnostiquer un processus de redistribution du silex bartonien d'un site à l'autre par comparaison des blocs individualisés est un moyen dont la pertinence est validée par la réalisation d'un raccord entre deux sites.

2.4.1. Validation du processus : un raccord de deux lames entre les sites d'ESAF et d'ACM

Ce raccord a été réalisé entre deux lames de plein-débitage respectivement originaires d'Ellignies-Sainte-Anne et d'Aubechies (fig. 145). Ces lames correspondent à la matière première de la plaquette débitée à Ellignies-Sainte-Anne. La lame d'Aubechies est débitée postérieurement à celle d'Ellignies-Sainte-Anne. Puisque tous les déchets de la chaîne opératoire sont identifiés à Ellignies et absents

Figure 145 – Raccord inter-site, entre deux lames des sites d'Aubechies et d'Ellignies-Sainte-Anne

133

à Aubechies, c'est la lame qui a circulé et non le bloc en cours de débitage. Une deuxième lame d'Aubechies pourrait également provenir de ce bloc (fig. 138, n° 8).

Ce remontage nous autorisait alors à comparer l'ensemble du matériel en silex bartonien issu des sites blicquiens.

2.4.2. Possibles rapprochements avec la plaquette et les préformes débitées sur les sites BQY

En dehors du remontage de ces deux lames, il est délicat de proposer d'autres rapprochements pour la plaquette débitée à Ellignies-Sainte-Anne. En effet, presque tous les sites présentent une ou plusieurs pièces dont les caractéristiques se rapprochent de cette plaquette. À Irchonwelz « le Trou al Cauche », ces pièces correspondent au nucléus introduit en cours de débitage. À Irchonwelz « la Bonne Fortune », des lames isolées présentent des caractéristiques proches. À Blicquy « la Couture de la Chaussée », le groupe de pièces de la fig. 140, n⁰ˢ 1 et 2 évoque sensiblement cette plaquette. À Ormeignies « le Bois Blanc », l'éclat isolé d'entretien des convexités depuis la base est très similaire au matériau de la plaquette d'Ellignies-Sainte-Anne, tout comme le groupe de pièces individualisé sur l'autre partie du site d'Ellignies-Sainte-Anne (fouille Hubert). Enfin, les caractéristiques de la préforme débitée à Vaux-et-Borset sont également très proches. Étant donné que toutes les étapes de la chaîne opératoire ont été identifiées à Vaux-et-Borset, il faut raisonnablement penser que plusieurs plaquettes, nucléus en cours de débitage voire produits finis présentant une matrice très similaire ont été apportés sur les sites du groupe de BQY. Il serait intéressant de vérifier si cette similarité ne pourrait pas signifier un même affleurement d'origine. Finalement, seuls les sites de Blicquy « la Couture du Couvent » et d'Ormeignies « la Petite Rosière » n'ont livré aucune pièce de ce type. Ainsi, le remontage réalisé entre Aubechies et Ellignies atteste que des lames produites à partir de la plaquette d'Ellignies-Sainte-Anne ont pu être redistribuées. Il est toutefois délicat d'évaluer l'ampleur de cette redistribution puisque plusieurs blocs partagent des caractéristiques proches.

La préforme débitée à Blicquy (fig. 139) trouve des similarités avec le nucléus apporté en cours de débitage de Vaux-et-Borset (fig. 132, n° 5). Le nucléus en partie débité à Aubechie y ressemble également mais à un degré nettement inférieur de fiabilité (fig. 137, n° 1). *A priori*, aucune lame isolée découverte sur les autres sites ne se rapproche clairement de cette préforme. S'il y a redistribution, c'est plus probablement le nucléus en cours de débitage qui circule.

La préforme débitée à Irchonwelz « le Trou al Cauche » trouve des candidats solides au rapprochement (fig. 146). En effet, les pièces de « la Bonne Fortune » issues du nucléus en cours de débitage partagent des caractéristiques tellement similaires qu'on peut légitimement envisager qu'il s'agisse du même bloc, tout comme trois lames d'Ellignies-Sainte-Anne (dont une issue des fouilles Hubert). Une lame d'Aubechies en provient aussi de manière incontestable. Cette dernière, très courte, se distingue des autres

produits. Mais l'observation de son talon indique qu'elle a été détachée depuis un réfléchissement. À Aubechies, une autre lame pourrait également provenir de ce bloc (fig. 147). Il s'agit d'une néo-crête. La proximité de celle-ci avec un des éclats isolés d'ODBM (fig. 147) confirme cette attribution. En effet, le deuxième éclat de ce lot est très proche dans le débitage d'une des lames sous-crête d'Irchonwelz « la Bonne Fortune ». Ainsi, le nucléus mis en forme à Irchonwelz « le Trou al Cauche » circule vers « la Bonne Fortune » puis peut-être vers Ormeignies « les Dérodés du Bois de Monchy ». Les éclats découverts sur ce site sont un éclat d'avivage de plan de frappe et un éclat axial débité au cours du plein-débitage. On ne peut avec certitude identifier l'origine de la redistribution des lames vers Ellignies et Aubechies. Sur cinq lames, une présente un pan naturel, une deuxième est une lame néo-crête, les trois autres sont des lames de plein-débitage. Elles sont donc issues d'un stade assez avancé de la chaîne opératoire, ce qui exclurait le site d'Irchonwelz « le Trou al Cauche » dans la redistribution de ces pièces.

Enfin, la préforme débitée à Ormeignies « les Dérodés du Bois de Monchy » trouve un rapprochement troublant, celui avec une lame de plein-débitage d'Ormeignies « le Bois Blanc » (fig. 148).

Ainsi, la plaquette brute et les préformes introduites sur les sites blicquiens ont toutes fait l'objet d'une redistribution qui suit deux modalités non exclusives : soit la redistribution de produits finis ou semi-finis, soit celle de nucléus en cours de débitage.

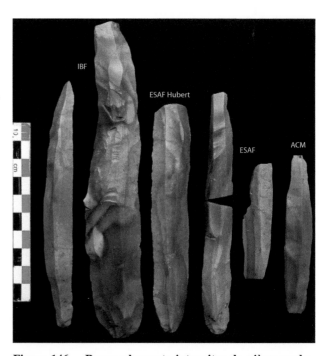

Figure 146 – Rapprochements inter-sites de pièces probablement débitées de la préforme introduite à Irchonwelz « le Trou al Cauche »

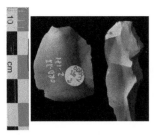

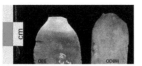

Figure 147 – Probable rapprochements d'une lame d'ACM et d'un éclat d'ODBM à la préforme d'Irchonwelz « le Trou al Cauche »

Figure 148 – Rapprochements entre une lame d'OBB et la préforme en partie débitée à ODBM

2.4.3. Possibles rapprochements avec les nucléus introduits en cours de débitage et les éclats isolés

Ce premier examen de la redistribution du silex tertiaire bartonien permet déjà d'évincer un certain nombre des nucléus en cours de débitage identifiés lors de l'étude menée par sites. En effet, certains correspondent à l'introduction de préformes dont le débitage, réalisé en contexte blicquien, est géographiquement séquencé. Néanmoins, cette modalité d'introduction du silex bartonien sur les sites est confirmée. En effet, aucun artefact rapportable au début de la chaîne opératoire du nucléus conservé à Blicquy « le Couture de la Chaussée » (fig. 141, n° 1) n'a pu être identifié. En revanche, d'autres lames de plein-débitage obtenues depuis ce nucléus ont été repérées à Ellignies (fig. 149) et à Aubechies.

Figure 149 – Rapprochements entre une lame d'ESAF et une lame de BCC provenant probablement du seul nucléus en Bartonien découvert sur les sites BQ

Par ailleurs, le groupe de huit pièces de Blicquy constitué par sept fragments de lames et un éclat d'entretien trouve des rapprochements probants avec les deux éclats isolés d'Ellignies-Sainte-Anne, deux lames isolées d'Irchonwelz « la Bonne Fortune » et une de Vaux-et-Borset (fig. 150). Aucune pièce ne témoigne du début de la chaîne opératoire. Deux éclats sont des éclats d'entretien détachés au cours du plein-débitage. Malgré les difficultés d'attribution du troisième, il semble que ces pièces reflètent également l'introduction d'un nucléus en cours de débitage sur les sites blicquiens.

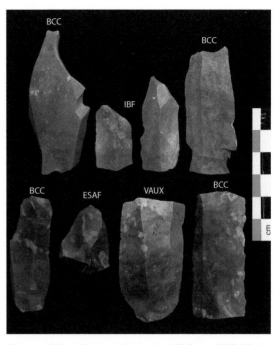

Figure 150 – Rapprochements d'éclats d'ESAF, de deux lames d'IBF, d'une lame de Vaux-et-Borset au petit groupe de pièces individualisé à BCC

Certes, on peut envisager que le début de la chaîne opératoire se soit déroulée à un autre endroit du village ou sur un autre site. Seules des fouilles plus extensives pourraient nous conduire à réfuter l'hypothèse d'une introduction concomitante de nucléus en cours de débitage.

2.4.4. Possibles rapprochements entre les lames isolées

Des rapprochements peuvent également être opérés entre les lames isolées. Les deux lames d'Ormeignies « la Petite Rosière », une lame de Blicquy « la Couture du Couvent » et une lame d'Ormeignies « le Bois Blanc » présentent des caractéristiques similaires (fig. 151). Aucun éclat ne peut être associé à ces pièces. Il est alors possible d'envisager le transport de poignées de lames produites dans le Bassin parisien, ensuite partagées entre différents sites blicquiens.

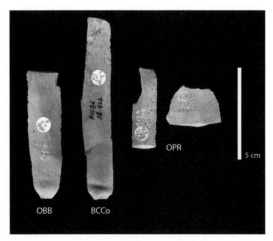

Figure 151 – Rapprochements inter-sites de lames isolées découvertes à BCCo, OPR et OBB

De même, les deux pièces de flanc d'Aubechies correspondent au lot de lames individualisé à Blicquy « la Couture du Couvent » (fig. 152).

Par deux fois, deux lames isolées d'Irchonwelz « la Bonne Fortune » et d'Ellignies peuvent être rapprochées (fig. 153, nᵒˢ 1 et 2). La même situation existe entre des lames découvertes à Ellignies et Vaux-et-Borset (fig. 153, nᵒˢ 3 et 4). À un faible degré de certitude, le dernier exemple (fig. 153, nᵒ 4) partage quelques similarités avec la préforme d'Irchonwelz « le Trou al Cauche ».

Pour finir, nous soulignerons la proximité de la majorité des pièces relatives aux productions à faible niveau de savoir-faire. Les pièces d'Irchonwelz « la Bonne Fortune » et d'Aubechies (fig. 137, nᵒ 6) identifiées comme telles sont très proches du bloc débité à Blicquy (fig. 121).

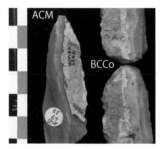

Figure 152 - Rapprochements inter-sites de lames isolées découvertes à BCCo et ACM

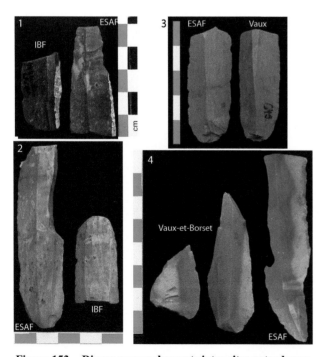

Figure 153 – Divers rapprochements inter-sites entre lames isolées

2.5. Conclusion : apport des rapprochements inter-sites quant aux modalités d'introduction et de redistribution du silex tertiaire bartonien sur les sites blicquiens

Les rapprochements réalisés entre sites renforcent les scénarios déjà déductibles au préalable puisqu'ils modifient peu notre perception des modalités d'introduction du silex tertiaire bartonien sur les sites. Il est apporté sous forme d'une plaquette brute, de quatre préformes et d'une centaine de lames isolées. Il semble également, en l'état actuel des données, qu'au moins deux nucléus en cours de débitage aient été introduits. Enfin, un bloc de mauvaise qualité a été apporté pour être débité par un individu peu expérimenté. Le transport de silex du Bartonien sous forme d'éclats isolés reste extrêmement rare. Bien évidemment les décomptes proposés constituent un nombre minimum d'individus basé sur l'état actuel des données et sur les pièces pour lesquelles il était possible d'établir une telle détermination.

La redistribution de ce silex d'un site à l'autre s'effectue selon deux modalités principales : soit la redistribution de lames, soit la redistribution de nucléus en cours de débitage. Contrairement à la première, cette seconde modalité traduirait le déplacement d'un tailleur d'un site à l'autre. Enfin, des poignées de lames produites dans le Bassin parisien et transportées jusqu'en Belgique semblent partagées entre différents sites.

Des informations obtenues de cette étude et de leur cartographie (fig. 154 et 155), il ressort que certains sites jouent un rôle clef à l'échelle de la micro-région. Les sites de Blicquy « la Couture de la Chaussée » et d'Ellignies-Sainte-Anne sont les plus « attractifs ». Ils concentrent la production et sont donc principalement à l'origine de sa redistribution. La réalisation de plusieurs rapprochements entre les sites du Hainaut et le site de Vaux-et-Borset indique que la diffusion du Bartonien vers les sites de Hesbaye transite par le Hainaut. Plus précisément, il semble même que ce soit depuis ces deux sites les plus attractifs que le silex tertiaire bartonien est redistribué vers Vaux-et-Borset. Trois sites paraissent relativement en marge de cette redistribution du silex bartonien à l'échelle micro-régionale : Blicquy « la Couture du Couvent », Ormeignies « la Petite Rosière » et dans une moindre mesure Ormeignies « le Bois Blanc ». Les sites d'Irchonwelz « la Bonne Fortune » et d'Aubechies semblent être au cœur de la redistribution mais plutôt dans un rôle de « récepteurs/ consommateurs ». Irchonwelz « le Trou al Cauche » et Ormeignies « les Dérodés du Bois de Monchy » paraissent être des sites « producteurs/redistributeurs » mais l'intensité de la redistribution apparaît nettement moindre par rapport à Blicquy « la Couture de la Chaussée » ou Ellignies-Sainte-Anne.

Cette cartographie montre le dynamisme des relations inter-sites. Cela laisse entrevoir que les habitants d'un village ne vivaient nullement en autarcie et que les échanges ou contacts entre sites devaient être fréquents et participer de la vie socio-économique de la communauté.

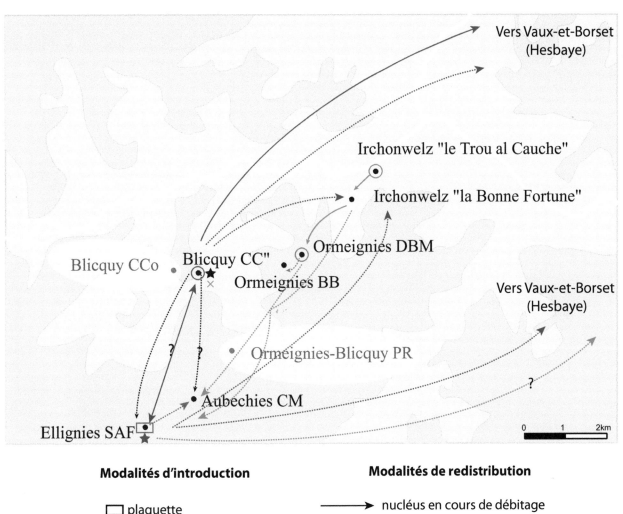

Figure 154 – Carte précisant les modalités d'introduction et de redistribution du silex tertiaire bartonien sur les sites blicquiens, ici centrée sur la redistribution des nucléus en cours de débitage et les lames produites sur les sites blicquiens. Chaque couleur correspond à un bloc précédemment individualisé (en mauve : plaquette débitée à ESAF, en vert : préforme d'Irchonwelz « le Trou al Cauche », en bleu : nucléus introduit en cours de débitage à BCC ou ESAF, en noir : nucléus introduit en cours de débitage à BCC). Ormeignies « la Petite Rosière » et Blicquy « la Couture du Couvent » se révèlent en dehors des circuits de redistribution.

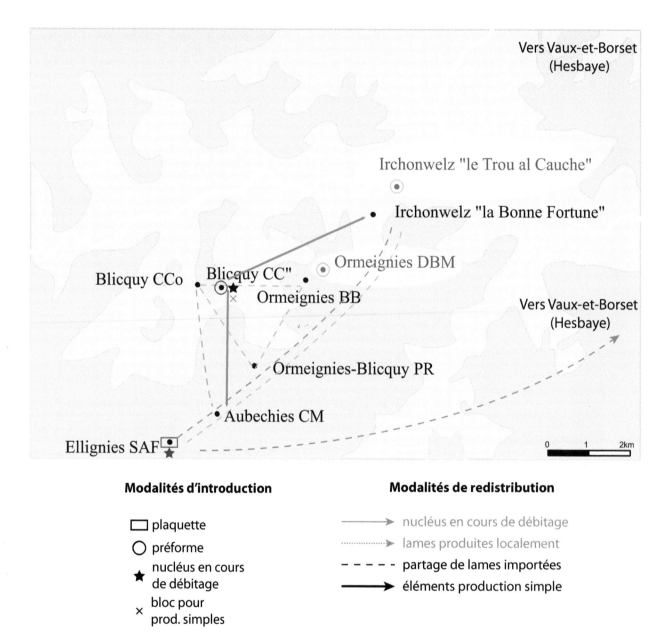

Figure 155 – Carte précisant les modalités d'introduction et de redistribution du silex tertiaire bartonien sur les sites blicquiens, ici centre sur la redistribution d'éléments issus des productions simples et sur le partage des lames importées du Bassin parisien. Chaque couleur correspond à un lot cohérent de pièces individualisées comme issues d'un même bloc ou du moins de rognons d'un même micro-gisement débités dans le Bassin parisien. Irchonwelz « le Trou al Cauche » et Ormeignies « les Dérodés du Bois de Monchy » se révèlent en dehors des circuits de redistribution.

Le transport d'une plaquette brute, de préformes, de nucléus en cours de débitage débités sur les sites blicquiens suggère le déplacement de tailleurs du Bassin parisien. Toutefois, cette proposition nécessite d'être discutée. Même si cet élément apparaît anecdotique, rappelons qu'un bloc de mauvaise qualité a été introduit à Blicquy pour être débité par un jeune. L'absence de valeur économique de ce débitage suggère des liens particuliers entre les habitants du Bassin parisien et les habitants du Hainaut. Il n'est donc pas inenvisageable que des blocs aient été transportés pour être débités par des tailleurs locaux. Nous tenterons de tester cette hypothèse par la description des produits débités sur les sites du Hainaut. Toutefois, il est nécessaire, dans un premier temps, d'établir des bases de comparaison en examinant les lames importées depuis le Bassin parisien afin d'évaluer les différences avec les productions locales en silex de Ghlin.

2.6. Étude fine des productions : peut-on déterminer l'identité des tailleurs ?

L'examen mené par bloc a permis de discriminer les lames produites sur les sites blicquiens, des lames importées du Bassin parisien. De là, il est possible d'établir des comparaisons entre ces produits afin de tenter de déterminer l'identité des tailleurs des lames produites en contexte blicquien. La faiblesse des effectifs constitue toutefois une forte limite à cette étude.

2.6.1. Caractéristiques des lames débitées en contexte VSG

La description des lames importées depuis le Bassin parisien se réduit à décrire la sélection des supports entrant en circulation. Néanmoins, cela permet d'apporter des renseignements sur les productions réalisées en contexte Villeneuve-Saint-Germain.

Les lames amenées à circuler sont clairement prélevées parmi les lames de plein-débitage. Elles représentent en effet 80 pour cent de l'effectif (tabl. 70). En outre, 90 pour cent de ces produits importés sont transformés en outil. La fragmentation de ces lames est très importante puisque seules 4 des 131 lames sont entières. Leur longueur est comprise entre 95 et 112 mm. Cette longueur est assez comparable à celle des lames en silex de Ghlin. Toutefois, lorsqu'elles sont entières, les lames en silex de Ghlin mesurent préférentiellement entre 70 et 80 mm de long. De plus, la longueur moyenne pondérée des lames en silex bartonien équivaut à 137 mm, soit nettement plus que celle

des lames en silex de Ghlin. On doit donc envisager que la sélection pour emport des lames en silex tertiaire bartonien s'oriente préférentiellement vers des longues lames. Si cette remarque est valable pour la sélection des produits entrant en circulation, on doit envisager que la production de longues lames sur les sites VSG soit beaucoup plus courante que celle en silex de Ghlin. En effet, près d'une centaine de pièces soutient cette description alors que nous avons décompté moins d'une dizaine de longues lames en silex de Ghlin. Comme nous l'avons en outre déjà signalé, l'existence de sites producteurs de longues lames en silex tertiaire bartonien est bien avérée en contexte VSG (Bostyn 1994).

La largeur et l'épaisseur de ces lames en silex bartonien sont proches des dimensions des lames en silex de Ghlin. En effet, leur largeur est principalement comprise entre 16 et 19 mm pour une épaisseur comprise entre 3 et 5 mm.

70 pour cent de ces lames en silex tertiaire bartonien sont de section trapézoïdale (tabl. 71). Parmi elles, 70 pour cent présentent un code 212' (tabl. 72). On peut donc envisager que la production laminaire en silex tertiaire bartonien vise, comme pour le silex de Ghlin, à produire des lames régulières à section trapézoïdale symétrique. En revanche, ces lames paraissent plus nombreuses que pour la production en silex de Ghlin. Mais cette différence pourrait traduire l'orientation de la sélection des lames entrant en circulation.

Néanmoins, ces lames en silex bartonien présentent un taux de talons dièdres plus élevé que celui des lames en silex de Ghlin (fig. 156). En effet, les talons lisses ont été identifiés sur 50 pour cent des lames alors que les talons

section	nbre	%
2	18	18
3	69	70
4	12	12
total	99	100

Tableau 71 – Section des lames en Bartonien importées du Bassin parisien

	nbre	%
123/321	20	29
212'	49	71
total	69	100

Tableau 72 - Code opératoire des lames en Bartonien importées du Bassin parisien

lames isolées	nbre	%
plein-débitage	103	79
sous-crête	14	11
néo-crête	2	2
à pan cortical	10	8
indet	2	2
total	131	100

Tableau 70 – Types de lames en silex tertiaire bartonien, lames importées du Bassin parisien

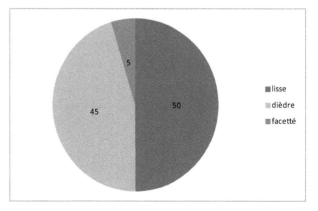

Figure 156 – Part des différents types de talon repérés sur les lames en silex tertiaire bartonien débitées dans le Bassin parisien

dièdres le sont à 45 pour cent (pour le silex de Ghlin, 44 à 65 pour cent sont des talons lisses et 31 à 38 pour cent sont des talons dièdres, cf. Annexe 40). Comme ce caractère est assurément neutre quant à la sélection des lames à emporter, cette meilleure représentation des talons dièdres résulte alors probablement d'une préparation au détachement plus soignée. Cela pourrait se confirmer au regard du degré de préparation de la corniche. Si 30 pour cent des lames ne présentent aucune préparation de leur corniche, 30 pour cent témoignent d'une légère préparation alors que 40 pour cent de ces lames montrent une préparation soignée. Or, environ 60 pour cent de lames de plein-débitage en silex de Ghlin témoignent d'une préparation de leur corniche (66 pour cent pour le secteur Hubert d'Ellignies-Sainte-Anne). Ce taux est donc légèrement inférieur à celui des lames en silex bartonien, d'autant plus que les lames dont la corniche a fait l'objet d'un retrait soigné ne représentent que 20 à 30 pour cent des assemblages.

Les talons des lames en silex bartonien mesurent préférentiellement 4 et 5 mm de largeur pour 2 mm d'épaisseur. Ces dimensions sont inférieures à celles des lames en silex de Ghlin mais elles peuvent directement être corrélées au fait que 90 pour cent de ces lames sont des lames très régulières et régulières. Ainsi, si la sélection des produits destinés à circuler est clairement orientée vers des lames d'excellente facture, il est délicat d'affirmer que toute la production en silex bartonien témoigne de cette même qualité. Néanmoins, comme nous l'avons souligné pour le silex de Ghlin, la production de longues lames nécessite un excellent niveau de savoir-faire. Il est donc probable que cette qualité de débitage soit une constante de la production de grandes lames en silex bartonien.

Les différents caractères des lames importées en silex tertiaire bartonien montrent quelques différences qu'il est délicat d'interpréter puisque ces lames ont été spécialement sélectionnées pour circuler. Cette sélection s'oriente vers des lames très régulières à 3 pans de grandes dimensions. Cette plus grande longueur des lames en silex tertiaire bartonien nous apparaît être un critère pertinent de discrimination avec les lames en silex de Ghlin. En effet, si une production de ce type de support a été identifiée pour le silex de Ghlin, elle apparaît marginale. Une fois ces jalons posés, il est possible de les comparer avec les lames produites localement.

2.6.2. Confrontation avec les lames en Bartonien produites en contexte blicquien

Pour mener cet examen, nous nous appuierons sur la plaquette et les préformes pour lesquelles le débitage a clairement été conduit localement, à savoir la plaquette d'Ellignies-Sainte-Anne, les préformes de Blicquy « la Couture de la Chaussée », d'Irchonwelz « le Trou al Cauche » et de Vaux-et-Borset. Une limite à cette analyse est le peu de lames concernées et donc leur manque de représentativité statistique.

- Longueur de ces lames

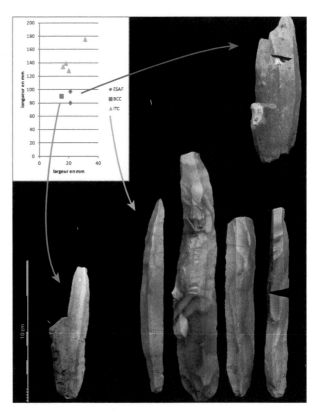

Figure 157 – Comparaison de la longueur des lames produites sur les sites blicquiens

Le principal critère de discrimination entre les lames en silex bartonien importées et les lames en silex de Ghlin se révèle être la longueur. Qu'en est-il des lames en Bartonien produites localement ?

Compte tenu du faible effectif, il n'est pas possible de proposer une longueur moyenne pondérée. Nous nous baserons donc sur les lames entières. Une opposition évidente apparaît entre les lames produites depuis le nucléus d'Irchonwelz « le Trou al Cauche » et celles débitées depuis les nucléus d'Ellignies-Sainte-Anne et de Blicquy éponyme (fig. 157).

Les premières sont incontestablement des grandes lames, comprises entre 130 et 180 mm alors que les secondes sont des lames courtes de 80 à 100 mm de longueur. Comme nous l'avons déjà évoqué, la lame d'Aubechies se rapportant au nucléus d'Irchonwelz « le Trou al Cauche » est courte mais débitée depuis un réfléchissement. Elle mesure 89 mm. Cette longueur n'est donc pas incompatible avec la recherche de longs produits. Quant au nucléus débité à Vaux-et-Borset, la situation est plus ambigüe. Aucune lame n'est entière. Un grand fragment de 137 mm tendrait à indiquer que ce nucléus vise à l'obtention de grands supports. Toutefois, les autres fragments nous évoquent plutôt des lames courtes. En outre, la largeur de ce grand fragment se démarque nettement du reste de la production. Cette lame doit alors probablement être évincée des pièces attribuées à ce débitage. Rappelons que cette préforme et cette lame se rapportent au type de matière première assez ubiquiste, repéré sur plusieurs sites.

Ainsi, mis à part le nucléus d'Irchonwelz « le Trou al Cauche », il semble que les lames en silex bartonien débitées localement soient des lames courtes. Dans l'hypothèse du déplacement de tailleurs du Bassin parisien vers les sites blicquiens, ce débitage de lames courtes s'opposerait alors aux grandes lames importées.

- Largeur et épaisseur de ces lames

La largeur et l'épaisseur de ces lames révèle trois modes. Les lames de Blicquy et de Vaux-et-Borset mesurent préférentiellement 16-17 mm de large pour 4 mm d'épaisseur. Celles d'Ellignies-Sainte-Anne mesurent préférentiellement 20-21 mm de large pour 5 mm d'épaisseur alors que le nucléus d'Irchonwelz « le Trou al Cauche » a principalement conduit à la production de supports de 18 à 21 mm de large pour 6 mm d'épaisseur.

- Section et code opératoire

L'examen de la section et du code opératoire est encore plus limité par l'indigence des pièces étudiées. Il ressort toutefois que les lames à 3 pans, de section trapézoïdale, sont prioritairement recherchées (tabl. 73). Elles le semblent plus particulièrement à Ellignies-Sainte-Anne et, dans une moindre mesure, pour les lames de la plaquette d'Irchonwelz « le Trou al Cauche ». En effet, sur ce premier site, 21 des 26 lames soumises à cet examen sont des lames à 3 pans. Six lames sur huit sont trapézoïdales à Irchonwelz « le Trou al Cauche ». Le bloc de Blicquy « la Couture de la Chaussée » en livre cinq sur les huit lames de plein-débitage alors qu'à Vaux-et-Borset, sept lames sur onze sont trapézoïdales. Seul Ellignies-Sainte-Anne livre assez de lames pour affirmer que la production vise à l'obtention de lames à section trapézoïdale régulière et symétrique, d'autant plus que les codes opératoires 212' y sont nettement dominants (tabl. 74).

- Talons et préparation

L'examen des talons révèle que les lames de Blicquy sont principalement à talon lisse (tabl. 75). Les lames se rapportant à la préforme d'Irchonwelz « le Trou al Cauche »

section	ITC	BCC	ESAF
2	1	2	4
3	6	5	21
4	1	1	1
total	8	8	26

Tableau 73 – Section des lames produites sur les sites BQ

code opératoire	ITC	BCC	ESAF	total
123/321	3	2	7	35
212'	2	3	13	65
total	5	5	20	100

Tableau 74 – Code opératoire relevé sur les lames trapézoïdales produites sur les sites BQ

talon	ESAF	ITC	BCC
lisse	4	3	5
dièdre	6	3	1
facetté			1
total	10	6	7

Tableau 75 – Types de talon identifiés sur les lames produites sur les sites BQ

témoignent d'autant de talons lisses que de talons dièdres alors que ces derniers sont plus nombreux que les talons lisses à Ellignies-Sainte-Anne. Seules trois pièces ont conservé leur talon à Vaux-et-Borset, ce qui est nettement insuffisant pour alimenter cette discussion. La présence de nombreux talons dièdres sur les lames produites à Ellignies-Sainte-Anne et sur celles de la préforme d'Irchonwelz « la Bonne Fortune » sont en adéquation avec les observations émises pour les lames importées des sites VSG. Certes, les effectifs sont réduits et nous incitent à la prudence.

Les corniches semblent un peu plus préparées à Irchonwelz « le Trou al Cauche » qu'à Ellignies-Sainte-Anne ou Blicquy.

Les talons des lames débitées depuis la préforme de Blicquy sont de dimensions inférieures à ceux des lames d'Ellignies-Sainte-Anne ou d'Irchonwelz « le Trou al Cauche ». Ils mesurent en effet préférentiellement 4 à 5 mm de largeur pour 1 mm d'épaisseur. Ceux d'Ellignies-Sainte-Anne mesurent principalement 6-7 mm de large pour 1 mm d'épaisseur. Enfin, si la largeur des talons des lames d'Irchonwelz est équivalente à celle des lames d'Ellignies-Sainte-Anne, leur épaisseur est plus importante (2 mm principalement). Cette surface plus importante des talons à Irchonwelz n'est pas surprenante puisque contrairement à Ellignies-Sainte-Anne, il s'agit ici de longues lames.

- Degré de régularité

Bien que la dimension des talons des lames de Blicquy soit inférieure à celle des autres sites, il s'avère que les lames sont moins régulières qu'à Irchonwelz, Ellignies-Sainte-Anne et dans une moindre mesure Vaux-et-Borset. Les lames les plus régulières correspondent aux grandes lames débitées depuis la plaquette d'Irchonwelz « le Trou al Cauche »

L'étude des lames en silex tertiaire bartonien produites en contexte blicquien est extrêmement contrainte par l'indigence des effectifs. Toutefois, il ressort d'une part une certaine variabilité entre les sites. D'autre part, il semble que ce soient les lames produites depuis la préforme introduite à Irchonwelz « le Trou al Cauche » qui présentent le plus de similarités avec les lames importées du Bassin parisien. En effet, elles partagent le fait qu'il s'agisse de longues lames. Elles présentent un taux de talons dièdres supérieur à celui observé pour les lames en silex de Ghlin, une forte préparation de leur corniche et une grande régularité. Tous ces éléments témoignent incontestablement de la mise en œuvre d'un très haut degré de technicité. Les autres lames produites in situ sont des produits courts. Toutefois, les lames débitées à Ellignies-Sainte-Anne présentent des caractères plus atypiques par rapport à ce que nous avons défini pour la production laminaire en silex de Ghlin. En effet, elles présentent plus de talons dièdres que de talons lisses. La production semble orientée, plus encore que pour le silex de Ghlin, vers des lames à section trapézoïdale régulière et symétrique. Mais, ce dernier argument est plus délicat à défendre car si les lames importées répondent à cette caractéristique, il ne faut pas perdre de vue la sélection réalisée en amont de ces produits. Par ailleurs, on ne peut exclure, pour la production en silex de Ghlin, que l'exploitation de certaines plaquettes ait conduit à l'obtention d'un nombre plus élevé de lames à section trapézoïdale régulière et symétrique. Malheureusement, nous n'avons pas pu traiter l'information par bloc. Toutefois, nous disposons d'un bon point de comparaison avec les lames en silex de Ghlin produites en Hesbaye. En effet, il semble que ce soit des tailleurs d'un excellent niveau de savoir-faire qui aient produit ces lames. Or, le taux de lames trapézoïdales apparaît légèrement inférieur à celui des lames en silex bartonien produites à Ellignies-Sainte-Anne. Il n'est alors pas inenvisageable que les tailleurs des lames en silex tertiaire bartonien disposent d'une meilleure connaissance des agencements du débitage permettant la production récurrente de lames à section trapézoïdale régulière et symétrique. Quant aux lames produites depuis la préforme de Blicquy, elles partagent peu de caractéristiques avec les lames importées en silex tertiaire bartonien. Cette production semble refléter un niveau de savoir-faire légèrement inférieur. Enfin, nous ne nous prononcerons pas sur l'identité du tailleur du débitage de Vaux-et-Borset puisque nous ne disposons pas de suffisamment d'arguments.

Cette comparaison entre les lames importées depuis les sites VSG et les lames produites localement laisse présager la diversité des cas de figure. Si les débitages menés sur les sites d'Irchonwelz « le Trou al Cauche » et d'Ellignies-Sainte-Anne pourraient être attribués à des tailleurs du Bassin parisien, celui conduit à Blicquy apparaît plus ambigu. De plus, nous avons souligné que les lames importées paraissaient préférentiellement être des longues lames. Aussi, pourquoi le tailleur d'Ellignies-Sainte-Anne aurait-il produit des petites lames ? Les tailleurs envoyés vers les sites blicquiens ne disposeraient-ils pas nécessairement des savoir-faire nécessaires pour produire des longues lames ? Répondent-ils à la demande des habitants des villages blicquiens ? Nous tenterons d'apporter les premiers éléments de réponse par un examen de l'outillage.

2.7. Outillage : une utilisation particulière du silex tertiaire bartonien ?

Dans un premier temps, il est possible de comparer les outils réalisés sur les supports importés et ceux réalisés sur les supports produits localement (Annexes 74 à 77). Parmi les lames importées, l'outil le mieux représenté est le burin

(Annexe 74 ; Annexe 81, n°s 4 et 5 ; Annexe 82 ; Annexe 100, n° 1 ; Annexes 101 et 104 ; Annexe 113, n° 1 ; Annexe 115, n° 5 ; Annexe 116, n° 1 ; Annexe 118, n° 2). Cet outil ne domine toutefois que très légèrement dans la panoplie. Les lames retouchées s'avèrent également nombreuses (Annexe 99, n°s 4 à 6). Les grattoirs arrivent en troisième position (Annexes 74 et 81, n°s 1 et 2 ; 83, n°s 1 et 2 ; 100, n°s 3 à 6 ; 115, n°s 3 et 4 et Annexe 118, n° 1). Pour les lames produites localement, plusieurs cas de figure coexistent. Celles débitées à Ellignies-Sainte-Anne sont principalement des lames retouchées (Annexe 75). S'ensuivent autant de grattoirs que de burins. Les lames retouchées sont également les outils les plus nombreux pour les lames débitées depuis la plaquette d'Irchonwelz « le Trou al Cauche » (Annexe 77). Les burins apparaissent toutefois légèrement mieux représentés qu'à Ellignies-Sainte-Anne. Pour la plaquette débitée à Blicquy, les burins dominent nettement l'outillage (Annexe 76). Les lames issues du débitage de la préforme de Vaux-et-Borset sont principalement transformées en burins et en grattoirs.

Ainsi, les lames en silex tertiaire bartonien se révèlent fréquemment utilisées comme burin. Toutefois, il semble que ce choix dépende plutôt des habitants de chaque village, voire de chaque unité d'habitation. En effet, absents des structures d'Ellignies-Sainte-Anne fouillées par F. Hubert, les burins sur lame en silex tertiaire bartonien représentent plus de 50 pour cent des burins de l'autre secteur d'Ellignies-Sainte-Anne. Ainsi, si les lames débitées localement sont principalement transformées en lames retouchées et en grattoirs, les lames importées apparaissent alors principalement dévolues à la confection des burins. Sur les autres sites, cet outil en silex bartonien constitue entre 8 et 16 pour cent de cette catégorie typologique. Les grattoirs sur lame en silex tertiaire bartonien représentent eux près de la moitié des grattoirs sur lame d'Irchonwelz « le Trou al Cauche » (Annexe 81, n°s 1 et 2). Sur la fouille 1998 de Vaux-et-Borset, le silex tertiaire bartonien semble préféré pour la confection des armatures (Annexe 105, n°s 1 à 3). Il semble donc que les lames en silex tertiaire bartonien ne soient pas prioritairement dévolues à un outil particulier. C'est à l'échelle de la maisonnée que semble se réaliser le choix de confectionner tel ou tel outil sur les lames en silex tertiaire bartonien.

En revanche, nous citerons un cas très particulier, celui du foret mécanique (Caspar et Burnez-Lanotte 1996). Cet outil, spécifiquement conçu pour travailler le schiste, a été mis en évidence à Vaux-et-Borset sur une grande lame en silex tertiaire bartonien. Le lien entre grande lame en silex bartonien et travail du schiste est intéressant à souligner puisque les premières hypothèses relatives à la diffusion de ce silex évoquaient les bracelets en schiste comme contrepartie (Plateaux 1990a, b et 1993). Nous n'avons pas identifié cet outil sur les autres sites. Toutefois, un certain nombre de lames en silex tertiaire bartonien d'Ellignies-Sainte-Anne porte des émoussés. Il serait intéressant qu'une étude tracéologique identifie quels matériaux ont été travaillés. S'agit-il également du schiste ?

Les grandes lames importées du Bassin parisien paraissent un peu plus fréquemment transformées en burin que le reste de la production. Toutefois, il semble que la gestion de l'outillage confectionné sur les lames en Bartonien s'effectue au sein de la maisonnée.

La diffusion du silex tertiaire bartonien vers les sites blicquiens se révèle polymorphe, tant dans les modalités d'introduction de cette matière première que dans les modalités de production, de redistribution et de gestion de l'outillage.

3. Soupçons de diffusion pour d'autres matériaux : quelles perspectives ?

Comme nous l'avons vu dans le chapitre 3, nous soupçonnons que d'autres matières premières circulent sans que nous puissions clairement l'affirmer du fait du grade inférieur de fiabilité de leur identification ou origine. Il s'agit principalement du silex vert-jaune et du silex fin de Hesbaye.

3.1. Le silex vert-jaune : une origine inconnue mais probablement éloignée

Identifié sur les sites d'Irchonwelz « la Bonne Fortune », d'Ellignies-Sainte-Anne (les deux secteurs), d'Aubechies et de Vaux-et-Borset (tabl. 76). Ce silex n'est présent que sous forme de lames à l'exception d'Aubechies. Sur le site de Vaux-et-Borset, la structure que nous avons étudiée exhaustivement n'a livré que des lames. Toutefois, nous avons, lors du tri du matériel de ce site, repéré au moins un éclat de préparation de crête possédant presque 50 pour cent de cortex (cf. fig. 32). La moitié de ces pièces en silex vert-jaune a été découverte à Aubechies. Celles d'Irchonwelz « la Bonne Fortune » ne proviennent que de l'unité d'habitation 20 et la structure 21. À Ellignies-Sainte-Anne, une lame a été découverte dans la structure 6 alors que la seconde est issue des fouilles Hubert.

Toutes les pièces découvertes se rapportent à la production laminaire (cf. fig. 33). Seul le site d'Aubechies a livré des éclats : deux éclats de préparation de crête, un éclat de flanc et une pièce portant 25 pour cent de cortex que nous ne pouvons replacer plus précisément au sein de la chaîne opératoire. Enfin un éclat de retouche a été identifié. Les lames correspondent à 14 lames de plein-débitage, 2 lames à crête, 3 lames sous-crête et une lame à pan cortical. Parmi les lames sous-crête, deux témoignent de l'installation d'une crête antérieure et l'autre porte les négatifs d'une

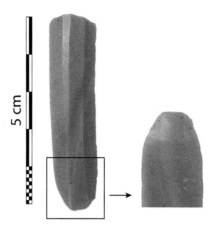

Figure 158 – Lame très régulière en silex vert, Aubechies, structure 47

crête postérieure. Il s'agit principalement de lames à 3 pans qui présentent un code 212'.

Mais les caractéristiques de ces lames nous interdisent d'envisager qu'elles proviennent d'un même bloc. Non seulement les caractéristiques de la matière première distinguent des variétés claires de variétés plus foncées (cf. fig. 33), mais la qualité des produits débités n'est pas équivalente d'une pièce à l'autre, que ce soit au sein d'un même site (Aubechies par exemple) ou entre les sites. En effet, certaines pièces sont extrêmement régulières : talon de très petites dimensions, extrême régularité des bords et des nervures. Sur l'une des pièces d'Aubechies, ces caractéristiques sont tellement exacerbées que l'on peut même s'interroger sur l'emploi de la pression (fig. 158). En revanche, d'autres lames sont plus irrégulières et renvoient au niveau de savoir-faire moyen décrit pour les lames en silex de Ghlin.

Ainsi, ces lames en silex vert-jaune ne dénotent pas des productions identifiées dans le Hainaut. On doit envisager qu'elles circulent sous forme de produits finis à l'exception d'un ou deux blocs débités localement. On ne peut néanmoins exclure qu'éclats et lames aient été introduits déjà débités. Si nous avions suggéré, dans le chapitre 3, que cette matière première puisse être exploitée à Aubechies pour être redistribuée vers les autres sites, il ne semble pas que l'on puisse soutenir cette hypothèse d'après les caractéristiques des lames. Puisque l'origine de cette matière première est inconnue et qu'elle n'appartient qu'à un grade de fiabilité inférieur au silex de Ghlin ou au silex Bartonien, nous n'apporterons pas plus d'éléments dans le cadre de ce travail.

3.2. Du silex fin de Hesbaye sur les sites hennuyers ? Recyclage transculturel ou diffusion ?

La matière première dénommée « de types Hesbaye » a été classée au sein du troisième grade de fiabilité d'identification des matières premières (Chapitre 2). À l'avenir, cet ensemble pourra indéniablement être subdivisé, lorsque les gîtes silexifères du bassin de Mons seront mieux connus.

silex vert-jaune	nbre	%
ACM	13	50
ESAF	1	4
ESAF Hubert	1	4
Irchonwelz "la Bonne Fortune"	9	35
VCM	2	8
total	26	100

Tableau 76 – Décompte du nombre de pièces en silex vert-jaune découvertes sur les sites blicquiens

Au sein de cet ensemble et comme nous l'avons mentionné au chapitre 2, certaines pièces présentent des caractéristiques très proches du silex fin de Hesbaye. Les exemples les plus fiables ont été repérés à Ellignies-Sainte-Anne, à Aubechies et à Ormeignies « la Petite Rosière ». Ainsi, 17 pièces en silex fin de Hesbaye ont été décomptées sur les sites du Hainaut (tabl. 77). Pourtant, on ne peut affirmer avec certitude que l'introduction de ces pièces sur les sites du Hainaut résulte de leur diffusion. En effet, certaines d'entre elles présentent des caractéristiques typiquement rubanées qui impliquent alors de se poser la question d'un éventuel recyclage d'éléments rubanés par les Blicquiens comme cela a été démontré à Vaux-et-Borset (Caspar et Burnez-Lanotte 1994 et 1997).

fin Hesbaye	nbre
ACM	8
ESAF	7
ESAFHuB	1
OPR/BPR	1
total	17

Tableau 77 – Décompte du nombre de pièces en silex fin de Hesbaye découvertes sur les sites blicquiens

3.2.1. Des pièces typiquement rubanées…

Nous avons déjà mentionné l'existence d'une frite en silex fin de Hesbaye sur le site d'Ellignies-Sainte-Anne. Si nous avons pu démontrer l'existence d'une production de ce type en contexte blicquien, les dimensions importantes de cette frite (cf. fig. 40, n° 2) l'isolent des autres pièces. En revanche, des frites de cette dimension ne sont pas rares en contexte rubané (Allard 2005 ; Cahen 1984 ; Cahen *et al.* 1986). Par ailleurs, son état de surface diffère des autres pièces car elle apparaît très usée. Il est néanmoins difficile de dire si cette usure résulte de son utilisation comme briquet ou de sa longue utilisation dans le temps en admettant qu'il s'agisse d'un recyclage. Seule une étude tracéologique pourrait le démontrer.

Sur la fouille Hubert d'Ellignies-Sainte-Anne, un pyramidion en silex fin de Hesbaye a été découvert (fig. 159). Il présente une préparation à triple crête, typique des productions rubanées de type Verlaine (Allard 2005). En contexte blicquien, les évidences du débitage laminaire en silex fin de Hesbaye sont rares. Un seul nucléus a été découvert à Darion. Enfin, la qualité de la mise en forme perceptible à travers cette préparation à triple crête ne coïncide pas avec les productions laminaires en silex fin de Hesbaye que nous avons décrites.

Enfin, signalons deux grattoirs découverts à Aubechies, à la morphologie typiquement rubanée (fig. 39, n⁰ˢ 1 et 4) (Allard 2005 ; Cahen *et al.* 1986). Ils sont en effet surbaissés, leur front est presque rectiligne. L'un est de plus très court. De tels grattoirs n'existent pas en contexte blicquien.

Figure 159 – Pyramidion en silex fin de Hesbaye découvert à Ellignies-Sainte-Anne, fouillé par François Hubert (SNF, en 1970-1971 et 1980), conservé à la Direction de l'Archéologie, SPW

Ainsi, sur 17 pièces en silex fin de Hesbaye identifiées sur les sites blicquiens du Hainaut, quatre présentent des caractéristiques typiquement rubanées. Le recyclage de pièces rubanées par les blicquiens a été démontré à Vaux-et-Borset. Toutefois, le prélèvement de ces pièces rubanées s'effectuait sur le village rubané mitoyen. Or, en l'état actuel des recherches, aucun site rubané n'est signalé à proximité d'Ellignies-Sainte-Anne. En revanche, la présence d'un village rubané juste à côté des installations blicquiennes d'Aubechies alimenterait cette hypothèse de recyclage d'artefacts rubanés par les Blicquiens.

3.2.2. …mais pas seulement !

Les caractéristiques des autres lames les rapprochent incontestablement des productions en silex fin de Hesbaye : lames de plein-débitage à 2 pans nombreuses, code opératoire 212' non dominant, talons larges et lisses, corniche surplombante. Ainsi, il n'est pas à exclure que des lames produites en Hesbaye aient été introduites sous forme de produits semi-finis sur les sites d'Aubechies, d'Ellignies-Sainte-Anne ou d'Ormeignies « la Petite Rosière ». Toutefois, ces caractéristiques sont également partagées avec les productions rubanées. Aussi, il est délicat de trancher entre recyclage ou diffusion sur ces éléments.

Parmi les outils repérés, il existe deux grattoirs dont cette fois la morphologie ne déparerait pas au sein d'un corpus blicquien (fig. 40, n° 1). Une pièce appointée (Annexe 121, n° 3), une probable armature de faucille, deux pièces retouchées et un burin s'ajoutent à la liste des supports modifiés par la retouche. Les burins sont plus rares en contexte rubané qu'en contexte blicquien (Allard 2005). De plus, l'existence de grattoirs se distinguant des exemples rubanés irait dans le sens d'une diffusion de lames en silex fin de Hesbaye vers les sites du Hainaut.

Ainsi, s'il semble que certaines pièces découvertes en Hainaut pourraient être attribuées à du silex fin de Hesbaye, il est délicat de trancher entre recyclage transculturel ou diffusion. Les deux propositions ne s'excluent d'ailleurs pas.

3.3. Diffusion de matières premières rares : des contacts transculturels ?

Pour finir, nous mentionnerons l'existence de matières premières rares qui pourraient éventuellement traduire l'existence de contacts avec des groupes culturels différents.

C'est le cas par exemple du fragment de lame découvert dans la structure 49 d'Aubechies qui pourrait être attribué à du silex de Rullen (cf. fig. 41, n° 2) (de Grooth 2011 ; Nowak, com. orale). Ce silex affleure à l'est de la Meuse, soit en dehors de l'aire d'extension admise pour la culture Blicquy/Villeneuve-Saint-Germain.

Comme nous l'avons déjà signalé, deux pièces évoquent le silex de type Obourg dans l'unité d'habitation 10 d'Irchonwelz « la Bonne Fortune » (cf. fig. 41, n° 1). Une pièce y ressemble également à Darion (fig. 17). Mais l'identification de cette matière première est problématique (cf. Chapitre 2). Parfois, la littérature mentionne la présence

de silex de type Obourg dans certaines séries allemandes (Gehlen et Schön 2007 ; Nowak 2013 et 2014). Elle est interprétée comme le résultat de contacts avec les populations blicquiennes. Or, à l'exception de ces trois pièces, ce silex ne paraît pas exploité par les populations du Néolithique ancien du Hainaut. La discussion s'orientait jusqu'à très récemment vers une attribution de ces pièces à des gîtes provenant du Limbourg hollandais (Zeven Wegen, De Grooth 2011 ; Nowak 2014), soit dans la même direction que le silex de Rullen. Cependant, les travaux en cours menés par L. Moreau semblent invalider cette hypothèse (Denis et Moreau, en préparation).

L'existence d'une diffusion plus marginale de produits siliceux semble attestée par la présence de pièces en silex vert-jaune et de lames en silex fin de Hesbaye. Ces dernières interrogent toutefois la notion de recyclage de pièces rubanées par les Blicquiens, mise en évidence à Vaux-et-Borset. Enfin, il n'est pas à exclure que la pièce en silex de type Rullen atteste de contacts ponctuels avec des populations localisées à l'est de l'aire d'extension de la culture Blicquy/Villeneuve-Saint-Germain.

Chapitre 5

Synthèse: petits échanges en famille...

Notre recherche doctorale, structurée par l'étude de l'industrie lithique du groupe de Blicquy, avait une double ambition. Il s'agissait d'une part de préciser l'organisation socio-économique de la production afin de vérifier si la structure duale de la production (lames-éclats), prônée comme caractéristique de la culture BQY/VSG (Allard 1999 ; Allard et Bostyn 2006 ; Augereau 2004 ; Bostyn 1994 ; Capsar et Burnez-Lanotte 1994) existe également en Hainaut contrairement à ce qui a pu être précédemment décrit (Cahen *et al.* 1986). Il faut alors s'interroger sur la valeur socio-économique de cette structure de la production. D'autre part, c'est par le prisme de la diffusion des produits siliceux que nous souhaitions approcher les relations entretenues entre les différentes communautés de la culture BQY/VSG. La recherche sur les industries lithiques rubanées a montré le dynamisme de la circulation des produits siliceux pour cette entité culturelle (Allard 2005 ; Lech 1987 et 1990 ; Gronenborn 1997 et 2003 ; Zimmermann 1995). Pour la culture BQY/VSG, la diffusion du silex tertiaire bartonien à l'échelle de la culture BQY/VSG commence à être relativement bien appréhendée (Bostyn 1994, 1997 et 2008 ; Denis 2012a). Toutefois, il restait à préciser avec finesse les modalités de diffusion de ce silex vers les sites blicquiens, en vue notamment de statuer sur la question de la mobilité ou non des tailleurs du Bassin parisien. Par ailleurs, il n'existait aucune synthèse sur la circulation du silex de Ghlin avant l'article que nous avons récemment proposé et qui se base sur les travaux réalisés dans le cadre de ce travail (Denis 2014).

1. Approvisionnement en matières premières des populations blicquiennes

Pour pouvoir pleinement comprendre les choix techniques mis en œuvre par les populations blicquiennes, il était nécessaire de caractériser les matières premières que ces dernières ont exploitées (cf. Chapitre 2). Les qualités différentielles de ces ressources autant que la question de leur accessibilité sont en effet des éléments déterminants pour la compréhension de l'économie blicquienne. Pour autant, la question fut des plus complexes à traiter. En effet, l'un des biais de la recherche réside indubitablement dans la difficulté d'identifier les sources primaires des matières, particulièrement en Hainaut. Cette approche reste encore contrainte par un état de la recherche encore insuffisamment avancé.

1.1. Approvisionnement en matières premières : un accès direct ?

Le chapitre 2 visait à présenter les différentes matières premières exploitées par les populations blicquiennes. Les difficultés du classement et de l'identification des matières premières devraient à l'avenir se réduire lorsque la constitution de la lithothèque du bassin de Mons sera achevée.

Pour se prémunir de ces difficultés, les dix matières premières identifiées en Hainaut ont été distinguées suivant trois grades de fiabilité. Cette précaution méthodologique vise à relativiser les informations obtenues de l'étude des matières premières les moins fiables.

1.1.1. Les matières premières siliceuses exploitées en Hainaut

Le **premier grade** correspond au degré le plus élevé dans la certitude du classement. Il regroupe le silex de Ghlin, le silex tertiaire bartonien, le silex turonien et le silex thanétien. Fait plutôt rassurant, ces quatre matières premières constituent entre 74 et 88 pour cent des pièces découvertes sur les sites du Hainaut. Le **second grade** de fiabilité correspond aux silex translucide, translucide chargé, grenu et au silex vert-jaune. Ces derniers sont très faiblement représentés sur les sites puisqu'ils représentent moins de 3,5 pour cent des assemblages. Enfin, les silex de type Hesbaye et le silex noir, mal caractérisés (**grade 3**), constituent de 7 à 21 pour cent des corpus.

Le silex de Ghlin proviendrait du bassin de Mons bien qu'aucun gîte n'ait encore pu être formellement localisé. Les silex turonien, thanétien, translucide, translucide chargé, de type Hesbaye et noir pourraient également provenir des différentes assises du Crétacé du bassin de Mons. Le silex grenu pose davantage question. Bien que des affleurements soient mentionnés en Hesbaye, on ne peut exclure une origine locale (bassin de Mons, Hainaut). En revanche, le silex tertiaire bartonien est clairement exogène puisqu'il affleure au centre du Bassin parisien. Le silex vert-jaune pourrait également être d'origine assez lointaine, d'après la forme sous laquelle il est introduit sur les sites. Enfin, de très rares pièces présentent des caractéristiques similaires au silex fin affleurant en Hesbaye.

1.1.2. Les matières premières siliceuses exploitées en Hesbaye

Dans cette région, le classement des matières premières ne présente pas de difficulté particulière. Les industries lithiques de Vaux-et-Borset et de Darion sont dominées par les silex locaux que sont le silex fin de Hesbaye et le silex grenu. Ils constituent plus de 90 pour cent des artefacts découverts lors de la fouille des structures de Vaux-et-Borset menée en 1998. Le silex grenu se révèle nettement moins bien représenté que le silex fin de Hesbaye, particulièrement à Vaux-et-Borset. Ces matières premières locales sont systématiquement associées à des silex exogènes, identifiés comme du silex de Ghlin et du silex tertiaire bartonien. Les silex fin et grenu de Hesbaye affleurent à proximité des habitats blicquiens. L'approvisionnement en matières premières siliceuses des sites de Hesbaye s'effectue donc à l'échelle locale (de 0 à 5 km de distance des sites) où des gîtes en position secondaire existent, notamment à Vaux-et-Borset (Caspar et Burnez-Lanotte 1994). Ces auteurs n'excluent toutefois pas un approvisionnement à plus longue distance pour les blocs issus des positions primaires (10-50 km) (Caspar et Burnez-Lanotte 1994). Cependant, des gîtes primaires de bonne qualité existent à plus faible distance. Nous mentionnerons, par exemple, les gîtes de silex fin de Hesbaye affleurant à proximité de Verlaine (Allard 2005) qui ne sont alors distants que d'une dizaine de km de Vaux-et-Borset. Les sites blicquiens de Hesbaye, localisés en marge de l'aire d'extension de la culture BQY/VSG ne sont pas exclus des réseaux de diffusion des matières premières siliceuses. Le silex de Ghlin proviendrait en effet du Hainaut (soit à 100 km) alors que le silex tertiaire bartonien affleure dans le Bassin parisien (soit à environ 250 km).

1.1.3. Conclusion sur l'approvisionnement en matières premières des populations blicquiennes

L'approvisionnement en matières premières des populations blicquiennes est nettement orienté vers les potentialités locales (fig. 160). La majorité des matériaux identifiés à Vaux-et-Borset a été prélevée dans un environnement proche, que l'on peut circonscrire à une dizaine de km de rayon. En revanche, les ressources silexifères les plus proches des sites blicquiens du Hainaut se révèlent localisées dans le bassin de Mons, soit à 15-20 km vers le sud. Ainsi, malgré la distance aux gîtes, ces matériaux voisins peuvent être considérés comme « locaux ». En témoigne l'introduction de blocs bruts ou très légèrement dégrossis sur les sites, suggérant un accès direct aux sources de matières premières, que ce soit en Hainaut ou en Hesbaye.

Le cortège des matières premières exploitées par les populations blicquiennes est systématiquement complété par des matières premières exogènes. Celles-ci sont principalement le silex tertiaire bartonien, identifié sur tous les

sites blicquiens et le silex de Ghlin pour les sites localisés en Hesbaye.

Par comparaison avec les sites hesbignons, les habitants des villages du Hainaut exploitent des matières premières plus variées. Celles-ci sont la traduction directe de la diversité des gîtes potentiels du bassin de Mons. Toutefois, les populations blicquiennes ont incontestablement apprécié le silex de Ghlin, qui représente entre 56 et 80 pour cent des corpus. Il s'agit d'un trait culturel fort de ces populations blicquiennes. En effet, antérieurement, les sites rubanés du Hainaut livrent généralement 40 à 50 pour cent de silex de Ghlin (Allard 2005 ; Beugnier 2012), à l'exception d'Ormeignies « la Petite Rosière » (60 pour cent). L'exploitation du silex de Ghlin perdure ultérieurement mais semble marginale pour les populations du Néolithique moyen qui, de manière très générale, emploient préférentiellement le silex de Spiennes (Aubry *et al.* 2014 ; Bostyn et Collet 2011 ; Leblois 2000).

Ainsi, le « succès » du silex de Ghlin apparaît incontestablement être une caractéristique culturelle de ces populations blicquiennes. Une diminution de la part de ce silex peut être soulignée à Aubechies et particulièrement dans les structures 48, 108 et 105 qui en livrent respectivement 47, 38 et 35 pour cent. Ce site ayant été attribué à l'étape récente de la culture BQY/VSG (Constantin 1985), on peut se demander dans quelle mesure l'amorce de cette diminution du silex de Ghlin, qui perdure pour les cultures plus récentes, ne pourrait pas être liée à un appauvrissement des gîtes de ce silex.

À de très rares exceptions près (Irchonwelz « La Bonne Fortune »-M10 et ACM-structure 48), tous les corpus blicquiens présentent des matières premières exogènes principalement représentées par le silex de Ghlin (pour la Hesbaye) et le silex tertiaire bartonien du Bassin parisien (en Hainaut comme en Hesbaye).

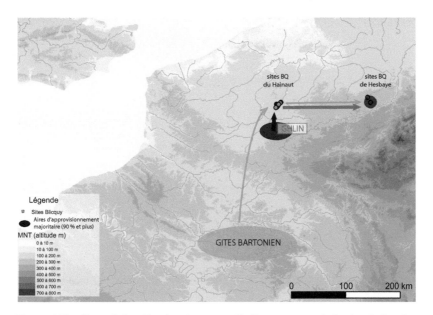

Figure 160 – Carte de localisation des zones d'affleurement et de la circulation des matières premières exploitées par les populations blicquiennes

L'analyse des productions a pu mettre en évidence la dualité de la production (lames-éclats) (Chapitre 3) si caractéristique de cette culture post-rubanée (Augerau 2004 ; Bostyn 1994). Dès lors, il est possible de réfléchir sur d'éventuelles stratégies de gestion de ces matières premières siliceuses en fonction des productions réalisées.

1.2. Stratégies de gestion des différentes matières premières : une tendance à une économie des matières premières

Une certaine tendance à une économie des matières premières (Binder et Perlès 1990 ; Perlès 1980 et 1991) se dessine, du moins au sein de certaines structures. La production lithique blicquienne est divisible en deux grands ensembles suivant les niveaux de savoir-faire mis en jeu. Des productions engageant un faible niveau de savoir-faire se distinguent d'une production laminaire qui nécessite un niveau de compétences nettement plus élevé. Or, les matières premières respectivement exploitées pour chacune de ces deux grandes catégories de productions sont, dans quelques cas, très différentes.

Tout d'abord, nous avons souligné que le silex de Ghlin est préférentiellement réservé à la production de lames. Cette matière première représente, en effet, entre 75 et 94 pour cent de l'ensemble des artefacts attribués à la production laminaire. En outre, les blocs de meilleure qualité sont réservés à la production des lames. Les productions simples ne sont généralement réalisées qu'à moins de 50 pour cent en silex de Ghlin. La part des silex turonien, thanétien et de types Hesbaye est nettement plus élevée pour cette gamme de productions. Le silex turonien est même dominant dans la structure 5 d'Ellignies-Sainte-Anne. Les silex de type Hesbaye sont nettement plus nombreux que le silex de Ghlin dans la structure 105 d'Aubechies où les silex thanétien et turonien le sont également. Il existe presque autant d'artefacts issus des productions simples en silex de Ghlin ou en silex de types Hesbaye dans la structure 1 d'Ormeignies « la Petite Rosière » ou dans la structure 108 d'Aubechies. Une certaine dichotomie semble dès lors se dessiner, avec d'une part une chaîne opératoire complexe de production de lames presqu'exclusivement réalisée sur le silex de Ghlin, et d'autre part des productions simples utilisant des matériaux plus variés, dont les dimensions des blocs se prêtent généralement mal à la réalisation de lames. Globalement, les qualités de ces matières premières sont moindres, révélant en ce sens un niveau d'exigence plus faible quant aux qualités des ressources exploitées.

Afin de préciser ces stratégies de gestion des différentes matières premières, nous avons décompté le nombre de matières exploitées (a) dans chaque structure représentative ou unité d'habitation. Parmi elles, il est précisé le nombre de ces matières exploitées de manière différenciée (b). Le rapport b/a offre un indice (de 0 à 1) permettant d'évaluer le degré d'économie des matières premières. Ainsi, un indice proche de 1 témoigne d'une exploitation hautement différenciée des matières siliceuses et inversement (tabl. 78). Quatre structures présentent une très forte

tendance à une économie des matières premières : les structures 47, 94, 105 d'Aubechies et la structure 5 d'Ellignies-Sainte-Anne. Dans ces fosses, seuls les silex de Ghlin et de types Hesbaye sont à la fois exploités dans la production de lames et les productions simples. En revanche, le silex tertiaire bartonien et le silex vert-jaune (dont la présence sur les sites résulte de leur diffusion) témoignent, pour les structures 47 et 108 d'Aubechies, d'une exploitation très différenciée, exclusivement sous forme de lames. Il en est de même pour le silex translucide chargé au sein de la structure 94 d'Aubechies et pour les silex translucide et translucide chargé pour la structure 5 d'Ellignies-Sainte-Anne. Ces deux matériaux sont quant à eux *a priori* d'origine locale. Le reste des matières premières n'est exploité que dans les productions à faible niveau de savoir-faire. C'est dans la structure 47 d'Aubechies que ce phénomène est le plus marqué puisqu'à l'exception du silex de Ghlin, les silex bartonien, vert-jaune et de types Hesbaye n'apparaissent introduits que sous forme de lames. Mais cette forte tendance à l'économie des matières premières n'a pas été repérée sur tous les sites. Ainsi, pour l'unité d'habitation 30 d'Irchonwelz « la Bonne Fortune », l'intégralité des matières premières, à l'exception du silex bartonien exogène, est indifféremment exploitée pour produire des lames ou des éclats et des outils facettés. Il en est de même pour la structure 3 d'Ellignies-Sainte-Anne où seul le silex translucide chargé a été exclusivement exploité pour produire des lames.

	nbre mat. 1è	nbre exploitation différenciée	indice d'économie des mat. 1è
ACM94	9	7	0,8
ACM108	9	7	0,8
ACM47	8	6	0,8
ESAF5	8	6	0,8
ESAF6	9	6	0,7
ESAFHub	10	6	0,6
IBF 10	8	5	0,6
ACM44	7	4	0,6
ACM49	8	4	0,5
ACM105	8	4	0,5
OPR1	8	3	0,4
OPR2	7	3	0,4
ACM48	5	2	0,4
ACM43	8	3	0,4
ITC73	8	3	0,4
ESAF1	7	3	0,4
ESAF2	6	2	0,3
ESAF4	6	2	0,3
IBF 20+9	10	3	0,3
IBF21	10	3	0,3
IBF30	9	1	0,1
ESAF3	8	1	0,1

Tableau 78 – Comparaison entre les sites : opposition entre une tendance à l'économie des matières premières ou non

En généralisant volontairement notre propos, deux modèles d'exploitation des ressources siliceuses semblent s'opposer : l'un illustré par le site d'Irchonwelz « la Bonne Fortune » et le second par le site d'Aubechies. Une économie différenciée des matières premières n'existe pas ou très peu à Irchonwelz, contrairement à Aubechies. Des cas plus nuancés existent toutefois au sein de ces deux archétypes. On notera ainsi que les structures 43 et 49 d'Aubechies sont les seules à ne présenter qu'une faible tendance à une telle différenciation. À Irchonwelz « la Bonne Fortune », seule l'unité d'habitation 10 se distingue des autres puisqu'elle présente une plus forte distinction dans l'exploitation de certaines matières premières. Cet examen sur le site d'Ellignies-Sainte-Anne oppose les structures 1, 2, 3 et 4 (caractérisées par une faible économie des matières premières) aux structures 5, 6 et à celles de la fouille Hubert. À Ormeignies « la Petite Rosière » et à Irchonwelz « le Trou al Cauche », la gestion des matières premières est peu différenciée. Enfin, une situation assez analogue peut être évoquée à Vaux-et-Borset. Néanmoins, il est vrai que les matières premières locales sont prioritairement dévolues à la production des éclats et des outils facettés alors que les matières exogènes sont utilisées de manière privilégiée pour produire des lames. À Darion, une étude plus précise permettra d'affiner ce point bien qu'il semble qu'une gestion différentiée des matières premières soit plus marquée. Les silex exogènes ne sont introduits que sous forme de lames. Le silex grenu local pourrait n'être exploité que pour produire des lames, contrairement au silex fin de Hesbaye, investi dans les deux productions.

Ainsi, une variabilité des options mises en œuvre dans la gestion des ressources siliceuses transparaît à travers cet examen. Pourtant, l'implantation des villages est identique pour une zone géographique donnée (Hainaut/Hesbaye) et ne peut donc justifier une telle diversité des stratégies de gestion des matériaux. Nous chercherons alors des éléments de réponse à cette variabilité, par le biais de l'examen fin des productions associées à ces différents matériaux.

2. Dualité de la production blicquienne et évaluation des niveaux de savoir-faire

L'examen des productions lithiques révèle une structure duale opposant des productions simples ne requérant qu'un faible niveau de savoir-faire et des productions laminaires qui impliquent des connaissances particulières et un haut niveau de savoir-faire. Cette dichotomie appelle une discussion sur la valeur socio-économique de cette dualité.

2.1. Les productions à faible niveau de savoir-faire

Les productions simples regroupent :

- une production d'éclats
- une production d'outils facettés
- et une production de type frite sur tranche d'éclats.

Les deux premières sont intimement liées puisque nous avons pu montrer qu'elles peuvent être issues d'une même

chaîne opératoire intégrée et donc témoigner d'une certaine économie du débitage. Les nucléus sont assez fréquemment transformés en outils facettés, sans pour autant que cette tendance ne soit exclusive. En effet, certains outils facettés sont confectionnés indépendamment sur des petits supports (blocs, plaquettes, débris naturels). L'objectif de la production d'éclats vise à l'obtention, par débitage unipolaire, d'éclats de dimensions moyennes (en moyenne une quarantaine de mm de longueur pour une trentaine de mm de largeur et une dizaine de mm d'épaisseur). La mise en œuvre d'une chaîne opératoire simple, non prédéterminante au sens propre, qui plus est couplée à des maladresses techniques (dispersion de points d'impacts, réfléchissements) prouve le caractère faiblement spécialisé de ces productions. Autrement dit, elles ne font pas appel à des savoir-faire élevés et ne requièrent pas, de ce fait, un apprentissage long. Elles sont en outre réalisées à l'échelle de la maisonnée et visent prioritairement à l'obtention de denticulés, d'éclat retouchés et d'outils facettés.

La production de type frite sur tranche d'éclats vise à débiter des supports lamellaires très étroits de type chutes de burin. La chute n'est pas ici à proprement parler un déchet de mise en forme d'un outil mais bel et bien un des objectifs du débitage. La régularisation des tranches d'éclats par des enlèvements transversaux de type crête, l'identification de petites préparations des plans de frappe ou de séquences d'entretien (recintrage proximal par exemple) illustrent les modalités de mise en forme et de préparation au détachement. Cette production se distingue donc des deux autres précédemment décrites car elle implique des connaissances particulières mais les savoir-faire engagés restent assez faibles. De plus, cette production ne semble pas commune à tous les sites, ni à toutes les unités d'habitation. Elle est absente à Ormeignies « la Petite Rosière » et dans les structures de Vaux-et-Borset fouillées en 1998. À Aubechies, elle existe dans les structures 49, 93/94, 105 et 108. Un remontage de trois pièces illustre bien cette production à Irchonwelz « le Trou al Cauche » (structure 73). Plus abondante sur les sites d'Irchonwelz « la Bonne Fortune » et d'Ellignies-Sainte-Anne, elle apparaît concentrée dans la structure 4 de ce dernier site et dans la structure 14 de l'unité d'habitation 20 d'Irchonwelz.

2.2. *Les productions laminaires : variabilité qualitative*

La production de lames est préférentiellement réalisée sur le silex de Ghlin dans tous les assemblages blicquiens du Hainaut mais également dans les structures de Vaux-et-Borset fouillées en 1998.

2.2.1. La production laminaire en silex de Ghlin

Cette production vise à l'obtention de supports assez normés d'une centaine de mm de longueur pour 18-19 mm de large et 5-6 mm d'épaisseur. La mise en forme de cette production passe par l'installation de crêtes, le débitage est au moins semi-tournant mais le plus fréquemment tournant. Le détachement de petits éclats depuis la surface de débitage vers le plan de frappe est fréquent et vise à mieux positionner le punch, à entretenir l'angle entre le plan de frappe et la table laminaire voire à supprimer les corniches. La recherche de lames régulières à section trapézoïdale symétrique est bien attestée par un taux élevé de lames à 3 pans de codes 212'. Celles-ci prouvent la mise en œuvre d'agencements particuliers dans le débitage qui témoignent de connaissances particulières des tailleurs de lames en silex de Ghlin. L'initialisation et le maintien de ces agencements tout au long du débitage impliquent une compétence confirmée, dont l'acquisition, au moins pendant une certaine période, a nécessité une pratique assez soutenue (de l'ordre de quelques heures par semaine, soit quand même plusieurs dizaines de nucléus en un an) (com. orale J. Pelegrin, d'après une enquête à paraître et l'expérience de stages). Ainsi, le niveau de savoir-faire standard de la production de lames en silex de Ghlin est très bon. Mais des lames extrêmement régulières ou des longues lames atteignant près d'une vingtaine de centimètres sont la traduction d'un degré encore supérieur du niveau de savoir-faire de certains tailleurs.

2.2.2. La production laminaire sur les autres matières premières

Les autres matières premières locales exploitées dans le cadre du débitage de lames sur les sites du Hainaut sont très faiblement représentées. Les objectifs du débitage, la méthode de taille ou les procédés de préparation au détachement sont comparables à ceux de la production en silex de Ghlin. Le niveau de savoir-faire est sensiblement équivalent au niveau standard défini pour le silex de Ghlin. En revanche, très rares sont les lames qui témoignent de l'excellence des savoir-faire mentionnée à l'instant. L'absence de longues lames peut probablement être liée aux caractéristiques dimensionnelles des rognons exploités. En revanche, les lames très régulières apparaissent nettement moins nombreuses que celles en silex de Ghlin. Elles sont principalement en silex translucide et paraissent un peu plus fréquentes sur le site d'Irchonwelz « la Bonne Fortune ». Rares sont les artefacts se rapportant au débitage laminaire dans des matériaux autres que le silex de Ghlin. Il en résulte que les diagrammes techno-économiques sont fréquemment lacunaires, sans que l'on puisse exclure d'emblée l'hypothèse d'un débitage *in situ*. Le traitement de l'information par compilation des données issues des différentes structures sur un site donné abonde du moins dans ce sens. Cela traduit le caractère presque opportuniste de l'injection de ces matériaux au sein de la production de lames. Seul le site d'Aubechies se démarque. Malgré la compilation de l'information, trop rares sont les déchets du débitage, à tel point qu'on peut se demander si ces lames n'ont pas été introduites déjà débitées. Cette information implique alors de s'interroger sur le caractère domestique ou non de cette production de lames.

2.2.3. La production laminaire des sites blicquiens de Hesbaye

À Vaux-et-Borset, la production laminaire en silex de Ghlin est quantitativement mieux représentée que la production de lames en silex fin de Hesbaye, du moins dans les fosses fouillées en 1998. Toutefois, comme à Darion, tous les déchets de la chaîne opératoire en silex fin et en silex grenu de Hesbaye ont été identifiés dans les structures blicquiennes. Les caractéristiques de cette production laminaire en silex fin de Hesbaye permettent, par confrontation avec la production en silex de Ghlin, de souligner des nuances importantes dans le déroulement de la chaîne opératoire de production.

Le débitage conduit à l'obtention de lames indifféremment triangulaires ou trapézoïdales dont la lecture du code opératoire n'indique pas de dominance franche pour des lames 212'. Les tailleurs des lames en silex fin de Hesbaye connaissent moins bien les agencements spécifiques leur permettant l'obtention de lames à section trapézoïdale régulière. On peut donc évaluer qu'ils disposent d'un savoir-faire moins perfectionné que celui des tailleurs de lames en silex de Ghlin.

De surcroît, les talons de ces lames en silex fin de Hesbaye sont lisses. L'absence de facettage du plan de frappe constitue une importante différence avec le débitage des lames en silex de Ghlin. La préparation au débitage est moins soignée : les corniches ne sont pas soigneusement préparées et les talons sont beaucoup plus larges et épais que les lames en silex de Ghlin.

Il apparaît donc que les tailleurs de lames en silex fin de Hesbaye avaient des habitudes techniques bien spécifiques qui s'opposent alors à celles des tailleurs de lames en silex de Ghlin.

Ainsi, la production lithique blicquienne se divise en deux branches distinguées par les niveaux de savoir-faire impliqués. Les productions d'éclats et d'outils facettés sont caractérisées par la faiblesse des niveaux de savoir-faire requis. Il en est de même pour la production de « frites », quoique cette dernière suppose des connaissances supplémentaires à celles des productions d'éclats et d'outils facettés. Les caractéristiques de la production laminaire blicquienne, centrée sur le silex de Ghlin, attestent du très bon niveau standard des tailleurs. Certains produits (lames très régulières et grandes lames) illustrent même la mise en œuvre de savoir-faire hors normes. Mais cette production se différencie nettement de la production laminaire en silex fin de Hesbaye. On peut dès lors s'interroger sur la signification socio-économique de cette organisation duale de la production.

2.3. Conclusions sur l'organisation des productions blicquiennes

2.3.1. L'organisation socio-économique de la production

- Que reflète la dualité de la production ?

La dualité de la production blicquienne ouvre tout d'abord la question de l'organisation socio-économique de la production et du degré de spécialisation artisanale des tailleurs blicquiens. Nous avons vu que ces deux grandes familles de production étaient présentes au sein de chaque cellule domestique examinée (unités d'habitation ou structures le cas échéant).

L'opposition entre des productions simples et des productions laminaires laisse présager deux hypothèses :

- soit cette dualité de la production est signifiante de la coexistence, au sein de la cellule domestique, de tailleurs disposant d'un faible niveau de savoir-faire et de tailleurs disposant d'un bon niveau de savoir-faire,
- soit cette dualité de la production signe le travail d'un même tailleur s'adaptant aux besoins en outillage. Ne dit-on pas « qui peut le plus peut le moins »? L'excellent niveau de savoir-faire du tailleur de lames lui permettrait aisément de produire des éclats ou des outils facettés, l'inverse étant bien évidemment impossible.

Un premier argument alimenterait d'emblée la première hypothèse. Nous avons à plusieurs reprises souligné la dispersion des points d'impacts sur les éclats ou les outils facettés et les réfléchissements qui attesteraient de la maladresse des tailleurs. Ces stigmates de maladresse seraient difficilement justifiables en envisageant que les tailleurs de lames, au niveau de savoir-faire élevé, débitent aussi les éclats ou les outils facettés. De plus, des travaux en cours[8] suggèrent que la concentration de points d'impact résulte de l'emploi de percuteurs particuliers, en silex (Riche et Biard, à paraître). Ainsi, l'emploi de percuteurs différents entre la mise en forme des débitages laminaires et les productions d'éclats et d'outils facettés serait étonnant de la part d'un même tailleur. Qui plus est, la récupération de fragments de silex comme percuteurs abonderait dans le sens du diagnostic de tailleurs à faible niveau de savoir-faire. En effet, ce percuteur en silex est moins efficient qu'un percuteur dur classique de type galet (Pelegrin, com. orale). De plus, sa durée de vie serait a priori plus courte. L'emploi d'un fragment de silex comme percuteur ne peut être compris comme appartenant à la trousse des outils d'un bon tailleur mais évoque plutôt un outil circonstanciel pour des débitages occasionnels.

Ces arguments se suffisent à eux-mêmes pour écarter la seconde hypothèse. On doit dès lors envisager que la dualité de la production blicquienne traduise la coexistence d'au moins deux groupes de tailleurs.

Le premier produirait des éclats et des outils facettés. Ces productions ne requièrent qu'un faible niveau de savoir-faire, n'impliquant pas un apprentissage long.

Le second groupe de tailleurs serait en charge de la production des lames qui nécessite un plus haut degré de savoir-faire et un apprentissage long ou soutenu.

Il ne fait aucun doute que les productions d'éclats et d'outils facettés sont réalisées en contexte domestique. Ainsi,

au sein de la cellule domestique, un (ou des) tailleur(s) produi(sen)t des éclats et des outils facettés pour fournir des supports d'outils destinés à eux-mêmes ou aux autres habitants de la même maison. On doit dès lors s'interroger sur le statut du tailleur de lames. Existe-t-il un tailleur de lames par unité domestique ?

- Les tailleurs de lames : activité domestique ou spécialisation intra-communautaire ?

Les diagrammes techno-économiques de la production de lames en silex de Ghlin révèlent que toutes les étapes de la chaîne opératoire sont présentes pour toutes les unités d'habitation ou structures examinées. Cela suggère donc que le débitage s'est déroulé en contexte domestique. Mais doit-on de là affirmer que chaque cellule domestique abrite un tailleur de lames ?

Prenons l'hypothèse qui verrait que chaque unité domestique dispose d'un tailleur de lames. Cela induit nécessairement la présence, à ses côtés, d'un apprenti. En effet, pour que perdure cette organisation duale de la production, la transmission des connaissances impliquées dans cette production est fondamentale.

Revenons aux données pour évaluer dans quelle mesure celles-ci permettent d'alimenter ou non cette hypothèse.

Nous avons souligné qu'au sein de chacune des unités d'habitation ou structures examinées, quatre degrés de régularité (de 0, très régulier à 3, très irrégulier) des lames coexistaient. Cela exclut d'emblée la présence d'un seul tailleur au sein de l'unité domestique. Le degré 1 correspond au niveau de savoir-faire standard. On peut probablement rattacher un certain nombre des lames du degré 2 à un niveau de savoir-faire sensiblement comparable. En revanche, les rares lames des degrés extrêmes (0 et 3) nous paraissent difficilement compatibles avec ce niveau de savoir-faire standard. Les pièces très irrégulières se rapportent à un niveau inférieur de compétences contrairement aux pièces très régulières qui témoignent d'un très haut degré de technicité. Ainsi, en admettant que la production se déroule au sein de chaque bâtiment, celle-ci reflète au moins trois niveaux de savoir-faire différents. Puisque le remplissage des fosses est rapide (Allard *et al.* 2013), ces trois niveaux ne seraient pas signifiants d'une progression technique des tailleurs mais de trois individus.

Un deuxième angle d'approche peut alors être développé, celui de l'évaluation d'un débit annuel de la production, pour déterminer si cette coexistence de trois « tailleurs » au sein de la maisonnée est viable. Pour établir ce débit annuel, les données sont traitées par unité d'habitation pour Irchonwelz « la Bonne Fortune ». Les sites d'Ellignies-Sainte-Anne et d'Aubechies ont livré plusieurs fosses qui proviennent certainement de différentes unités d'habitation. Toutefois, en l'absence d'organisation spatiale claire de ces sites, nous avons pris en compte l'intégralité des structures, ce qui a nécessairement pour effet de gonfler le débit annuel de production. En revanche, à Ormei-

---

8 PCR en cours (C. Riche dir.) : Les caractéristiques techno-typologiques et fonctionnelles du débitage d'éclat au VSG. Le cas et la place des sites hauts-normands dans le nord de la France

gnies « la Petite Rosière », deux fosses appartiendraient au même bâtiment. Nous avons multiplié le nombre de lames par deux pour approcher la production d'un éventuel bâtiment. De même, nous avons multiplié le nombre de lames en silex de Ghlin par 4 à Irchonwelz « le Trou al Cauche » puisqu'une seule fosse a été étudiée. Les expérimentations suggèrent que le débitage d'un bloc conduise à l'obtention de 20 à 30 lames (Pelegrin, com. orale). Ainsi, le débit annuel de production est très faible (tabl. 79).

Moins de six blocs auraient été débités dans l'année par unité domestique, soit au maximum deux blocs par tailleur (en reprenant l'idée de 3 individus par bâtiment). Ce débit pourrait tout juste suffire à maintenir le niveau de savoir-faire d'un excellent tailleur (Pelegrin, com. orale). En revanche, ce débit est très nettement insuffisant pour optimiser les compétences d'un jeune tailleur en cours d'acquisition des connaissances. Cette évaluation du débit annuel de production semble alors difficilement soutenir l'hypothèse d'une production réalisée en contexte « domestique ».

Par ailleurs, si nous avons mentionné que les diagrammes techno-économiques de la production laminaire en silex de Ghlin révèlent que la production s'est déroulée *in situ*, nous ne nous sommes jusqu'alors pas penchée sur les variations quantitatives qu'ils recèlent (fig. 161).

Trois classes techno-économiques se distinguent particulièrement par de fortes variations entre les sites. Il s'agit des éclats de dégrossissage, des lames et des nucléus.

Toutes les unités d'habitation d'Irchonwelz « la Bonne Fortune » présentent une surreprésentation des éclats de dégrossissage et un fort déficit de lames. Le site d'Ormeignies « la Petite Rosière » suit le même schéma. Ellignies-Sainte-Anne présente également une forte proportion d'éclats de dégrossissage mais un taux de lames supérieur. En revanche, c'est à Aubechies que les lames sont les plus nombreuses alors même que les éclats de dégrossissage sont faiblement représentés. À Irchonwelz « le Trou al Cauche » et à sur la fouille Hubert d'Ellignies-Sainte-Anne, ce sont les nucléus qui paraissent excédentaires par rapport aux autres sites.

Les unités domestiques qui présentent un taux élevé d'éclats de dégrossissage présentent systématiquement une sous-représentation des lames. Il serait alors tentant d'y voir l'emport concomitant de plaquettes dégrossies et de lames.

Par comparaison, le site d'Aubechies présente un taux de lames élevé. Le diagramme techno-économique de Vaux-et-Borset, où le silex de Ghlin est exogène, présente de fortes similitudes avec celui d'Aubechies. Or, rappelons-le, c'est à Aubechies que l'on soupçonnait que les matières premières locales, autres que le silex de Ghlin, pourraient avoir été introduites en partie sous forme de lames. Cette représentation différentielle des différentes classes techno-économiques pourrait alors signer une certaine dépendance

Ghlin	nbre lames	débit annuel	nbre blocs
IBF10	32	6 et 11	<1
IBF20+9	368	74 et 123	2 à 6
IBF30	244	49 et 81	2 à 4
ESAF	258	52 et 86	2 à 4
ESAFHUb	207	41 et 69	1 à 3
ACM	327	65 et 109	2 à 5
ITC73	91	72 et 120	2 à 6
OPR	27	10 et 18	1
VCM98	96	128 et 76	3 à 6

Tableau 79 – Évaluation d'un débit annuel de production des lames en silex de Ghlin

% POIDS	1	2	3	4	5	6	7	8	TOTAL
ESAF	19,1	30,1	2,5	8,5	13,0	10,2	0,2	16,3	100
ESAFHub	8,2	30,1	5,0	13,7	14,2	5,3	0,0	23,6	100
IBF10	30,1	33,9	4,3	9,8	3,9	9,7	0,9	7,5	100
IBF20+9	23,7	30,4	3,2	13,8	7,4	16,4	1,3	3,7	100
IBF30	22,0	35,4	4,0	14,7	9,4	8,0	1,8	4,8	100
OPR	20,9	28,8	6,6	17,8	9,4	3,8	0,2	12,7	100
ITC	9,3	27,4	4,9	14,5	14,7	5,3	1,0	23,0	100
ACM	7,4	24,7	4,0	16,6	26,1	6,8	1,2	13,3	100
Vaux-et-Borset	6,9	29,6	2,2	13,4	33,3	8,8	1,6	4,2	100

dégross.   lames   nucléus

Figure 161 – Diagrammes techno-économiques de la production laminaire en silex de Ghlin. Confrontation entre les différents sites des variations quantitatives des différentes étapes de la chaîne opératoire

entre les sites pour la production de lames. La surreprésentation des nucléus paraît en revanche assez inexplicable puisque sur les sites où elle apparaît (ESAF Hubert et ITC), le taux de lames et le taux d'éclats de préparation de crête sont comparables aux autres sites.

Les indices s'accumulent néanmoins pour affirmer qu'une unité d'habitation n'est probablement pas autonome pour sa production de lames.

Nous développerons pour finir un dernier argument. Nous mentionnions initialement la nécessité d'apprentis pour permettre la transmission des connaissances relatives à cette production laminaire. S'il existe au sein de chaque maisonnée des lames très irrégulières qui sont probablement le fruit de tailleurs inexpérimentés, nous avons, au chapitre 3, signalé l'existence de préformes et d'un nucléus repris qui attestent du débitage de jeunes en cours d'acquisition des savoir-faire nécessaires pour produire des lames. Certes, ces traces d'apprentissage sont fugaces. D'une part, elles ne sont probablement pas si évidentes à repérer, d'autant plus dans le cadre de cette structure duale de la production. D'autre part, cela laisserait présager que l'apprentissage des jeunes tailleurs ne se déroule pas dans l'enceinte des villages. Cependant, les trois pièces qui attestent de ces travaux d'apprentis sont issues des structures 9 et 21 d'Irchonwelz « la Bonne Fortune » et de la structure 5 d'Ellignies-Sainte-Anne, soit sur les sites où une certaine surreprésentation des éclats de dégrossissage a été soulignée. Par ailleurs, si des lames très régulières ont été découvertes dans presque toutes les unités domestiques, elles sont plus fréquentes dans l'unité d'habitation 20 d'Irchonwelz « la Bonne Fortune ». Les nucléus les plus réguliers ont été découverts à Ellignies-Sainte-Anne (structure 5 et fouille Hubert) et dans la maison 30 d'Irchonwelz « la Bonne Fortune ». Une certaine concordance ressort de ces différents paramètres où Ellignies-Sainte-Anne et Irchonwelz « la Bonne Fortune » cumulent les surplus d'éclats de dégrossissage, les lames très régulières et les traces d'apprentissages. Enfin, ajoutons que les grandes lames qui témoignent elles aussi du travail d'excellents tailleurs ont été identifiées dans l'unité d'habitation 30 d'Irchonwelz « la Bonne Fortune » et dans la structure 5 d'Ellignies-Sainte-Anne. Les productions des meilleurs tailleurs et des apprentis apparaissent donc concentrées dans les mêmes structures qui présentent de surcroît une certaine surreprésentation des déchets de débitage.

Ainsi, il semble que les arguments convergent pour envisager que l'unité domestique blicquienne n'est pas autonome pour sa production de lames. Il n'existe probablement pas un tailleur pour une maisonnée. On peut envisager que les tailleurs de lames se déplacent d'une unité d'habitation à l'autre, voire d'un site à l'autre, pour produire des lames. L'exemple du site d'Aubechies paraît assez convaincant dans cette dernière perspective. Il existerait alors une forme de spécialisation intra- voire intercommunautaire de cette production. La spécialisation étant entendue ici comme la détention par un groupe restreint de compétences non accessibles à tous pour une production destinée

à être redistribuée puis consommée par une communauté plus importante (Perlès 2001 ; Roux et Pelegrin 1989). La concentration des déchets du débitage et la faible part des lames sur le site d'Irchonwelz « la Bonne Fortune » suggèrent l'emport de préformes et de lames. Cet exemple n'est pas sans rappeler la situation perçue à Langweiler 8, dans la vallée du Merzbach (Lüning 1998 ; Zimmermann 1995) où Langweiler 8 a alors été décrit comme un site central.

2.3.2. Opposition entre Hesbaye et Hainaut ou l'existence de deux traditions techniques

- De deux manières de faire…

L'analyse des productions laminaires en silex de Ghlin et en silex fin de Hesbaye oppose deux « styles » de débitage (Allard 2005). Il semble que la production laminaire en silex fin de Hesbaye requière un niveau de savoir-faire inférieur à celui de la production en silex de Ghlin. Mais le traitement du plan de frappe ou la préparation au détachement sont des facteurs de divergence qui ne peuvent s'expliquer uniquement à l'aune d'une différence de niveau de savoir-faire. Pourtant, il ne semble pas qu'une intention fonctionnelle différenciée oppose ces deux types de lames. Or, les variations observées dans les étapes de la chaîne opératoire résultent à la fois des contraintes imposées par le matériau travaillé et par des facteurs socio-culturels (Roux 2010 et 2013). Ici, le matériau travaillé ne justifie pas une telle différence dans le déroulement de la chaîne opératoire de production. On peut dès lors affirmer que des facteurs sociaux ou culturels soient à l'origine de la distinction entre ces deux productions qui correspondent alors à deux « manières de faire » (Pelegrin 1995). C'est la transmission intergénérationnelle de ces « manières de faire » qui contribue à la reconnaissance de « traditions techniques » (Roux 2010 et 2013). « Transmis par l'observation, les comportements techniques se renforcent et se stabilisent par leur répétition efficace. Ainsi, les conditions même de son acquisition donnent au savoir technique une inertie certaine, dans le respect de normes et d'habitudes communes. Ceci justifie le terme de « tradition technique », somme de choix partagés et transmis […] » (Pelegrin 1985, 83).

- …à deux traditions techniques

Or, ces deux styles de débitage coexistaient déjà au Rubané (Allard 2005 ; Allard 2012). L'un est identifié dans l'Omalien (Rubané de Hesbaye) et dans la région du Limbourg hollandais (silex de Rijckholt) et l'autre dans le Bassin parisien. Les sites du Hainaut présentent les deux « styles » de débitage (Allard 2005, 194). Ces deux styles trouvent des échos troublants avec les caractéristiques des pièces en silex de Ghlin et en silex fin de Hesbaye présentées ci-dessus. En effet, la distinction effectuée par P. Allard (2005) des deux styles s'effectue sur les modalités de traitement des plans de frappe. En Hesbaye, les plans de frappe sont lisses et plats et leur réfection s'opère souvent par le détachement de tablettes épaisses. Il en résulte que les talons des lames sont lisses et plats. Leur corniche est fréquemment brute ou partiellement réduite par un ou deux très petits enlèvements, probablement débités avec le bout du punch. À l'opposé, le traitement des plans de frappe dans les séries du Bassin parisien montre le débitage de petits éclats centripètes d'ordre centimétrique. Ce procédé s'accompagne d'une réduction plus intense de la corniche. En conséquence, les lames présentent des talons étroits, fréquemment dièdres.

Ainsi, ces deux manières de faire blicquiennes résultent incontestablement d'un héritage rubané. Leur transmission permet alors d'établir une véritable opposition entre deux traditions techniques, qui correspondent aux deux zones du peuplement blicquien : une tradition technique hesbignonne et une tradition technique hennuyère.

On peut alors regretter que trop peu de lames en silex grenu soient conservées dans les fosses (VCM 98) de Vaux-et-Borset pour permettre une évaluation de la sorte. Néanmoins, les lames en silex grenu de Darion présentent des nuances avec les lames en silex fin de Hesbaye et probablement avec celles en silex de Ghlin. La préparation au détachement s'effectue par un petit facettage du plan de frappe depuis lequel la corniche est supprimée de manière soignée. Ce facettage paraît sensiblement différent de celui des lames en silex de Ghlin par l'étroitesse des enlèvements. Les lames en silex grenu de Darion apparaissent préférentiellement triangulaires. Or, une lame détachée créant deux nervures, l'ensemble des lames d'un même débitage devrait en moyenne présenter 2 nervures (soit des lames trapézoïdales) (Pelegrin, com. orale). On doit donc envisager l'emport (car les déchets du débitage sont bien attestés) des lames trapézoïdales en silex grenu à un autre endroit du village ou à l'extérieur de celui-ci. Une étude plus fine du corpus de Darion et une étude exhaustive des artefacts de la production laminaire de Vaux-et-Borset permettront à l'avenir de mieux préciser les caractéristiques de cette production de lames en silex grenu. L'objectif sera alors de déterminer si cette production de lames en silex grenu ne renvoie pas à une troisième tradition technique.

- Une frontière technique

De manière schématique, la frontière opposant ces deux mondes techniques perdure du Rubané à la culture BQY/VSG. Or, la production lithique semble être une tâche relevant de la sphère masculine. L'immobilisme géographique de ces deux traditions techniques tendrait alors à indiquer la faible mobilité des hommes dans ces sociétés danubiennes. Néanmoins, l'étude des sites rubanés du Hainaut atteste de la coexistence des deux traditions techniques pour cette région. C'est à Ormeignies « la Petite Rosière » qu'ont été identifiés les témoignages d'un débitage typiquement Omalien (Allard 2005 ; Deramaix 1988). En revanche, à Aubechies, les caractéristiques du débitage sont similaires à la tradition technique du Bassin parisien (Allard 2005). Nous disposons malheureusement d'un corpus trop restreint pour Ormeignies « la Petite Rosière ». Certes, il est vrai que les lames en silex de Ghlin d'Or-

meignies diffèrent de celles des autres sites sur un certain nombre de critères. Mais il faudrait un corpus moins indigent pour que cette différence soit statistiquement fiable. Il serait alors particulièrement pertinent d'entreprendre une fouille extensive sur ce site. Cela permettrait d'une part de définir si l'ensemble de la production rubanée répond à cette tradition technique omalienne. D'autre part, par l'enrichissement des corpus blicquiens, il sera alors possible de mieux comprendre les mécanismes évolutifs de ces deux traditions techniques.

Si la faible mobilité des hommes danubiens paraît soustendue par l'immobilisme de la frontière entre deux traditions techniques, l'exemple rubané d'Ormeignies « la Petite Rosière » nuance ce propos. L'étude de la circulation des produits siliceux durant la culture Blicquy/Villeneuve-Saint-Germain permet elle aussi d'illustrer le déplacement de tailleurs et la rencontre entre les acteurs de ces deux traditions techniques.

3. La diffusion des produits siliceux

L'examen de la diffusion des produits siliceux visait à préciser les liens entretenus entre les différentes zones d'implantation des populations de la culture BQY/VSG. C'est notamment à travers la diffusion du silex de Ghlin qu'une forme de relation sociale directe a pu être mise en évidence entre les populations du Hainaut et de Hesbaye.

3.1. Le déplacement de tailleurs du Hainaut vers la Hesbaye

L'examen de la circulation du silex de Ghlin vers le site de Vaux-et-Borset atteste du déplacement de tailleurs sur une centaine de km depuis le Hainaut vers la Hesbaye. En effet, c'est par la mise en évidence de deux traditions techniques différentes que ce diagnostic est possible. La production laminaire locale de Hesbaye, réalisée sur les silex fin et grenu de Hesbaye montre des différences évidentes avec la production laminaire en silex de Ghlin. Or, le débitage laminaire en silex de Ghlin réalisé au sein du village de Vaux-et-Borset présente toutes les caractéristiques de la production laminaire du Hainaut. Par conséquent, une seule hypothèse peut être retenue, celle du déplacement de tailleurs. Lors de leur déplacement, ces derniers emportent, du Hainaut, des plaquettes brutes, des préformes, des lames et des petits supports voués aux productions simples. Nous avons évalué qu'un nombre minium de 15 plaquettes destinées à produire des lames ont été introduites à Vaux-et-Borset. Partant du principe que le remplissage des fosses s'effectue en 3 à 5 ans (Allard *et al.* 2013), 3 à 5 plaquettes par an auraient été apportées depuis le Hainaut, attestant alors de liens soutenus entre les populations du Hainaut et de Hesbaye. La particularité de la diffusion du silex de Ghlin vers la Hesbaye est à souligner :

- elle implique le déplacement de tailleurs du Hainaut. La qualité des débitages réalisés en Hesbaye témoigne même du déplacement de tailleurs très expérimentés
- l'intensité de cette circulation est importante et n'a été

repérée pour aucun autre matériau entrant en circulation
- le fort impact économique de cette diffusion est à souligner, du moins pour l'unité d'habitation étudiée, car la
production laminaire est préférentiellement réalisée sur le
silex de Ghlin exogène plutôt que sur le silex fin de Hesbaye.

Nous ajouterons, pour finir, que la consommation des
produits en silex de Ghlin ne reflète pas le caractère exogène de ce silex. En effet, les lames en silex bartonien du
Bassin parisien présentent un taux de transformation élevé (près de 90 pour cent), ce qui est assez fréquent pour
les produits ayant circulé. L'absence de ce signal pour
les lames en silex de Ghlin découvertes à Vaux-et-Borset
interpelle. Dans les structures fouillées en 1998, à peine
45 pour cent des supports sont tranformés. Ce comportement laisse envisager que les consommateurs des lames
en silex de Ghlin pourraient, à l'instar des producteurs,
être originaires du Hainaut, à moins que consommateurs
et producteurs soient les mêmes. Ces différents éléments
tendraient à corroborer l'hypothèse d'une « colonisation
secondaire » de la Hesbaye, postérieure à l'implantation
du Hainaut. Les études typo-chronologiques de la céramique (Constantin 1985 ; Hauzeur et Constantin 1993) et
l'absence de sites blicquiens anciens en Hesbaye malgré
une assez bonne connaissance archéologique de ce territoire alimenteraient cette proposition. « Très schémati-
ment, la culture de BQY/VSG s'implanterait en premier
lieu en Hainaut (étape I), où elle continue de se développer
aux étapes suivantes II et III. En Hesbaye, son apparition
serait sensiblement plus tardive, lors de l'étape II, ce qui
correspond bien à l'idée d'une implantation graduelle dans
le temps et dans l'espace du BQY/VSG à partir du Nord de
la France » (Hauzeur 2008, 141).

Le déplacement de tailleurs ne peut d'ailleurs nullement
être invoqué pour la diffusion de ce silex vers les autres
sites. Même le village de Darion, localisé à moins de 10
km de Vaux-et-Borset, ne reçoit que des lames. Ce site
est attribué à la même étape chronologique que Vaux-et-
Borset (Jadin *et al.* 2003). On peut dès lors envisager une
diffusion secondaire des lames produites (ou emportées) à
Vaux-et-Borset vers Darion.

Le silex de Ghlin diffuse également vers le Bassin parisien
mais de manière peu intensive (Denis 2014). Seule une
petite dizaine de sites VSG n'a reçu que des lames en silex
de Ghlin, contredisant alors l'hypothèse du déplacement
de tailleurs vers la sphère VSG. D'ailleurs, les lames en
silex de Ghlin n'ont été identifiées qu'à une ou deux unités
sur ces sites VSG. Seul le site de Ponpoint, dans l'Oise, se
démarque nettement des autres sites VSG puisqu'il livre
près d'une quarantaine de lames en silex de Ghlin. Or, il
s'agit du seul site attribué à l'étape ancienne de la culture
BQY/VSG. Les autres habitats concernés sont, lorsque une
attribution chronologique plus fine est possible, principalement datés de l'étape récente de cette culture. On doit
dès lors souligner une plus forte intensité ou des liens de
nature socio-économique différente entre le Hainaut et le
Bassin parisien à l'étape ancienne de la culture BQY/VSG.

3.2. Dans tous ses états...la diffusion du silex tertiaire bartonien vers les sites blicquiens

Nous avons montré qu'un certain polymorphisme caracté-
risait la diffusion du silex tertiaire bartonien vers les sites
du groupe de Blicquy. Les modalités d'introduction de la
matière première, les modalités de production, de redistribution des produits ainsi que la gestion de l'outillage
montrent une réelle diversité des options techno-économiques retenues.

L'introduction du silex tertiaire bartonien sur les sites blicquiens s'opère généralement sous forme de préformes et
de lames. Les sites d'Ellignies-Sainte-Anne et de Blicquy
« la Couture de la Chaussée », les plus attractifs, présentent une plus grande diversité des formes d'introduction
du silex tertiaire bartonien. En effet, outre des préformes
et des lames, Ellignies-Sainte-Anne reçoit une plaquette
brute. L'introduction d'au moins un nucléus en cours de
débitage à Ellignies-Sainte-Anne et à Blicquy est également attestée. C'est sur ce dernier site qu'un petit rognon
aplati a volontairement été transporté depuis le Bassin
parisien pour être débité localement par un apprenti. Cette
dernière modalité d'introduction du silex tertiaire bartonien indique clairement l'absence de valeur économique
de cette diffusion. Cet exemple atteste que les relations
entre les habitants du Bassin parisien et ceux du Hainaut
transcendent de simples relations économiques pour en-
dosser une nature plus sociale.

Un examen minutieux des lames produites in situ offre,
malgré l'indigence des corpus, des possibilités de proposer
une détermination de l'identité des tailleurs des lames en
silex bartonien sur les sites blicquiens. Il semble que deux
options coexistent. D'une part, certains blocs pourraient
être débités par des tailleurs du Bassin parisien. L'exemple
le plus évident se révèle être celui de la préforme introduite
à Irchonwelz « le Trou al Cauche ». Le caractère itinérant
du tailleur des lames de cette préforme est reflété par la
découverte de déchets du débitage, probablement attribués
à cette même préforme, sur les sites d'Irchonwelz « la
Bonne Fortune » et d'Ormeignies « les Dérodés du Bois
de Monchy ». D'autre part, le débitage de la préforme de
Blicquy « la Couture de la Chaussée » présente plus de caractères communs avec la production de lames en silex de
Ghlin, ce qui tendrait à attribuer une identité blicquienne
au tailleur de ce bloc. Le résultat de ces comparaisons est
moins tranché pour la plaquette d'Ellignies-Sainte-Anne.
On ne peut avec certitude déterminer si le tailleur est blicquien ou VSG.

Par ailleurs, il existe une redistribution évidente des produits en silex tertiaire bartonien entre les sites du Hainaut
et même vers le site de Vaux-et-Borset en Hesbaye. Il
apparaît assez évident que le silex tertiaire bartonien découvert à Vaux-et-Borset est redistribué depuis le Hainaut
(et plus précisément les sites d'Ellignies-Sainte-Anne ou
Blicquy « la Couture de la Chaussée) vers Vaux-et-Borset.
Etant donné le dynamisme des contacts directs précédemment évoqués pour la diffusion du silex de Ghlin, cette

hypothèse apparaît tout à fait raisonnable. Les modalités de redistribution du silex tertiaire bartonien suivent deux schémas : d'une part la redistribution de lames, d'autre part la redistribution de nucléus en cours de débitage. Cette deuxième modalité signe probablement le déplacement d'un tailleur d'un site à l'autre. Enfin, le partage de poignées de lames produites dans le Bassin parisien depuis un même nucléus ou différents blocs issus d'un même micro-gisement semble également attesté.

Les options prises pour la confection de l'outillage sur les produits en silex tertiaire bartonien semblent signer le choix des habitants d'une maisonnée bien que les burins paraissent un peu plus nombreux et préférentiellement réalisés sur les grandes lames importées du Bassin parisien.

La mobilité de certains tailleurs entre les sites blicquiens présuppose la contemporanéité des sites en question. De cette manière, nous disposons ici d'un excellent outil pour établir une chronologie fine des sites en question via le prisme de l'industrie lithique.

Prenons prioritairement les préformes ayant fait l'objet d'un débitage segmenté géographiquement. Tout d'abord, la plaquette introduite à Irchonwelz « le Trou al Cauche » a ensuite été débitée à Irchonwelz « la Bonne Fortune » et Ormeignies « les Dérodés du Bois de Monchy ». Or, la contemporanéité alors supposée de ces sites apparaît en relative adéquation avec les sériations céramiques (Constantin 1985 ; Hauzeur 2008), ces sites seraient attribués à l'étape ancienne de la culture BQY/VSG. Par ailleurs, il semble que le débitage d'un nucléus ait été initié à Blicquy « la Couture de la Chaussée » puis poursuivi à Vaux-et-Borset. Un second nucléus a fait l'objet d'un débitage segmenté entre les sites de Blicquy « la Couture de la Chaussée » et d'Ellignies-Sainte-Anne. À nouveau, le regroupement de ces trois sites coïncide parfaitement avec les observations typo-chronologiques de la céramique (Constantin 1985 ; Hauzeur et Constantin 1993 ; Hauzeur 2008). Ces trois sites appartiennent à l'étape moyenne de la culture BQY/VSG. Les sites d'Ormeignies « le Bois Blanc », d'Aubechies, de Blicquy « la Couture du Couvent » et d'Ormeignies « la Petite Rosière » ne présentent aucun lien de ce type ni avec les autres sites, ni entre eux. Or, les trois premiers sites sont attribués à l'étape récente de la culture BQY/VSG par l'étude de la céramique. Ormeignies « la Petite Rosière » avait été exclu, du fait de l'indigence du corpus, de la sériation chronologique proposée par C. Constantin (Constantin 1985). L'analyse, menée par A. Hauzeur, la conduit à attribuer Ormeignies « la Petite Rosière » à une étape plutôt ancienne de cette culture (Hauzeur 2008). Nous serions tentée de le placer à une étape plutôt récente.

En intégrant alors ce paramètre chronologique, il est possible d'affiner et de percevoir une modification des modèles de diffusion du silex tertiaire bartonien au cours du temps.

À l'étape ancienne, la diffusion du silex tertiaire bartonien ne s'effectue que sous forme de préformes et de lames isolées (débitées dans le Bassin parisien). Elle s'accompagne semble-t-il du déplacement de tailleurs du Bassin parisien qui viennent débiter de longues lames sur les sites blicquiens en se déplaçant d'un site à l'autre.

L'étape moyenne voit une augmentation quantitative du silex tertiaire bartonien et d'une diversification des formes sous lesquelles le silex bartonien est introduit sur les sites de Blicquy-éponyme et d'Ellignies-Sainte-Anne. Il n'est pas à exclure que le déplacement de tailleurs du Bassin parisien cesse à moins que des tailleurs . En effet, nous avons signalé qu'il paraissait délicat de déterminer l'identité du tailleur qui a débité la plaquette d'Ellignies-Sainte-Anne. Cela résulte notamment du fait que le tailleur a débité des lames courtes. Or, les lames débitées dans le Bassin parisien sont des lames longues. De surcroît, c'est à partir de l'étape moyenne qu'apparaissent des sites producteurs de grandes lames (Bostyn 1994). Puisque la diffusion du silex bartonien semble intimement liée à cette production de grandes lames (Bostyn 1994 ; Denis 2012a), il serait surprenant qu'un tailleur ne disposant pas des compétences pour réaliser de tels débitages se déplace vers les sites blicquiens. Bien qu'il faille nécessairement envisager que la plaquette transportée soit de dimensions trop restreintes pour une telle production, le même raisonnement peut être avancé pour faire état du choix surprenant réalisé par les populations VSG. Certes, le poids d'une grande plaquette est un facteur limitant au transport mais seuls six blocs sont attestés pour cette étape moyenne dont une seule plaquette brute. Ainsi, le nombre de blocs déplacés annuellement se révèle très faible, ce qui justifierait difficilement la restriction de poids engendrée par la sélection de petites plaquettes. On peut dès lors appréhender la question dans l'autre sens et se demander si finalement cette situation ne reflèterait pas le déplacement de Blicquiens vers le Bassin parisien. Ces derniers rapporteraient outre les grandes lames issues des centres producteurs, des plaquettes destinées à leur production personnelle. Le transport d'un petit rognon destiné à un apprenti s'insèrerait alors assez bien dans le cadre de cette hypothèse.

À l'étape récente de la culture BQY/VSG, les modalités de diffusion changent à nouveau. Il semble que la diffusion s'opère principalement sous forme de lames débitées dans le Bassin parisien. Seuls quelques éclats découverts à Aubechies attesteraient d'une brève séquence de débitage d'un seul nucléus. Or, ces éclats sont concentrés dans la structure 108 qui serait attribuée à une étape plus ancienne (Constantin, com. orale). La circulation du silex tertiaire bartonien ne semble donc plus relever du déplacement de tailleurs. Les lames pourraient être acquises par échange.

Ainsi, la diffusion polymorphe du silex tertiaire bartonien semble présenter d'importantes mutations durant la séquence chronologique observée.

Les propositions d'attribution chronologique des différents sites sur les bases des débitages réalisés d'un site à l'autre se calquent assez bien à celles de la céramique.

Mais si l'on s'intéresse aux rapprochements effectués entre les lames produites dans le Bassin parisien ou aux rapprochements réalisés entre les lames redistribuées depuis des nucléus débités en contexte blicquien, la similitude du découpage obtenue s'estompe. En effet, des liens peuvent être signalés entre :

- Ellignies-Sainte-Anne et Aubechies (structure 49 et structure 43)
- Ellignies-Sainte-Anne, Blicquy-éponyme et Aubechies (structure 47)
- Blicquy-éponyme, Aubechies (structure 108) et Irchonwelz « la Bonne Fortune » (structure 21)
- les structures 9 et 7 d'Irchonwelz « la Bonne Fortune » (bâtiment 20), Blicquy-éponyme et Vaux-et-Borset
- Ellignies-Sainte-Anne et la structure 16 d'Irchonwelz « la Bonne Fortune » (bâtiment 30)
- Ellignies-Sainte-Anne et les structures 16 et 12 d'Irchonwelz (bâtiment 30)
- Blicquy-éponyme et la structure 21 (fosse-silo) d'Irchonwelz « la Bonne Fortune »
- Ormeignies « les Dérodés du Bois de Monchy » et la structure 44 d'Aubechies
- Blicquy « la Couture du Couvent » et les structures 110 et 49 d'Aubechies
- Blicquy « la Couture du Couvent », Ormeignies « la Petite Rosière » et Ormeignies « la Bois Blanc ».

À l'exception de ces deux derniers exemples (étape récente), ces rapprochements lient des sites qui ne sont pas attribués à une même étape chronologique par la céramique. Ainsi, soit le rythme d'évolution des industries lithiques diffère de celui de la céramique, ce qui est tout à fait concevable, soit cela signe un certain lien de parenté entre les sites. Le fondement d'un nouveau village ou d'une nouvelle unité d'habitation implique nécessairement des habitants issus d'un ancien village ou maisonnée, et donc de ses effets personnels. En outre, on imagine bien, par son caractère exotique, que l'outil sur lame en silex tertiaire bartonien se conserve longtemps. On sait que les grandes lames en Bartonien, du moins dans le Bassin parisien, témoignent d'un temps d'utilisation long : « les grandes lames se caractérisent […] par une forte implication dans le travail des plantes ainsi qu'une forte intensité d'usure (c'est-à-dire de longues durées d'utilisation et de multiples zones usées sur les bords) » (Bostyn et Cayol 2012, 294). Nous remarquerons alors que le bâtiment 20 d'Irchonwelz « la Bonne Fortune » paraît présenter plus de « parenté » avec le site de Blicquy « la Couture de la Chaussée ». Inversement, des liens entre le bâtiment 30 et le site d'Ellignies-Sainte-Anne doivent être soulignés. Dans cette perspective, le développement des études technologiques sur la céramique pourra s'avérer crucial pour déterminer si ces liens peuvent être corroborés par des traditions techniques différentes ou des choix différenciés de la matière première.

La diffusion du silex tertiaire bartonien prend différentes formes suivant les étapes chronologiques de cette culture BQY/VSG. L'étape ancienne se caractérise par une faible diffusion qui semble impliquer le déplacement de tailleurs itinérants venus du Bassin parisien. L'étape moyenne correspond à l'apogée quantitative de cette diffusion. Une diversité des formes d'introduction du silex bartonien sur les sites apparaît. Si le débitage s'est clairement déroulé sur les sites de Blicquy, Ellignies-Sainte-Anne et Vaux-et-Borset, il semble que celui-ci ne soit pas conduit par des tailleurs du Bassin parisien, ou du moins pas par les spécialistes (Bostyn 1994 ; Bostyn et Cayol 2012) de la production de grandes lames. On peut se demander si le sens de circulation des individus ne s'inverse pas par rapport à l'étape ancienne. C'est-à-dire le déplacement d'habitants du Hainaut vers le Bassin parisien, pour des raisons qui resteront à déterminer, et qui apporteraient en retour des grandes lames et de la matière première. Il apparaît assez évident que le silex tertiaire bartonien est transporté depuis les sites d'Ellignies-Sainte-Anne ou de Blicquy pour atteindre Vaux-et-Borset. Etant donné les modalités de circulation du silex de Ghlin décrites précédemment, on peut alors proposer que les tailleurs du Hainaut se déplaçant à Vaux-et-Borset sont issus de Blicquy ou d'Ellignies-Sainte-Anne. À l'étape récente de la culture BQY/VSG, la diffusion du silex tertiaire bartonien s'oriente prioritairement vers l'apport de lames débitées dans le Bassin parisien. Il semble alors que la mobilité des tailleurs ne doit plus être invoquée.

Compte tenu de la présentation antérieure des productions blicquiennes, la diffusion du silex tertiaire bartonien vers les sites blicquiens ne répond à aucun besoin technique. D'ailleurs, cette assertion est également valable pour la diffusion des lames en silex de Ghlin vers le Bassin parisien. D'autres motivations doivent être recherchées. Il a été systématiquement souligné que la diffusion du schiste avait pu fonctionner à contre-courant et en contrepartie de celle du silex tertiaire bartonien. Cet aspect devra bien évidemment être approfondi mais signalons que les seuls habitats qui produisent des bracelets en quantités dépassant les besoins du site sont Irchonwelz « la Bonne Fortune » et Vaux-et-Borset (Fromont 2013). Ainsi, cette éventuelle contrepartie n'expliquerait nullement l'introduction d'une préforme à Irchonwelz « le Trou al Cauche » par exemple. En outre, les importantes quantités de silex bartonien découvertes à Ellignies-Sainte-Anne ou Blicquy « la Couture de la Chaussée » ne se justifieraient alors qu'en admettant que les habitants, issus de ces sites, qui se déplacent à Vaux-et-Borset « contrôlent » la production des bracelets en schiste. Il nous semble donc prématuré de retenir cette notion de réciprocité du schiste et du silex tertiaire bartonien, qui reste au niveau d'une hypothèse de travail séduisante. De la synthèse ethnographique de J. Flébot-Augustins et C. Perlès (1992), il ressort d'une part que les échanges « portent en majorité sur des ressources ou des biens qui font défaut dans l'un des deux groupes » (p. 200). Une exception se dessine toutefois, celle des biens fortement valorisés (Flébot-Augustins et Perlès 1992, 201). Or, la grande lame en silex tertiaire bartonien devait pour les Blicquiens être considérée comme un produit remarquable par sa longueur ou par l'originalité de la couleur de ce silex. Aujourd'hui qualifiée de marqueur d'identité culturel fort de la culture BQY/VSG (Allard et Bostyn 2006a ; Allard et Denis 2015 ; Bostyn 2008), elle pourrait entrer dans cette catégorie d'objets fortement valorisés. Fréquemment, c'est un autre bien fortement valorisé qui serait échangé en contrepartie (Flébot-Augustins et Perlès 1992). Comme bien fortement valorisé par les BQY/VSG répondrait alors parfaitement le bracelet en schiste.

Conclusion

L'approche techno-économique menée sur l'industrie lithique du groupe de Blicquy a permis d'enrichir nos connaissances sur l'organisation de la production lithique et sur les modalités de diffusion des matières premières siliceuses à la fin du Néolithique ancien. Elle tend à montrer le dynamisme des relations sociales entre les différentes communautés BQY/VSG, témoignant alors de l'importance des échanges dans la vie socio-économique de ces communautés agro-pastorales.

L'approvisionnement en matières premières paraît centré sur le silex de Ghlin. Une tendance à l'économie des matières premières, également identifiée en contexte VSG (Augereau 2004), apparaît sur certains sites où le silex de Ghlin est préférentiellement sélectionné pour produire des lames alors que les autres silex sont employés pour produire des éclats ou confectionner des outils facettés.

La dualité de la production opposant des productions simples et des productions laminaires requérant un niveau de savoir-faire élevé est bien attestée sur les sites de Hainaut. Toutefois, il est vrai que les productions simples apparaissent peu représentées sur certains sites (Irchonwelz « la Bonne Fortune » et probablement Blicquy « la Couture de la Chaussée » (Cahen et van Berg 1979 ; Cahen et al. 1986)). Il n'est pas à exclure que ce soit la surreprésentation des déchets de la production laminaire qui conduise à la distinction de ces sites. Cette surreprésentation irait de pair avec le fait que ces sites soient spécialisés dans la production de lames et dans la redistribution de préformes et de lames vers d'autres maisonnées. Il semble en effet que se dessine une forme de spécialisation intra et intercommunautaire de cette production laminaire.

Cette dualité de la production reflète l'existence de deux groupes de tailleurs ne disposant pas des mêmes connaissances et savoir-faire. En outre, l'étude de la production laminaire nous a conduite à identifier deux traditions techniques opposant les tailleurs du Hainaut et les tailleurs de Hesbaye. Ces deux traditions techniques signent une véritable filiation entre le Rubané et le groupe de Blicquy. Il n'existe pas de rupture franche dans la transmission des connaissances entre ces deux entités culturelles. Cela conduit à relativiser la fréquence du recyclage transculturel identifié à Vaux-et-Borset et suggéré à Darion (Caspar et Burnez-Lanotte 1994 et 1997 ; Jadin et al. 2003). En effet, par leurs similitudes avec les lames rubanées, il avait été envisagé que les Blicquiens avaient recyclé des lames en silex fin de Hesbaye. Or, les déchets de cette production sont bien identifiés à Vaux-et-Borset et Darion, ce qui va à l'encontre d'une telle hypothèse. En revanche, nous ne remettons pas en cause ce processus de recyclage pour les frites de Vaux-et-Borset découvertes en contexte blicquien. Certes, une production de type frite a bien été iden-

tifiée en Hainaut, ce qui constitue d'ailleurs une différence importante avec les sites VSG (du moins en l'état actuel de nos connaissances). Mais d'une part, les informations tracéologiques qui ont conduit à envisager que les frites de Vaux-et-Borset soient issues d'un recyclage d'éléments rubanés (Caspar et Burnez-Lanotte 1997) nous paraissent extrêmement pertinentes et d'autre part, les frites blicquiennes semblent présenter des différences avec les frites omaliennes. Si les concepts sont identiques, les frites omaliennes sont de plus grandes dimensions et paraissent issues d'un débitage plus « systématisé », plus productif dont semblent issues les frites de Vaux-et-Borset. Ainsi, bien que ce processus de recyclage transculturel existe, il est loin d'être constituant de l'économie des populations blicquiennes.

Finalement, la vrai nouveauté ou rupture entre le Rubané et le Blicquien se révèle bien être l'apparition et le développement des productions simples. Elles impliquent l'autonomie vis-à-vis du tailleur « spécialiste » de lames d'un certain pan de la sphère économique blicquienne. Ces productions deviendront d'ailleurs prépondérantes à la fin du VSG et surtout au Néolithique moyen. Les cultures postérieures verront en effet une opposition nettement plus tranchée entre de véritables productions spécialisées, déconnectées de la sphère domestique et ces productions simples réalisées en contexte domestique. Il nous semble alors que ces productions simples, dont l'étude ingrate conduit souvent à les délaisser par rapport aux productions spécialisées, méritent une attention plus soutenue. Il serait particulièrement intéressant de comprendre les mécanismes qui ont conduit à cette volonté de s'affranchir du spécialiste de la taille. La spécialisation intra et même intercommunautaire de la production de lames a-t-elle conduit au manque ou à l'attente de supports pour certains membres de la communauté ? On notera que, dans nos contextes, ces productions à faible niveau de savoir-faire semblent initialement orientées vers la confection de denticulés et d'outils facettés. Or, ces derniers pourraient, sous réserve d'études tracéologiques plus approfondies, avoir travaillé le bois (Cahen et al. 1986). On peut dès lors se demander si ce ne sont pas les paysans en charge de productions en bois qui seraient à l'origine de cet affranchissement des spécialistes de la taille...

Enfin, c'est l'examen de la diffusion des matières premières siliceuses qui conduit à réaffirmer l'intensité des relations sociales entre les villages. Il n'est en outre pas rare que la diffusion résulte du déplacement de tailleur. C'est par exemple le cas lors de la mise en place des réseaux de circulation du silex tertiaire bartonien. Le déplacement de tailleurs du Bassin parisien vers le Hainaut semble en effet avéré. Mais il est vrai que des mutations profondes dans les modalités de diffusion de ce silex doivent être soulignées. À l'étape moyenne de la culture BQY/VSG, se pose la question d'une inversion du sens de déplacement des individus liés à cette diffusion. À l'étape récente, il est évident que la diffusion des grandes lames en silex tertiaire bartonien vers le Hainaut n'est plus réalisée dans le cadre du déplacement de tailleurs. Il faudra tenter de comprendre les raisons de cette évolution du processus de diffusion du silex tertiaire bartonien. Les rapprochements par blocs opérés sur les sites blicquiens pourraient permettre, par une étude fine des sites producteurs, de discriminer les habitats VSG depuis lesquels l'emport est réalisé. Cela nous permettrait d'ailleurs peut-être de circonscrire les potentielles contreparties de cette diffusion. Toutefois, ce travail sera fortement limité par le degré de conservation des séries des sites producteurs. La patine, qui affecte par exemple le matériel des sites producteurs de Tinqueux, Trosly-Breuil ou Jablines, empêche en effet un tel travail par rapprochements. Néanmoins, cette perspective est encourageante. Le matériel découvert lors du diagnostic du site de Pontavert, mais la fouille de ce site permettra de le préciser, semble, attester que cet habitat est producteur de grandes lames en silex tertiaire bartonien (Denis 2012b). Or, les artefacts issus de cette production présentent de fortes similitudes entre eux, témoignant alors d'un approvisionnement ciblé vers un micro-gisement. La matière première des lames produites à Pontavert n'est d'ailleurs pas sans rappeler celle de la poignée de lames distribuée sur les sites du Blicquien récent. Les modalités de diffusion des lames bartoniennes vers les sites du groupe de Blicquy sont très particulières, du moins à l'étape ancienne et à l'étape moyenne. Les sites VSG les plus éloignés des sites producteurs paraissent ne recevoir que des lames, probablement obtenues par échange, de proche en proche (Bostyn 1994), suivant le modèle « down the line » de Renfrew (1975). Cette opposition des modalités de diffusion du silex tertiaire bartonien sous-tend l'existence de relations sociales particulières entre VSG du centre du Bassin parisien et Blicquiens. Celles-ci pourraient relever d'une « relation de parenté » entre certains habitants des sites producteurs de lames en silex tertiaire et certains habitants des villages blicquiens.

Quant à l'étude de la diffusion du silex de Ghlin, elle a montré le déplacement de tailleurs ou d'un petit groupe d'habitants du Hainaut vers le site de Vaux-et-Borset. On peut se demander si ce déplacement ne s'accompagne pas d'une implantation pérenne dans ce village. Dans cette perspective, l'apport de l'étude technologique des céramiques sera particulièrement intéressant. De plus, la frontière durable entre les deux traditions techniques identifiées entre Hainaut et Hesbaye tend à indiquer un certain immobilisme de la sphère masculine. Or, la diffusion du silex de Ghlin vers Vaux-et-Borset signe une réelle rencontre entre les tailleurs des deux traditions techniques dont les mécanismes d'évolution seraient intéressants à étudier sous réserve de la découverte de sites plus récents... Enfin, à l'immobilisme de la sphère masculine semble s'opposer la forte mobilité féminine, du moins au Rubané. C'est d'une part ce que suggèrent les analyses isotopiques (Bentley *et al.* 2002 et 2012 ; Price *et al.* 2001 et 2006). Les analyses du strontium sur les dents humaines offrent la possibilité d'obtenir une signature géographique de l'enfance. Or, ces études montrent une plus grande variabilité de ce rapport du strontium chez les femmes que chez les hommes. Celle-ci est interprétée comme résultant de la mobilité des femmes lors du mariage dans le cadre d'un système patrilocal (Bentley *et al.* 2012). D'autre part, l'étude technologique de la céramique rubanée menée par L. Gomart l'a conduite à repérer de nombreuses traditions techniques de façonnage dont la répartition spatiale tend à « révéler des dynamiques complexes entre régions. La distribution de certaines traditions de façonnage dans plusieurs régions de peuplement pourrait résulter de contacts entre ces régions, qu'il s'agisse de la circulation de savoir-faire, de récipients et/ou d'individus » (Gomart 2014, 326). La mise en perspective de ces résultats et de ceux des analyses isotopiques pourrait alors suggérer « l'hypothèse de liens [entre régions] en partie inscrits dans le cadre de déplacements matrimoniaux » (Gomart 2014, 326). La comparaison de nos résultats à ceux sur la technologie céramique blicquienne promet donc de belles perspectives pour appréhender finement la structure sociale des populations blicquiennes.

Bibliographie

Allard, Pierre. "L'industrie lithique du groupe de Villeneuve-Saint-Germain des sites de Bucy-le-Long (Aisne)." *Revue Archéologique de Picardie*, 3-4 (1999): 53-114.

Allard, Pierre. *L'industrie lithique des populations rubanées du Nord-Est de la France et de la Belgique*. Espelkamp: Marie Leidorf, 2005.

Allard, Pierre. " Détection de spécialistes de la taille de la pierre au Rubané." *Bulletin de la Société préhistorique française*, t. 109, n° 2 (2012): 267-278.

Allard, Pierre, Anne Augereau, Valérie Beugnier, Laurence Burnez-Lanotte, Françoise Bostyn, Jean-Paul Caspar, François Giligny, Danièle Hamard, Emmanuelle Martial et Sylvie Philibert. " Fonction des outillages lithiques dans le Bassin parisien au Néolithique." In *Approches fonctionnelles en Préhistoire*, Actes du 15e congrès préhistorique de France (Nanterre, 24-26 nov. 2000), dirigé par Pierre Bodu et Claude Constantin, 181-92. Paris: Société Préhistorique française, 2004.

Allard, Pierre, Françoise Bostyn et Jacques Fabre. " Origine et circulation du silex durant le Néolithique en Picardie : des premières approches ponctuelles à une systématique régionale. " In *Hommages à Claudine Pommepuy*, édité par Ginette Auxiette et François Malrain, 59-74. Revue Archéologique de Picardie, numéro spécial, 2005.

Allard, Pierre et Françoise Bostyn. " Genèse et évolution des industries lithiques danubiennes du Bassin parisien." In *Contribution des matériaux lithiques dans la chronologie du Néolithique ancien et moyen en France et dans les régions limitrophes*, Session de l'EAA (Lyon, sept. 2004), édité par Pierre Allard, Françoise Bostyn et Andreas Zimmermann, 28-52. Oxford: BAR Publishing, BAR International Series, 2006a.

Allard, Pierre et Françoise Bostyn. " Gestion de l'outillage en silex dans la culture de Villeneuve-Saint-Germain/Blicquy : du plus simple au plus complexe." In *Normes techniques et pratiques sociales. De la simplicité des outillages pré-et protohistoriques*, Actes des 26e rencontres internationales d'archéologie et d'histoire d'Antibes (Antibes, 20-22 nov. 2005), dirigé par Laurence Astruc, François Bon, Vanessa Léa, Pierre-Yves Milcent et Sylvie Philibert, 195-205. Antibes: Association pour la Promotion et la Diffusion des Connaissances Archéologiques, 2006b.

Allard, Pierre et Jacques Pelegrin. " Une lame « pressignienne » en silex tertiaire dans la vallée de l'Aisne". *Bulletin des amis du Musée de Préhistoire du Grand-Pressigny*, n° 58 (2007): 59-62.

Allard, Pierre, Françoise Bostyn, Emmanuelle Martial, avec la collaboration d'Hélène Collet, Jacques Fabre et Luc Vallin. " Les matières premières siliceuses exploitées au Néolithique moyen et final dans le Nord et la Picardie (France). " In *Premiers néolithiques de l'Ouest : cultures, réseaux, échanges des premières sociétés néolithiques à leur expansion*, Actes du 28e colloque interrégional sur le Néolithique (Le Havre, 9-10 nov. 2007), 347-76. Rennes: Presses Universitaires de Rennes, 2010.

Allard, Pierre, Caroline Hamon, Sandrine Bonnardin, Nicolas Cayol, Michèle Chartier, Annick Coudart, Jérôme Dubouloz, Louise Gomart, Lamys Hachem, Michael Ilett, Katia Meunier, Cécile Monchablon et Corinne Thevenet. "Linear Pottery domestic space: taphonomy, distribution of finds and economy in the Aisne Valley settlements. " In *The Domestic Space in LBK settlements*, edited by Caroline Hamon, Pierre Allard and Michael Ilett, 9-28. Radhen/West.: Internationale Archaologie (Arbeitsgemeinschaft Symposium Tagung Kongress 17), Verlag Marie Leidorf GmbH. 2013.

Allard, Pierre and Solène Denis. "The circulation of flint raw materials in Northern France and Belgium during the Early Neolithic." In *Connecting Networks: characterising contact by measuring lithic exchange in the European Neolithic*, edited by Tim Kerig and Stefan Shennan, 64-73. Oxford: Archaeopress Archaeology, 2015.

Ammerman, Albert J., C. Matessi and Luigi Luca Cavalli-Sforza. "Some new approaches to the study of the obsidian trade in the Mediterranean and adjacent areas." In *The spatial organization of culture*, edited by Ian Hodder, 179-89. Londres: Duckworth, 1978.

Astruc, Laurence, Bernard Gratuze, Jacques Pelegrin, Peter Akkermans, Didier Binder and François Brios. "From production to use : a parcel of obsidian bladelets at Sabi Abyad II." In *Systèmes techniques et communautés du Néolithique précéramique au Proche-Orient*, Actes du 5e Colloque International (Fréjus, 29 fév.-5 mars 2004), directed by Laurence Astruc, 327-41. Antibes: Association pour la Promotion et la Diffusion des Connaissances Archéologiques, 2007.

Aubry, Bruno, Françoise Bostyn, Véronique Brunet, Hélène Collet, François Giligny, Claira Liétar et Laurence Manolakakis. "Territoires et ressources lithiques dans le nord de la France et en Belgique dans l'horizon Chasséen-Michelsberg." In *Zones de production et organisation des territoires au Néolithique. Espaces exploitées, occupés, parcourus*, Actes du 30e colloque interrégional sur le Néolithique (Tours, 7-8 oct 2011), dirigé par Catherine Louboutin et Christian Verjux, 65-84. 51è suppl. à la Revue Archéologique du Centre de la France, 2014.

Augereau, Anne. *L'industrie du silex du Ve au IVe millénaire avant J.-C. dans le sud-est du Bassin parisien*. Paris: édition de la Maison des Sciences de l'Homme (DAF 97), 2004.

Auxiette, Ginette. "Les bracelets néolithiques dans le nord de la France, la Belgique et l'Allemagne rhénane." *Revue archéologique de Picardie*, 1-2 (1989): 13-65.

Bakels, Corrie. "L'agriculture rubanée/post-rubanée, continuité ou discontinuité?." In *Fin des traditions danubiennes dans le Néolithique du Bassin parisien (5100-4700 av. J.-C). Autour des recherches de Claude Constantin,* dirigé par Laurence Burnez-Lanotte, Michael Ilett et Pierre Allard, 191-95. Namur et Paris : Presses Universitaires de Namur et Société Préhistorique française (mémoire 44), 2008.

Bakels Corrie and Colin Renfrew. "Restes botaniques et agricoles du Néolithique ancien en Belgique et au Pays-Bas." *Helinium* 25 (1985): 35-57.

Bats, Machteld and Jeroen de Reu. "Evaluerend onderzoek van boringen in de Kalkense Meersen (Oost-Vlaanderen, België)." *Notae Praehistoricae* 26 (2006): 171-76.

Bedault, Lisandre. "L'exploitation des ressources animales dans la société du Néolithique ancien du Villeneuve-Saint-Germain en Bassin parisien : synthèse des données archéozoologiques." thèse de doctorat, Université de Paris I Panthéon Sorbonne, 2012.

Bedault, Lisandre et Lamys Hachem. "Recherches sur les sociétés du Néolithique danubien à partir du Bassin parisien : approche structurelle des données archéozoologiques." In *Fin des traditions danubiennes dans le Néolithique du Bassin parisien (5100-4700 av. J.-C). Autour des recherches de Claude Constantin,* dirigé par Laurence Burnez-Lanotte, Michael Ilett et Pierre Allard, 222-243. Namur et Paris : Presses Universitaires de Namur et Société Préhistorique française (mémoire 44), 2008.

Bentley, R. Alexander, T. Douglas Price, Jens Lüning, Detlef Gronenborn, Joachim Wahl, Paul D. Fullagar. "Prehistoric Migration in Europe : Strontium Isotope Analysis of Early Neolithic Skeletons." *Current Anthropology* 45, n° 5 (2002): 799-804.

Bentley, R. Alexander, Penny Bickle, Linda Fibiger, Geoff M. Nowell, Christopher W. Dale, Robert E. M. Hedges, Julie Hamilton, Joachim Wahl, Michael Francken, Gisela Grupe, Eva Lenneis, Maria Teschler-Nicola, Rose-Marie Arbogast, Daniela Hofmann and Alasdair Whittle. "Community differentiation and kinship among Europe's first farmers." *PNAS* 109, n° 24 (2012): 9326-30.

Beugnier, Valérie. "L'industrie en silex taillé : étude technologique et fonctionnelle." In *Habitats du Néolithique ancien en Hainaut occidental (Ath et Beloeil, Belgique) : Ormeignies « Le Pilori » et Aubechies « Coron Maton*, dirigé par Alexandre Livingstone Smith, 58-88. Namur: Service Public de Wallonie (Etudes et documents. Archéologie 18), 2012.

Binder, Didier. " Système de débitage laminaire par pression : exemples chasséens provençaux." In *Préhistoire de la pierre taillée, 2 : économie du débitage laminaire : technologie et expérimentation*, 3e table ronde de technologie lithique (Meudon-Bellevue, oct. 1982), 71-84. Paris: Cercle de Recherches et d'Etudes Préhistoriques, 1984.

Binder, Didier. "Facteurs de variabilité des outillages lithiques chasséens dans le sud-est de la France." In *Identité du Chasséen*, Actes du colloque international de Nemours (17-19 mai 1989), dirigé par Alain Beeching, Jean-Claude Blanchet et Didier Binder, 261-272. Nemours: Association Pour la promotion de la Recherche Archéologique en Ile de France (mémoires du Musée de Préhistoire d'Ile-de-France 4), 1991.

Binder, Didier et Bernard Gassin. "Le débitage laminaire chasséen après chauffe : technologie et traces d'utilisation." In *Industries lithiques : tracéologie et technologie*, édité par Sylvie Beyries, 93-125. Oxford: BAR Publishing (BAR International Series 411), 1988.

Binder, Didier, Catherine Perlès avec la collaboration de Marie-Louise Inizan et Monique Lechevallier. "Stratégies de gestion des outillages au Néolithique." *Paléo* 2 (1990): 257-83.

Blanchet, Jean-Claude, Michel Plateaux et Claudine Pommepuy. *Matières premières et sociétés protohistorique dans le Nord de la France*. Action Thématique Programmée « Archéologie métropolitaine », rapport d'activité, Direction des Antiquités de Picardie, 1989.

Blouet, Vincent, Thierry Klagt, Marie-Pierre Petitdidier, Laurent Thomashausen (dir.) avec la collaboration de Emile Decker et les contributions de Claude Constantin et Michael Ilett. *Le Néolithique ancien en Lorraine, vol. I : étude typochronologique de la céramique*. Paris: SPF (mémoire 55), 2013.

Bosquet, Dominique, Mark Golitko et Aurélie Salavert, avec la collaboration de Valérie Beugnier, Fanchon Deligne, Ivan Jadin, Fanny Martin et Russell Quick. "Une phase pionnière à l'origine du peuplement rubané de la Hesbaye liégeoise (Belgique)." In *Fin des traditions danubiennes dans le Néolithique du Bassin parisien (5100-4700 av. J.-C). Autour des recherches de Claude Constantin*, dirigé par Laurence Burnez-Lanotte, Michael Ilett et Pierre Allard, 301-315. Namur et Paris : Presses Universitaires de Namur et Société Préhistorique française (mémoire 44), 2008.

Bostyn, Françoise. "Caractérisation des productions et de la diffusion des industries lithiques du groupe néolithique du Villeneuve-Saint-Germain." thèse de l'Université de Paris X, 1994.

Bostyn, Françoise. "Variabilité de l'économie des matières premières lithique du groupe de Villeneuve-Saint-Germain." In *Actes du 20e colloque interrégional sur le Néolithique (Evreux, oct. 1993)*, dirigé par Cyrille Billard, 31-41. Rennes: Revue Archéologique de l'Ouest, suppl. no 7, 1995.

Bostyn, Françoise. "Characterization of Flint Production and Distribution of the Tabular Bartonian Flint during the Early Neolithic (Villeneuve-Saint-Germain Period) in France." In *Man and Flint, Actes du 7e International Flint Symposium (Varsovie, sept. 1995)*, directed by R. Schild and Z. Sulgostowska, 171-83. Varsovie: Institute of Archaeology and Ethnology, Polish Academy of Sciences, 1995.

Bostyn, Françoise. "Les importations en silex bartonien du Bassin parisien sur les sites blicquiens en Hainaut belge." In *Fin des traditions danubiennes dans le Néolithique du Bassin parisien (5100-4700 av. J.-C). Autour des recherches de Claude Constantin*, dirigé par Laurence Burnez-Lanotte, Michael Ilett et Pierre Allard, 397-412. Namur et Paris : Presses Universitaires de Namur et Société Préhistorique française (mémoire 44), 2008.

Bostyn, Françoise, Lamys Hachem et Yves Lanchon. "Le site néolithique de la Pente de Croupeton à Jablines (Seine-et-Marne) : premiers résultats." *Actes du 15e colloque interrégional sur le Néolithique (Châlons-sur-Marne, 22-23 oct. 1988)*, 45-82. Voipreux: Association Régionale pour la Protection de l'Etude et du Patrimoine préhistorique, 1991.

Bostyn, Françoise, P. Lemaire et Frédéric Prodéo."Du Villeneuve-Saint-Germain/Blicquy à mi-chemin entre Hainaut et Bassin parisien : le site de Vermand (Aisne)." *Bulletin de la Société Préhistorique Française* 100, n° 1, (2003): 165-72.

Bostyn, Françoise et Hélène Collet. "Diffusion du silex de Spienne et du silex bartonien du Bassin parisien dans le Nord de la France et en Belgique de la fin du Ve millénaire au début du IVe millénaire BC : une première approche." in *Le Néolithique du nord de la France dans son contexte européen, Habitat et économie aux IVe et IIIe millénaires avant notre ère, Actes du 29e colloque interrégional sur le Néolithique (Villeneuve d'Ascq, 2-3 oct. 2009)*, dirigé par Françoise Bostyn, Emmanuelle Martial et Ivan Praud, 331-48. Revue Archéologique de Picardie, n° spécial, 2011.

Bostyn, Françoise, Rose-Marie Arbogast, Nicolas Cayol, Caroline Hamon, Yann Lorin et Frédéric Prodéo."Le site d'habitat Blicquy/ Villeneuve-Saint-Germain de Pontpoint « le Fond de Rambourg » (Oise)." *Gallia Préhistoire* 54, (2012): 67-189.

Bostyn, Françoise et Nicolas Cayol. "Productions de spécialistes, productions spécialisées : l'organisation des productions en silex sur les sites d'habitat du Villeneuve-Saint-Germain dans la moyenne vallée de l'Oise.", *Bulletin de la Société Préhistorique Française* 109, n° 2, (2012): 279-298.

Bostyn, Françoise et Solène Denis. "Specialised production and distribution networks for flint raw materials during the Blicquy/ Villeneuve-Saint-Germain Culture (Early Neolithic)." In *Alles was zählt...Festschrift für Andreas Zimmermann*, edited by Tim Kerig, Kathrin Nowak and Georg Roth, 195-208. Bonn: Dr. Rudolf Habelt GmbH, (Universitätsforschungen zur Prähistorischen Archäologie, Band 285), 2016.

Boureux, Michel."Villeneuve-Saint-Germain, les Grèves, fouilles 1973." In *Les Fouilles protohistoriques de la vallée de l'Aisne, 1972-1973*, vol. 1, (1973): 24-27. 1973.

Bressy, Céline."Caractérisation et gestion du silex des sites mésolithiques et néolithiques du nord-ouest de l'arc alpin. Une approche pétrographique et géochimique." thèse de doctorat, Université Aix-Marseille I - Université de Provence, 2002.

Burnez-Lanotte, Laurence, Jean-Paul Caspar, Claude Constantin. "Rapports chronologiques et culturels entre Rubané et Groupe de Blicquy à Vaux-et-Borset (Hesbaye, Belgique)." *Bulletin de la Société Préhistorique Française* 98, n° 1, (2001): 53-76.

Burnez-lanotte, Laurence, Jean-Paul Caspar avec la collaboration de Michel Vanguestaine. "Technologie des anneaux en schiste dans le Groupe de Blicquy/Villeneuve-Saint-Germain à Vaux-et-Borset (Hesbaye, Belgique)." *Bulletin de la Société Préhistorique Française* 98, n° 3, (2005): 551-96.

Cahen, Daniel. "Aspects du débitage laminaire dans le Néolithique ancien de Belgique." In *Préhistoire de la pierre taillée, 2 : économie du débitage laminaire : technologie et expérimentation, 3e table ronde de technologie lithique (Meudon-Bellevue, oct. 1982)*, Paris: Cercle de Recherches et d'Etudes Préhistoriques, 1984a.

Cahen, Daniel. "Technologie du débitage laminaire." In *Les fouilles de la Place Saint-Lambert à Liège*, edited by Marcel Otte, 171-98. Liège: ERAUL 18, vol. 1, 1984b.

Cahen, Daniel. "Deux modes de débitage laminaire dans le Rubané de Belgique." In *Journée d'études technologiques en Préhistoire*, edited by Jacques Tixier, 11-14. Paris: CNRS (Notes et monographies techniques 25), 1988.

Cahen, Daniel et Paul-Louis van Berg. "Un habitat danubien à Blicquy. I. Structures et industries lithiques." *Archaeologia Belgica* 221, 1979.

Cahen, Daniel et Jo Gysels."Techniques et fonctions dans l'industrie lithique du groupe de Blicquy, Belgique." In *Traces d'utilisation sur les outils lithiques du Proche-Orient, table ronde CNRS (Lyon, 8-10 juin 1982)*, dirigé par Marie-Claire Cauvin, 37-51. Lyon: GIS-Maison de l'Orient, 1983.

Cahen, Daniel et E. Gilot."Chronologie radiocarbone du Néolithique danubien." In *Progrès récents dans l'étude du Néolithique ancien, Actes du colloque international (Gand, 1982)*, dirigé par S. J. De Laet, 21-40. Bruges: De Tempel (Dissertationes archaeologicae gandenses 21), 1983.

Cahen, Daniel et Jules Docquier. "Présence du groupe de Blicquy en Hesbaye liégeoise." *Helinium* 25, (1985): 94-122.

Cahen, Daniel, Jean-Paul Caspar et Marcel Otte. *Industries lithiques danubiennes de Belgique*. Liège: ERAUL 21, 1986.

Cahen, Daniel et Marcel Otte. "Rubané et Cardial." In *Rubané et Cardial*, Actes du colloque de Liège (nov. 1988), edité par Daniel Cahen et Marcel Otte, 461-64. Liège: ERAUL 39, 1990.

Caspar, Jean-Paul. "Contribution à la tracéologie de l'industrie lithique du Néolithique ancien dans l'Europe nord-occidentale." Dissertation pour l'obtention du grade de Docteur en Philosophie et Lettres, Université de Louvain, 1988.

Caspar, Jean-Paul, Claude Constantin, Anne Hauzeur, Laurence Burnez, Isabelle Sidéra, Jules Docquier, Catherine Louboutin et F.-R. Tromme. "Groupe de Blicquy et Rubané à Vaux-et-Borset, « Gibour »." *Notae Praehistoricae* 9, (1989): 49-59.

Caspar, Jean-Paul, Claude Constantin, Anne Hauzeur, Laurence Burnez-Lanotte. "Nouveaux éléments dans le groupe de Blicquy en Belgique : le site de Vaux-et-Borset « Gibour » et « À la Croix Marie-Jeanne »." *Helinium* 33, fasc. 1, (1993): 67-79.

Caspar, Jean-Paul et Laurence Burnez-Lanotte. "III. Le matériel lithique." In *Nouveaux éléments dans le groupe de Blicquy en Belgique : le site de Vaux-et-Borset « Gibour » et « À la Croix Marie-Jeanne »*, dirigé par Jean-Paul. Caspar, Claude Constantin, Anne Hauzeur et Laurence Burnez-Lanotte, 3-93. *Helinium* 34, fasc. 1, 1994.

Caspar, Jean-Paul et Laurence Burnez-Lanotte. "Groupes de Blicquy-Villeneuve-Saint-Germain, nouveaux outils : le grattoir-herminette et le foret." *Bulletin de la Société Préhistorique Française* 93, n° 2, (1996): 235-40.

Caspar, Jean-Paul et Laurence Burnez-Lanotte. " L'industrie lithique de Vaux-et-Borset (Hesbaye liégeoise) : nouveaux éléments dans le groupe de Blicquy (Belgique)." In *Actes du 22e colloque interrégional sur le Néolithique (Strasbourg, 27-29 oct. 1995)*, dirigé par Christian Jeunesse, 411-29. Strasbourg: Cahiers de l'Association pour le Promotion de la Recherche Archéologique en Alsace, suppl. no 3, 1997.

Caspar, Jean-Paul et Laurence Burnez-Lanotte. "Gestion des matériaux siliceux dans les premières communautés danubiennes (culture à Céramique Linéaire et groupe de Blicquy/Villeneuve-Saint-Germain) à Vaux-et-Borset (Hesbaye, Belgique)." In *Production and management of lithic materials in the european Linearbandkeramik, Actes du 14e congrès UISPP, (Liège, 2001), Symposium 9.3*, dirigé par Laurence Burnez-Lanotte, 51-58. Oxford: BAR Publishing (BAR International Series 1200), 2003.

Caspar, Jean-Paul, Emmanuelle Martial et Philippe Féray. "Le teillage des fibres végétales, pour une réinterprétation fonctionnelle d'outils en silex néolithiques." In *Relations interrégionales au Néolithique entre Bassin parisien et Bassin rhénan, Actes du 26e colloque interrégional sur le Néolithique (Luxembourg, 8-9 nov. 2003)*, dirigé par Foni Le Brun-Ricalens, François Valotteau et Anne Hauzeur, 613-22. Archaeologia Mosellana, 7, 2007.

Childe ,V.Gordon. *Le mouvement de l'histoire*. Paris: Arthaud, 1961.

Collet, Hélène et Wim Van Neer. "Stratigraphie et faune d'un puits d'extraction néolithique à Petit-Spiennes." *Anthropologica et Prehistorica* 113, (2002): 73-104.

Collin, Jean-Philippe. "Mining for a week or for centuries: Variable aims of flint extraction sites in the Mons Basin (Province of Hainaut, Belgium) within the lithic economy of the Neolithic." *Journal of Lithic Studies* 3, n° 2, (2016): 17p.

Constantin, Claude. *Fin du Rubané, céramique du Limbourg et Post-Rubané en Hainaut et en Bassin Parisien.* Oxford: BAR Publishing (BAR International Series 273), 1985.

Constantin, Claude. "Structure des productions céramiques et chaînes opératoires." In *Terre cuite et société. La céramique, document technique, économique, culturel,* Actes des 14e Rencontres Internationales d'Archéologie et d'Histoire d'Antibes (21-23 oct. 1993), 243-53. Juans-les-Pins: Association pour la Promotion et la Diffusion des Connaissances Archéologiques, 1994.

Constantin, Claude. "La culture de Blicquy-Villeneuve-Saint-Germain." *Památky Archeologické*, suppl. no 13, (2000): 68-80.

Constantin, Claude. "Allocution." In *Fin des traditions danubiennes dans le Néolithique du Bassin parisien (5100-4700 av. J.-C). Autour des recherches de Claude Constantin,* dirigé par Laurence Burnez-Lanotte, Michael Ilett et Pierre Allard, 19-28. Namur et Paris : Presses Universitaires de Namur et Société Préhistorique française (mémoire 44), 2008.

Constantin, Claude, Jean-Paul Farruggia, Michel Plateaux, Léonce Demarez. "Fouille d'un habitat néolithique à Irchonwelz (Hainaut Occidental)." *Revue archéologique de l'Oise* 13, (1978): 3-19.

Constantin, Claude et Louise Courtois. "Utilisation d'os comme dégraissant dans certaines poteries néolithiques." In *Proceedings of the 16th International Symposium on Archeometry and Archaeological Prospection, Edinburgh, 1976,* directed by E. A. Slater et J. O. Tate, 211-20. Edinburgh: National Museum of Antiquities of Scotland, 1980.

Constantin, Claude et Jean-Paul Demoule. " Le groupe de Villeneuve-Saint-Germain dans le Bassin parisien." In *Le Néolithique dans l'Est de la France, Actes du colloque interrégional sur le Néolithique (Sens, 1980),* 65-72. Sens: Cahier de la Société Archéologique de Sens, 1, 1982a.

Constantin, Claude et Jean-Paul Demoule. "Le groupe de Villeneuve-Saint-Germain." *Helinium* 22, (1982b): 255-275.

Constantin, Claude, Jean-Paul Farruggia, Michael Ilett et Léonce Demarez L. "Fouilles à Ormeignies (Hainaut) : le Blanc-Bois, 1979." *Bulletin de la Société royale belge d'Anthropologie et de Préhistoire* 93, (1982): 9-35.

Constantin, Claude et Léonce Demarez. "Cinq années de fouilles dans le Groupe de Blicquy." In *Actes du 9e colloque interrégional sur le Néolithique (Compiègne, 1982),* 73-86. Revue Archéologique de Picardie, 1-2, 1984.

Constantin, Claude, Jean-Paul Farruggia et Yves Guichard. "Deux sites du Groupe de Villeneuve-Saint-Germain à Bucy-le-Long (Aisne)." *Revue Archéologique de Picardie* 1-2, (1995): 3-59.

Constantin, Claude et Michael Ilett. "Culture Blicquy-Villeneuve-Saint-Germain, rapports chronologiques avec les cultures rhénanes." In *Actes du 23e colloque interrégional sur le Néolithique (Bruxelles, 1997*), dirigé par Nicolas Cauwe et Paul-Louis Van Berg, 207-216. Anthropologie et Préhistoire 109, 1998.

Constantin, Claude, Daniel Simonin et Jean-Paul Farruggia. "Wells of the late Bandkeramik and the Villeneuve-Saint-Germain cultures in the Paris Basin." In *Brunen der Jungsteinzeit, Materialen zur Bodenmalpflege im Rheinland,* Actes du Symposium international d'Erkelenz (oct, 1997), 113-123, 1998.

Constantin, Claude et Laurence Burnez-Lanotte. "La mission archéologique du ministère des Affaires étrangères français en Hainaut et moyenne Belgique…", In *Fin des traditions danubiennes dans le Néolithique du Bassin parisien (5100-4700 av. J.-C). Autour des recherches de Claude Constantin,* dirigé par Laurence Burnez-Lanotte, Michael Ilett et Pierre Allard, 35-56. Namur et Paris : Presses Universitaires de Namur et Société Préhistorique française (mémoire 44), 2008.

Constantin, Claude, Léonce Demarez et Michel Daubechies. "Le complexe des sites du Néolithique ancien du Bassin de la Dendre, implantation dans l'environnement naturel." *Bulletin des Chercheurs de Wallonie* 48, (2009): 43-53.

Constantin, Claude, Yves Lanchon, Jean-Paul Farruggia, Léonce Demarez, Michel Daubechies avec la collaboration de Corrie Bakels, Lamys Hachem, Karen Lundstrom-Baudais, Maryse Ohnenstetter, Aurélie Salavert et Danielle Santalier. "Le site blicquien d'Irchonwelz « la Bonne Fortune » (Hainaut), fouilles de 1983." In *Le Néolithique ancien de Belgique : sites du Hainaut et de Hesbaye* dirigé par Laurence Burnez-Lanotte, Claude Constantin et Anne Hauzeur, 245-81. Amay: Bulletin du Cercle archéologique Hesbaye-Condroz 30, 2010.

Costa, Laurent et Jacques Pelegrin. "Une production de grandes lames par pression à la fin du Néolithique dans le Nord de la Sardaigne (Contraguda, Perfugas)." *Bulletin de la Société Préhistorique Française* 101, n° 4, (2004): 867-73.

Coudart, Annick. "A propos de la maison néolithique danubienne." In *Le Néolithique dans l'Est de la France, Actes du colloque interrégional sur le Néolithique (Sens, 1980)*, 3-23. Sens: Cahier de la Société Archéologique de Sens, 1, 1982.

Coudart, Annick. *Architecture et société néolithique : l'unité et la variance de la maison danubienne*. Paris: Maison des sciences de l'homme (DAF 67), 1998.

Crombé, Philippe. "Een prehistorische site te Kerkhove (Mesolithicum-Neolithicum)." *Westvlaamse Archaeologica* 2, (1986): 3-39.

Crombé, Philippe. "Contacts et échanges entre chasseurs-cueilleurs et agriculteurs durant les VIe et Ve millénaires av. J.-C. dans l'Ouest de la Belgique." , In *Fin des traditions danubiennes dans le Néolithique du Bassin parisien (5100-4700 av. J.-C). Autour des recherches de Claude Constantin*, dirigé par Laurence Burnez-Lanotte, Michael Ilett et Pierre Allard, 59-74. Namur et Paris : Presses Universitaires de Namur et Société Préhistorique française (mémoire 44), 2008.

Crombé, Philippe, Yves Perdaen, Joris Sergant, Jean-Pierre Van Roeyen, Mark Van Strydonck. "The Mesolithic-Neolithic transition in the sandy lowlands of Belgium: new evidence." *Antiquity* 76, (2002): 699-706.

Crombé, Philippe, Yves Perdaen, Joris Sergant. "La néolithisation de la Belgique : quelques réflexions."In *Unité et diversité des processus de néolithisation sur la façade atlantique de l'Europe (IVe-IVe millénaires avant J.-C.), table ronde (Nantes, 26-27 avril 2002)*, dirigé par G. Marchand et A. Tresset, 47-66. Paris: SPF (mémoire 36), 2005.

Crombé, Philippe and Bart Vanmontfort. "The neolithisation of the Scheldt basin in western Belgium." In *Going over: the Mesolithic-Neolithic Transition in North-west Europe (Cardiff, 16-18 mai 2005)*, directed by A. Whittle ans V. Cummings, 261-283. Oxford: Oxford University Press (Proceedings of the British Academy Press 144), 2007.

Crombé, Philippe and Joris Sergant. "Tracing the Neolithic in the Lowlands of Belgium." In *Between foraging and farming: an extended broad spectrum of papers presented to Leendert Louwe Kooijmans*, edited by H. Fokkens, B. J. Voles, A. L. van Gijn, J. P. Kleijne, H. H. Ponjee et C. G. Slappendel, 75-84. Analecta Praehistorica Leidensia, 40, 2008.

Crombé, Philippe, Mathieu Boudin and Mark Van Strydonck. "Swifterbant pottery in the Scheldt basin and the emergence of the earliest indigenous pottery in the sandy lowlands of Belgium." In *The Earliest Pottery in the Baltic- Dating, origin and Social Context, International Workshop (Schleswig, 20-21 oct. 2006)* directed by Cl. V. Carnap-Bornheim, H. Sönke, F. Lüth et Th. Terberger, 465-84. Mainz: Berichte der Römisch-Germanische Kommission, Frankfurt, Philipp von Zabern, 2011.

Dauvois, Michel. *Précis de dessin dynamique et structural des industries lithiques préhistoriques*. Périgueux: Fanlac, 1976.

Demarez, Léonce. "Ellignies-Sainte-Anne (Ht.), un site Rössen." *Archéologie* 2, (1970): 80.

Demarez, Léonce. "Ormeignies (Ht.), un site de la civilisation Roessen." *Archéologie* 7, (1971): 7.

Demarez, Léonce. "Blicquy (Ht.), un site de la civilisation Roessen. " *Archéologie* 1, (1972): 9.

Demarez, Léonce, Claude Constantin, Jean-Paul Farruggia, Jean-Paul Demoule. "Fouilles à Ormeignies (Hainaut) Dérodé du Bois de Monchy, 1977." *Fouilles protohistoriques dans la Vallée de l'Aisne*, 5, (1977): 101-122.

Demarez, Léonce, Isabelle Deramaix et M. Wegria. "Nouvelle découverte blicquienne en Hainaut occidental." *Notae Praehistoricae* 11, (1992): 103-110.

Denis, Solène. "L'industrie lithique du site Villeneuve-Saint-Germain de Vasseny (Aisne)." Mémoire de Master , 'Université de Paris I Panthéon Sorbonne, 2008.

Denis, Solène. "Le débitage laminaire en silex tertiaire bartonien dans la culture Blicquy/Villeneuve-Saint-Germain, Néolithique ancien : organisation de la production et réseaux de circulation." *Bulletin de la Société Préhistorique Française* 109, n° 1, (2012a):121-143.

Denis, Solène. "L'industrie lithique." In *Pontavert "Route de Soissons" (Aisne). Découverte d'un village Blicquy/Villeneuve-Saint-Germain et d'une occupation du Néolithique récent/final, rapport final d'opération, diagnostic archéologique*, dirigé par Caroline Colas, 43-52. INRAP, 2012b.

Denis, Solène. "The circulation of Ghlin flint during the time of the Blicquy-Villeneuve-Saint-Germain culture (Early Neolithic)." *Journal of Lithic Studies* 1, n° 1, (2014): 85-102.

Denis, Solène, Nicolas Fromont, Claude Constantin, François Hubert avec la collaboration de Maryse Ohnenstetter et Danielle Santalier. "Le groupe de Blicquy à Ellignies-Sainte-Anne (Hainaut), fouilles de 1970-71." *Bulletin du Cercle archéologique Hesbaye Condroz*, à paraître.

Deramaix, Isabelle. "Etude du matériel lithique du site rubané de Blicquy-Ormeignies « la Petite Rosière »." Mémoire de l'Université de Liège, 1988.

Deramaix, Isabelle, Dolores Ingels, et Olivier Collette. "Ath/Ath : fouilles préventives sur le site des Haleurs." *Chronique de l'Archéologie wallonne*, 24, (2016): 119-20.

Diepeveen M, J.-C. Blanchet et M. Plateaux. "Un nouveau site danubien à Trosly-Breuil (Oise) (groupe de Villeneuve-Saint-Germain et de Cerny)." In *Actes du 11e colloque interrégional sur le Néolithique (Mulhouse, 1984)*, 79-93. St Germain-en-Laye: Interneo, 1992

Dietsch-Sellami, Marie-France. "L'alternance céréales à grains vêtus, céréales à grains nus au Néolithique : nouvelles données, premières hypothèses." *Internéo* 5, (2004): 125.

Dubouloz, Jérôme. "Datation absolue du premier Néolithique du Bassin parisien : complément et relecture des données RRBP et VSG." *Bulletin de la Société Préhistorique Française* 100, n°4,(2003): 671-89.

Farruggia, Jean-Paul, Claude Constantin, Léonce Demarez. "Eléments non-rubanés du Néolithique ancien entre les vallées et Rhin inférieur et de la Seine, fouilles dans le groupe de Blicquy à Ormeignies, Irchonwelz, Aubechies (1977-1980)." *Helinium* 22, fasc. 3, (1982): 105-134.

Flébot-Augustins, Jehanne et Catherine Perlès. "Perspectives ethnoarchéologiques sur les échanges à longue distance." In *Ethnoarchéologie : justification, problèmes, limites, XIIè Rencontres internationales d'archéologie et d'histoire d'Antibes*, 195-209. Juans-les-Pins: APDCA, 1992.

Fromont, Nicolas. "Anneaux en pierre et culture du Villeneuve-Saint-Germain/Blicquy : premiers éléments sur la structuration des production et la circulation des matières premières entre Massif armoricain et Massif ardennais." In *Les matières premières lithiques en Préhistoire, table ronde internationale (Aurillac, 20-22 juin 2002)*, dirigé par Frédéric Surmely, 177-84. Préhistoire du Sud-Ouest, suppl. no 5, 2003.

Fromont, Nicolas. "Les anneaux en pierre dans le nord de la France et la Belgique au Néolithique ancien : structuration des productions et circulation des matières premières." In *La néolithisation de la façade atlantique de l'Europe. Interactions culturelles, transferts techniques, implications des milieux naturels, Actes de la table ronde de Nantes (avril 2002)*, dirigé par Grégor Marchand, Claire Manen et Anne Tresset, 203-12. Paris: SPF (mémoire 36), 2005.

Fromont, Nicolas. *Anneaux et cultures du Néolithique ancien. Production, circulation et utilisation entre massifs ardennais et armoricain*. Oxford: BAR Publishing (BAR International Series 2499), 2013.

Fromont, Nicolas. "Anneaux et cultures du Néolithique ancien. Production, circulation et utilisation entre massifs ardennais et armoricain." thèse de doctorat, Université de Paris I Panthéon Sorbonne, 2011.

Fromont, Nicolas. (dir.), A. Maingaud, S. Coutard, G. Leclerc, B. Bohard, Y. Thomas et F. Charraud. "Un site d'acquisition du schiste pour la fabrication d'anneaux au Néolithique ancien à Saint-Germain-du-Corbéis « l'Ermitage » (Orne)." *Bulletin de la Société Préhistorique Française* 103, n° 1, (2006): 49-70.

Fromont, Nicolas, Cyril Marcigny, avec la collaboration de Emmanuel Ghesquière et David Giazzon. "Acquisition, transformation et diffusion du schiste du Pissot au Néolithique ancien dans le quart nord-ouest de la France." In *Fin des traditions danubiennes dans le Néolithique du Bassin parisien (5100-4700 av. J.-C). Autour des recherches de Claude Constantin*, dirigé par Laurence Burnez-Lanotte, Michael Ilett et Pierre Allard, 413-24. Namur et Paris : Presses Universitaires de Namur et Société Préhistorique française (mémoire 44), 2008a.

Fromont, Nicolas, Claude Constantin et Michel Vanguestaine. "L'apport du site d'Irchonwelz à l'étude de la production des anneaux en schiste blicquiens (Néolithique ancien, Hainaut, Belgique)." In *Fin des traditions danubiennes dans le Néolithique du Bassin parisien (5100-4700 av. J.-C). Autour des recherches de Claude Constantin*, dirigé par Laurence Burnez-Lanotte, Michael Ilett et Pierre Allard, 425-46. Namur et Paris : Presses Universitaires de Namur et Société Préhistorique française (mémoire 44), 2008b.

Gassin, Bernard. *Evolution socio-éonomique dans le Chasséen de la grotte de l'Eglise supérieure (Var)*. Paris: CNRS, 1996.

Gassin, Bernard., Astruc L., Léa V., Philibert S., Gibaja Bao J.-F. "Burins du Chasséen méridional." In *Burins préhistoriques : formes, fonctionnements, fonctions*, dirigé par M. de Araujo Igrejo, J.-P. Bracco et F. Le Brun-Ricalens, 319-41. Luxembourg, Publications du Musée national d'histoire et d'art (Archéologiques 2), 2006.

Gehlen, Birgit et Werner Schön. "Céramique Linéaire récent-début du Néolithique moyen-Rössen dans le Bassin à lignite rhénan : les pièces lithiques comme reflets d'un monde changeant." In *Relations interrégionales au Néolithique entre Bassin parisien et Bassin rhénan, Actes du 26e colloque interrégional sur le Néolithique (Luxembourg, 8-9 nov. 2003)*, dirigé par F. Le Brun-Ricalens, F. Valotteau et A. Hauzeur, 625-54. Archaeologia Mosellana, 7, 2007.

Geneste, Jean-Michel. "Analyse lithique d'industries moustériennes du Périgord : une approche technologique du comportement des groupes humains au Paléolithique moyen." thèse de doctorat, Université Bordeaux I, 1985.

Gomart, Louise. "Variabilité techniques des vases du Rubané récent du Bassin parisien (RRBP) et du Villeneuve-Saint-Germain (VSG) : un cas d'étude dans la vallée de l'Aisne.", *Bulletin de la Société Préhistorique Française* 107, n° 3, (2010): 537-548.

Gomart, Louise. *Traditions techniques et production céramique au Néolithique ancien. Étude de huit sites rubanés du nord est de la France et de Belgique.* Leiden, Sidestone Press, 2014.

Gombau, Valérie. "Les sépultures du groupe néolithique de Villeneuve-Saint-Germain dans le Bassin parisien." In *Le Néolithique danubien et ses marges entre Rhin et Seine, 22e colloque interrégional sur le Néolithique (Strasbourg, 27-29 oct. 1995)*, dirigé par Christian Jeunesse, 65-79. Strasbourg: Cahiers de l'Association pour la promotion de la Recherche en Alsace, suppl. no 3, 1997.

Gosselin, Françoise. "Un site d'exploitation du silex à Spiennes (Hainaut), au lieu-dit « Petit-Spiennes »." *Vie Archéologique* 22, (1986): 33-160.

Gronenborn, Detlef. *Silexartafakte der ältestbandkeramischen Kultur.* Bonn: Habelt (Universitätsforschungen zur prähistorischen Archäologie 37), 1997.

Gronenborn, Detlef. "Lithic raw material distribution networks and the neolithization of central Europe.", In *Production and management of lithic materials in the european Linearbandkeramik, Actes du 14e congrès UISPP, (Liège, 2001), Symposium 9.3,* dirigé par Laurence Burnez-Lanotte, 45-50. Oxford: BAR Publishing (BAR International Series 1200), 2003.

Grooth de, Marjorie E. Th. "In search of Bandkeramik specialist flint knappers." In *Rubané et Cardial*, Actes du colloque de Liège (nov. 1988), edité par Daniel Cahen et Marcel Otte, 461-64. Liège: ERAUL 39, 1990.

Grooth de, Marjorie E. Th. "Socio-economic aspects of Neolithic flint mining, a preliminary study." *Helinium* 31, fasc. 2, (1991): 153-89.

Grooth de, Marjorie E. Th. "Distinguishing upper cretaceous flint types exploited during the Neolithic in the region between Maastricht, Tongeren, Liège and Aachen." In *Vergangere Zeiten...LIBER AMICORUM, Gedenkschrift für Jürgen Hoika,* edited by J. Meurers-Balke und W. Schön, 107-130. Bonn, Deutsche Gesellschaft für Ur-und Frühgeschichte (Archäologische Berichte 22), 2011.

Guéret, Colas. "L'outillage du Premier Mésolithique dans le Nord de la France et en Belgique. Eclairages fonctionnels." thèse de doctorat, Université Paris I Panthéon Sorbonne, 2013.

Guilbeau, Denis. "Les grandes lames et les lames par pression au levier du Néolithique et de l'Enéolithique en Italie." thèse de doctorat, Université Paris Ouest Nanterre la Défense, 2010.

Guilbeau, Denis. "Le débitage par pression de l'obsidienne du Monte Grosso (Haute-Corse) dans le contexte méditerranéen du Ive millénaire avant J.-C." *Bulletin de la Société Préhistorique Française* 111, n° 3, (2014): 469-488.

Gysels, Joe et Daniel Cahen. "Le lustre des faucilles et les autres traces d'usage des outils en silex." *Bulletin de la Société Préhistorique Française* 79, n° 7, (1982): 221-224.

Hachem, Lamys. "La faune du village blicquien de Vaux-et-Borset." *Bulletin de la Société Préhistorique Française* 98, n° 1, (2001): 74-76.

Hachem, Lamys, P. Allard, N. Fromont, C. Hamon, K. Meunier, V. Peltier, J.-M. Pernaud. "Le site Villeneuve-Saint-Germain de Tinqueux « la Haubette » (Marne, France) dans son contexte régional." In *Relations interrégionales au Néolithique entre Bassin parisien et Bassin rhénan, Actes du 26e colloque interrégional sur le Néolithique (Luxembourg, 8-9 nov. 2003)*, dirigé par F. Le Brun-Ricalens, F. Valotteau et A. Hauzeur, 229-74. Archaeologia Mosellana, 7, 2007.

Hamon, Caroline. *Broyage et abrasion au Néolithique ancien. Caractérisation technique et fonctionnelle des outillages en grès du Bassin parisien.* Oxford: BAR Publishing (BAR International Series 1551), 2006.

Hamon, Caroline. "Meules rubanées, meules blicquiennes : nouvelles réflexions sur les dépôts du Hainaut (Belgique)." In *Fin des traditions danubiennes dans le Néolithique du Bassin parisien (5100-4700 av. J.-C). Autour des recherches de Claude Constantin,* dirigé par Laurence Burnez-Lanotte, Michael Ilett et Pierre Allard, 197-208. Namur et Paris : Presses Universitaires de Namur et Société Préhistorique française (mémoire 44), 2008.

Hauzeur, Anne. "Belgium among the neolithisation flow of western Europe." In *La Néolithisation*, Actes du 14e congrès UISPP (Liège, 2-8 sept. 2001), dirigé par J. Guilaine et P.-L. van Berg, 27-31. Oxford, BAR Publishing (BAR International Series 1520), 2006.

Hauzeur, Anne. "Céramique et périodisation : essai de sériation du corpus blicquien de la culture de Blicquy/Villeneuve-Saint-Germain, In *Fin des traditions danubiennes dans le Néolithique du Bassin parisien (5100-4700 av. J.-C). Autour des recherches de Claude Constantin,* dirigé par Laurence Burnez-Lanotte, Michael Ilett et Pierre Allard, 129-142. Namur et Paris : Presses Universitaires de Namur et Société Préhistorique française (mémoire 44), 2008.

Hauzeur, Anne. "Extraction et terrassement à Mesvin- « Sans Pareil » (Hainaut, Belgique). Outils miniers en matière dure animale de la collection Lemonnier (IRScNB)." *Anthropologica et Praehistorica*, 122, (2011): 87-106.

Hauzeur, Anne et Claude Constantin. "II. La céramique." In Nouveaux éléments dans le groupe de Blicquy en Belgique : le site de Vaux-et-Borset « Gibour » et « À la Croix Marie-Jeanne », dirigé par J.-P. Caspar et al., *Helinium* 33, fasc. 2, (1993) 168-252.

Hauzeur, Anne und Paul-Louis van Berg. "Südliche Einflüsse in der Blicquy-Villeneuve-Saint-Germain Kultur." In *Die Bandkeramik im 21. Jahrhundert, Symposium (Abtei Brauweiler bei Köln, 16-19 sept. 2002),* directed by J. Lüning, C. Frirdich et A. Zimmermann, 147-177. Rahden, VML, Internationale Archäologie (Arbeitsgemeinschaft, Symposium, Tagung Kongress), 7, 2005.

Heim, Jean et Ivan Jadin. "Sur les traces de l'orge et du pavot. L'agriculture danubienne de Hesbaye sous influence, entre Rhin et Bassin parisien ?." *Anthropologie et Préhistoire* 109, (1998): 187-205.

Hubert, François. "Ellignies-Sainte-Anne (Ht.). Un site de la civilisation Rössen." *Archéologie,* n° 1, (1970): 17-21.

Hubert, François. "Quelques traces du passage des Danubiens dans la région de Nivelles." *45e congrès de la Fédération des Cercles d'Archéologie et d'Histoire de Belgique et 1er congrès de l'Association des Cercles francophones d'Histoire et d'Archéologie de Belgique* (Comines, 28-31 août 1980), 141-48. Comines, 1981.

Ihuel Ewen. " De la circulation des lames à la circulation des poignards." thèse de doctorat, université Paris X-Nanterre, 2008.

Ilett, Michael. "Le Néolithique ancien dans le nord de la France." In *La France préhistorique,* dirigé par J. Clottes, 281-307. Paris: Gallimard, 2010.

Ilett, Michael. "Linear Pottery and Blicquy/Villeneuve-Saint-Germain settlement in the Aisne valley and its environs, an overview." In *Siedlungstruktur und Kulturwandel in der Bandkeramik, Beiträge der internationalen Tagung "Neue Fragen zur Bandkeramil oder alles beim Alten?!"(Leipzig, 23-24 sept. 2010),* directed by S. Wolfram et H. Stäuble, 69-79. Dresden: Landesamt für Archäologie, 2012.

Ilett, Michael et Lamys Hachem. "Le village néolithique de Cuiry-lès-Chaudardes (Aisne)." In *Communautés villageoises du Proche-Orient à l'Atlantique (8000-2000 avant notre ère)*, dirigé par Jean Guilaine, 171-84. Paris: Séminaire du Collège de France, 2001.

Inizan, Marie-Louise. "Nouvelle étude d'industries lithiques du Capsien : collections Raymond Vaufrey, Institut de Paléontologie humaine." thèse de doctorat, Université Paris X Nanterre, 1976.

Inizan, Marie-Louise, Michèle Reduron-Ballinger, Hélène Roche et Jacques Tixier. *Technologie de la pierre taillée. Préhistoire de la pierre taillée.* Meudon: CREP, t. 4, 1995.

Jadin, Ivan avec la participation de D. Cahen, I. Deramaix, A. Hauzeur, J. Heim, A. Livingstone Smith, J. Verniers. *Trois petits tours et puis s'en vont...La fin de la présence danubienne en Moyenne Belgique.* Liège : ERAUL 109, 2003.

Jadin, Ivan. "Datations radiocarbone du Néolithique ancien entre Bassin parisien et Bassin rhénan, prolégomènes théoriques, applications pratiques et après..." In *Relations interrégionales au Néolithique entre Bassin parisien et Bassin rhénan, Actes du 26e colloque interrégional sur le Néolithique (Luxembourg, 8-9 nov. 2003),* dirigé par F. Le Brun-Ricalens, F. Valotteau et A. Hauzeur, 113-29. *Archaeologia Mosellana* 7, 2007.

Jadin, Ivan, Hélène Collet, Michel Woodbury et A. Letor. "Indices d'extraction minière néolithique à Obourg-Le Village." *Notae Praehistoricae*, 28, (2008): 93-96.

Jamard, Jean-Luc. "Production domestique." In *Dictionnaire de l'ethnologie et de* l'anthropologie, dirigé par P. Bonte et M. Izard,603-603. Paris, Presses Universitaires de France, 2010.

Jeunesse, Christian. "Les relations entre l'Alsace et le Bassin parisien au Néolithique ancien vues à travers l'étude des pratiques funéraires." In *Actes du 20e colloque interrégional sur le Néolithique* (Evreux, 1993), dirigé par Cyrille Billard, 13-20. Rennes: Revue Archéologique de l'Ouest, suppl. n° 7, 1995.

Jeunesse, Christian. "La synchronisation des séquences culturelles des Bassins du Rhin, de la Meuse et de la Seine et la chronologie du Bassin parisien au Néolithique ancien et moyen (5200-4500 av. J.-C.)." *Bulletin de la Société préhistorique luxembourgeoise* 20-21 (1998-99): 337-392.

Klassen, L. "The Ertebølle Culture and Neolithic continental Europe : traces of contact and interaction.". In *The Neolithisation of Denmark. 150 years of debate,* directed by A. Fischer et K. Kristiansen, 305-17. Sheffield: J. R. Collis, 2002.

Lanchon, Yves. "Le mobilier céramique." In *Néolithique ancien en Haute-Normandie : le village Villeneuve-Saint-Germain de Poses « sur la Mare » et les sites de la boucle du Vaudreuil,* dirigé par F. Bostyn. Paris: SPF (mémoire 4), 2003.

Lanchon, Yves. "La culture de Blicquy/Villeneuve-Saint-Germain dans la basse vallée de la Marne : première approche chronologique à partir de la céramique." In *Fin des traditions danubiennes dans le Néolithique du Bassin parisien (5100-4700 av. J.-C). Autour des recherches de Claude Constantin,* dirigé par Laurence Burnez-Lanotte, Michael Ilett et Pierre Allard, 143-159. Namur et Paris : Presses Universitaires de Namur et Société Préhistorique française (mémoire 44), 2008.

Lanchon, Yves, Françoise Bostyn et Lamys Hachem. "L'étude d'un niveau archéologique néolithique et ses apports à la compréhension d'un site d'habitat : l'exemple de Jablines « la Pente de Croupeton » (Seine-et-Marne)." In *Espaces physiques espaces sociaux dans l'analyse interne des sites du Néolithique à l'Âge du Fer,* Actes du 119e congrès national des sociétés historiques et scientifiques (Amiens, 26-30 oct. 1994), dirigé par Ginette Auxiette, Lamys Hachem et Bruno Robert, édité par Aimé Bocquet, 327-44. Paris: CTHS, 1997.

Leblois, Éric. "Bilan de cent cinquante années de découvertes archéologiques à Baudour. Première partie : Fouilles, découvertes fortuites et prospections." *Annales du Cercle d'histoire et d'archéologie de Saint-Ghislain et de la région,* 8, (2000): 127-242.

Lech, Jacek. "Danubian raw material distribution patterns in eastern central Europe." In *The Human uses of flint and chert, proceedings of the Fourth International flint Symposium (Brighton Polytechnic, 10-15 avril 1983),* edited by G. de G. Sieveking and M. H. Newcomer, 241-48. Cambridge: Cambridge University Press, 1987.

Lech, Jacek. "The organization of siliceous rock supplies to the danubian early farming communities (LBK), central european examples." In *Rubané et Cardial,* Actes du colloque de Liège (nov. 1988), edité par Daniel Cahen et Marcel Otte, 51-59. Liège: ERAUL 39, 1990.

Lefrancq, M. et P. Moisin. "Le Néolithique ancien en Belgique. Datation au 14C (Lv-65 et -216) de la minière de Mesvin « Sans Pareil » (Hainaut)." *Mémoires et Publications de la Société des Sciences, des Arts et des Lettres du Hainaut* 79, (1965): 405-29.

Leroi-Gourhan, André. *Le geste et la parole. I, Technique et langage.* Paris: Albin Michel, 1964.

Lichardus, Jan et Marion Lichardus-Itten, avec la collaboration de J. Cauvin, S. Bökönyi, E. Coqueugniot, G. Bailloud, M.-C. Cauvin. *La Protohistoire de l'Europe : le néolithique et le chalcolithique entre la méditerranée et la mer Baltique.* Paris: Presses universitaires de France (Nouvelle Clio, l'histoire et ses problèmes), 1985.

Louwe Kooijmans L.P. *Hardinxveld-Giessendam De Bruin, Een kamplaats uit het Laat-Mesolithicum en het begin van de Swifterbant-cultur (5500-4450 v. Chr.).* Amersfoort, Rapportage Archaeologische Monumentenzorg 88, 2001.

Lüning, Jens. "Research into the Bandkeramik settlement of the Aldenhovener Platte in the Rhineland." *Analecta Praehistorica Leidensia* 15, (1982): 1-30.

Lüning, Jens. "L'organisation régionale des habitats rubanés : sites centraux et sites secondaires (groupement de sites)." In *Organisation néolithique de l'espace en Europe du Nord-Ouest,* Actes du 23e colloque interrégional sur le Néolithique (Bruxelles, 24-26 oct. 1997), dirigé par Nicolas Cauwe et Paul-Louis Van Berg, 163-85. *Anthropologie et Préhistoire,* 109, 1998.

Marlière, René. *Texte explicatif de la feuille Beloeil-Baudour,* Service géologique de Belgique, 1977.

Martial, Emmanuelle. "L'industrie lithique." In *Noyelles-sous-Lens (62) « Parcelle Bertelsman Services ». Rapport de fouille,* dirigé par C. Hosdez, 7. Villeneuve d'Ascq: Service Régional de l'Archéologie Nord-Pas-de-Calais, 2001.

Marcigny, Cyril, Emmanuel Ghesquière, L. Juhel et François Charraud. "Entre Néolithique ancien et Néolithique moyen en Normandie et dans les îles anglo-normandes, parcours chronologique." In *Premiers Néolithiques de l'Ouest : Cultures, réseaux, échanges des premières sociétés néolithiques à leur expansion, 28e colloque interrégional sur le Néolithique (Le Havre, 9-10 nov. 2007),* dirigé par Cyrille Billard et Murielle Legris, 117-62. Rennes, Presses universitaires de Rennes, 2010.

Mauger M. "Les matériaux siliceux utilisés au Paléolithique supérieur en Ile de France. Occupation du territoire, déplacements et approche des mouvements saisonniers." thèse de doctorat, Université de Paris I Panthéon Sorbonne, 1985.

Meier-Arendt, Walter. *Die Hinkelstein Gruppe : der Übergang vom Früh- zum Mittelneolithikum in Südwestdeutschland.* Berlin: W. de Gruyter (Römisch-germanische Forschungen 35), 1975.

Meunier, Katia. *Styles céramiques et néolithisation dans le sud-est du Bassin parisien : une évolution Rubané, Villeneuve-Saint-Germain.* Paris: Recherches Archéologiques, 5, INRAP, 2012.

Miller, Rebecca. "Variability in Lithic Assemblages across Space: Differential Responses to Raw Material Context." *Notae Praehistoricae* 17, (1997): 53-62.

Moddermann P.J.R. "The Linear Pottery Culture: diversity and uniformity." *Berichten van de Rijksdienst voor het Oudheidkundig Bodemonderzoek*, 38, (1988); 63-139.

Nowak, Kathrin. "Mittelneolitische Silexaustauschsysteme auf der Aldenhovener Platte und in ihrer Umgebung." Doktorarbeit, Universität zu Köln im Fach Ur-und Frühgeschichte, 2013.

Nowak, Kathrin. "Flint exchange during middle neolithic times, a case study from western Germany." In *Lithic Raw Material Resources and Procurement in Pre- and Protohistoric Times: Proceedings of the 5th International Conference of the UISPP Commission on Flint Mining in Pre- and Protohistoric Times (Paris, 10–11 September 2012)*, edited by Françoise Bostyn and François Giligny. Oxford, BAR Publishing (BAR International Series 2656), 2014.

Pariat, Jean-Gabriel et Corinne Thévenet. "Restes humains en contexte domestique, quelles perspectives? Les sites Villeneuve-Saint-Germain de la basse vallée de la Marne." In *Fin des traditions danubiennes dans le Néolithique du Bassin parisien (5100-4700 av. J.-C). Autour des recherches de Claude Constantin,* dirigé par Laurence Burnez-Lanotte, Michael Ilett et Pierre Allard, 383-93. Namur et Paris : Presses Universitaires de Namur et Société Préhistorique française (mémoire 44), 2008.

Pelegrin, Jacques. J. "Réflexions sur le comportement technique." In *La signification culturelle des industries lithiques, Actes du colloque de Liège (3-7 oct. 1984)*, édité par Marcel Otte, 72-88. Oxford: BAR Publishing (BAR International Series 239) (Studia Praehistorica Belgica 4), 1985.

Pelegrin, Jacques. *Technologie lithique : le Châtelperronien de Roc-de-Combe (Lot) et de La Côte (Dordogne).* Paris: CNRS (Cahiers du Quaternaire, 20), 1995.

Pelegrin, Jacques. "La production des grandes lames de silex du Grand-Pressigny." In *Matériaux, productions, circulations du Néolithique à l'Age du Bronze,* Séminaire du Collège de France, dirigé par Jean Guilaine, 131-48. Paris : Errance, 2002.

Pelegrin, Jacques. "Long blades from the Chalcolithic : an experimental approach and some archaeological result." In *Skilled production and social reproduction – Aspects on traditional stone-tool technologies,* directed by J. Apel et K. Knutsson, 37-68. Upsalla: Upsalla University Press, 2006.

Perlès, Catherine. "Économie de la matière première et économie du débitage : deux exemples grecs." In *Préhistoire et Technologie lithique*, édité par Jacques Tixier, 37-41. Paris: CNRS (URA 28, n° 1), 1980.

Perlès, Catherine. *Les industries lithiques taillées de Franchthi (Argolide, Grèce), 1- présentation générale et industries paléolithiques.* Bloomington: Indiana University Press (Excavations at Franchthi cave, Greece, 3), 1987.

Perlès, Catherine. "L'outillage de pierre taillée néolithique en Grèce : approvisionnement et exploitation des matières premières." *Bulletin de correspondance hellénique* 14, livraison 1, (1990): 1-42.

Perlès, Catherine. "Économie des matières premières et économie du débitage : deux conceptions opposées ?" In *25 ans d'études technologiques en préhistoire. Bilan et perspectives*, Actes des 11e Rencontres Internationales d'Archéologie et d'Histoire d'Antibes (Antibes, 18-20 oct. 1990), 35-46. Juans-les-Pins: APDCA, 1991.

Perlès, Catherine. *Les industries lithiques de Tharrounia*, Nanterre: Atelier, Laboratoire d'ethonologie, Université de Paris X, 1994.

Perlès, Catherine. *The Early Neolithic in Greece.* Cambridge: Cambridge University Press, 2001.

Perlès, Catherine. "Échanges et technologie: l'exemple du Néolithique." In *Un siècle de construction du discours scientifique en pré-histoire*, édité par Jaques Évin,53-62. Paris: SPF, 2007.

Pigeot, Nicole. "Les Magdaléniens de l'unité U5 d'Etiolles, étude technique, économique, sociale par la dynamique du débitage." thèse de doctorat, Université Paris 1, 1983.

Plateaux, Michel "L'industrie lithique du Rubané Récent du Bassin parisien de Cuiry-lès-Chaudardes."mémoire de maîtrise, Université de Paris I Panthéon Sorbonne, 1982.

Plateaux, Michel. "Quelques données sur l'évolution des industries du Néolithique danubien de la vallée de l'Aisne." In *Rubané et Cardial*, Actes du colloque de Liège (nov. 1988), edité par Daniel Cahen et Marcel Otte, 239-255. Liège: ERAUL 39, 1990a.

Plateaux, Michel. "Approche régionale et différentes échelles d'observation pour l'étude du Néolithique et du Chalcolithique du Nord de la France. Exemple de la vallée de l'Aisne." In *Archéologie et espaces, 10e Rencontres Internationales d'Archéologie et d'Histoire d'Antibes (Antibes, 19-21 oct. 1989)*, 157-182. Juans-les-Pins : APDCA, 1990b.

Plateaux, Michel. "Les industries lithiques du Néolithique danubien dans la vallée de l'Aisne : principes d'analyse en contexte détritique." In *Le Néolithique au quotidien, Actes du 16e colloque interrégional sur le Néolithique (Paris, 5-6 nov. 1989)*, dirigé par J.-C. Blanchet, A. Bulard, C. Constantin et al., 195-206. Paris: Maison des Sciences de l'Homme (DAF 39), 1993.

Praud, Ivan (dir.), Françoise Bostyn, Caroline Hamon et Yves Lanchon. *Le Néolithique ancien dans la basse vallée de la Marne : un site Villeneuve-Saint-Germain producteur de lames en silex tertiaire à Ocquerre « La Rocluche » (Seine-et-Marne)*. Paris, SPF (travaux 9), 2009.

Praud, Ivan, Françoise Bostyn, Yves Lanchon et Caroline Hamon. "Entre Blicquy et Villeneuve-Saint-Germain : fouille d'un habitat du Néolithique ancien à Loison-sous-Lens dans le Pas-de-Calais." In *Premiers Néolithiques de l'Ouest : Cultures, réseaux, échanges des premières sociétés néolithiques à leur expansion, 28e colloque interrégional sur le Néolithique (Le Havre, 9-10 nov. 2007)* dirigé par C. Billard et M. Legris, 305-24. Rennes: Presses Universitaires de Rennes, 2010.

Price, T.Douglas, R. Alexander Bentley, Jens Lüning, Detlef Gronenborn D. and Joachim Wahl. "Prehistoric human migration in the Linearbandkeramik of Central Europe, *Antiquity* 75, 289, (2001): 593-603.

Price, T.Douglas, Joachim Wahl and R. Alexander Bentley. "Isotopic Evidence for Mobility and Group Organization Among Neolithic Farmers at Talheim, Germany, 5000 BC." *European Journal of Archeology* 9, n° 2-3, (2006): 59-284.

Prodéo, Frédéric "La Céramique du site Villeneuve-Saint-Germain à Longueil-Sainte-Marie "La Butte de Rhuis III" (Oise)." *Revue archéologique de Picardie, numéro spécial, 9*, (1995): 41-61.

Raemaekers D.C.M. *The articulation of a « New Neolithic ». The meaning of the Swifterbant culture for the process of neolithisation in the western part of the North European Plain (4900-3400 BC)*. Leiden: Archaeological Studies Leiden University, 3, 1999.

Renfrew, Colin. "Trade as interaction at a distance: Questions on integration and communication." In *Ancient civilization and trade*, edited by J.A. Sabloff and C.C. Lamberg-Karlovsky, 3-59. Albuquerque: University of New Mexico Press,1975.

Riche, Caroline et Miguel Biard. "Entre savoir-faire et contraintes techniques : exemple du débitage d'éclats au Villeneuve-Saint-Germain en Haute-Normandie (France)." In *Appréhender les niveaux de savoir--faire dans les productions techniques préhistoriques et l'apprentissage dans les sociétés d'un passé sans écriture*, organisé par Laurent Klaric, à paraître.

Robaszynski, Francis. "Some Upper Cretaceous outcrops of the Mons Basin (Belgium), Field Excursion A2." *Second International Symposium on Cretaceous Stage Boundaries*, 1995

Robaszynski, Francis and K. Christensen. "The Upper Campanian-Lower Maastrichtian chalks of the Mons Basin, Belgium : a preliminary study of belemnites and foraminifera in the Harmignies and Ciply areas." *Geologie en Mijnbouw*, 68, (1989): 391-408.

Robaszynski, Francis, Annie V. Dhondt and John WM. Jagt. "Cretaceous lithostratigraphic units (Belgium)." *Geologica Belgica*, 4/1-2, (2001): 121-134.

Roever de, J.-P. *Swifterbant-aardewerk. Een analyse van de neolithische nederzettingen bij Swifterbant, Ve millennium voor Christus*. Groningen, Groningen Archaeological Studies, 2, 2004.

Roussot-Larroque, Julia. "Rubané et Cardial : le poids de l'Ouest." In *Rubané et Cardial*, Actes du colloque de Liège (nov. 1988), edité par Daniel Cahen et Marcel Otte, 315-60. Liège: ERAUL 39, 1990.

Roux, Valentine. "Lecture anthropologique des assemblages céramiques : fondements et mise en œuvre de l'analyse technologique." In *Approches de la chaîne opératoire de la céramique : le façonnage*, dirigé par François Giligny et Sophie Méry, 4-9. Paris: Maison des Sciences de l'Homme (Les nouvelles de l'Archéologie 119), 1990.

Roux, Valentine. "Spreading of Innovative Technical Traits and Cumulative Technical Evolution: Continuity or Discontinuity?" *Journal of Archeological Method and Theory* 20, (2013): 312-330.

Roux, Valentine et Jacques Pelegrin "Taille des perles et spécialisation artisanale, enquête ethnoarchéologique dans le Gujarat." *Techniques et Culture* 14, (1989): 23-49.

Samzun, Annaïk, Durand S. et Nicolle F. "Le site néolithique de Buthiers-Boulancourt « le Chemin de Malesherbes » (Seine-et-Marne) : résultats préliminaires.", 45-54. Paris: Internéo 6, 2006.

Sidéra, Isabelle. "Les assemblages osseux en bassins parisien et rhénan du VIe au IVe millénaire BC. Histoire, techno-économie et culture." thèse de doctorat, Université de Paris I Panthéon Sorbonne, 1993.

Sidéra, Isabelle. "Animaux domestiques, bêtes sauvages et objets en matières animales du Rubané au Michelsberg. De l'économie aux symboles, des techniques à la culture." *Gallia Préhistoire* 42, (2000): 107-194.

Sidéra, Isabelle. "Rubané, Villeneuve-Saint-Germain et Cardial : filiations des industries osseuses." In *Fin des traditions danubiennes dans le Néolithique du Bassin parisien (5100-4700 av. J.-C). Autour des recherches de Claude Constantin,* dirigé par Laurence Burnez-Lanotte, Michael Ilett et Pierre Allard, 209-219. Namur et Paris : Presses Universitaires de Namur et Société Préhistorique française (mémoire 44), 2008.

Simonin, Daniel. *Les habitats néolithiques d'Echilleuses (Loiret), analyse spatiale des documents archéologiques.* Neuville au Bois: édition de la Fédération Archéologique du Loiret, 1996.

Soudsky B. "Agriculture cyclique et chronologie du Néolithique moyen." *Actes du 7e congrès des Sciences préhistoriques et protohistoriques,* 417-422. Prague, 1970.

Soudsky, B., Zapotocka M., Pavlu I. "Bylany I, formalisation et codage." Université de Paris I Panthéon Sorbonne, CNRS (URA 12), 1973.

Spatz, Helmut. "Der « Langweiler Typus ». Ein Nachweis des Gruppe Blicquy im Rheinland." *Germania* 69 (1991):155-162.

Thévenet, Corinne. "Des faits aux gestes...des gestes au sens? Pratiques funéraires et société au Néolithique ancien en Bassin parisien." thèse de doctorat, Université de Paris 1 Panthéon Sorbonne, 2010.

Tixier, Jacques. "Procédés d'analyse et questions de terminologie concernant l'étude des ensembles industriels du Paléolithique récent et de l'Epipaléolithique dans l'Afrique du Nord-Ouest." In *Background to evolution in Africa, Proceedings of a symposium (Burg Wartenstein-Austria, 1965),* edited by W.W. Bishop et J. Desmond-Clarck, 771-820. Chicago: University of Chicago Press, 1967.

Tixier, Jacques. " Méthode pour l'étude des outillages lithiques. Notice sur les travaux scientifiques." thèse de doctorat, Université de Paris X Nanterre, 1978.

Torrence, Robin. *Production and exchange of stone tools. Prehistoric obsidian in the Aegian.* Cambridge: Cambridge University Press, 1986.

Van Assche, Michel. "Substrat mésolithique et néolithisation des régions d'Ath et de Mons (Hainaut, Belgique)." In *Fin des traditions danubiennes dans le Néolithique du Bassin parisien (5100-4700 av. J.-C). Autour des recherches de Claude Constantin,* dirigé par Laurence Burnez-Lanotte, Michael Ilett et Pierre Allard, 76-84. Namur et Paris : Presses Universitaires de Namur et Société Préhistorique française (mémoire 44), 2008.

Van Assche, Michel et J. Dufrasnes. "Villerot : une exploitation de silex au Néolithique." In *L'archéologie en Hainaut Occidental, 2004-2008, Amicale des archéologues du Hainaut Occidental,* vol. 8, (2009): 22-24.

Van Berg, Paul-Louis, Daniel Cahen et Léonce Demarez. "Groupe de Blicquy : faciès nouveau du Néolithique ancien en Belgique." *Helinium* 22, (1982): 4-32.

Van Berg, Paul-Louis, Y. Cabuy et F. Leuxe. "Un site perdu du groupe de Blicquy à Uccle." *Notae Praehistoricae* 11, (1992a): 111-120.

Van Berg, Paul_Louis, Lawrence Keeley, Jean-Pierre Van Roeyen et Rudiger Van Hove. "Le gisement mésolithique de Melsele (Flandre-Orientale, Belgique) et le subnéolithique en Europe occidentale." In *Paysans et bâtisseurs : l'émergence du Néolithique atlantique et les origines du mégalithisme, Actes du 17e Colloque interrégional sur le Néolithique (Vannes, 28-31 oct. 1990)* édité par Charles-Tanguy Le Roux, 93-99. Rennes: Revue Archéologique de l'Ouest, suppl. no 5, 1992b.

Van Doosselaere Barbara, Laurence Burnez-Lanotte, Louise Gomart et Alexandre Livingstone Smith. "Analyse technologique de céramiques du Néolithique ancien de Vaux-et-Borset (Hesbaye, B) : résultats préliminaires." *Notae Praehistoricae* 33, (2013): 15-26.

Van Doosselaere Barbara, Laurence Burnez-Lanotte, Alexandre Livingstone Smith et Louise Gomart. "The end of diversity? Pottery technology at the LBK-BQY/ VSG transition in Hesbaye, Belgium." In *Something out of the ordinary? Interpreting diversity in the early Neolithic Linearbandkeramik culture of central and western Europe*, edited by Luc Amkreutz, Fabian Haack, Daniela Hofmann and Ivo van Wijk, 159-190. Cambridge: Cambridge University Press, 2016.

Van de Velde, Peter. *On Bandkeramik Social Structure.* Leiden: Leiden University Press (Analecta Praehistorica Leidensia 12), 1979.

Van Gijn, Annelou. *The wear and tear of flint. Principles of functional analysis applied to Dutch neolithic assemblages.* Leiden: University of Leiden, Institute of Prehistory (Analecta Praehistorica Leidensia 22), 1990.

Van Gijn, Annelou. *Flint in focus. Lithic Biographies in the Neolithic and Bronze Age.* Leiden: Sidestone Press, 2010.

Vanmontfort, Bart. "A southern view on north-south interaction during the Mesolithic-Neolithic transition in the Lower Rhine Area." In *Between foraging and farming: an extended broad spectrum of papers presented to Leendert Louwe Kooijmans,* edited by H. Fokkens, B. J. Voles, A. L. van Gijn, J. P. Kleijne, H. H. Ponjee et C. G. Slappendel, 85-97. Leiden: Leiden University Press (Analecta Praehistorica Leidensia 40), 2008a.

Vanmontfort, Bart. "Derniers chasseurs-cueilleurs et premiers agriculteurs dans le Hainaut (Belgique) : influence réciproque?" In *Fin des traditions danubiennes dans le Néolithique du Bassin parisien (5100-4700 av. J.-C). Autour des recherches de Claude Constantin,* dirigé par Laurence Burnez-Lanotte, Michael Ilett et Pierre Allard, 85-90. Namur et Paris : Presses Universitaires de Namur et Société Préhistorique française (mémoire 44), 2008b.

Verhart, Leo B.M. *Times fade away. The neolitization of the southern Netherlands in an anthropological and geographical perspective.* Leiden: Faculty of Archaeology Leiden University (Archaeological Studies Leiden University 6), 2000.

Zimmermann, Andreas. *Austauschsysteme von Silexartefakten in der Bandkeramik Mitteleuropas.* Bonn: Habelt (Universitätsforschungen zur prähistorischen Archäologie 26), 1995.

Zimmermann, Andreas. "Landschaftarchäologie, I: die Bandkeramik auf der Aldenhovener Platte." *Bericht der Römisch-Germanischen Kommission* 83, (2002): 17-38.

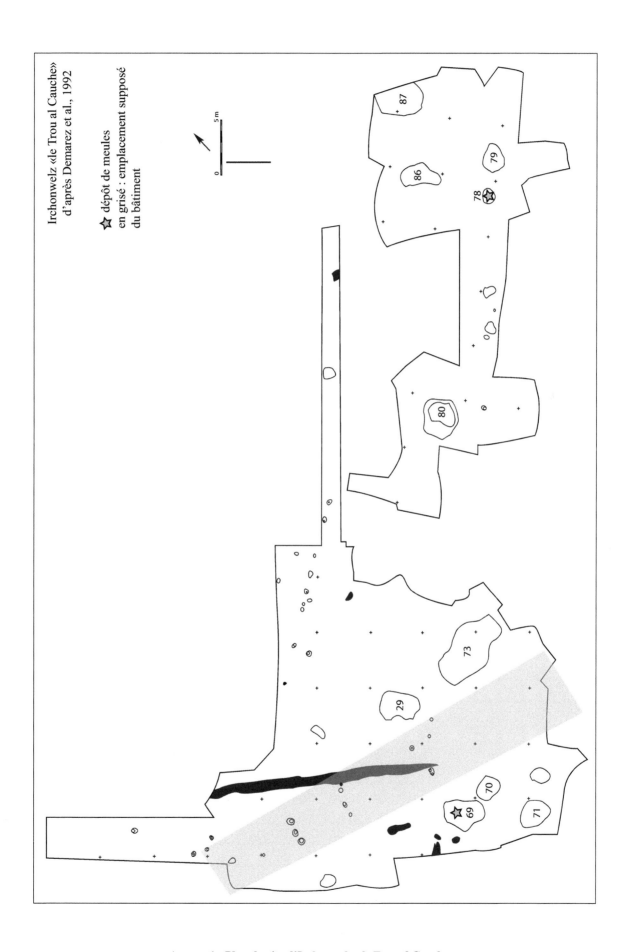

Irchonwelz «le Trou al Cauche»
d'après Demarez et al., 1992

☆ dépôt de meules
en grisé : emplacement supposé
du bâtiment

5 m

Annexe 1 - Plan du site d'Irchonwelz «le Trou al Cauche»

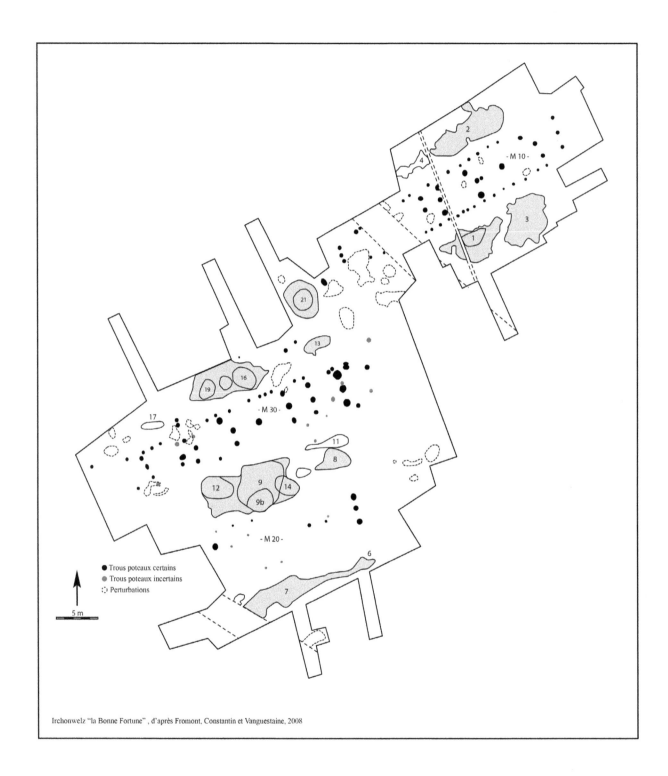

Irchonwelz "la Bonne Fortune" , d'après Fromont, Constantin et Vanguestaine, 2008

Annexe 2 - Plan du site d'Irchonwelz «la Bonne Fortune»

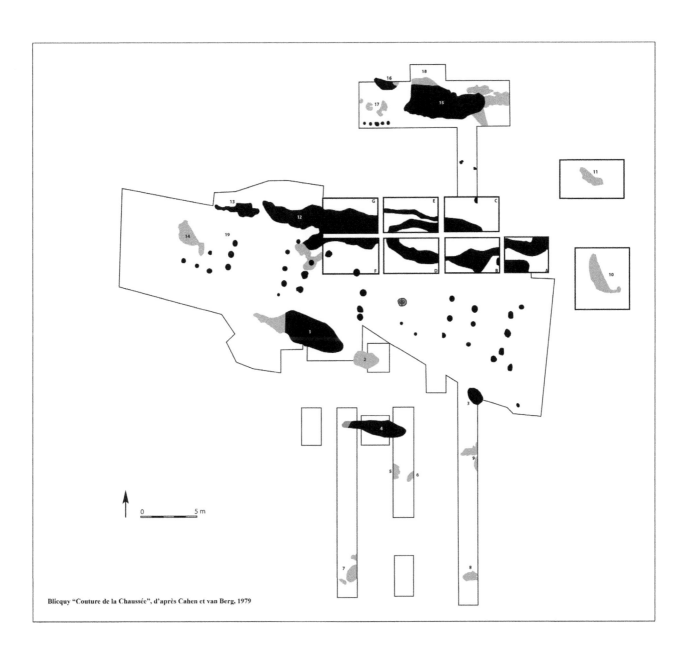

Blicquy "Couture de la Chaussée", d'après Cahen et van Berg, 1979

Annexe 3 - Plan du site de Blicquy «la Couture de la Chaussée»

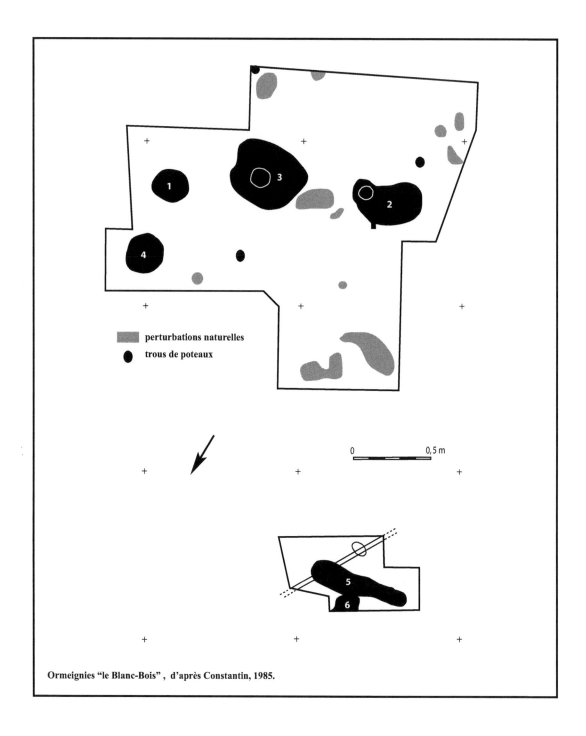

perturbations naturelles

trous de poteaux

0   0,5 m

Ormeignies "le Blanc-Bois", d'après Constantin, 1985.

Annexe 4 - Plan du site d'Ormeignies « le Bois Blanc»

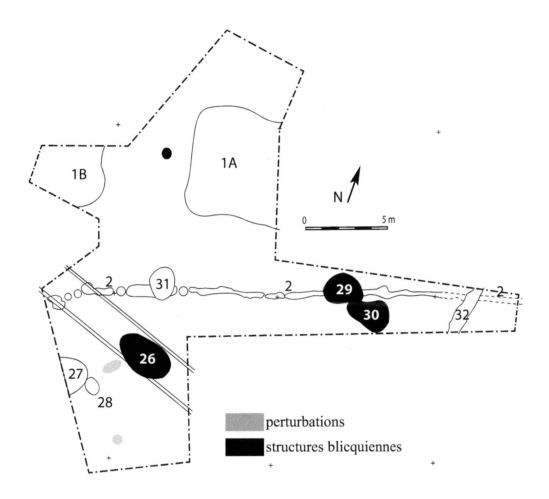

d'après Constantin *et al.*, 1991

Annexe 5 - Plan du site de Blicquy « la Couture du Couvent »

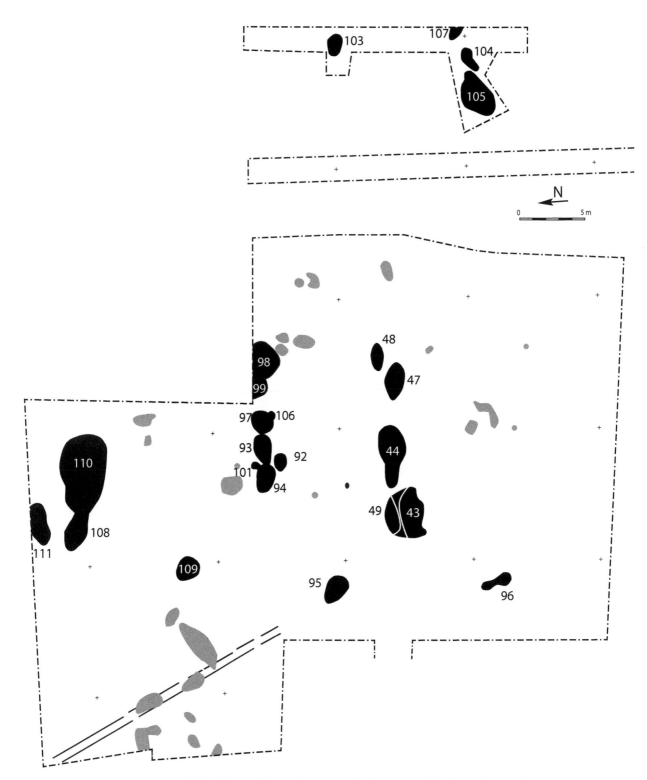

Aubechies «Coron-Maton» (gris : perturbations d'âge des métaux)
d'après Constantin *et al.*, 2010

Annexe 6 - Plan du site d'Aubechies « Coron Maton »

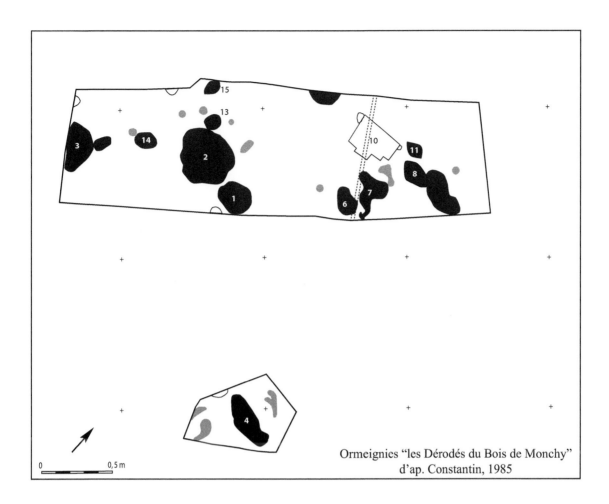

Ormeignies "les Dérodés du Bois de Monchy"
d'ap. Constantin, 1985

Annexe 7 - Plan du site d'Ormeignies « les Dérodés du Bois de Monchy »

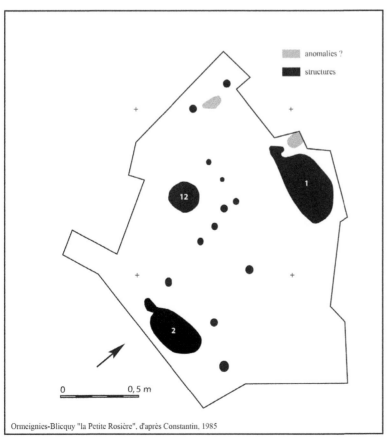

anomalies ?

structures

Ormeignies-Blicquy "la Petite Rosière", d'après Constantin, 1985

Annexe 8 - Plan du site d'Ormeignies-Blicquy « la Petite Rosière »

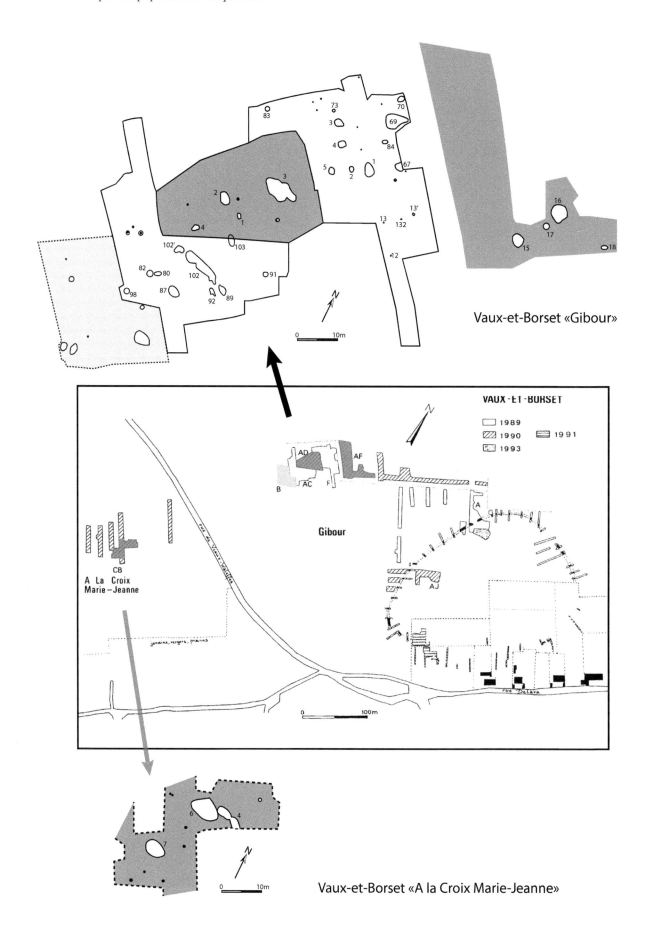

Vaux-et-Borset «Gibour»

Vaux-et-Borset «A la Croix Marie-Jeanne»

d'après Burnez-Lanotte et al., 2005

Annexe 9 - Plan général du site de Vaux-et-Borset, d'après Burnez-Lanotte *et al.*, 2005.

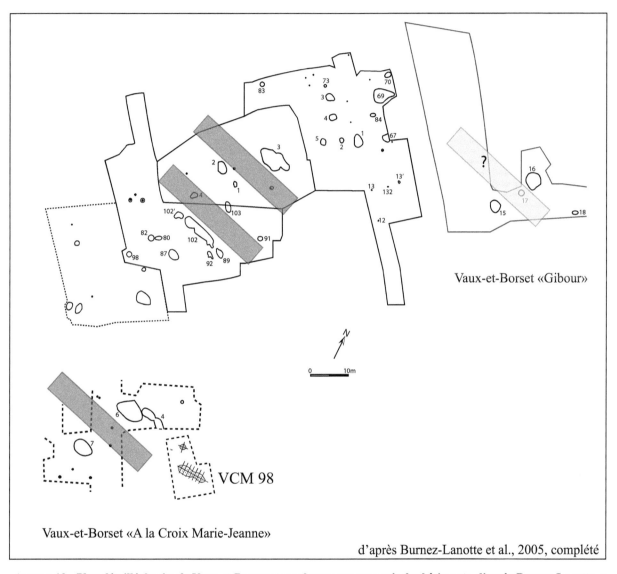

Vaux-et-Borset «Gibour»

VCM 98

Vaux-et-Borset «A la Croix Marie-Jeanne»

d'après Burnez-Lanotte et al., 2005, complété

Annexe 10 - Plan détaillé du site de Vaux-et-Borset et emplacements supposés des bâtiments, d'après Burnez-Lanotte *et al.*, **2005 compléte.**

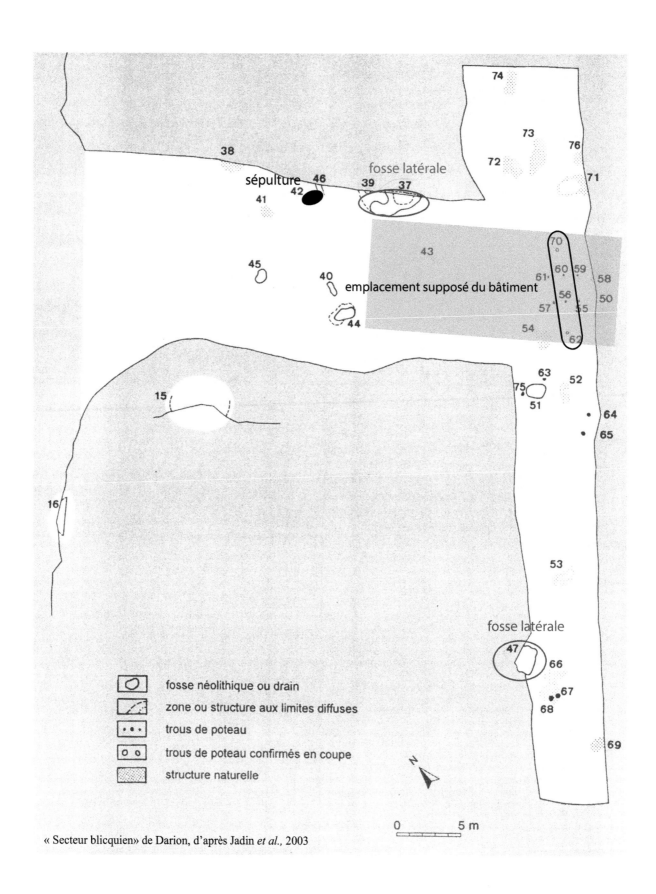

74

73
76
72
71

38
fosse latérale
sépulture 46
42   39   37
41

43
45
emplacement supposé du bâtiment
70
60 59
61   58
40   56   50
57   55
44   54   62

63
75   52
51
64
65

15

53

16

fosse latérale
47
66
67
68
69

⬭	fosse néolithique ou drain
⬭	zone ou structure aux limites diffuses
• • •	trous de poteau
○ ○	trous de poteau confirmés en coupe
▦	structure naturelle

N

0   5 m

« Secteur blicquien» de Darion, d'après Jadin *et al.*, 2003

Annexe 11 - Plan du site de Darion, d'après Jadin *et al.* 2003

ITC.73		éclat	lame	bloc plaquette	autre	indet.	TOTAL
retouché		55	19	1	-	-	75
denticulé		36	-	13	4	7	60
grattoir		25	7	-	-	-	32
PF/boucharde		3	-	7	1	7	18
coche		9	-	1	-	-	10
burin		16	12	-	1	-	29
pièce appointée		1	-	-	-	-	1
faucille		-	2	-	-	-	2
troncature		1	4	-	-	-	5
armature		-	4	-	-	-	4
outil double		3	-	-	-	-	3
éclat facetté		-	-	-	-	-	0
perçoir		1	6	-	-	-	7
pièce esquillée		4	-	-	-	-	4
racloir		1	-	-	-	-	1
utilisé	pièce à émoussé	5	3	-	1	-	9
	pièce à luisant	-	5	-	-	-	5
	pièce martelée	-	-	-	-	-	0
utilisé probable	pièces à ébréchures	11	9	-	2	-	22
fragment		9	4	-	1	-	14
TOTAL		180	75	22	10	14	301

Annexe 12 - Décompte de l'outillage découvert dans la structure 73 d'Irchonwelz « le Trou al Cauche »

IBF M.10		éclat	lame	bloc plaquette	autre	indet.	TOTAL
retouché		51	16	1	1	-	69
denticulé		13	-	-	-	-	13
grattoir		4	2	-	-	-	6
PF/boucharde		-	-	14	1	16	31
coche		9	1	-	-	-	10
burin		6	1	-	-	-	7
pièce appointée		1	-	-	-	-	1
faucille		-	-	-	-	-	-
troncature		-	1	-	-	-	1
armature		-	4	-	-	-	4
outil double		1	1	-	-	1	3
éclat facetté		5	-	-	-	-	5
perçoir		-	-	-	-	-	-
tranchet		-	-	1	-	-	1
pièce esquillée		7	-	-	-	-	7
utilisé	pièce à émoussé	10	4	-	-	-	14
	pièce à luisant	1	1	-	-	-	2
	pièce martelée	1	-	-	-	-	1
utilisé probable	pièces à ébréchures	46	6	-	1	-	53
fragment		5	-	-	-	-	5
TOTAL		160	37	16	3	17	233

Annexe 13 - Décompte de l'outillage découvert dans le bâtiment 10 d'Irchonwelz « la Bonne Fortune »

IBF. 20+str. 9		éclat	lame	bloc plaquette	autre	indet.	TOTAL
retouché		152	60	2	5	4	223
denticulé		56	-	7	7	1	71
grattoir		87	13	-	-	6	106
PF/boucharde		3	-	26	2	39	70
coche		21	4	1	1	1	28
burin		38	31	-	-	1	70
pièce appointée		5	-	-	-	-	5
faucille		-	9	-	-	-	9
troncature		2	12	-	-	-	14
armature		2	15	-	-	1	18
outil double		8	5	-	-	-	13
éclat facetté		23	-	-	-	-	23
perçoir		4	3	-	-	-	7
tranchet		2	-	1	-	-	3
piquant trièdre		-	1	-	-	-	1
pièce esquillée		18	-	1	-	1	20
racloir		4	-	-	-	-	4
utilisé	pièce à émoussé	20	7	-	1	-	28
	pièce à luisant	47	82	-	-	1	130
	pièce martelée	9	1	1	1	1	13
utilisé probable	pièce à ébréchures	387	77	-	2	4	470
fragment		12	6	-	1	10	29
TOTAL		900	326	39	20	70	1355

Annexe 14 - Décompte de l'outillage découvert dans le bâtiment 20 d'Irchonwelz « la Bonne Fortune »

IBF. M 30		éclat	lame	bloc plaquette	autre	indet.	TOTAL
retouché		108	34	2	1	5	150
denticulé		38	-	-	8	3	49
grattoir		42	16	-	4	3	65
PF/boucharde		-	-	7	3	25	35
coche		23	1	-	-	-	24
burin		24	18	-	-	1	43
pièce appointée		3	-	-	-	-	3
faucille		1	11	-	-	-	12
troncature		-	6	-	-	-	6
armature		-	8	-	-	-	8
outil double		2	5	-	-	-	7
éclat facetté		7	-	-	-	-	7
perçoir		2	1	-	-	-	3
tranchet		1	-	-	-	-	1
pièce esquillée		13	1	1	-	-	15
piquant trièdre		-	2	-	-	-	2
percuteur		-	-	-	-	2	2
utilisé	pièce à émoussé	14	8	-	-	1	23
	pièce à luisant	6	15	-	-	-	21
	pièce martelée	6	-	1	-	-	7
utilisé probable	pièces à ébréchures	91	32	-	4	1	128
fragment		11	10	-	1	12	34
TOTAL		392	168	11	21	53	645

Annexe 15 - Décompte de l'outillage découvert dans le bâtiment 30 d'Irchonwelz « la Bonne Fortune »

IBF. 21		éclat	lame	bloc plaquette	autre	indet.	TOTAL
retouché		79	18	1	2	3	103
denticulé		33	-	1	2	-	36
grattoir		36	14	-	1	3	54
PF/boucharde		7	-	3	4	18	32
coche		2	1	-	1	-	4
burin		4	26	-	-	-	30
pièce appointée		1	2	-	-	-	3
faucille		-	2	-	-	-	2
troncature		-	-	-	-	-	-
armature		-	3	-	-	-	3
outil double		8	4	-	-	1	13
éclat facetté		7	-	-	-	-	7
perçoir		-	2	-	1	-	3
racloir		1	-	-	-	-	1
pièce esquillée		7	-	-	-	-	7
utilisé	pièce à émoussé	12	3	1	-	-	16
	pièce à luisant	-	5	-	-	-	5
	outil percuté	1	3	1	-	-	5
utilisé probable	pièces à ébréchures	36	14	-	-	-	50
fragment		14	6	-	3	6	29
TOTAL		248	103	7	14	31	403

Annexe 16 - Décompte de l'outillage découvert dans la structure 21 d'Irchonwelz « la Bonne Fortune »

ESAF hubert		éclat	lame	bloc plaquette	autre	indet.	TOTAL
retouché		75	27	-	2	1	105
denticulé		43	-	12	5	4	64
grattoir		30	14	-	1	2	47
PF/boucharde		-	-	23	1	4	28
coche		12	2	1	-	-	15
burin		2	10	-	-	-	12
pièce appointée		8	2	-	-	-	10
faucille		1	6	-	-	-	7
troncature		4	4	-	-	-	8
armature		-	6	-	-	-	6
outil double		2	-	-	-	-	2
éclat facetté		2	-	-	-	-	2
perçoir		2	1	-	-	-	3
pièce esquillée		5	1	-	-	-	6
utilisé	pièce à émoussé	10	2				12
	pièce à luisant	2	8				10
	pièce martelée	3	-	1	-	-	4
utilisé probable	pièces à ébréchures	13	17	-	-	-	30
fragment		10	5	-	-	1	16
TOTAL		224	105	37	9	12	387

Annexe 17 - Décompte de l'outillage découvert lors de la fouille F. Hubert d'Ellignies-Sainte-Anne

ESAF		éclat	lame	bloc plaquette	autre	indet.	TOTAL
retouché		257	47	4	9	1	318
denticulé		88	-	12	9	2	111
grattoir		102	44	1	2	2	151
PF/boucharde		13	-	39	6	43	101
coche		20	1	-	2	-	23
burin		26	33	-	2	1	62
pièce appointée		10	3	1	-	-	14
faucille		1	3	-	-	-	4
troncature		-	4	-	-	1	5
armature		-	5	-	-	2	7
outil double		10	7	-	-	-	17
éclat facetté		5	-	-	-	-	5
perçoir		1	10	-	1	1	13
tranchet		1	-	-	-	-	1
pièce esquillée		13	3	-	-	1	17
piquant trièdre		-	1	-	-	-	1
utilisé	pièce à émoussé	44	6	-	1	-	51
	pièce à luisant	22	30	-	1	-	53
	pièce martelée	4	-	2	-	1	7
utilisé probable	pièces à ébréchures	163	55	1	8	1	228
fragment		23	5	-	2	2	32
TOTAL		803	257	60	43	58	1221

Annexe 18 - Décompte de l'outillage découvert à Ellignies-Sainte-Anne

OPR		éclat	lame	bloc plaquette	indet.	TOTAL
retouché		25	2	1	-	28
denticulé		9	-	9	2	20
grattoir		12	4	-	1	17
PF/boucharde		2	-	6	7	15
coche		2	-	-	-	2
burin		2	7	-	-	9
pièce appointée		5	-	-	-	5
faucille		-	1	-	-	1
troncature		-	-	-	-	0
armature		-	2	-	1	3
outil double		-	2	-	-	2
éclat facetté		1	-	-	-	1
perçoir		-	-	-	-	0
pièce esquillée		4	-	-	-	4
utilisé	pièce à émoussé	5	-	-	-	5
	pièce à luisant	2	2	-	-	4
	pièce martelée	-	-	-	-	0
utilisé probable	pièces à ébréchures	18	1	-	-	19
fragment		5	1	-	-	6
TOTAL		92	22	16	11	141

Annexe 19 - Décompte de l'outillage découvert à Ormeignies « la Petite Rosière »

ACM		éclat	lame	bloc plaquette	autre	indet.	TOTAL
retouché		123	59	5	6	1	194
denticulé		57	-	16	7	9	89
grattoir		64	24	-	2	1	91
PF/boucharde		4	-	28	3	5	40
coche		15	2	-	1	-	18
burin		15	48	-	-	-	63
pièce appointée		8	2	-	3	-	13
faucille		-	8	-	-	-	8
troncature		5	14	-	-	1	20
armature		-	5	-	-	-	5
outil double		4	3	-	1	-	8
éclat facetté		3	-	-	-	-	3
perçoir		1	3	-	2	-	6
pièce esquillée		11	6	-	2	-	19
tranchet		2	-	-	-	-	2
pic		-	-	1	-	-	1
percuteur		-	-	1	-	-	1
utilisé	pièce à émoussé	12	5	-	-	-	17
	pièce à luisant	1	18	-	-	-	19
	pièce martelée	4	-	2	1	-	7
utilisé probable	pièces à ébréchures	49	48	-	1	-	98
fragment		23	7	-	-	6	36
TOTAL		401	252	53	29	23	758

Annexe 20 - Décompte de l'outillage découvert à Aubechies « Coron Maton »

VCM 98		éclat	lame	bloc plaquette	autre	indet.	TOTAL
retouché		144	33	63	18	-	258
denticulé		78	-	62	7	6	153
grattoir		93	3	10	4	4	114
PF/boucharde		1	-	45	1	5	52
coche		21	-	10	4	-	35
burin		17	15	3	-	-	35
armature		1	10	-	-		11
pièce appointée		7	1	2	1	-	11
pièce esquillée		3	1	1	2	1	8
perçoir		3	4	-	-	-	7
outil double		2	2	-	3	-	7
troncature		-	3	-	-	-	3
éclat facetté		3	-	-	-	-	3
faucille		-	2	-	-	-	2
racloir		-	-	2	-	-	2
piquant-trièdre		-	2	-	-	-	2
utilisé	pièce à émoussé	9	2	-	-	-	11
	pièce à luisant	2	7	-	-	-	9
	pièce martelée	6	-	5	-	-	11
utilisé probable	pièces à ébréchures	26	11	3	-	-	40
fragment		104	9	4	1	-	118
TOTAL		520	105	210	41	16	892

Annexe 21 - Décompte de l'outillage découvert dans les fosses de Vaux-et-Borset fouillées en 1998

IBF-M10	productions simples
retouché	4
denticulé	4
grattoir	
PF/boucharde	28
coche	1
burin	
pièce appointée	
faucille	
troncature	
armature	
outil double	
éclat facetté	2
perçoir	
pièce esquillée	2
tranchet	1
utilisé et utilisé probable	5
fragment	
TOTAL	47

Annexe 22 - Irchonwelz « la Bonne Fortune » (bâtiment 10) : outillage réalisé sur les supports issus des productions simples

IBF-M20+9	productions simples
retouché	9
denticulé	20
grattoir	3
PF/boucharde	63
coche	4
burin	3
pièce appointée	
faucille	
troncature	
armature	
outil double	
éclat facetté	6
perçoir	
pièce esquillée	2
tranchet	2
utilisé et utilisé probable	34
fragment	1
TOTAL	147

Annexe 23 - Irchonwelz « la Bonne Fortune » (bâtiment 20) : outillage réalisé sur les supports issus des productions simples

IBF-M30	productions simples
retouché	18
denticulé	12
grattoir	1
PF/boucharde	32
coche	3
burin	3
pièce appointée	
faucille	
troncature	
armature	
outil double	1
éclat facetté	5
perçoir	
pièce esquillée	1
tranchet	
utilisé et utilisé probable	12
fragment	
TOTAL	88

Annexe 24 - Irchonwelz « la Bonne Fortune » (bâtiment 30) : outillage réalisé sur les supports issus des productions simples

ITC73	productions simples
retouché	18
denticulé	43
grattoir	12
PF/boucharde	19
coche	8
burin	6
pièce appointée	
faucille	
troncature	
armature	
outil double	1
éclat facetté	
perçoir	1
pièce esquillée	2
tranchet	
utilisé et utilisé probable	8
fragment	1
TOTAL	119

Annexe 25 - Irchonwelz « le Trou al Cauche » : outillage réalisé sur les supports issus des productions simples

ESAF Hubert	productions simples
retouché	24
denticulé	40
grattoir	6
PF/boucharde	25
coche	8
burin	1
pièce appointée	2
faucille	
troncature	
armature	
outil double	
éclat facetté	2
perçoir	
pièce esquillée	3
tranchet	
utilisé et utilisé probable	8
fragment	2
TOTAL	121

Annexe 26 - Ellignies-Sainte-Anne (fouille F. Hubert) : outillage réalisé sur les supports issus des productions simples

ESAF	productions simples
retouché	80
denticulé	40
grattoir	24
PF/boucharde	91
coche	6
burin	9
pièce appointée	1
faucille	
troncature	
armature	
outil double	2
éclat facetté	3
perçoir	1
pièce esquillée	1
tranchet	
utilisé et utilisé probable	71
fragment	2
TOTAL	331

Annexe 27 - Ellignies-Sainte-Anne : outillage réalisé sur les supports issus des productions simples

ACM	productions simples
retouché	74
denticulé	62
grattoir	30
PF/boucharde	39
coche	11
burin	8
pièce appointée	6
faucille	
troncature	
armature	
outil double	2
éclat facetté	2
perçoir	
pièce esquillée	5
tranchet	2
utilisé et utilisé probable	41
fragment	6
TOTAL	288

Annexe 28 - Aubechies : outillage réalisé sur les supports issus des productions simples

OPR	productions simples
retouché	10
denticulé	13
grattoir	4
PF/boucharde	15
coche	
burin	1
pièce appointée	1
faucille	
troncature	
armature	
outil double	
éclat facetté	1
perçoir	
pièce esquillée	1
utilisé et utilisé probable	8
fragment	
TOTAL	54

Annexe 29 - Ormeignies « la Petite Rosière »: outillage réalisé sur les supports issus des productions simples

VCM98	productions simples
retouché	135
denticulé	105
grattoir	35
PF/boucharde	49
coche	19
burin	11
pièce appointée	4
faucille	
troncature	
armature	
outil double	2
éclat facetté	2
perçoir	1
pièce esquillée	4
tranchet	
racloir	2
utilisé et utilisé probable	22
fragment	3
TOTAL	394

Annexe 30 - Vaux-et-Borset : outillage réalisé sur les supports issus des productions simples

section	2	3	4	5	total
IBF10	3	11	2		16
IBF20	48	77	7		132
IBF30	38	57	12	1	108
IBF21	17	36	1		54
ITC	11	27	2	1	41
OPR	8	4	2		14
ACM	35	82	7		124
ESAF	29	72	6		107
ESAFHub	27	62	10		99

outil-section	2	3	4	5	
IBF10	3	11	2		16
IBF20	32	49	6		87
IBF30	18	37	8	1	64
IBF21	9	24	1		34
ITC	6	15	2		23
OPR	4	2	1		7
ACM	25	50	3		78
ESAF	19	50	5		74
ESAFHub	14	31	6		51

Annexe 31 - Section des lames en silex de Ghlin, en grisé : effectifs non représentatifs

1

lames Ghlin-nbre	total	IBF10	IBF20+str. 9	IBF30	IBF-str. 21	ESAF	ESAF Hub	ACM	ITC73	OPR
entière	215	2	47	24	10	40	42	38	11	1
proximale	574	10	121	82	28	97	72	118	32	14
mésiale	486	15	86	83	37	68	61	107	23	6
distale	362	5	112	55	17	50	32	64	21	6
indéterminée	9		2			3			4	
total	1646	32	368	244	92	258	207	327	91	27

2

outils lames Ghlin-nbre	total	IBF10	IBF20-9	IBF30	IBF21	ESAF	ESAF Hub	ACM	ITC73	OPR
entière	123	2	30	14	6	28	20	18	5	-
proximale	346	10	86	50	17	66	28	67	15	7
mésiale	315	14	54	55	25	43	33	75	13	3
distale	161	5	61	22	9	24	7	20	7	6
indéterminée	6	-	1	-	-	3	-	-	2	-
total	951	31	232	141	57	164	88	180	42	16

3

lames Ghlin-nbre	total	IBF10	IBF20-9	IBF30	IBF21	ESAF	ESAF Hub	ACM	ITC73	OPR
plein-débitage	730	17	138	117	54	109	103	136	42	14
crête	141	2	42	20	6	19	18	23	9	2
sous-crête	353	7	95	53	15	49	30	78	20	6
néo-crête	40	3	13	4	2	7	2	6	3	-
flanc	271	1	47	37	8	49	42	71	12	4
entretien/réfection	82	2	21	7	7	19	12	12	2	-
indéterminé	29	-	12	6	-	6	-	1	3	1
total	1646	32	368	244	92	258	207	327	91	27

4

outils Ghlin-nbre	total	IBF10	IBF20-9	IBF30	IBF21	ESAF	ESAF Hub	ACM	ITC73	OPR
plein-débitage	450	17	89	71	34	75	52	80	24	8
crête	66	2	24	12	2	11	2	10	2	1
sous-crête	190	7	55	29	8	29	13	34	10	5
néo-crête	28	3	10	2	1	4	2	5	1	-
flanc	150	-	28	20	7	33	13	43	4	2
entretien/réfection	53	2	18	3	5	12	6	7	-	-
indéterminé	14	-	8	4	-	-	-	1	1	-
total	951	31	232	141	57	164	88	180	42	16

Annexe 32 - Lames en silex de Ghlin, décomptes généraux, par sites. 1 - fragmentation des lames en silex de Ghlin, 2 - fragmentation des outils sur lame en silex de Ghlin, 3 - types de lames, 4 - outils sur lame selon les différents types de lames

		IBF10	IBF20	IBF30	ITC	OPR	ACM	ESAF	ESAF HUB
lames à 3 pans	123/321	3	30	19	9	1	26	27	26
	212'	5	29	31	16	2	50	40	29
	121'	2	5	2	1	1	5		2
total		10	64	52	26	4	81	67	57

Annexe 33 - Code opératoire des lames trapézoïdales en silex de Ghlin

IBF 10 nbre	1	2	3	4	5	6	7	8	
Ghlin	77	307	25	87	35	94	36	9	670
types Hesbaye	3	3	1	2	2	1			12
translucide		5		1	2	3			11
translucide chargé		2		1		1		1	5
autres		1			1				2

IBFM20+9	1	2	3	4	5	6	7	8	total
Ghlin	321	1832	85	581	415	1297	533	46	5110
Turonien	2	16	-	3	1	5	1	1	29
Thanétien	3	30	-	4	2	1	-	-	40
Bartonien	-	-	-	3	27	3	1	-	34
translucide	10	48	3	18	42	25	15	1	162
translucide chargé	1	10	-	4	3	3	-	1	22
grenu	-	-	-	-	4	-	-	-	4
vert-jaune	-	-	-	-	4	-	-	-	4
noir	12	22	1	10	14	11	1	2	73
types Hesbaye	32	102	4	9	19	37	9	4	216

IBF30- nbre	1	2	3	4	5	6	7	8	tot.
Ghlin	102	901	55	467	305	250	354	15	2449
Turonien	1		1	1	1				4
Bartonien				1	20	2	4		27
translucide	4	26	1	5	9	6	4		55
translucide chargé	1	5		3	5	3			17
grenu		1			1	3			5
noir	1	3		1					5
types Hesbaye	21	34		5	5	13		2	80

Annexe 34 - Décompte du nombre de pièces associées aux différentes classes techno-économiques suivant les différentes matières premières investies dans la production laminaire (Irchonwelz « la Bonne Fortune », bâtiments 10, 20 et 30). 1 – éclats de dégrossissage ; 2 – éclats de préparation de crête ; 3 – crêtes ; 4 – éclats d'entretien ; 5 – lames ; 6 – éclats indéterminés ; 7 – petits éclats et chutes d'outil ; 8 - nucléus

ESAF Hub. nbre	1	2	3	4	5	6	7	8	total
Ghlin	22	373	35	213	201	147	6	44	1041
Turonien					1				1
Bartonien		2	1		12				15
translucide				1	1			1	3
translucide chargé					2				2
vert-jaune					1				1
types Hesbaye					2				2

Annexe 35 - Décompte du nombre de pièces associées aux différentes classes techno-économiques suivant les différentes matières premières investies dans la production laminaire (Ellignies-Sainte-Anne, fouille Hubert). 1 – éclats de dégrossissage ; 2 – éclats de préparation de crête ; 3 – crêtes ; 4 – éclats d'entretien ; 5 – lames ; 6 – éclats indéterminés ; 7 – petits éclats et chutes d'outil ; 8 - nucléus

ITC73-nbre	1	2	3	4	5	6	7	8	total
Ghlin	11	180	13	102	95	44	29	18	492
Turonien		5	1	1	1				8
Thanétien					1				1
Bartonien		7	1	8	20	1	5		42
translucide	3	6	1	2	7		2		21
translucide chargé					3				3
grenu		1			3				4
types Hesbaye	4	10	1	2	11	1			29

Annexe 36 - Décompte du nombre de pièces associées aux différentes classes techno-économiques suivant les différentes matières premières invesities dans la production laminaire (Irchonwelz « le Trou al Cauche », structure 73). 1 – éclats de dégrossissage ; 2 – éclats de préparation de crête ; 3 – crêtes ; 4 – éclats d'entretien ; 5 – lames ; 6 – éclats indéterminés ; 7 – petits éclats et chutes d'outil ; 8 - nucléus

ESAF-nbre	1	2	3	4	5	6	7	8	total
Ghlin	109	652	33	198	257	247	28	55	1579
Turonien		1			2				3
Thanétien	2	10		2		2			16
Bartonien	8	36	3	24	62	18	3	1	155
translucide	1	7		2	12	2	1		25
translucide chargé		1		1	1	1			4
noir		2		1	2				5
types Hesbaye		7		6	9	2		2?	26

Annexe 37 - Décompte du nombre de pièces associées aux différentes classes techno-économiques suivant les différentes matières premières invesities dans la production laminaire (Ellignies-Sainte-Anne). 1 – éclats de dégrossissage ; 2 – éclats de préparation de crête ; 3 – crêtes ; 4 – éclats d'entretien ; 5 – lames ; 6 – éclats indéterminés ; 7 – petits éclats et chutes d'outil ; 8 - nucléus

ACM-nbre	1	2	3	4	5	6	7	8	total
Ghlin	23	303	31	233	297	137	86	26	1136
Turonien					4				4
Bartonien		4		2	15	2	6		29
translucide		2			5	1	2		10
vert-jaune		2	1	1	7	1			12
noir	1?								1?
types Hesbaye	1	1			30				32
grenu?					1				1
translucide chargé			1		1				2

Annexe 38 - Décompte du nombre de pièces associées aux différentes classes techno-économiques suivant les différentes matières premières invesities dans la production laminaire (Aubechies, structures les plus représentatives : 43, 44, 47, 48, 49, 93, 94, 105 et 108). 1 – éclats de dégrossissage ; 2 – éclats de préparation de crête ; 3 – crêtes ; 4 – éclats d'entretien ; 5 – lames ; 6 – éclats indéterminés ; 7 – petits éclats et chutes d'outil ; 8 - nucléus

OPR-nbre	1	2	3	4	5	6	7	8	total
Ghlin	13	52	5	22	26	13	7	6	144
Turonien					3				3
Thanétien		1			1				2
Bartonien					2				2
translucide		2							2
translucide chargé		2			2	1			5
types Hesbaye		1		1		1			3

Annexe 39 - Décompte du nombre de pièces associées aux différentes classes techno-économiques suivant les différentes matières premières investies dans la production laminaire (Ormeignies «la Petite Rosière»). 1 – éclats de dégrossissage ; 2 – éclats de préparation de crête ; 3 – crêtes ; 4 – éclats d'entretien ; 5 – lames ; 6 – éclats indéterminés ; 7 – petits éclats et chutes d'outil ; 8 - nucléus

talon-nbre	lisse	naturel	dièdre	facetté	linéaire	total
IBF10	6		6			12
IBF20	87	2	42	2	1	134
IBF30	55	2	32	7		96
IBF21	19		10	2		31
ITC	19	5	14	2		40
OPR	10		2	2		14
ACM	61	10	51	18		140
ESAF	66	9	47	6	1	129
ESAFHub	59	2	38			99

talon-%	lisse	naturel	dièdre	facetté	linéaire	
IBF10	50	-	50	-	-	100
IBF20	65	1	31	1	1	100
IBF30	57	2	33	7	-	100
IBF21	61	-	32	6	-	100
ITC	48	13	35	5	-	100
OPR	71	-	14	14	-	100
ACM	44	7	36	13	-	100
ESAF	51	7	36	5	1	100
ESAFHub	60	2	38	-	-	100

Annexe 40 - Types de talon repérés sur les lames en silex de Ghlin

A

corniche	brute	égrisée	préparée	total
IBF10	3	6	1	10
IBF20	62	36	28	126
IBF30	40	37	15	92
IBF21	11	17	7	35
ITC	20	13	9	42
OPR	7	4	3	14
ACM	65	47	35	147
ESAF	57	48	26	131
ESAFHub	43	34	24	101

corniche	brute	égrisée	préparée	total
IBF10	30	60	10	100
IBF20	49	29	22	100
IBF30	43	40	16	100
IBF21	31	49	20	100
ITC	48	31	21	100
OPR	50	29	21	100
ACM	44	32	24	100
ESAF	44	37	20	100
ESAFHub	43	34	24	100

B

corniche	brute	égrisée	préparée	total
IBF10	1	3	1	5
IBF20	20	12	15	47
IBF30	15	18	8	41
IBF21	5	10	3	18
ITC	10	6	7	23
OPR	2	3	2	7
ACM	23	18	22	63
ESAF	23	21	12	56
ESAFHub	20	21	18	59

corniche	brute	égrisée	préparée	total
IBF10	20	60	20	100
IBF20	43	26	32	100
IBF30	37	44	20	100
IBF21	28	56	17	100
ITC	43	26	30	100
OPR	29	43	29	100
ACM	37	29	35	100
ESAF	41	38	21	100
ESAFHub	34	36	31	100

Annexe 41 - Degré de préparation de la corniche des lames en silex de Ghlin : A) pour toutes les lames, B) pour les lames de plein-débitage

Annexe 42 - Ellignies-Sainte-Anne (structure 5), plaquette en silex de Ghlin dont la mise en forme a probablement été réalisée par un apprenti

A

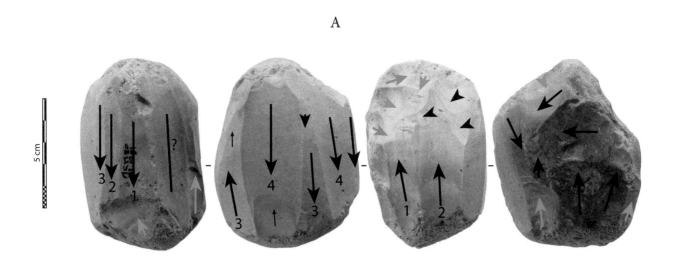

B

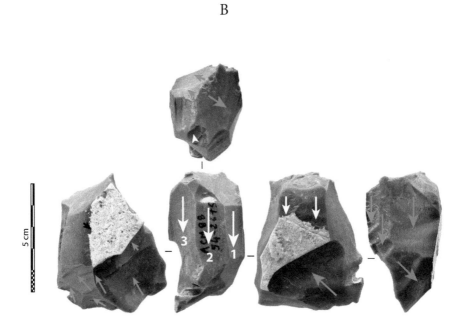

Annexe 43 - Aubechies, nucléus en silex de Ghlin. A) structure 43 et B) structure 94. En blanc ou noir, négatifs de la production laminaire ; en rouge, négatifs liés à la reprise dans les productions simples ; en vert, indéterminés

Annexe 44 - Ellignies-Sainte-Anne, nucléus en silex de Ghlin. A) structure 2 et B) structure 3. En blanc ou noir, négatifs de la production laminaire ; en rouge, négatifs liés à la reprise dans les productions simples ; en vert, indéterminés

Annexe 45 - Ellignies-Sainte-Anne, nucléus en silex de Ghlin. A) structure 5 et B) structure 6. En blanc ou noir, négatifs de la production laminaire ; en rouge, négatifs liés à la reprise dans les productions simples ; en vert, indéterminés

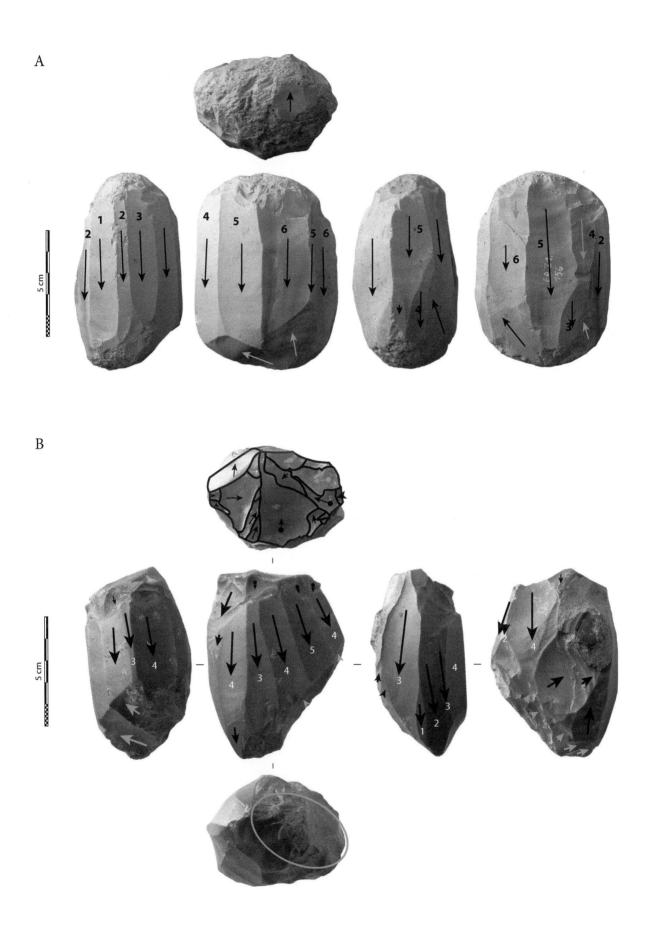

Annexe 46 - Ellignies-Sainte-Anne, nucléus en silex de Ghlin. fouille F. Hubert (SNF, en 1970-1971 et 1980), conservé à la Direction de l'Archéologie, SPW. En blanc ou noir, négatifs de la production laminaire ; en rouge, négatifs liés à la reprise dans les productions simples ; en vert, indéterminés

A

B

Annexe 47 - Irchonwelz « la Bonne Fortune », nucléus en silex de Ghlin. Bâtiment 10. En blanc ou noir, négatifs de la production laminaire ; en rouge, négatifs liés à la reprise dans les productions simples ; en vert, indéterminés

A

B

Annexe 48 - Irchonwelz « la Bonne Fortune », nucléus en silex de Ghlin. Bâtiment 20. En blanc ou noir, négatifs de la production laminaire ; en rouge, négatifs liés à la reprise dans les productions simples ; en vert, indéterminés

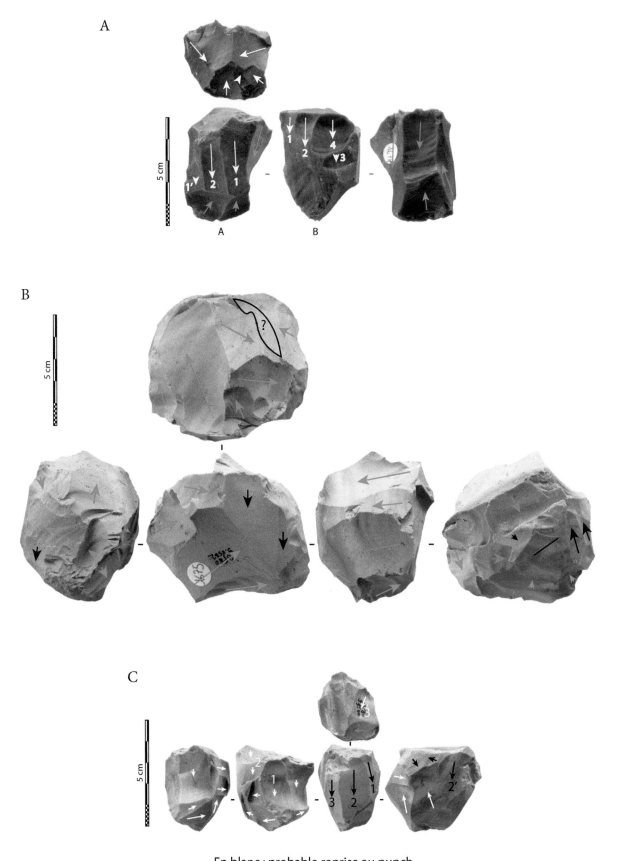

En blanc : probable reprise au punch

Annexe 49 - Irchonwelz « la Bonne Fortune », nucléus en silex de Ghlin. Bâtiment 20-structure 9. En blanc ou noir, négatifs de la production laminaire ; en rouge, négatifs liés à la reprise dans les productions simples ; en vert, indéterminés

A

B

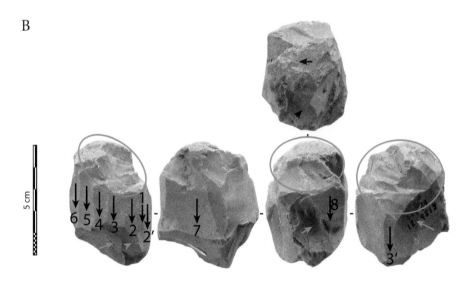

Annexe 50 - Irchonwelz « la Bonne Fortune », nucléus en silex de Ghlin. Bâtiment 30. En blanc ou noir, négatifs de la production laminaire ; en rouge, négatifs liés à la reprise dans les productions simples ; en vert, indéterminés

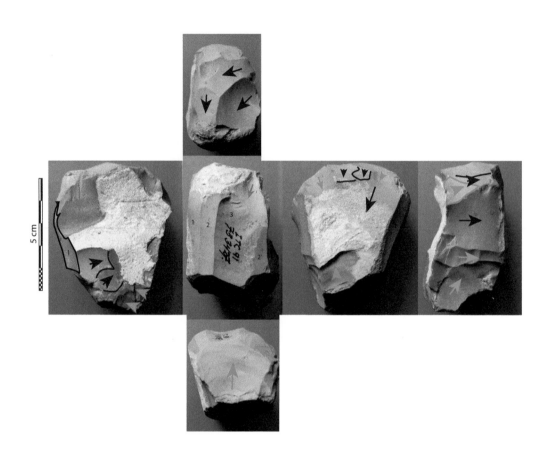

Annexe 51 - Irchonwelz « le Trou al Cauche », nucléus en silex de Ghlin. En blanc ou noir, négatifs de la production laminaire ; en rouge, négatifs liés à la reprise dans les productions simples ; en vert, indéterminés

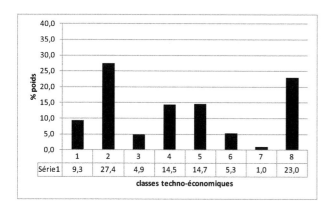

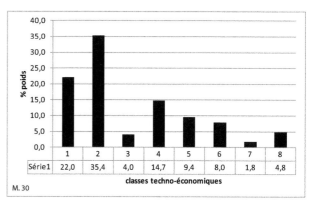

Annexe 52 - Irchonwelz « le Trou al Cauche », diagramme techno-économique de la production laminaire en silex de Ghlin. 1 – éclats de dégrossissage ; 2 – éclats de préparation de crête ; 3 – crêtes ; 4 – éclats d'entretien ; 5 – lames ; 6 – éclats indéterminés ; 7 – petits éclats et chutes d'outil ; 8 - nucléus

Annexe 55 - Irchonwelz « la Bonne Fortune », bâtiment 30, diagramme techno-économique de la production laminaire en silex de Ghlin. 1 – éclats de dégrossissage ; 2 – éclats de préparation de crête ; 3 – crêtes ; 4 – éclats d'entretien ; 5 – lames ; 6 – éclats indéterminés ; 7 – petits éclats et chutes d'outil ; 8 - nucléus

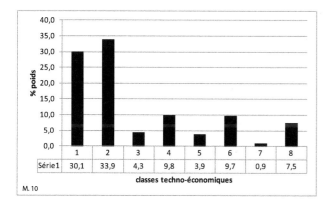

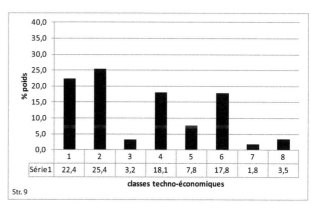

Annexe 53 - Irchonwelz « la Bonne Fortune », bâtiment 10, diagramme techno-économique de la production laminaire en silex de Ghlin. 1 – éclats de dégrossissage ; 2 – éclats de préparation de crête ; 3 – crêtes ; 4 – éclats d'entretien ; 5 – lames ; 6 – éclats indéterminés ; 7 – petits éclats et chutes d'outil ; 8 - nucléus

Annexe 56 - Irchonwelz « la Bonne Fortune », structure 9, diagramme techno-économique de la production laminaire en silex de Ghlin. 1 – éclats de dégrossissage ; 2 – éclats de préparation de crête ; 3 – crêtes ; 4 – éclats d'entretien ; 5 – lames ; 6 – éclats indéterminés ; 7 – petits éclats et chutes d'outil ; 8 - nucléus

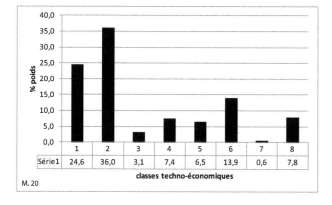

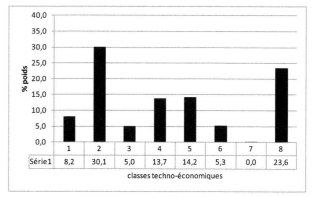

Annexe 54 - Irchonwelz « la Bonne Fortune », bâtiment 20, diagramme techno-économique de la production laminaire en silex de Ghlin. 1 – éclats de dégrossissage ; 2 – éclats de préparation de crête ; 3 – crêtes ; 4 – éclats d'entretien ; 5 – lames ; 6 – éclats indéterminés ; 7 – petits éclats et chutes d'outil ; 8 - nucléus

Annexe 57 - Ellignies-Sainte-Anne, fouille F. Hubert, diagramme techno-économique de la production laminaire en silex de Ghlin. 1 – éclats de dégrossissage ; 2 – éclats de préparation de crête ; 3 – crêtes ; 4 – éclats d'entretien ; 5 – lames ; 6 – éclats indéterminés ; 7 – petits éclats et chutes d'outil ; 8 - nucléus

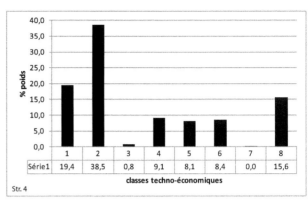

| Série1 | 7,2 | 25,1 | 1,8 | 11,8 | 27,9 | 18,7 | 1,0 | 6,4 |

Str. 1

Annexe 58 - Ellignies-Sainte-Anne, structure 1, diagramme techno-économique de la production laminaire en silex de Ghlin. 1 – éclats de dégrossissage ; 2 – éclats de préparation de crête ; 3 – crêtes ; 4 – éclats d'entretien ; 5 – lames ; 6 – éclats indéterminés ; 7 – petits éclats et chutes d'outil ; 8 - nucléus

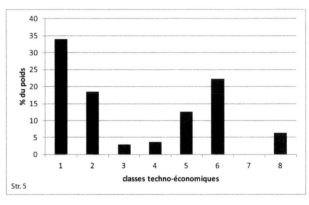

| Série1 | 19,4 | 38,5 | 0,8 | 9,1 | 8,1 | 8,4 | 0,0 | 15,6 |

Str. 4

Annexe 61 - Ellignies-Sainte-Anne, structure 4, diagramme techno-économique de la production laminaire en silex de Ghlin. 1 – éclats de dégrossissage ; 2 – éclats de préparation de crête ; 3 – crêtes ; 4 – éclats d'entretien ; 5 – lames ; 6 – éclats indéterminés ; 7 – petits éclats et chutes d'outil ; 8 - nucléus

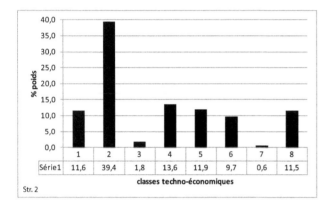

| Série1 | 11,6 | 39,4 | 1,8 | 13,6 | 11,9 | 9,7 | 0,6 | 11,5 |

Str. 2

Annexe 59 - Ellignies-Sainte-Anne, structure 2, diagramme techno-économique de la production laminaire en silex de Ghlin. 1 – éclats de dégrossissage ; 2 – éclats de préparation de crête ; 3 – crêtes ; 4 – éclats d'entretien ; 5 – lames ; 6 – éclats indéterminés ; 7 – petits éclats et chutes d'outil ; 8 - nucléus

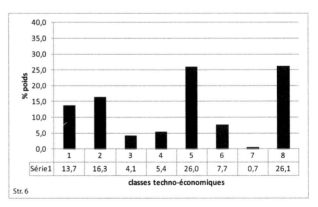

Str. 5

Annexe 62 - Ellignies-Sainte-Anne, structure 5, diagramme techno-économique de la production laminaire en silex de Ghlin. 1 – éclats de dégrossissage ; 2 – éclats de préparation de crête ; 3 – crêtes ; 4 – éclats d'entretien ; 5 – lames ; 6 – éclats indéterminés ; 7 – petits éclats et chutes d'outil ; 8 - nucléus

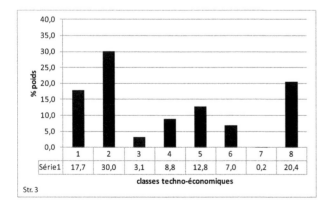

| Série1 | 17,7 | 30,0 | 3,1 | 8,8 | 12,8 | 7,0 | 0,2 | 20,4 |

Str. 3

Annexe 60 - Ellignies-Sainte-Anne, structure 3, diagramme techno-économique de la production laminaire en silex de Ghlin. 1 – éclats de dégrossissage ; 2 – éclats de préparation de crête ; 3 – crêtes ; 4 – éclats d'entretien ; 5 – lames ; 6 – éclats indéterminés ; 7 – petits éclats et chutes d'outil ; 8 - nucléus

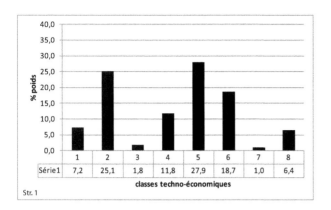

| Série1 | 13,7 | 16,3 | 4,1 | 5,4 | 26,0 | 7,7 | 0,7 | 26,1 |

Str. 6

Annexe 63 - Ellignies-Sainte-Anne, structure 6, diagramme techno-économique de la production laminaire en silex de Ghlin. 1 – éclats de dégrossissage ; 2 – éclats de préparation de crête ; 3 – crêtes ; 4 – éclats d'entretien ; 5 – lames ; 6 – éclats indéterminés ; 7 – petits éclats et chutes d'outil ; 8 - nucléus

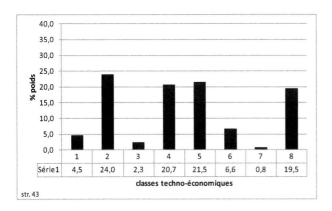

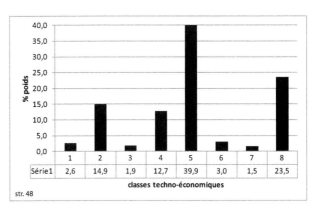

Annexe 64 - Aubechies «Coron Maton», structure 43, diagramme techno-économique de la production laminaire en silex de Ghlin. 1 – éclats de dégrossissage ; 2 – éclats de préparation de crête ; 3 – crêtes ; 4 – éclats d'entretien ; 5 – lames ; 6 – éclats indéterminés ; 7 – petits éclats et chutes d'outil ; 8 - nucléus

Annexe 67 - Aubechies «Coron Maton», structure 48, diagramme techno-économique de la production laminaire en silex de Ghlin. 1 – éclats de dégrossissage ; 2 – éclats de préparation de crête ; 3 – crêtes ; 4 – éclats d'entretien ; 5 – lames ; 6 – éclats indéterminés ; 7 – petits éclats et chutes d'outil ; 8 - nucléus

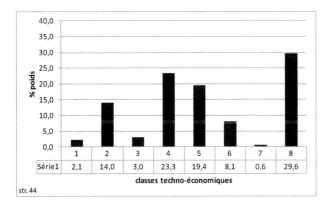

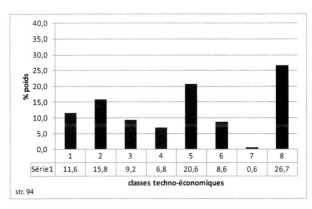

Annexe 65 - Aubechies «Coron Maton», structure 44, diagramme techno-économique de la production laminaire en silex de Ghlin. 1 – éclats de dégrossissage ; 2 – éclats de préparation de crête ; 3 – crêtes ; 4 – éclats d'entretien ; 5 – lames ; 6 – éclats indéterminés ; 7 – petits éclats et chutes d'outil ; 8 - nucléus

Annexe 68 - Aubechies «Coron Maton», structure 94, diagramme techno-économique de la production laminaire en silex de Ghlin. 1 – éclats de dégrossissage ; 2 – éclats de préparation de crête ; 3 – crêtes ; 4 – éclats d'entretien ; 5 – lames ; 6 – éclats indéterminés ; 7 – petits éclats et chutes d'outil ; 8 - nucléus

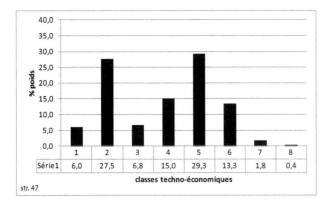

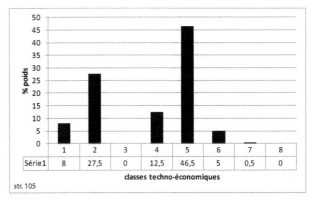

Annexe 66 - Aubechies «Coron Maton», structure 47, diagramme techno-économique de la production laminaire en silex de Ghlin. 1 – éclats de dégrossissage ; 2 – éclats de préparation de crête ; 3 – crêtes ; 4 – éclats d'entretien ; 5 – lames ; 6 – éclats indéterminés ; 7 – petits éclats et chutes d'outil ; 8 - nucléus

Annexe 69 - Aubechies «Coron Maton», structure 105, diagramme techno-économique de la production laminaire en silex de Ghlin. 1 – éclats de dégrossissage ; 2 – éclats de préparation de crête ; 3 – crêtes ; 4 – éclats d'entretien ; 5 – lames ; 6 – éclats indéterminés ; 7 – petits éclats et chutes d'outil ; 8 - nucléus

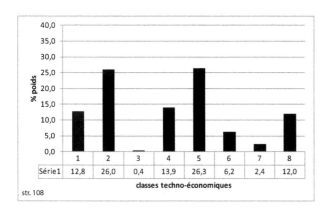

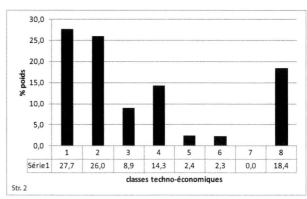

Annexe 70 - Aubechies «Coron Maton», structure 108, diagramme techno-économique de la production laminaire en silex de Ghlin. 1 – éclats de dégrossissage ; 2 – éclats de préparation de crête ; 3 – crêtes ; 4 – éclats d'entretien ; 5 – lames ; 6 – éclats indéterminés ; 7 – petits éclats et chutes d'outil ; 8 - nucléus

Annexe 72 - Ormeignies «la Petite Rosière», structure 2, diagramme techno-économique de la production laminaire en silex de Ghlin. 1 – éclats de dégrossissage ; 2 – éclats de préparation de crête ; 3 – crêtes ; 4 – éclats d'entretien ; 5 – lames ; 6 – éclats indéterminés ; 7 – petits éclats et chutes d'outil ; 8 - nucléus

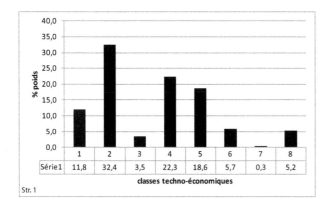

Annexe 71 - Ormeignies «la Petite Rosière», structure 1, diagramme techno-économique de la production laminaire en silex de Ghlin. 1 – éclats de dégrossissage ; 2 – éclats de préparation de crête ; 3 – crêtes ; 4 – éclats d'entretien ; 5 – lames ; 6 – éclats indéterminés ; 7 – petits éclats et chutes d'outil ; 8 - nucléus

LAMES	ghlin	hesbaye	bartonien	autre	grenu	indéterminé	total
retouché	14	10	2	2	2	3	33
utilisé	5	10	1	2		2	20
burin	7	5	1			1	14
armature	1	2	3	1	1	2	10
perçoir	3					1	4
troncature	2		2				4
grattoir	2		1				3
multiple	1			1			2
faucille		2					2
piquant-trièdre	1					1	2
pièce esquillée		1					1
pièce appointée	1						1
fragment	5	2		1		1	9
microburin	8	2				1	11
total	50	34	10	7	4	11	116

Annexe 73 - Outillage sur lame de Vaux-et-Borset (VCM 98)

BARTONIEN-lames importées		nbre	%
retouché		22	18,8
grattoir		14	12,0
burin		27	23,1
pièce appointée		-	-
faucille		2	1,7
troncature		5	4,3
armature		7	6,0
outil double		3	2,6
éclat facetté		-	-
perçoir		2	1,7
pièce esquillée		-	-
utilisé	pièce à émoussé	7	6,0
	pièce à luisant	4	3,4
	outil percuté	1	0,9
	pièce à esquillements	-	-
utilisé probable	pièces à ébréchures	23	19,7
	fragment	-	-
	TOTAL	117	100,0

Annexe 74 - Outillage réalisé sur les lames en silex tertiaire bartonien importées du Bassin parisien

BARTONIEN-plaquette BCC		nbre	%
retouché		1	7,7
grattoir		-	-
burin		4	30,8
pièce appointée		-	-
faucille		-	-
troncature		-	-
armature		-	-
outil double		-	-
éclat facetté		-	-
perçoir		-	-
pièce esquillée		-	-
utilisé	pièce à émoussé	1	7,7
	pièce à luisant	1	7,7
	outil percuté	-	-
	pièce à esquillements	-	-
utilisé probable	pièces à ébréchures	6	46,2
	fragment	-	-
	TOTAL	13	100,0

Annexe 76 - Outillage réalisé sur les lames en silex tertiaire bartonien débitées à Blicquy « la Couture de la Chaussée »

BARTONIEN-plaquette ESAF		nbre	%
retouché		10	30,3
grattoir		4	12,1
burin		4	12,1
pièce appointée		-	-
faucille		-	-
troncature		-	-
armature		2	6,1
outil double		2	6,1
éclat facetté		-	-
perçoir		-	-
pièce esquillée		-	-
utilisé	pièce à émoussé	-	-
	pièce à luisant	3	9,1
	outil percuté	-	-
	pièce à esquillements	-	-
utilisé probable	pièces à ébréchures	7	21,2
	fragment	1	3,0
	TOTAL	33	100,0

Annexe 75 - Outillage réalisé sur les lames en silex tertiaire bartonien débitées à Ellignies-Sainte-Anne

BARTONIEN-plaquette ITC		nbre	%
retouché		5	31,3
grattoir		1	6,3
burin		4	25,0
pièce appointée		-	-
faucille		-	-
troncature		-	-
armature		-	-
outil double		2	12,5
éclat facetté		-	-
perçoir		-	-
pièce esquillée		-	-
utilisé	pièce à émoussé	-	-
	pièce à luisant	2	12,5
	outil percuté	-	-
	pièce à esquillements	-	-
utilisé probable	pièces à ébréchures	2	12,5
	fragment	-	-
	TOTAL	16	100,0

Annexe 77 - Outillage réalisé sur les lames en silex tertiaire bartonien débitées depuis la préforme introduite à Irchonwelz « le Trou al Cauche »

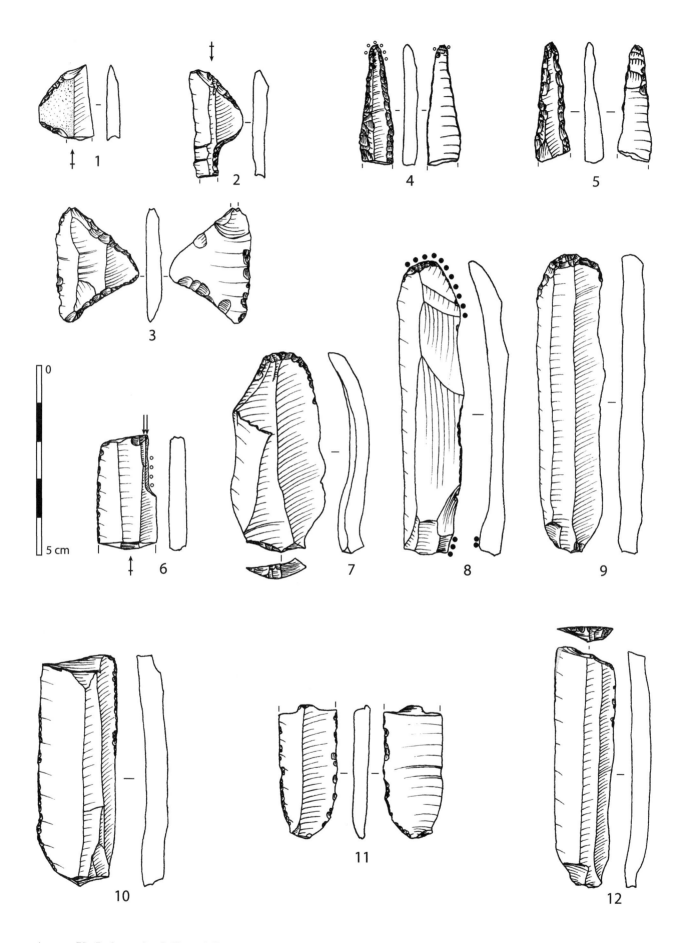

Annexe 78 - Irchonwelz « le Trou al Cauche » : outils sur lame et éclat de préparation de crête (7), en silex de Ghlin sauf 5, brûlé

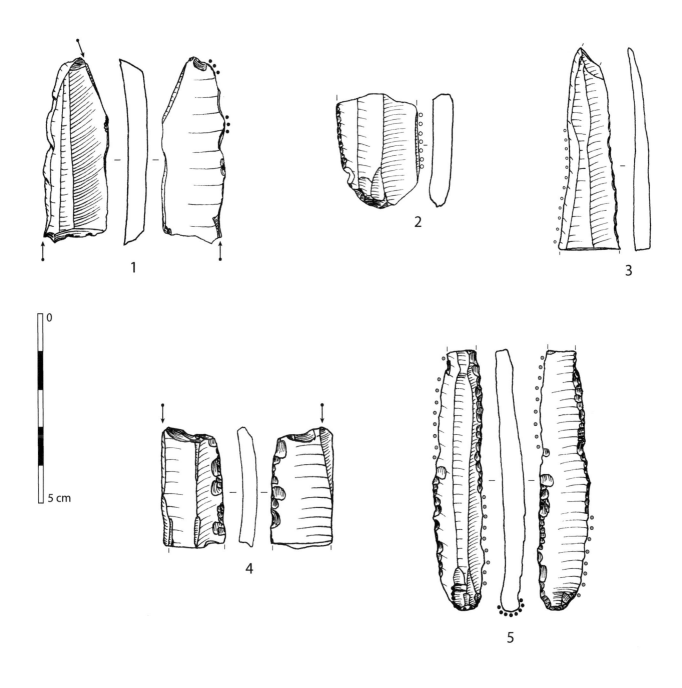

Annexe 79 - Irchonwelz « le Trou al Cauche » : outils sur lame, autres matières premières. 1 à 3 : silex translucide ; 4 et 5 : silex de types Hesbaye, 5 (fin Hesbaye ?)

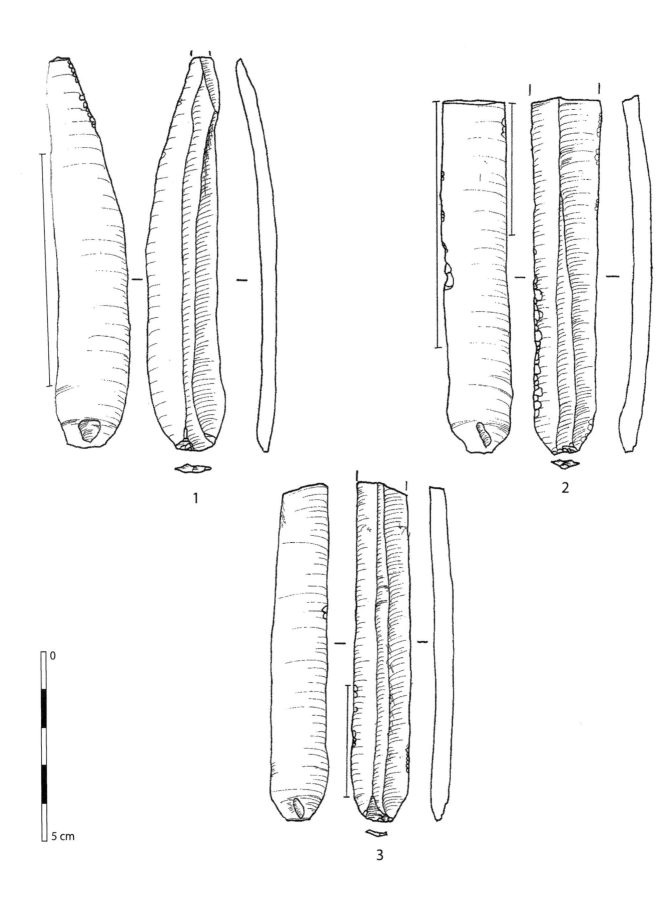

Annexe 80 - Irchonwelz « le Trou al Cauche » : outils sur lame en silex tertiaire bartonien, dessins d'après Bostyn, 2008

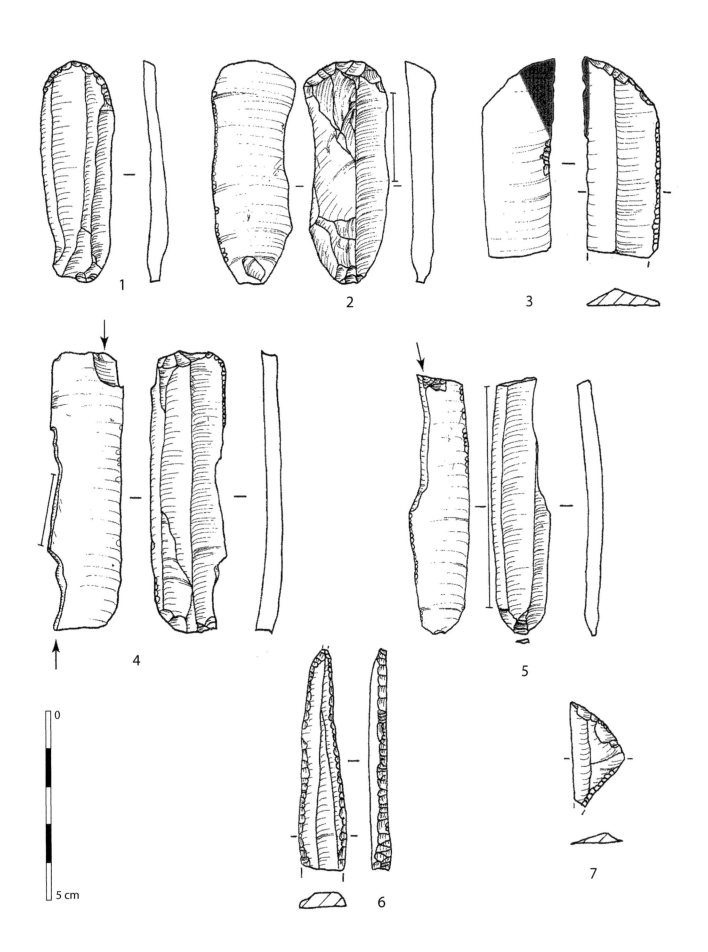

**Annexe 81- Irchonwelz « le Trou al Cauche » : outils sur lame en silex tertiaire bartonien,
dessins d'après Bostyn, 2008**

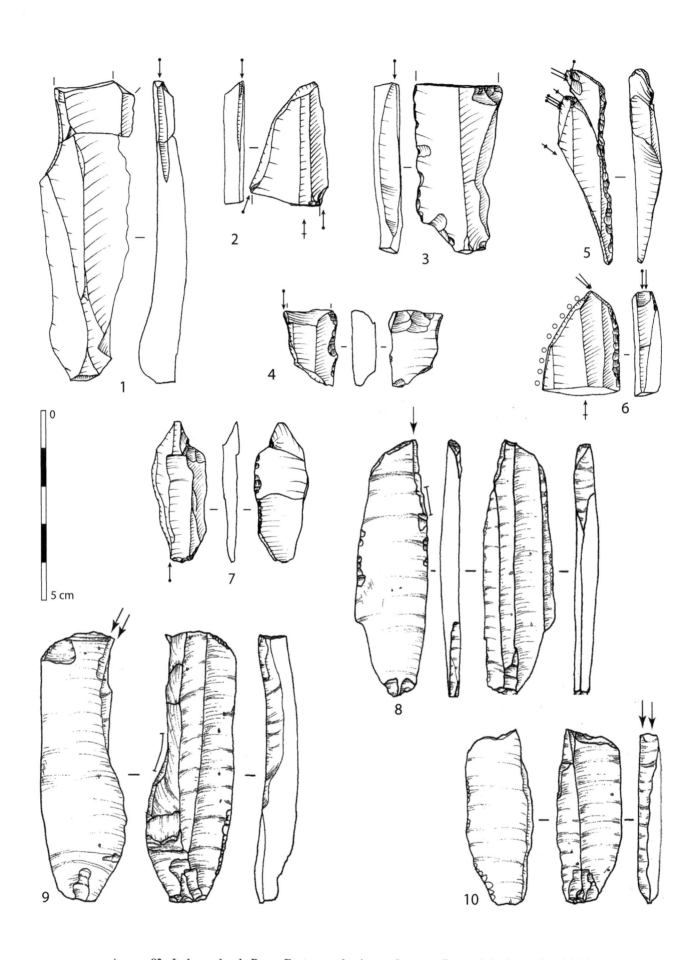

**Annexe 82 - Irchonwelz « la Bonne Fortune » : burins sur lame en silex tertiaire bartonien, 8 à 10
dessins d'après Bostyn, 2008**

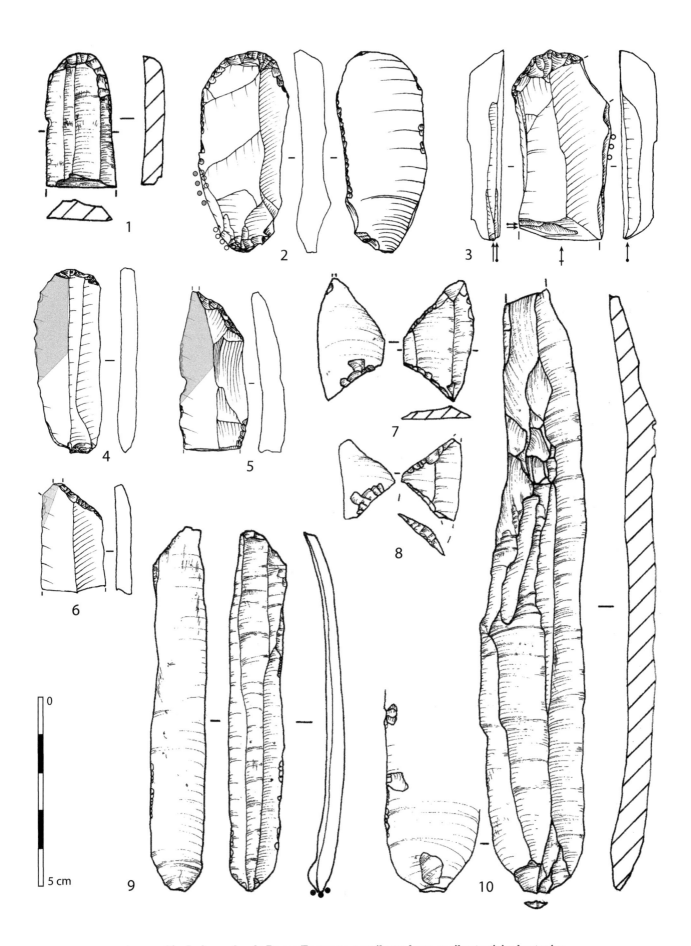

**Annexe 83- Irchonwelz « la Bonne Fortune » : outils sur lame en silex tertiaire bartonien,
1 et 7 à 10 dessins d'après Bostyn, 2008**

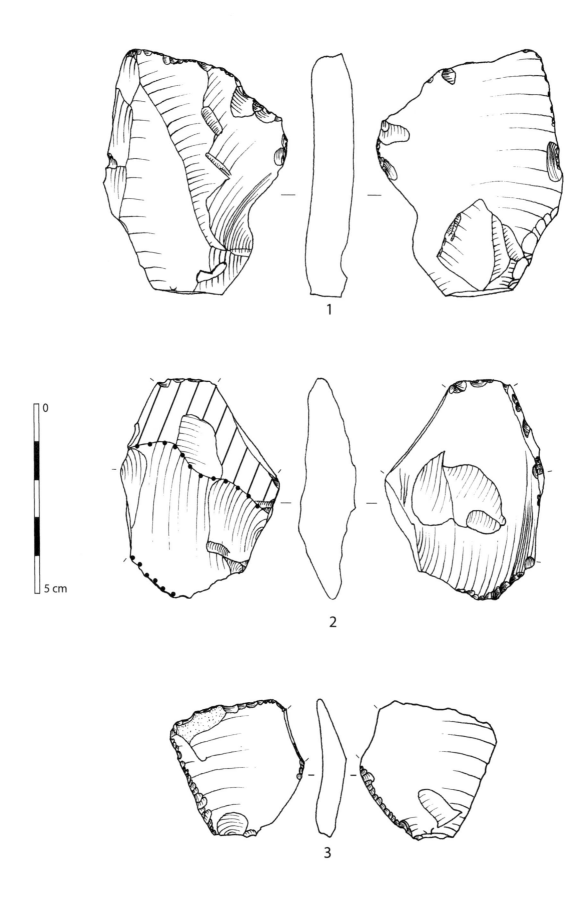

Annexe 84 - Ellignies-Sainte-Anne, fouillé par François Hubert (SNF, en 1970-1971 et 1980), conservé à la Direction de l'Archéologie, SPW : éclats retouchés, 1 et 2, silex de Ghlin ; 3, silex thanétien

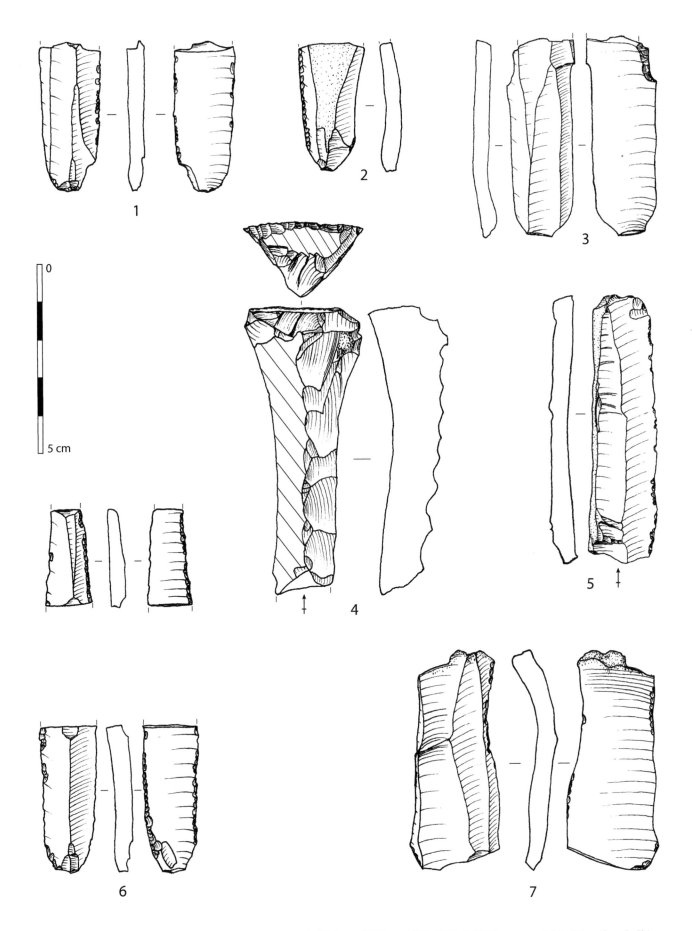

Annexe 85 - Ellignies-Sainte-Anne, fouillé par François Hubert (SNF, en 1970-1971 et 1980), conservé à la Direction de l'Archéologie, SPW : lames retouchées. 1 à 5 , silex de Ghlin ; 6 et 7 : silex bartonien

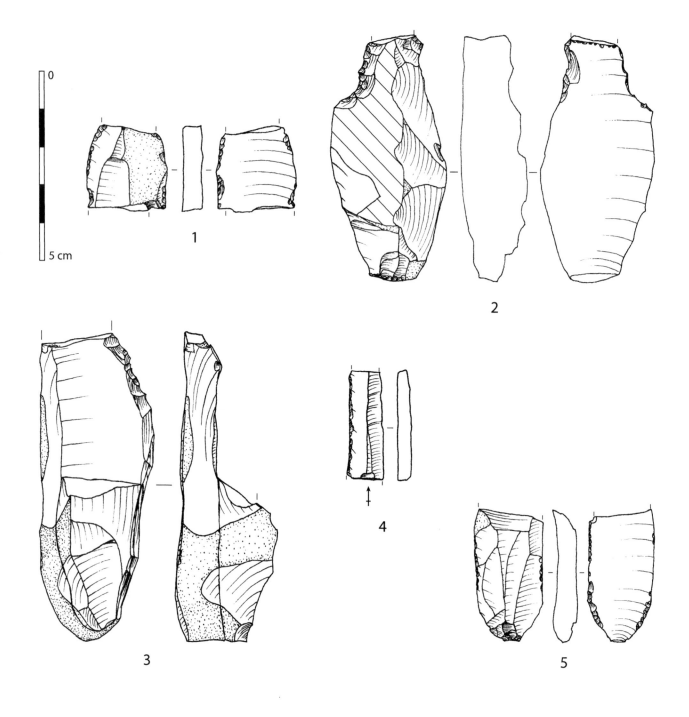

Annexe 86 - Ellignies-Sainte-Anne, fouillé par François Hubert (SNF, en 1970-1971 et 1980), conservé à la Direction de l'Archéologie, SPW : lames retouchées, silex de Ghlin

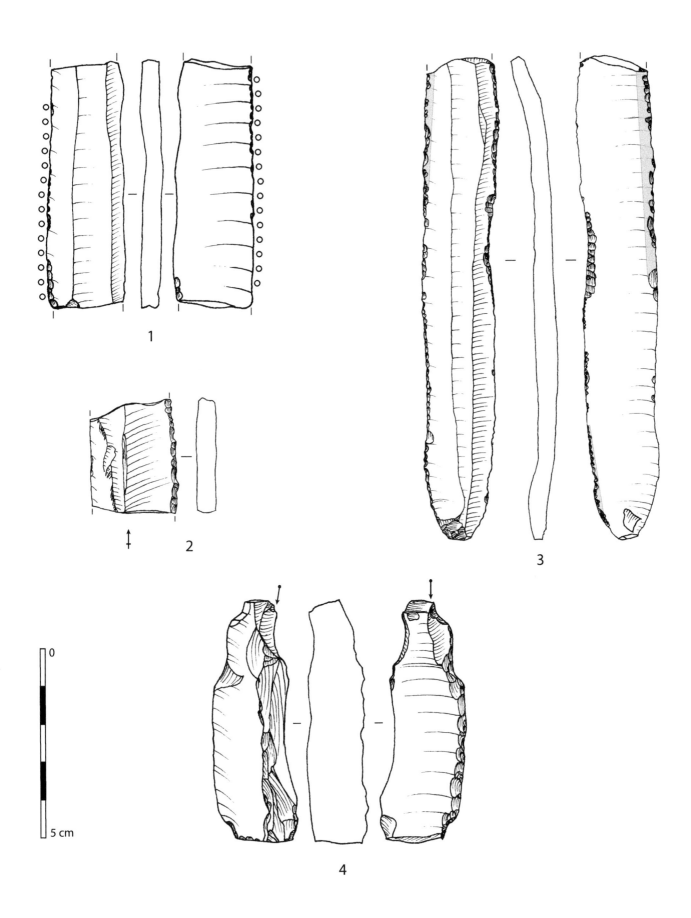

Annexe 87 - Ellignies-Sainte-Anne, fouillé par François Hubert (SNF, en 1970-1971 et 1980), conservé à la Direction de l'Archéologie, SPW : lames retouchées et à luisant, silex Bartonien

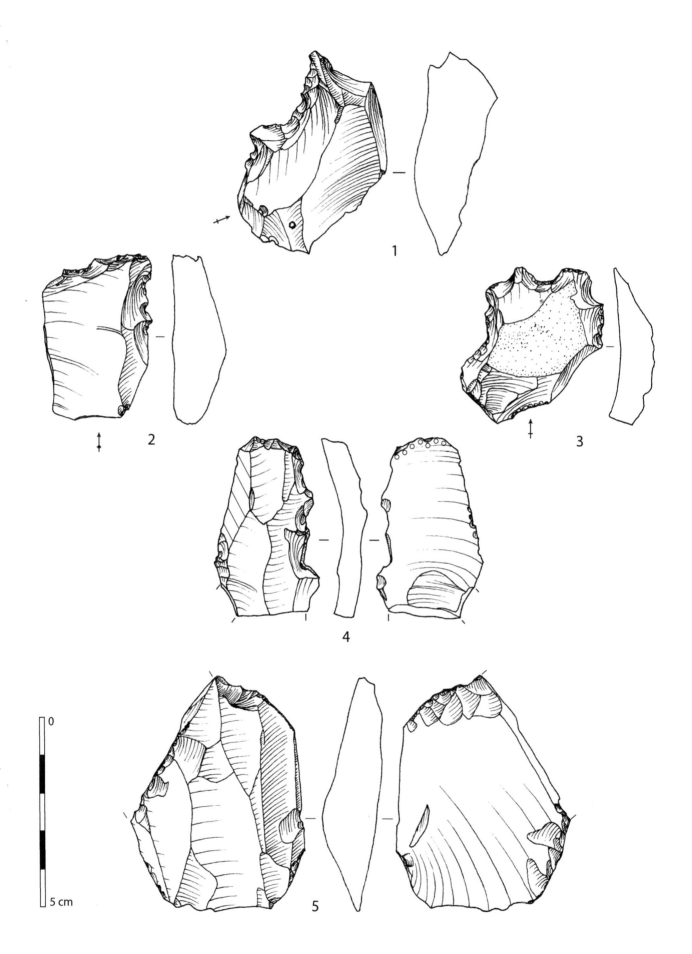

Annexe 88 - Ellignies-Sainte-Anne, fouillé par François Hubert (SNF, en 1970-1971 et 1980), conservé à la Direction de l'Archéologie, SPW : denticulés et pièce esquillée (5), silex de Ghlin

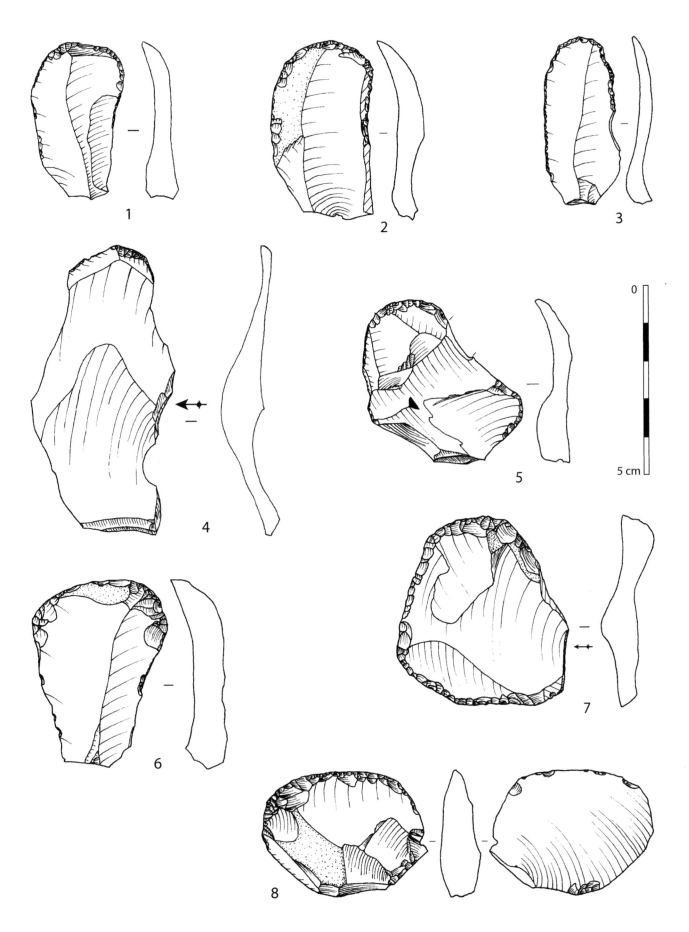

Annexe 89 - Ellignies-Sainte-Anne, fouillé par François Hubert (SNF, en 1970-1971 et 1980), conservé à la Direction de l'Archéologie, SPW : grattoirs sur éclat, silex de Ghlin

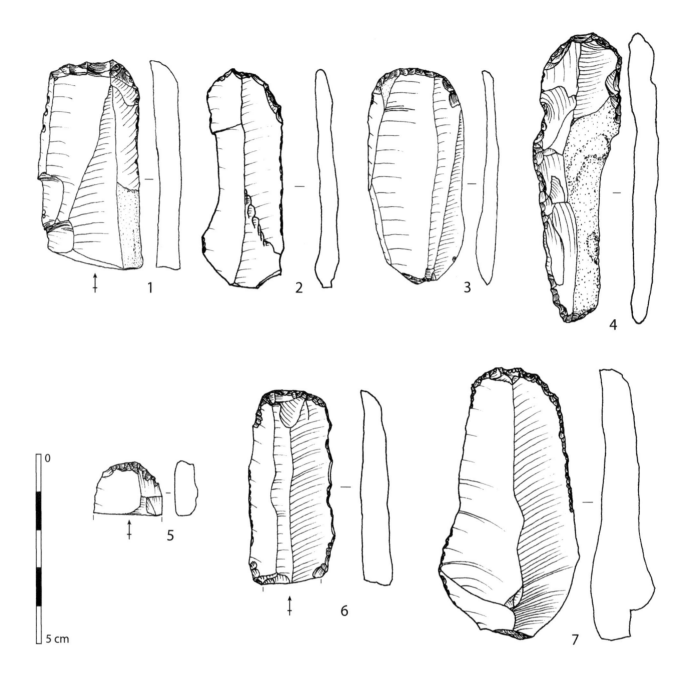

Annexe 90 - Ellignies-Sainte-Anne, fouillé par François Hubert (SNF, en 1970-1971 et 1980), conservé à la Direction de l'Archéologie, SPW: grattoirs sur lame, silex de Ghlin sauf 5, bartonien et 7, translucide chargé

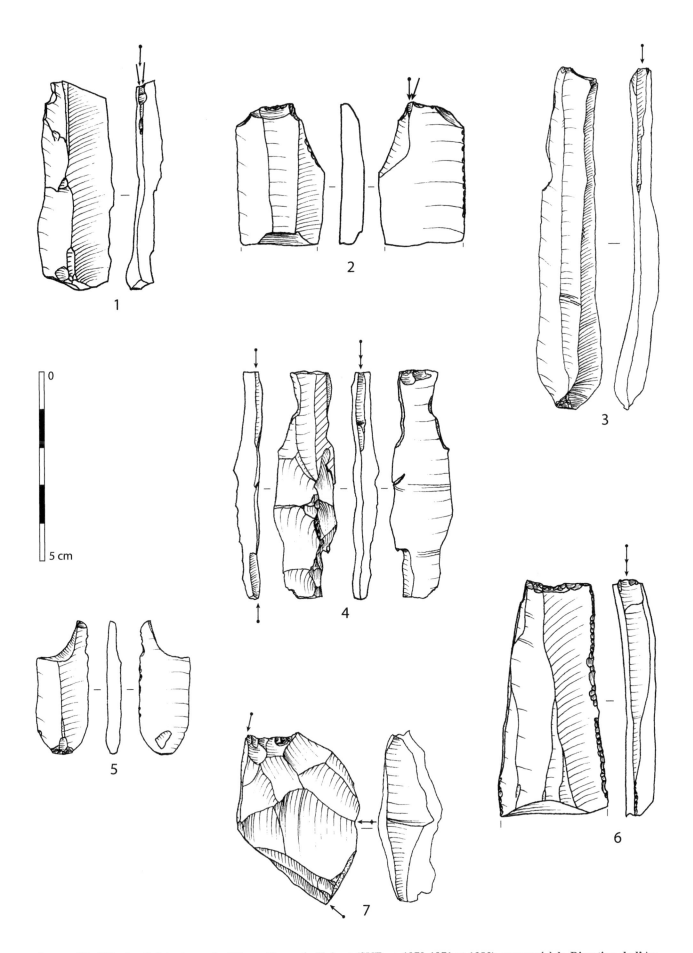

Annexe 91- Ellignies-Sainte-Anne, fouillé par François Hubert (SNF, en 1970-1971 et 1980), conservé à la Direction de l'Archéologie, SPW : burins et chute de burin (5), silex de Ghlin sauf 5, translucide chargé

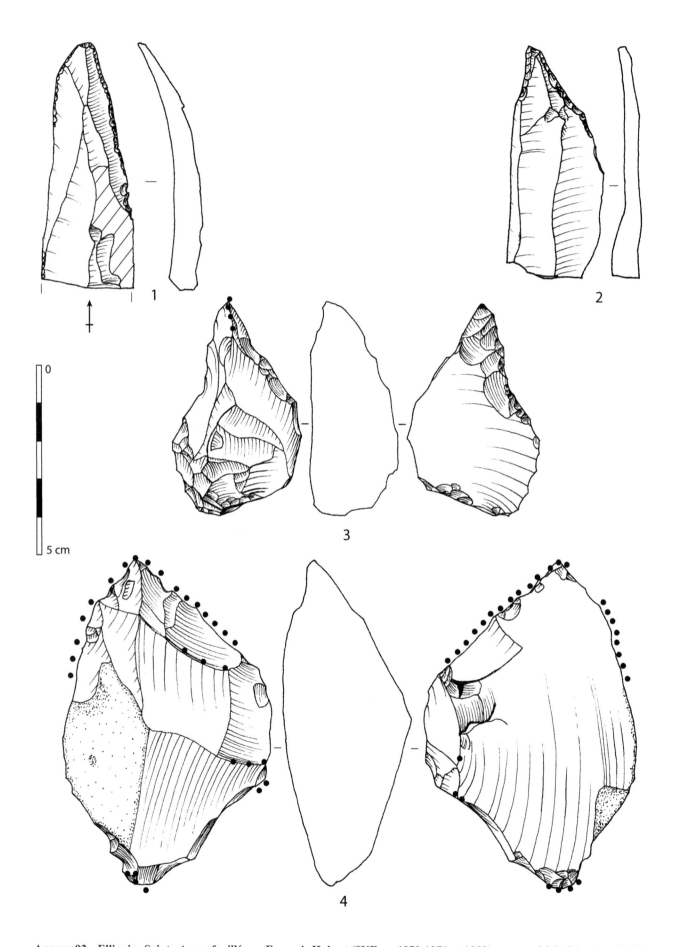

Annexe 92 - Ellignies-Sainte-Anne, fouillé par François Hubert (SNF, en 1970-1971 et 1980), conservé à la Direction de l'Archéologie, SPW : perçoirs et pièces appointées, silex de Ghlin

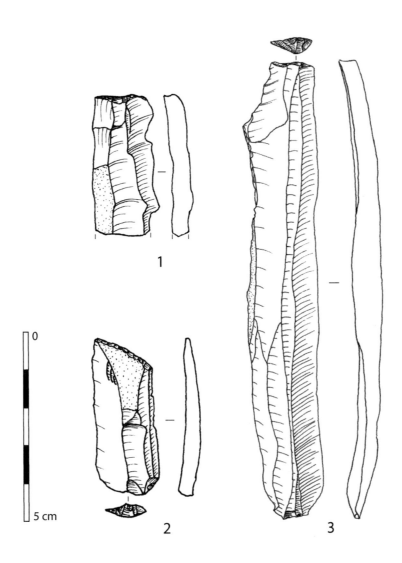

Annexe 93 - Ellignies-Sainte-Anne, fouillé par François Hubert (SNF, en 1970-1971 et 1980), conservé à la Direction de l'Archéologie, SPW : troncatures sur lame, silex de Ghlin sauf 2, indéterminé

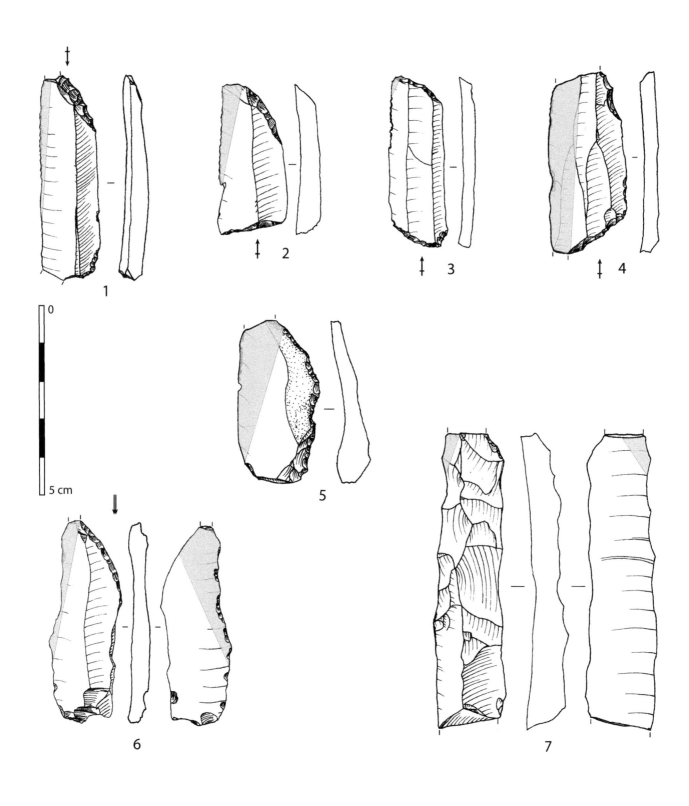

Annexe 94 - Ellignies-Sainte-Anne, fouillé par François Hubert (SNF, en 1970-1971 et 1980), conservé à la Direction de l'Ar-chéologie, SPW : armatures de faucille, silex de Ghlin sauf 7, silex vert-jaune

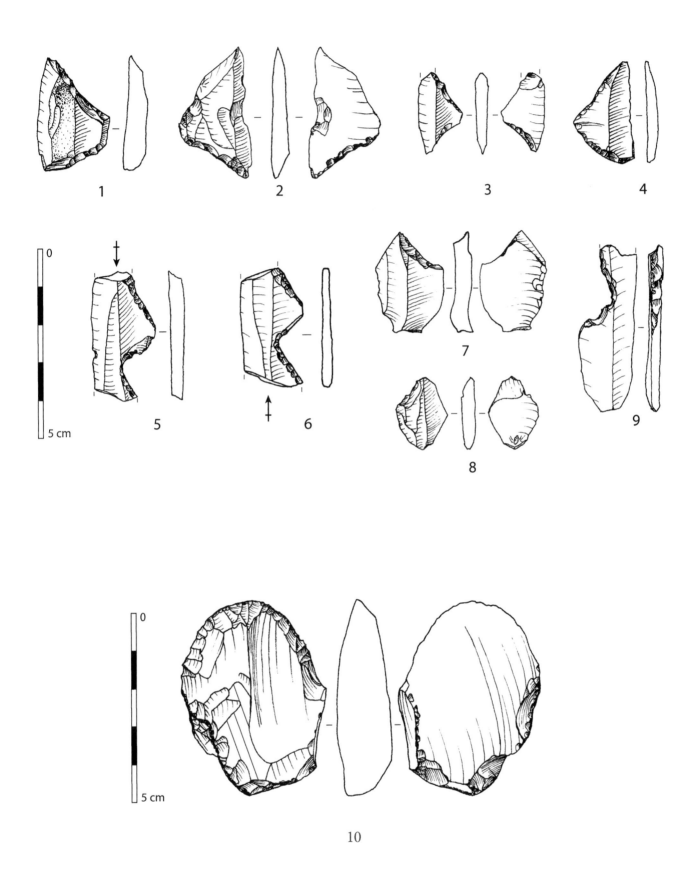

Annexe 95 - Ellignies-Sainte-Anne, fouillé par François Hubert (SNF, en 1970-1971 et 1980), conservé à la Direction de l'Archéologie, SPW, 1à 4 : armatures de flèche. 5 et 6 : armatures en cours de fabrication. 7 et 8 : microburins, 9, tentative de microburin, Ghlin sauf 6-bartonien. 10 - outil double

229

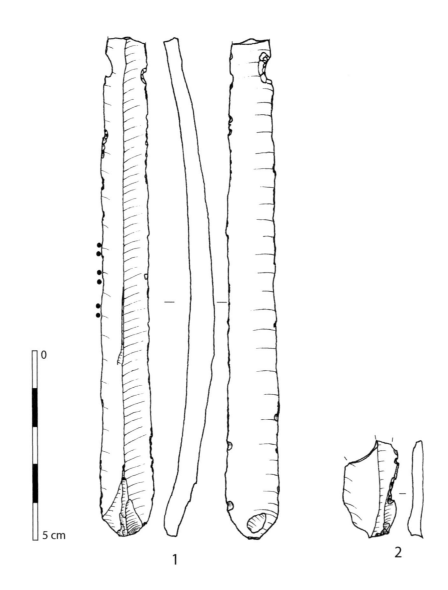

0

5 cm

1

2

Annexe 96 - Ellignies-Sainte-Anne, fouillé par François Hubert (SNF, en 1970-1971 et 1980), conservé à la Direction de l'Archéologie, SPW : lames utilisées, silex de Ghlin

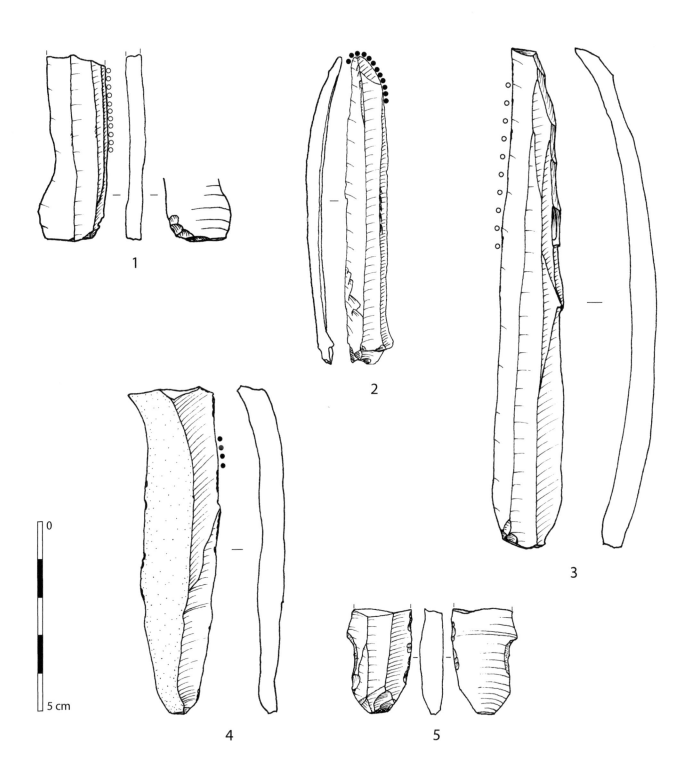

Annexe 97 - Ellignies-Sainte-Anne, fouillé par François Hubert (SNF, en 1970-1971 et 1980), conservé à la Direction de l'Archéologie, SPW : lames utilisées, silex de Ghlin sauf 3, silex tertiaire bartonien

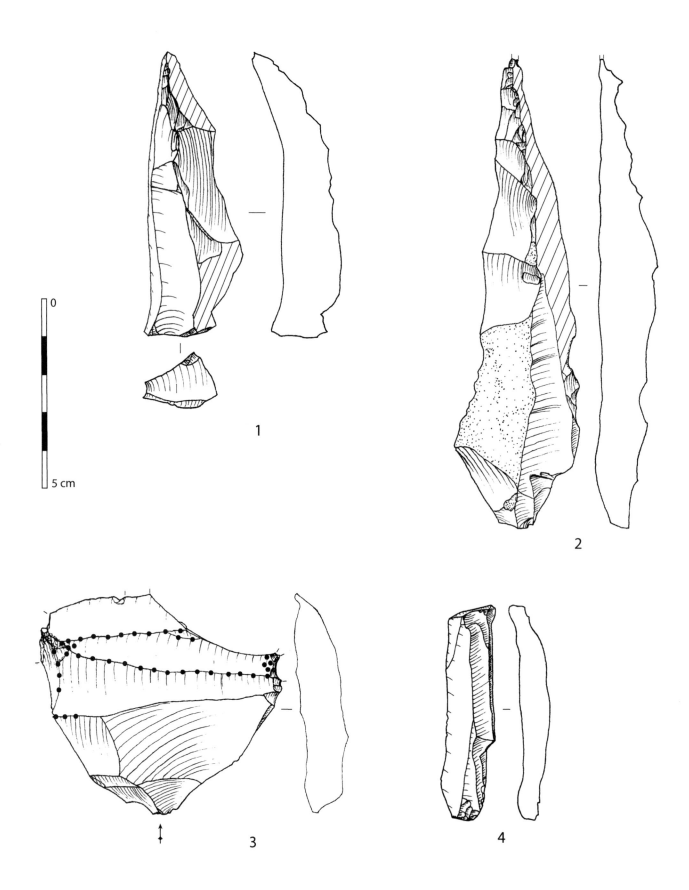

Annexe 98 - Ellignies-Sainte-Anne, fouillé par François Hubert (SNF, en 1970-1971 et 1980), conservé à la Direction de l'Archéologie, SPW : pièces brutes, 1 et 2, crêtes irrégulières en silex de Ghlin, 3, éclat issu d'un nucléus à lames repris, 4, petite lame en silex turonien

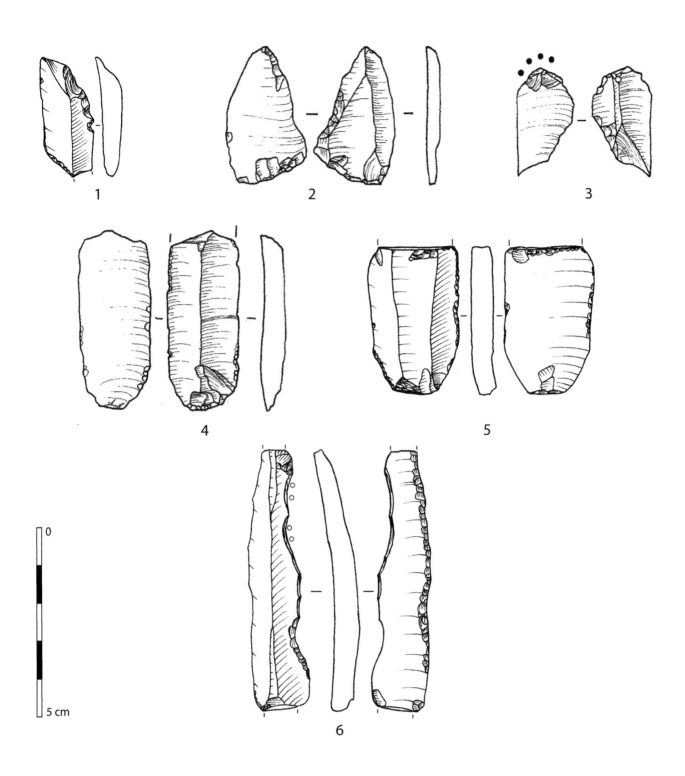

**Annexe 99 - Ellignies-Sainte-Anne, outils sur lame en silex bartonien, armatures et pièces retouchées,
2 à 4, dessins de Bostyn, 2008**

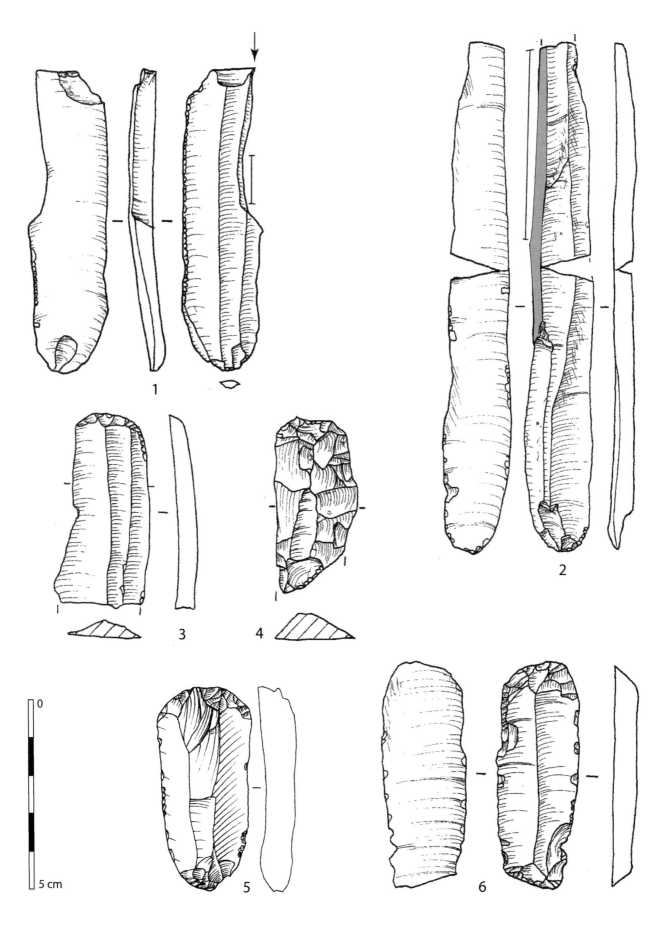

Annexe 100 - Ellignies-Sainte-Anne : burins et grattoirs sur lame en silex tertiaire bartonien, dessins d'après Bostyn, 2008 sauf n° 5

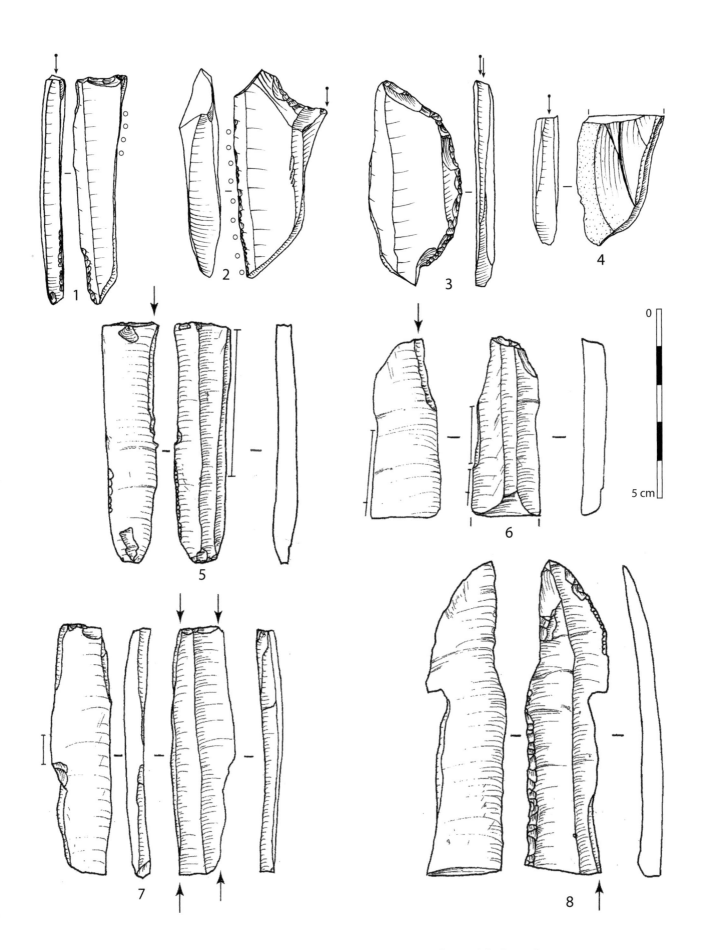

Annexe 101 - Ellignies-Sainte-Anne, burins sur lame en silex tertiaire bartonien.
5 à 8 dessins d'après Bostyn, 2008

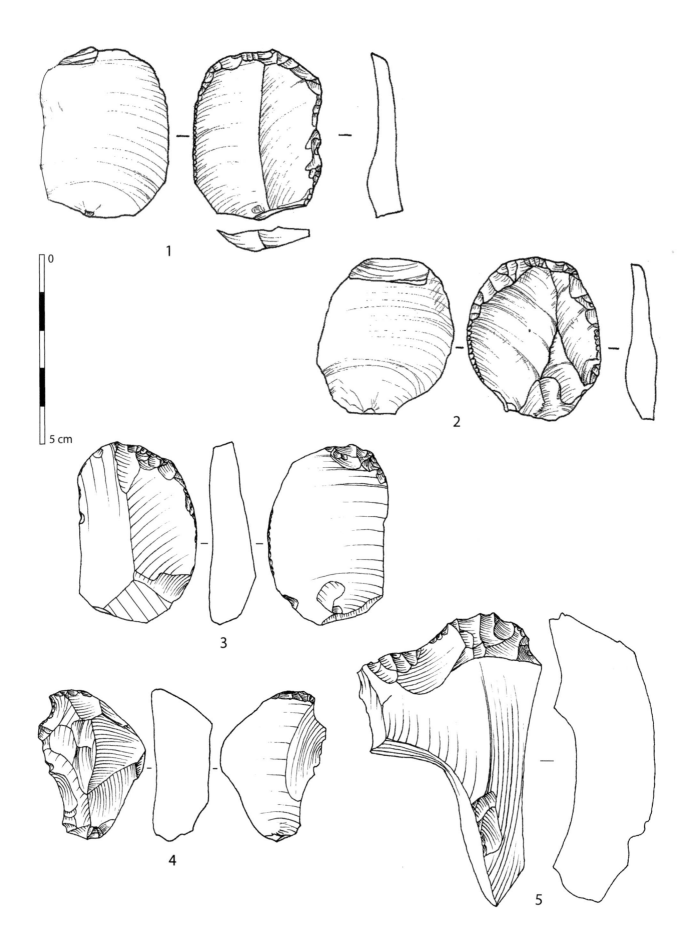

Annexe 102 - Ellignies-Sainte-Anne, outils sur éclat en silex tertiaire bartonien.
1 et 2 dessins d'après Bostyn, 2008, grattoir et denticulé

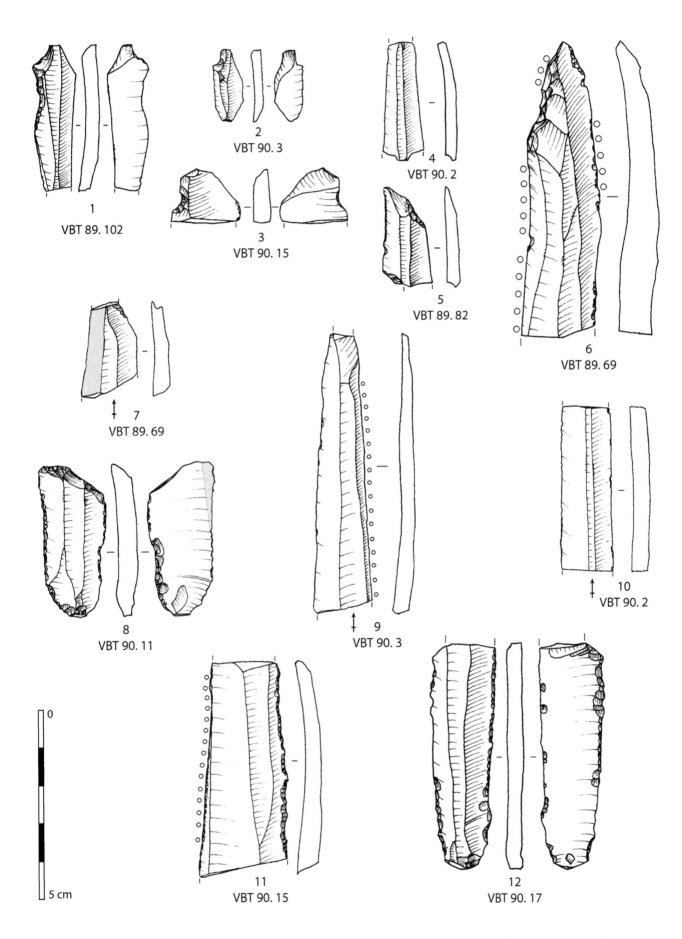

Annexe 103 - Vaux-et-Borset, outils sur lame en silex tertiaire bartonien, 1 à 3- microburin, 4 et 5- même lame, 5- piquant-trièdre (armature en cours de fabrication?) ; 6, 9 et 11- équivalent-burin, 7 et 8- faucille, 12- lame retouchée

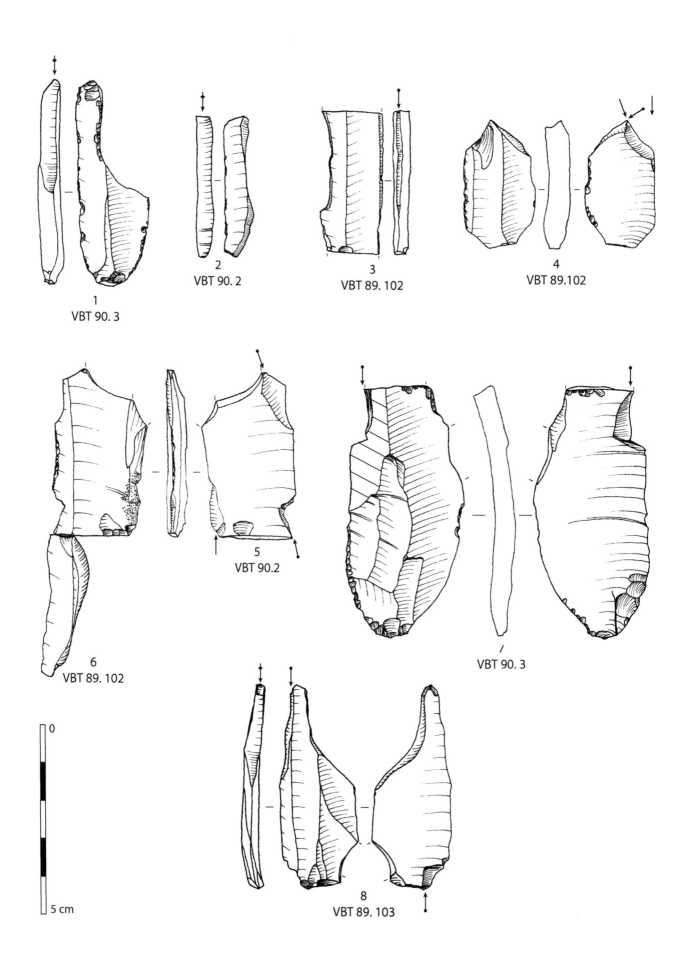

1
VBT 90. 3

2
VBT 90. 2

3
VBT 89. 102

4
VBT 89.102

5
VBT 90.2

6
VBT 89. 102

VBT 90. 3

8
VBT 89. 103

0

5 cm

Annexe 104 - Vaux-et-Borset, burins sur lame en silex tertiaire bartonien

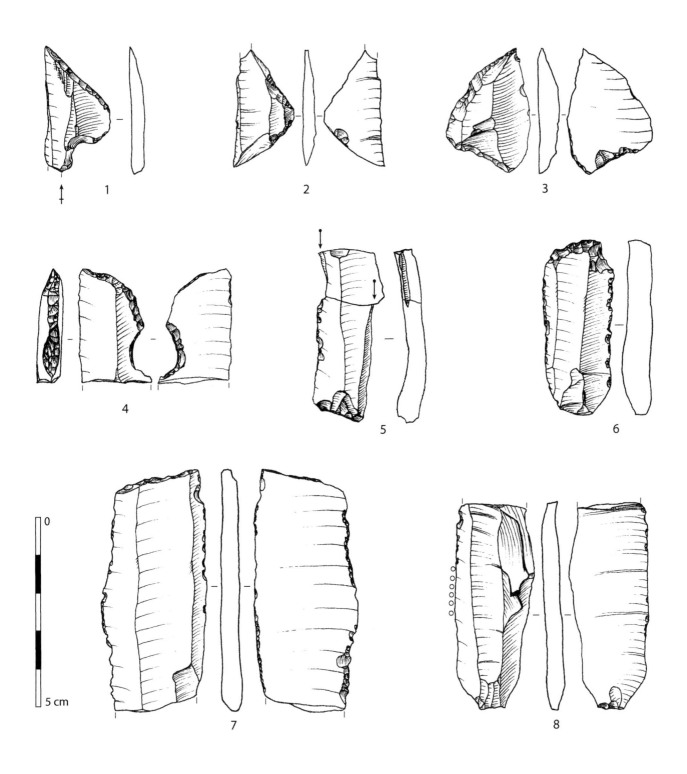

Annexe 105 - VCM 98, outils sur lame en silex tertiaire bartonien, 1 à 4- armature, 5-burin, 6- grattoir, 7- troncature, 8- équivalent-burin

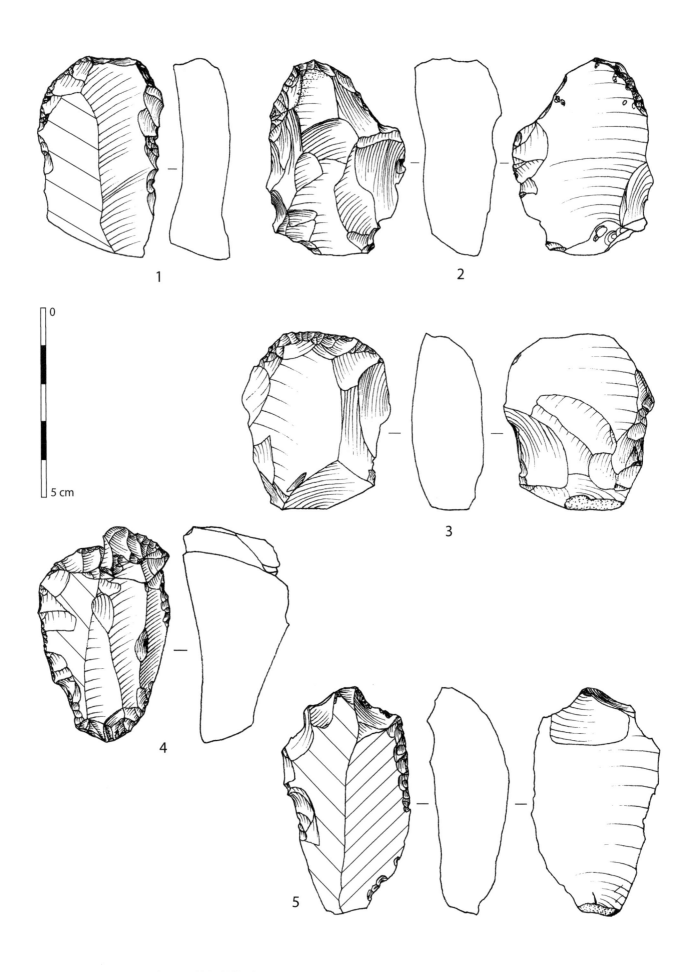

Annexe 106 - VCM 98, outils sur éclat en silex de Ghlin, grattoirs et 5- denticulé

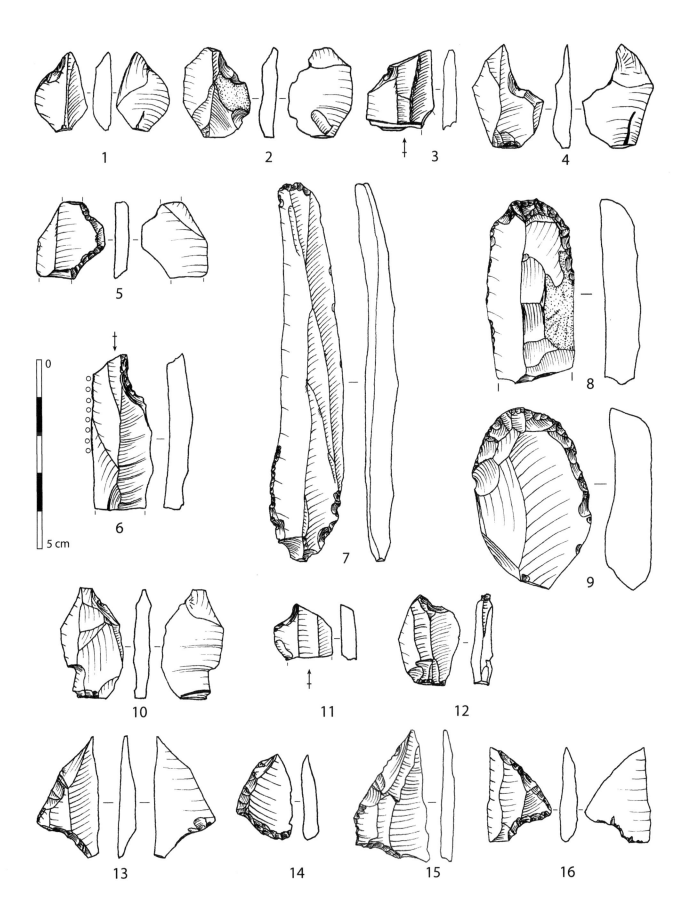

Annexe 107 - VCM 98, outils en silex de Ghlin et armatures, 1 à 6- microburin et tentatives, 7 à 9- grattoirs, 10 à 12- microburin et tentative (silex fin de Hesbaye), 13 et 14 - armatures en silex fin de Hesbaye, 15- armature en silex grenu, 16- armature en silex vert-jaune

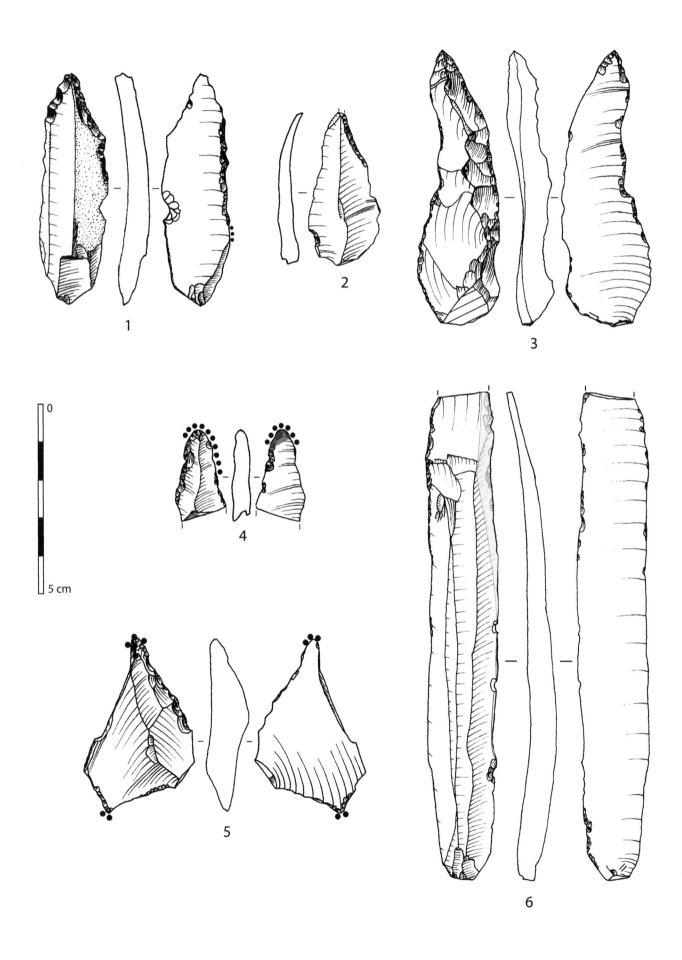

Annexe 108 - VCM 98, outils en silex de Ghlin, 1 à 5- perçoirs et pièces appointées, 6- lame à luisant

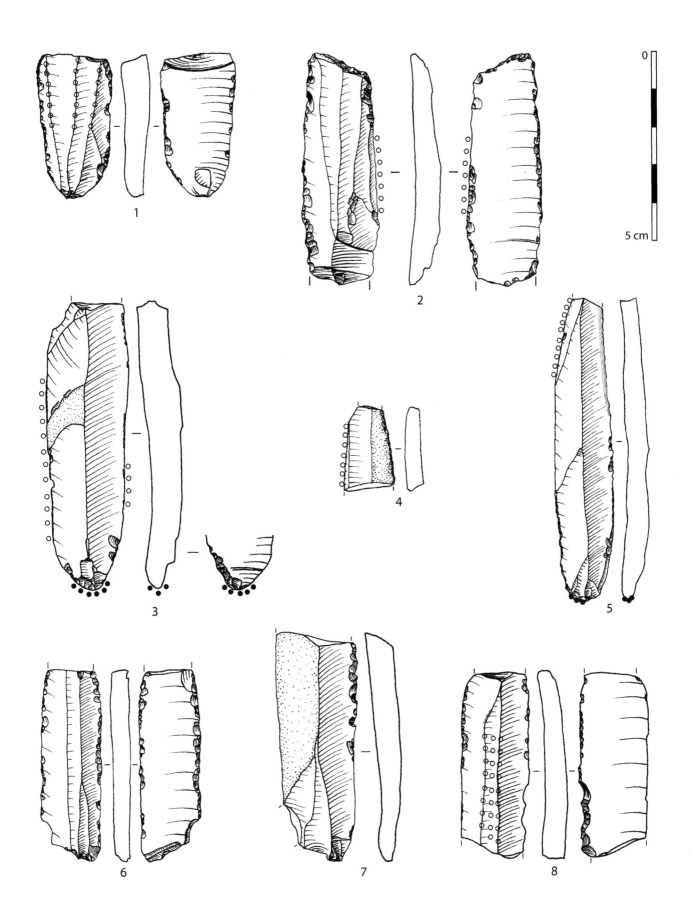

Annexe 109 - VCM 98, lames retouchées en silex de Ghlin

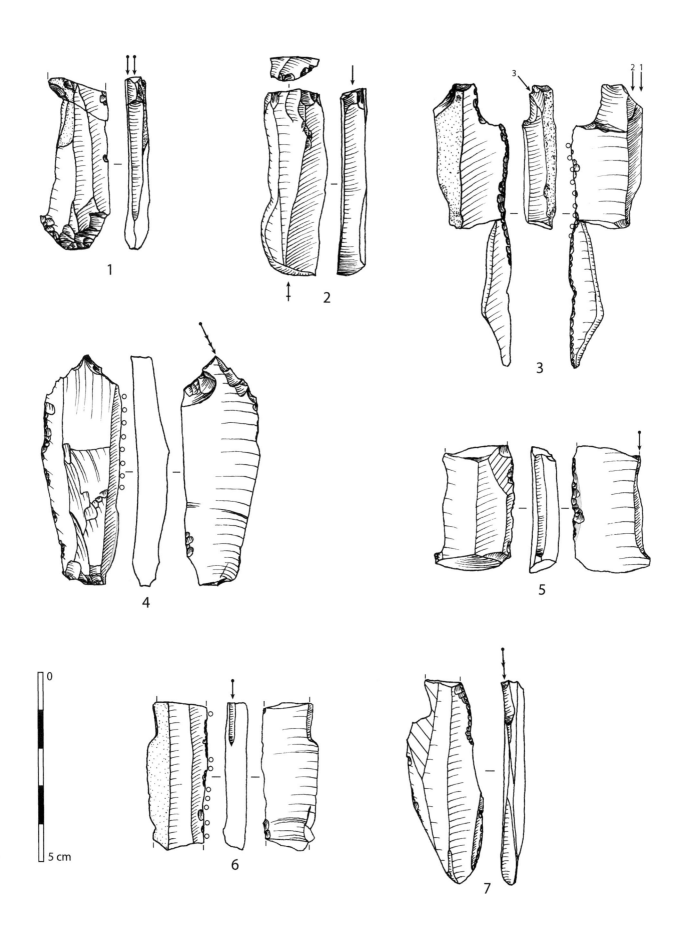

Annexe 110 - VCM 98, burins sur lame en silex de Ghlin

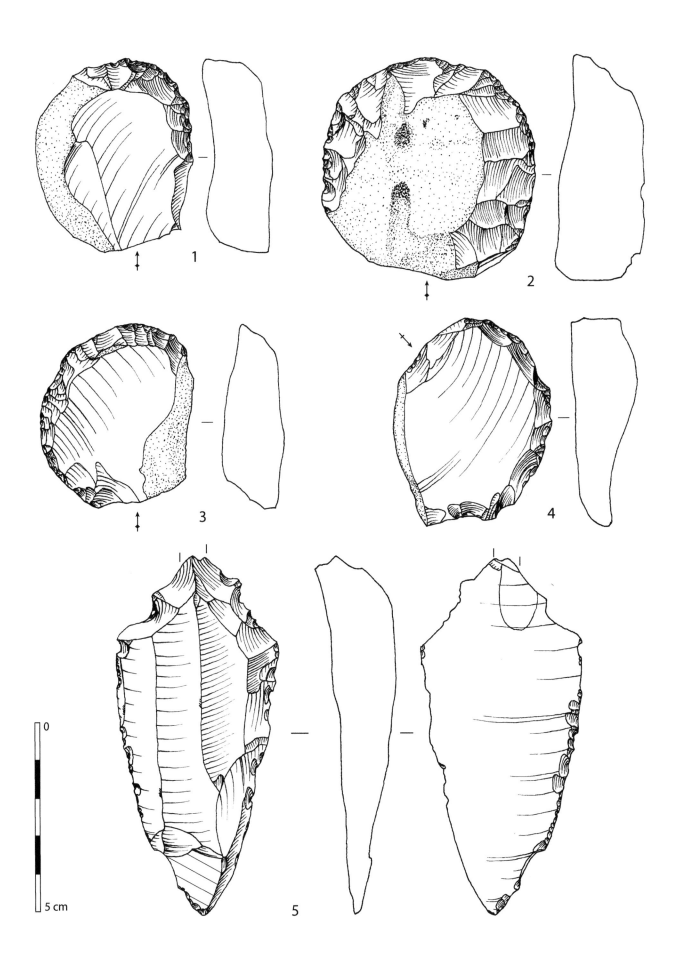

Annexe 111 - VCM 98, outils sur éclat en silex fin de Hesbaye, 1 à 4- grattoir, 5- denticulé sur gros éclat d'entretien d'un nucléus

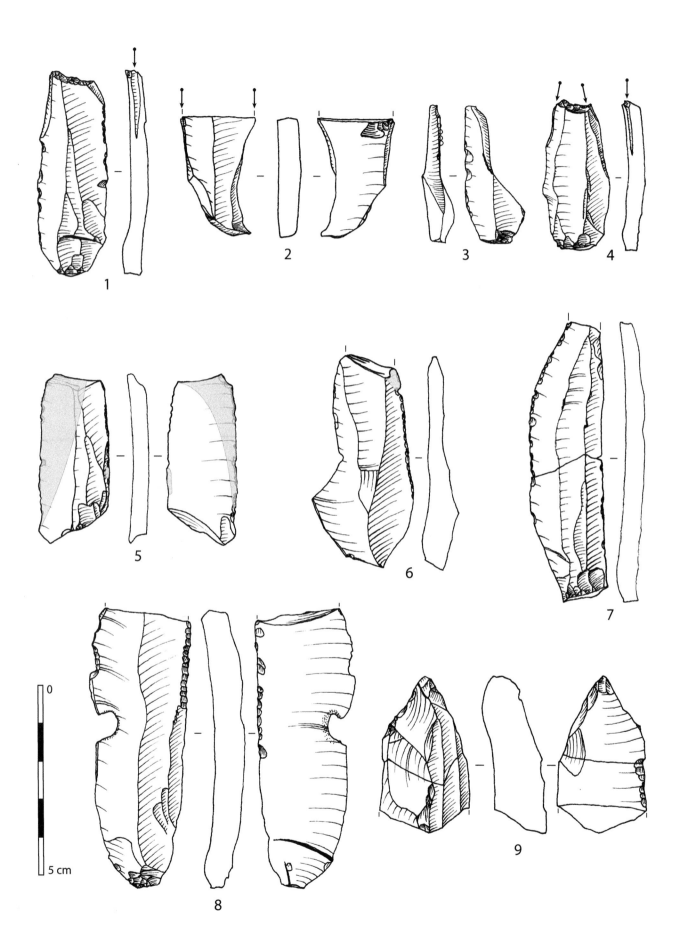

Annexe 112 - VCM 98, outils sur lame en silex fin de Hesbaye, 1 à 4 - burin, 5 et 6- faucille, 7 et 8 retouché, 9- pièce appointée sur éclat issu d'un nucléus

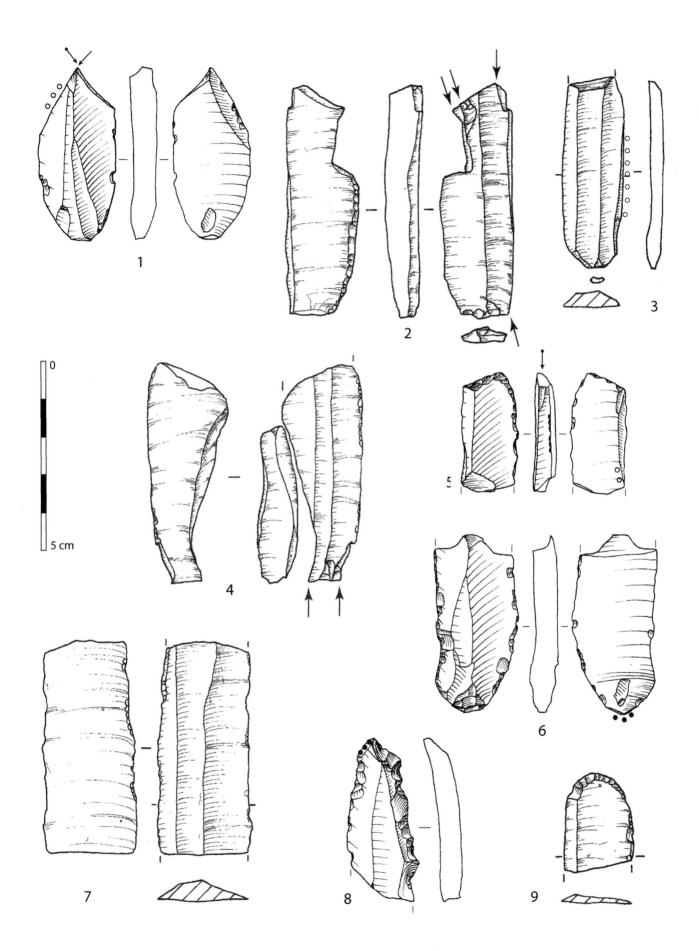

Annexe 113 - BCC, outils sur lame en silex tertiaire bartonien.
2 à 4, 7 et 9 dessins d'après Bostyn, 2008, 1 à 5 - burin, 6- émoussée, 7- utilisé, 8- retouché, 9- grattoir

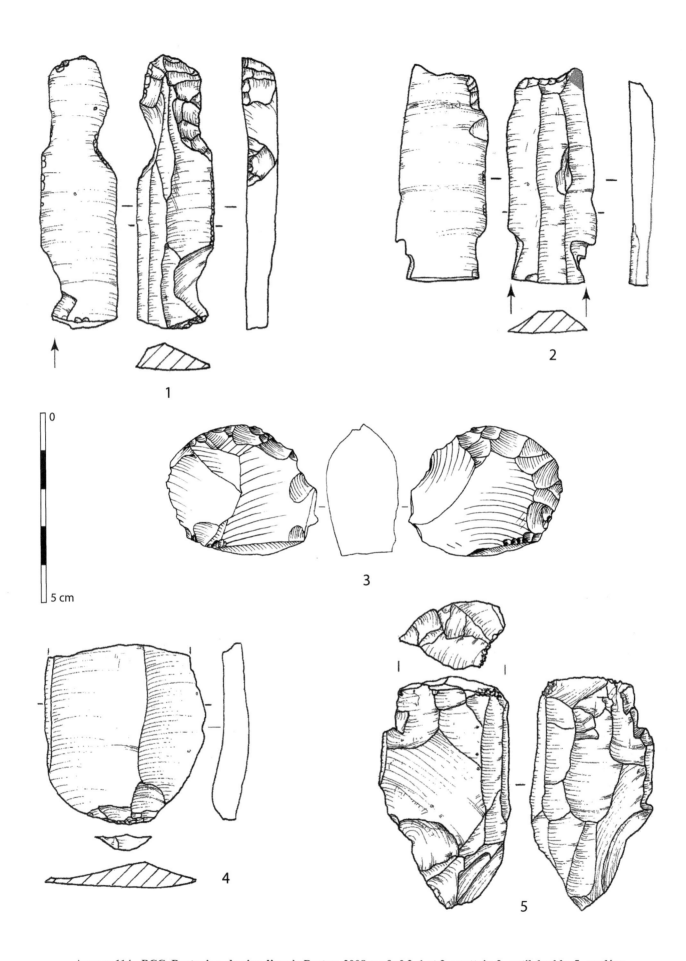

Annexe 114 - BCC, Bartonien, dessins d'après Bostyn, 2008 sauf n° 3, 1 et 3- grattoir, 2- outil double, 5- nucléus

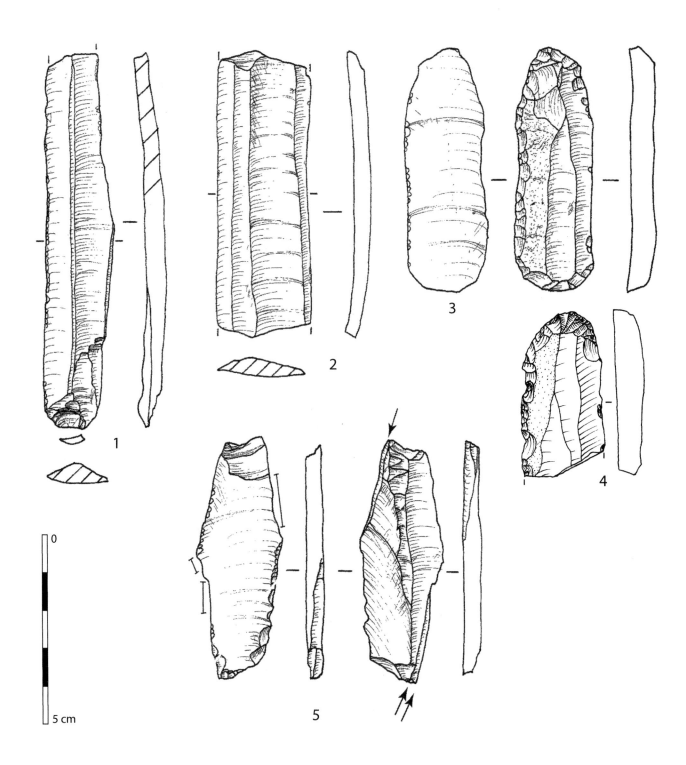

Annexe 115 - BCCo, outils sur lame en silex bartonien,
dessins d'après Bostyn, 2008 sauf n° 4, 1 et 2 - utilisée, 3 et 4- grattoir, 5- burin

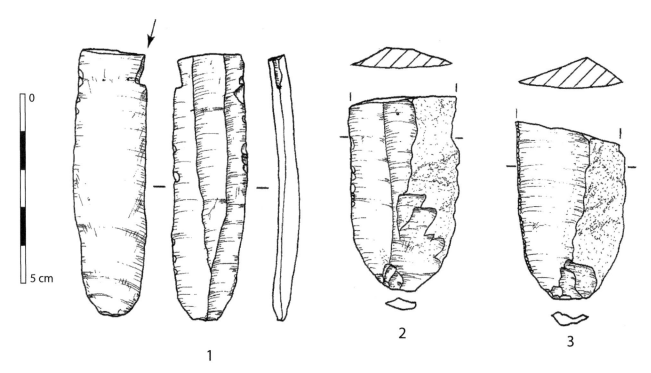

Annexe 116 - OBB, lames en silex bartonien, dessins d'après Bostyn, 2008

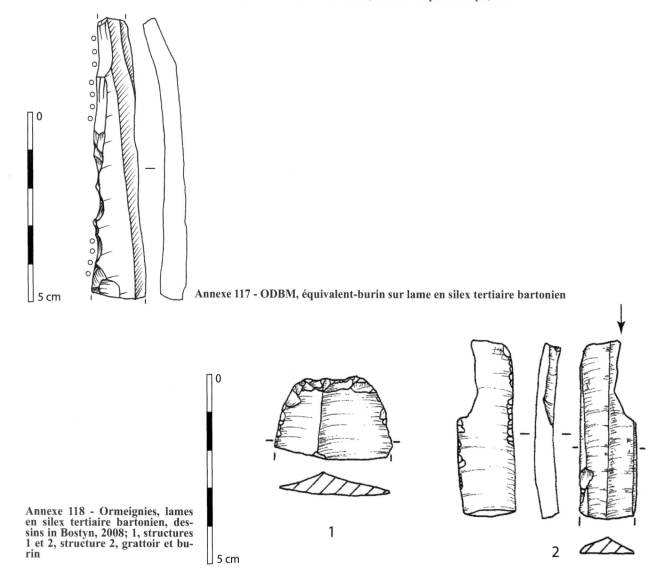

Annexe 117 - ODBM, équivalent-burin sur lame en silex tertiaire bartonien

Annexe 118 - Ormeignies, lames en silex tertiaire bartonien, dessins in Bostyn, 2008; 1, structures 1 et 2, structure 2, grattoir et burin

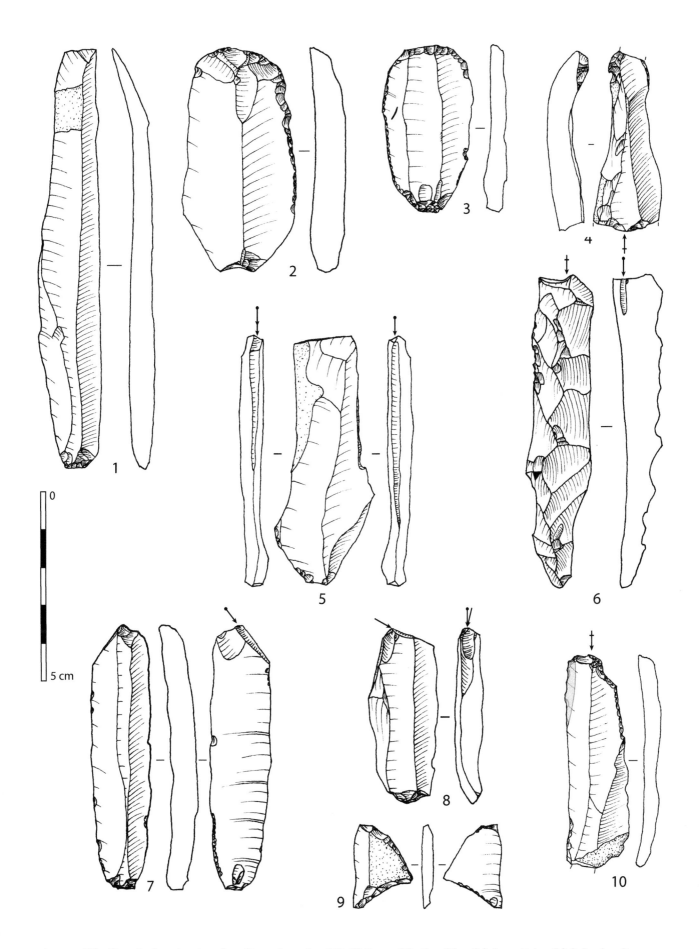

Annexe 119 - Ormeignies, structure 1, ouils sur lame (sauf 1). Ghlin sauf 7 : thanétien. 2 à 4- grattoirs, 5 à 8- burins, 9- armature, 10-faucille

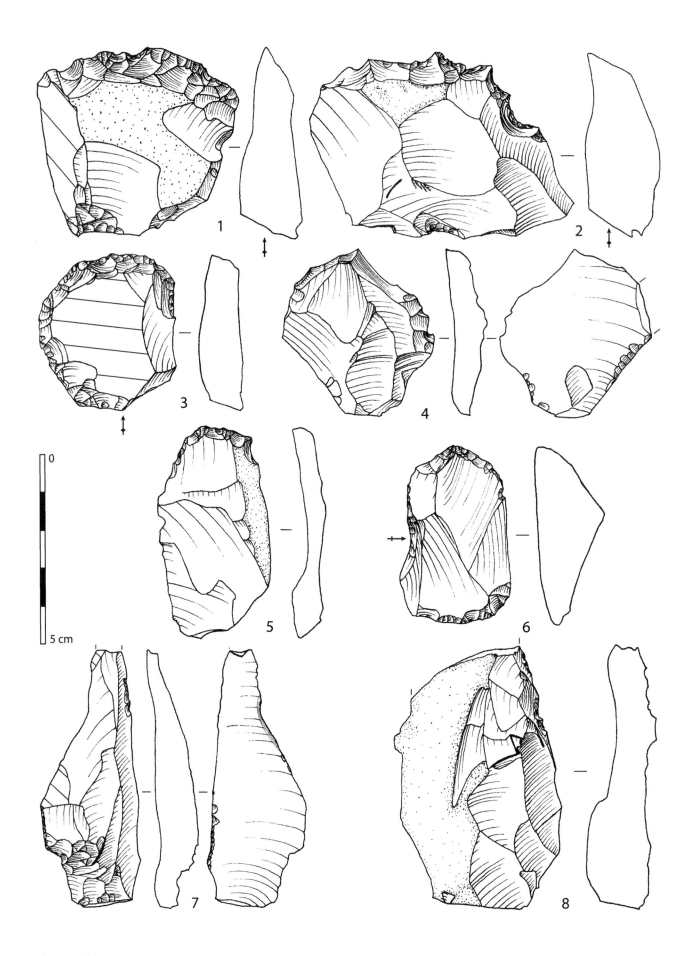

Annexe 120 - Ormeignies, structure 1, outils sur éclat. denticulés (1 à 4), grattoir (5 et 6), retouché (7 et 8). Ghlin, sauf 4 (translucide) et 7 (type Hesbaye)

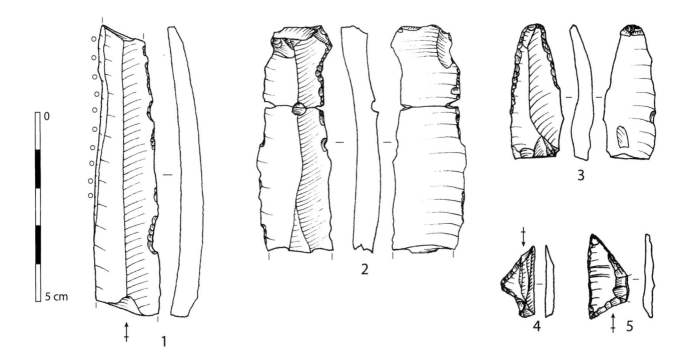

Annexe 121 - Ormeignies, structure 2, outils sur lame. 1 et 2, ghlin, 3, fin Hesbaye, 4 - turonien, 5- indéterminé. 1- utilisée (équivalent-burin), 2 - retouchée, 3 - pièce appointée, 4 et 5 - armatures

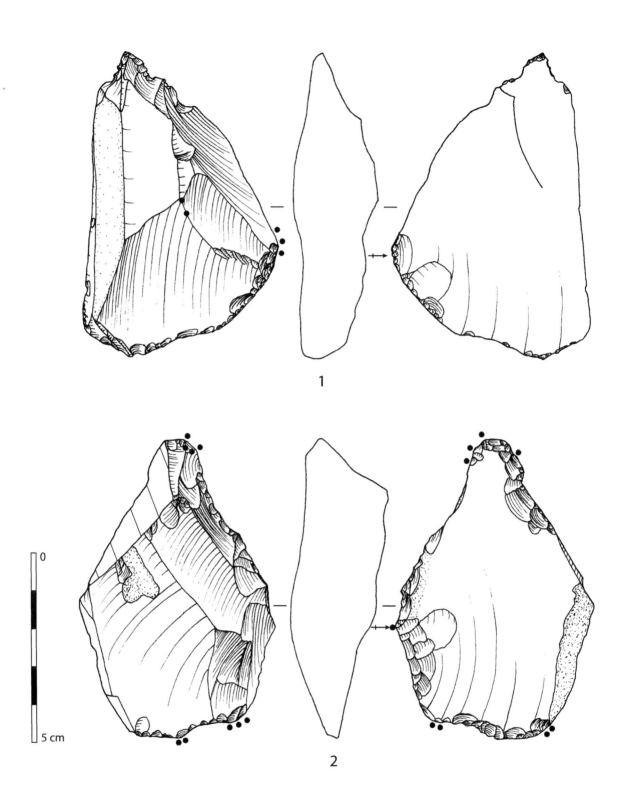

Annexe 122 -Ormeignies, structure 2, outils sur éclat, Ghlin, pièces appointées

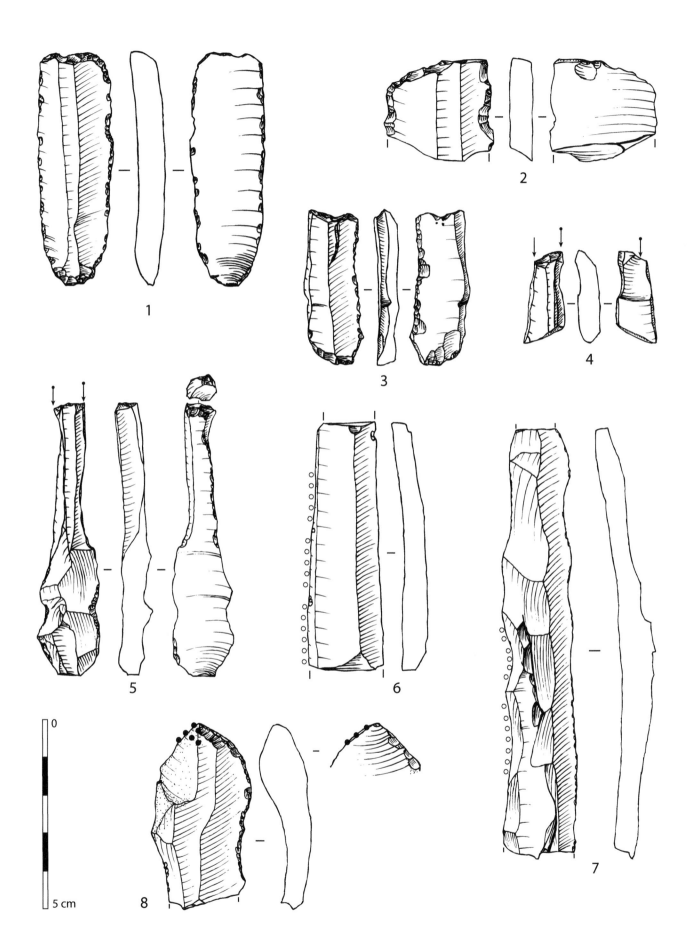

Annexe 123 - Aubechies, outils sur lame en silex tertiaire bartonien. 1- grattoir, 2- troncature, 3 à 7- burin et équivalent-burin, 8- lame émoussée

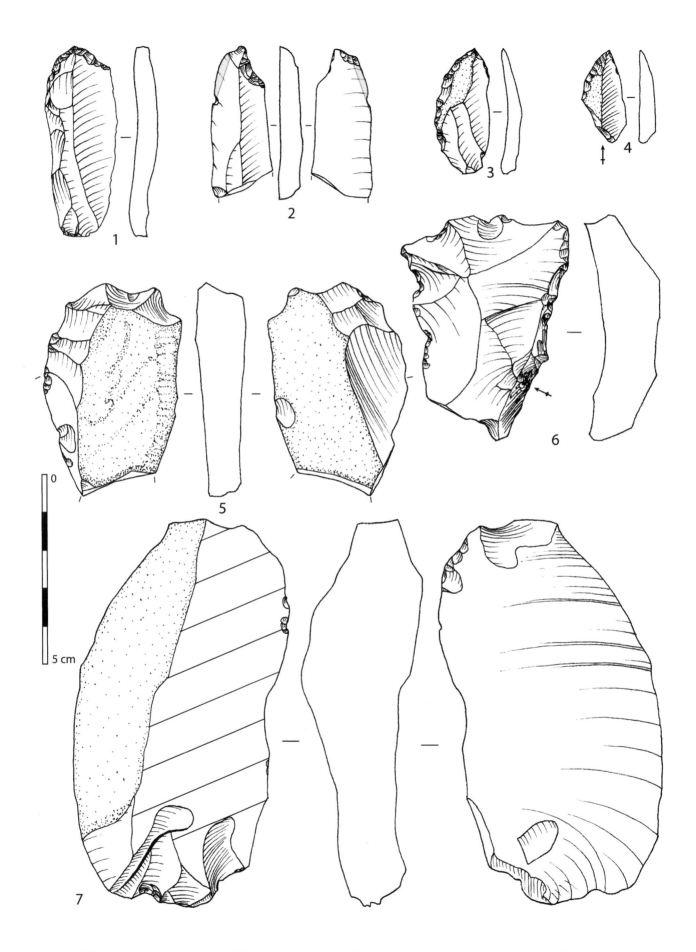

Annexe 124 - Aubechies, structure 44, Ghlin. 1- grattoir, 2- faucille, 3- troncature, 4- armature, 5 et 6- denticulé, 7- éclat retouché

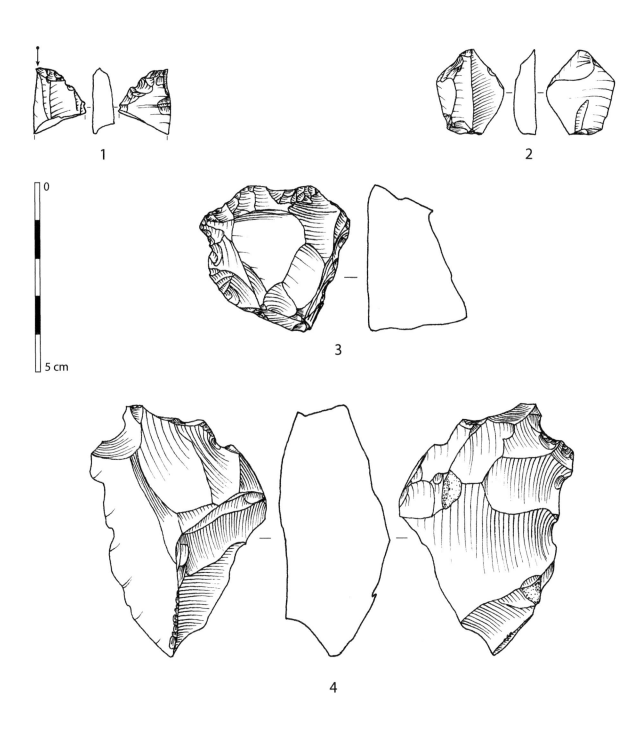

Annexe 125 - Aubechies, structure 44, outils en silex autres que Ghlin. 1- fin Hesbaye ; 2 et 3 brun translucide, 4- turonien, 1 et 2 : burin et microburin, 3 et 4 : denticulé facetté